Key Theories and Concepts in Communication

(2nd Edition)

传播学
核心理论与概念

第二版

董 璐 编著

图书在版编目(CIP)数据

传播学核心理论与概念/董璐编著.—2版.—北京:北京大学出版社,2016.4
ISBN 978-7-301-16212-5

Ⅰ.①传… Ⅱ.①董… Ⅲ.①传播学—高等学校—教材 Ⅳ.①G206

中国版本图书馆CIP数据核字(2016)第058792号

书　　　名	传播学核心理论与概念(第二版)
	CHUANBOXUE HEXIN LILUN YU GAINIAN(DI-ER BAN)
著作责任者	董　璐　编著
责任编辑	周丽锦
标准书号	ISBN 978-7-301-16212-5
出版发行	北京大学出版社
地　　　址	北京市海淀区成府路205号　100871
网　　　址	http://www.pup.cn
新浪微博	@北京大学出版社　@未名社科-北大图书
微信公众号	北京大学出版社　北大出版社社科图书
电子邮箱	编辑部 ss@pup.cn　总编室 zpup@pup.cn
电　　　话	邮购部 010-62752015　发行部 010-62750672
	编辑部 010-62765016
印　刷　者	北京虎彩文化传播有限公司
经　销　者	新华书店
	965毫米×1300毫米　16开本　34.25印张　506千字
	2008年9月第1版
	2016年4月第2版　2024年5月第6次印刷
定　　　价	75.00元

未经许可,不得以任何方式复制或抄袭本书之部分或全部内容。
版权所有,侵权必究
举报电话:010-62752024　电子邮箱:fd@pup.cn
图书如有印装质量问题,请与出版部联系,电话:010-62756370

一次寻求平衡的旅程
（第二版自序）

生活中，我是一个相当任性的人，有时会随心所欲地走极端。

但是，作为一个学术世界中热情的探索者，我却是冷静、谨慎甚至是心怀敬畏的，而且，就像走入巍峨而绵延的大山之中一样，越往里走，就越不敢大声地说话，最后只甘愿在其中默默行走，心中充满敬意和满足。所以，在我看来，当某个人质疑某一专业领域或者认为随随便便就可以进入或跨界的时候，往往是因为他/她还没有真正地了解那个专业。

《传播学核心理论与概念》第二版的编写过程，就是这样一个小心翼翼地取舍词条、遣词造句的过程，而且与率性而为的日常生活不同，在这里，对平衡的细致把握贯穿了整个编写过程，它是这段旅程的核心。

这里的平衡涉及对词条的定义的繁简程度的把握。有时即便一个专业术语也可以用20个字说明白，因为它关闭了大量的"旁枝末节"，只聚焦于某一个"核心"要素；也有时可能用了一本书也没有解释清楚这个专业术语，因为它打开了大量的维度，引领人们从一个未知进入另一个未知。这种现象在日常生活中也常有发生,当一个小孩子就某一事物是什么询问一位成年人的时候,大人们先是会信心满满地进行解释,在这个过程中,好奇的小孩子的耳朵迅速地捕捉到解释中涉及的几个他/她不明白的事物,并继续发问,大人就继续解释,但可能兴致和信心都不如前了,然后解释又带来了新的问题,一直下去,直到大人带着凌乱的思绪落荒而逃……因而,解释一个概念到什么程度算是解释清楚了,既不"啰唆",又没有过于武断地切断一些关键的维度,是我要小心翼翼地把握的平衡。

对已有词条的修正,除了删减字句之外,还会增添内容或引入这个概念的新的维度。在这里就关系到另一个平衡问题:有哪些维度是核心的,而哪些是旁支的,如何取舍。因而,读者可以看到,往往在一个几十个字的解释中,有多个参考文献,这是由于同一个概念,不同的学派、学者有其各自的关注点,而在这样一本基础性的辞书中,我尽力将核心维度纳入其中,以帮助读者对于相应的术语有较为全面的认知。

第三个平衡问题是增减词条的问题。这其中包含了两个子平衡:一个是相关度方面的,一个是时间性方面的。

在第一个子平衡中,即在相关度方面,如同在第一个平衡中所举的例子那样,对于一个概念的解释,必然牵扯出其他的概念,因而,在这里就要决定,这些概念中哪些是需要进一步做解释的,而哪些可以认为与主词条相关度较低,不必列入。在确定互文参阅时,同样涉及这个平衡问题。而且传播学本身就是一门交叉学科,是建立在社会科学、人文科学和自然科学不断成熟的基础之上的,因而这不但是一个极其费思量的过程,而且是一个需要意志力的过程,否则一不小心,就有可能被其他学科领域的无限美好的风景引领上了另一条道路。

有关这个子平衡,我想起我的学长兼好友李景强教授曾经谈到讲一门专业课的三个层次:第一层次是在一学期或学年内中规中矩地讲完基本内容和主要知识点;第二层次是在某个点上无限生发出去,旁征博引,滔滔不绝,往往学期结束时还没讲到教学计划的半程,甚至刚刚开启第二章;第三层次是最终能够恰当地把握授课内容和授课时间。几年前,在他和我谈到这些时,我心中还有些不服气,因为当时自己正陶醉在第二个层次中,尤其是在特别有心得或

一次寻求平衡的旅程(第二版自序)

正在着手研究的问题上,感觉学生听得也很尽兴。而随着在传播学这个领域里看得听得更多一些之后,虽然在行为上我还远远没有达到第三个层次,但已经认识到,只有在相应的领域里有了足够的见地和学术积累,才可能在一定程度上得见这个领域的全貌,因而才有能力根据表述对象的情况,把握详略有序、繁简有度的平衡,在讲授一门专业知识时才能够既不乏引证,又有能力游刃有余地控制进度。对这样的境界的追求,也是这本书所努力的方向。

第二个子平衡是时间性方面的,媒介技术的发展是一个加速度的过程,拉斯维尔的 5w 中的 which channel 的变化,必然也引起其他四个 w 的变化,由此会生发出大量的新概念。于是在这里就要斟酌哪些新概念只是暂时现象,而哪些会由于其广泛而长久的影响力,应该成为一个术语。另外,第二版不是前一版本的增订版,而是相对独立的一个版本,有其自身的"新陈代谢"的需要,因而除了新增概念之外,还要考虑哪些概念是可以删去的,而在这里确定是否"过时"要比在日常生活中更慎重,在日常生活中不再使用的媒介或较为罕见的传播现象,在专业领域中却可能继续或显性或隐性地发挥着重要的影响力。

除了把握以上平衡之外,在第二版的编写过程中,我还更为细致地完善了注释,并且除了标注词条的英文之外,对于解释中所涉及的一些重要名称也加注了英文,这两项工作都是为了帮助读者对原文献或关键词进行进一步的检索,以使得这本书变成一本开放性的辞书。

同时,我也对各个词条的遣词造句进行了推敲,修改了第一版中的一些错误,以使得对词条的释义更为严谨。

《传播学核心理论与概念》第一版的撰写是在 2007 年到 2008 年之间,七个年头过去了,在同样的季节里开始第二版的编写,不免也会带来很多回忆和一些感慨。"7"这个数字在西方的基督教文化中是个"具有魔力的"数字,代表一个轮回,在过去的七年里,我的生活中也有许多变化,有令人喜悦的,也有令人悲伤的经历,但是值得感激的是,有一些重要的、美好的人在很多年之后,依然陪伴在我的身边。

李景强教授就是其中的一位,他是我的北大学长、我的好朋友,也是这本书的倡议者——他提出了这本书的选题和大致构想。当然,他对我的帮助和影响远不止于此。

周丽锦女士是一位非常认真的编辑,在纸质媒介日渐式微、学术出版越来越不景气的今天,她的一举一动总给热爱知识、热爱书籍的人以慰藉、希望和动力。相对于她的好朋友、作者的身份而言,我更自豪于是她的读者,一本由她做责任编辑的书在我而言就是最大的质量保障。

庄国华老先生和冯晓春先生在过去的几十年里给予了我无条件的信任和最大的宽容,令我倍觉人生的美丽和生机无限。

对于我所执教的国际关系学院,特别是文化与传播系的学生们,我也心怀感谢,在与他们的交流互动中,我也不断汲取了成长和前行的力量。

对我来说,美好的生活总是构建于众多善良、热心、无私的人们的彼此帮助的基础之上,而这样温暖的情谊也促使我竭尽所能地做出积极的回馈。

董璐博士(donglu23@sina.com)

2014年深秋

第一版序言

胡正荣

2008年中国奥运经济的勃兴，必将为中国传媒产业的快速发展制造新的契机，这已经成为国内传媒业界普遍的共识；而近十数年时间里，全球范围内信息科技以前所未有的速度高速发展这一现实，也已经成为强大的催化剂，不断刺激、推动着整个传媒业的技术更新与理念创新。可以说，传媒业作为21世纪最令人瞩目的焦点产业，正不断吸引着国内更多的人才去挑战并分享其中层出不穷的机会。

"工欲善其事，必先利其器"。对于未来有志于在传媒领域纵横捭阖的莘莘学子，以及目前已经为数众多的从业者们来说，如果不能通过学习，掌握一定的传播学系统知识与理论来指导实践，那么在未来个人的事业发展中，无疑将会面临事倍功半的窘境。而传播学虽然相较诸多传统学术领域而言还是新生学科，但浩繁的理论卷帙、复杂的学术渊源和众多的理论流派，都为欲窥门径者带来了不小的困难、设置了不少的障碍。可喜的是，青年学者董璐博士的新作《传播学核心理论与概念》，为研习者们带来了一本极为实用的参考工具书，同时也为传播学理论知识的普及提供了积极的助力。

董璐女士早年毕业于北京大学社会学系，其后留学欧洲经年，取得德国斯图加特媒体大学媒体管理硕士学位。归国后她又进入中国传媒大学，师从黄升民教授继续深造，并于2005年获得文学博士学位。作为董女士博士毕业论文答辩的参评者之一，我曾对她在传播学学术领域所表现出的扎实的知识功底留下了深刻的印象。

博士毕业之后，董璐女士任教于北京国际关系学院文化与传播系，继续进行传播学理论与相应具体实践方面的研究，并把她本人教学相长的最新成果凝聚在这本新著之中。

在《传播学核心理论与概念》这本书里，董璐女士秉持严谨的科研态度，通过词条的形式，对传播学自起源迄今所涵盖的主要理论、核心概念进行了条分缕析的系统归纳和整理。全书共划分为11章，分别从"传播的类型""传播模式""传播者""传播媒介""传播材料和内容""受众""传播效果""传播的应用""媒介法规与伦理""传播主要流派和大家""传播学研究方法"等各个角度逐次展开，为读者勾勒了一个比较完整的认知网络，形成了检索方便、清晰实用的学术研究工具参考体系。

在传播学理论研究领域，国内实用性强的参考类工具书一直比较稀缺，这不能不说是一个不小的遗憾。而董璐博士这本书的面世，在一定程度上为弥补这方面的空白做出了积极有益的尝试。

在与我的联系交流之中，董璐女士谦虚地自道从拙著《传播学总论》中得到了许多启发和帮助，并请我为之作序。我感谢这位青年学者的诚恳和信任，很愿意借此机会向更多年轻的朋友和读者推荐这样饱含心血的严谨学术结晶。我也相信广大读者会在面对本书的时候，得收借鉴参考之功，享受到开卷有益的乐趣。

前言

随着传媒业在当代社会生活与发展中地位重要性的日益凸显,加强对传播学理论系统的学习和研究,其意义已自不待言。但是,当很多初学者尝试进入这一学术领域时,面对其深广复杂的体系源流与分支,面对众多略显突兀的名词概念,往往会感到茫然无措、无从入手。

造成上述情况的部分原因是:首先,传播学理论本身就是其他多种不同学科理论的综合产物,先天就具有异常复杂的学术渊源。其次,自从20世纪40年代传播学开始其飞跃性的发展以来,它一方面在坚持确认自己的学科边界,另一方面,又在与其他学科不断地进行融合,坚持其横向发展的特征;而从纵向的时间维度来看,由于其他相关学科毫无止境地进行着知识的再生产和更新,进而导致传播学在业已形成的复杂的多元交叉中,又在不断地更新着自己的知识谱系。因此,当人们面对涉及面广、横截面大、交叉性强、动态性显著的传播学理论时,常常感到茫然和零乱,甚至找不到一条进入的途径也就不足为奇了。

《传播学核心理论与概念》作为一本实际意义上的工具书,试图通过梳理传播学这一学科重要、基本的脉络,帮助读者比较方便地了解传播学的理论渊源,得以俯瞰其理论体系,掌握那些具有关键意义的名词概念,从而对传播学形成和发展的历史有一个全面、清晰的认识,以利于今后在此领域进一步的学习和研究;词条式的编排方式也方便读者在需要时随时查阅;另外,书中也对所涉及的大量专业名词、人名、论文标题或著作名称附以英语原文,以便读者以此为索引,在更广泛的空间进行检索。因此,从某种意义上来说,作者希望这本书能部分地起到一本"传播学重要概念辞典"的作用。

全书分为11章,以词条形式,按照传播过程所涉及的各个元素进行划分,包括传播的类型(第一章)、传播模式(第二章)、传播者(第三章)、传播媒介(第四章)、传播材料和内容(第五章)、受众(第六章)、传播效果(第七章)、传播的应用(第八章)、媒介法规与伦理(第九章)、传播学主要流派和大家(第十章)以及传播学研究方法(第十一章)等,形成一个过程性的纵向结构。为了给读者一个关于传播的清晰的脉络,在对每个元素所涉及的核心理论和概念进行解释时,也会深入挖掘与这些术语相关的概念或背景,并给予相应的阐释。本书同时对各个元素进行横向拓展,通过互文参阅的形式,将相互有关联的概念联系起来,体现其外延或内涵中的相关性,从而形成一个比较完整的认知网络。

《传播学核心理论与概念》这本书的目标读者,首先是那些准备报考传播学专业研究生的本科毕业生。作者希望能为他们提供一本简明清晰的考研参考书,使他们能够在一条明朗顺畅的路径上,由浅入深、由此及彼地理解并把握传播学的概念系统和理论框架;熟悉、掌握那些传播学领域内最关键的概念定义,从而帮助他们实现自己的学业志愿。

其次,那些从事新闻、广告、市场营销、公关等行业的从业人员,也是本书重要的目标读者人群。作者希望为他们提供一本简洁易懂、体系完整的案头工具书,使他们在需要的时候,可以通过阅读、浏览本书,对自己置身其中的行业环境背景有更系统、更深层次的认识和把握;也使他们能够通过简易的目标检索,自助解答实践中的一些疑问和困惑;并且以本书作为一个有益和适当的知识基础,提升自身的媒介素养。

考虑到传播学理论具有与其他学科理论密不可分、多元多层次横向交叉的特点,作者相信这本书对来自其他学术和实践领域的读者,也能起到有益的借鉴和启发功用。

目录

第一章 传播的类型 1
1 传播（Communication） 1
2 内向传播（Intrapersonal Communication） 2
3 人际传播（Interpersonal Communication） 2
    3.1 机器辅助的人际传播（Machine-assisted Interpersonal Communication） 3
    3.2 经由媒介的传播（Mediated Communication） 4
    3.3 约哈里之窗（Johari Window） 5
    3.4 自我表露（Self-exposure） 6
    3.5 人际传播的动机 6
4 组织传播（Organizational Communication） 6
    4.1 组织传播的方向 7
    4.2 组织传播的形式 7
    4.3 组织传播的功能 7
    4.4 组织文化（Organizational Culture） 8
5 群体传播（Group Communication） 8
6 大众传播（Mass Communication） 9
7 国际传播（International Communication） 11
    7.1 国际传播的主体 12
    7.2 国际传播的特点 12
8 跨文化传播（Cross-cultural Communication） 13

9	全球传播（Global Communication）	14
10	健康传播（Health Communication）	15
11	公共传播（Public Communication）	15
	11.1 新闻发言人制度（Press Spokesman System）	16
	11.2 新闻发言人（Press Spokesman）	16
	11.3 新闻发布会（News Release Conference）	17
	11.4 记者招待会（Press Conference）	17

第二章 传播模式   19

1	传播学（Communication Science）	19
	1.1 传播学的学术渊源	20
	1.2 传播学的发展背景	20
	1.3 传播学的研究对象	21
	1.4 新闻学、大众传播学、传播学的区别	22
2	模式（Model）	23
	2.1 模式的类型	23
	2.2 模式的功能	23
	2.3 模式的评价标准	24
3	传播模式（Communication Model）	24
	3.1 传播基本模式的类型	24
	3.2 传播模式概览	25
4	传播要素（Communication Factors）	26
	4.1 施拉姆的传播过程八要素	26
	4.2 信息与讯息的区别	27
5	拉斯韦尔模式/5W 模式（Lasswell's Model）	27
6	布雷多克模式/7W 模式（Braddock's Model）	29
7	申农—韦弗模式/数学理论（Shannon and Weaver Model/Mathematical Theory）	29
8	传播过程理论（Process of Communication Theory）	31
9	格伯纳模式/传播基本模式（Gerbner's General Model of Communication）	33
10	奥斯古德—施拉姆循环模式（Osgood and Schramm Circular Model）	34

10.1	编码(Encoding)	35
10.2	解码(Decoding)	36
10.3	反馈(Feedback)	36
10.4	前馈(Feedforward)	37
11	施拉姆的大众传播模式(Mass Communication Model)	38
12	丹斯螺旋模式(Dance's Helical Spiral)	39
13	赖利夫妇模式(Rileys' Model)	40
14	德福勒的互动过程模式(Message Interpretation Process Model)	41
15	马莱茨克模式/大众传播场模式(Maletzke's Mass Communication Field Model)	42
16	纽科姆 A-B-X 模式(Newcomb's A-B-X Model)	44
17	韦斯特利—麦克莱恩模式/大众传播概念模式(Westley and MacLean's Conceptual Model)	45

第三章 传播者 48

1	传播者(Sender)	48
1.1	普通传播者	49
1.2	职业传播者	49
1.3	传播者与受众的关系	51
2	控制研究(Control Research)	52
3	信源(Source)	52
4	把关人(守门人)(Gatekeeper)	54
4.1	大众传播中把关人的特征	55
4.2	大众传播中把关人的功能	55
4.3	影响传播者把关的因素	55
5	把关人模式(Model of Gatekeeper)	56
5.1	怀特的把关人模式	56
5.2	麦克内利的新闻流动模式(Intermediary communicators in the Flow of News)	57
5.3	选择性守门模式(Model of Selective Gatekeeping)	58
5.4	巴斯的双重行动模式(Double Action Model of Internal Newsflows)	59

5.5 盖尔顿-鲁奇选择性把关模式(Galtung and Ruge's Model of Selective Gatekeeping) 60
6 议程设置(Agenda-setting) 61
7 框架(Framing) 64
8 报刊的四种理论(Four Theories of the Press) 65
 8.1 集权主义理论(Authoritarian Theory) 65
 8.2 自由至上主义理论(Libertarian Theory) 66
 8.3 社会责任理论(Social Responsibility Theory) 67
 8.4 苏联—全权主义理论(Soviet-totalitarian Theory) 68
9 媒介的三种模式(The Media and Public Policy: Market, Communitarian, Advancing) 68
10 大众传播的功能(Functions of Mass Communication) 69
 10.1 大众传播的正功能(Function of Mass Communication) 70
 10.2 大众传播的负功能(Dysfunction of Mass Communication) 71
11 传播控制(Control of Communication) 72
 11.1 大众传播的政治控制 72
 11.2 大众传媒自身的控制 73
 11.3 利益群体和经济势力的控制 73
 11.4 受众的控制 74
12 大众传播的体制(Mass Communication System) 74
 12.1 商业经济型传播体制 75
 12.2 政治宣传型传播体制 75
 12.3 公共传播型传播体制 76
 12.4 大众传媒的所有权与控制 76
 12.5 传播制度对社会制度的能动作用 77
13 大众媒介的监管(Mass Media Regulation) 77
 13.1 媒介监管的目的(Purposes of Regulation) 77
 13.2 媒介监管的形式(Forms of Regulation) 78
 13.3 媒介监管的模式(Models of Regulation) 78

第四章 传播媒介 80
1 渠道(Channels) 80
2 传播媒介(Media) 81

3	大众媒介(Mass Media)	81
4	媒介组织(Media Organization)	82
	4.1 媒介组织的分类	83
	4.2 媒介组织的三个重要目标	83
5	人类传播发展的七座里程碑(Seven Milestones in Human Communication History)	84
	5.1 人类传播的五次飞跃(Five Leaps in Human Communication History)	85
	5.2 "最后7分钟"	86
	5.3 媒介发展的基本路径	86
	5.4 人类传播演进的规律	87
6	印刷媒介(Print Media)	87
	6.1 印刷媒介的历史作用	88
	6.2 印刷媒介的特征	89
7	出版商(Publisher)	90
8	报纸(Newspaper)	90
	8.1 报纸的特征	91
	8.2 阅读率(Rating)	92
	8.3 发行量(Circulation)	92
	8.4 付费发行(Paid Circulation)	93
	8.5 大报(Broadsheet)	93
	8.6 小报(Tabloid)	93
	8.7 倒金字塔形式(Inverted Pyramid Form)	95
	8.8 黄色新闻(Yellow Journalism)	95
	8.9 网络报纸(Web-Newspaper)	96
	8.10 报刊史上的四座里程碑	97
9	杂志(Magazine)	97
	9.1 费用基数(Rate Base)	98
	9.2 媒介指标调查公司(Mediamark Research Inc., MRI)	98
	9.3 掏粪者(Muckrakers)	98
	9.4 数字杂志(Digital Magazine, E-magazine)	99
	9.5 直投杂志(Direct Mail Magazine)	99
	9.6 样书(Dummy)	100

10	图书(Book)	100
10.1	畅销书排行榜(Best-seller Lists)	101
10.2	电子图书(E-book)	101
11	电报(Telegraph)	101
12	广播电视业(Broadcasting)	102
13	广播(Radio)	102
13.1	收听率(Rating of Radio Programmes)	104
13.2	电台受众份额(Share of the Radio Audience)	104
13.3	广播网(Network)	105
13.4	调幅广播(AM Radio)	105
13.5	调频广播(FM Radio)	105
13.6	数字广播(Digital Audio Broadcasting, DAB)	106
14	电视(Television, TV)	107
14.1	非商业性电视台(Noncommercial Television)	108
14.2	商业电视台(Commercial Television)	109
14.3	无线电视(Open Circuit TV)	109
14.4	有线电视(Cable Television, CATV)	109
14.5	卫星电视(Satellite TV)	110
14.6	模拟电视(Analog Television)	110
14.7	数字电视(Digital Television, DTV)	111
14.8	网络电视(IPTV)	112
14.9	试播节目(Pilot)	112
14.10	收视率(Rating of TV Programmes)	113
14.11	电视节目受众份额(Share of TV Program Audience)	115
14.12	视频点播(Video on Demand, VOD)	115
15	电影(Film)	116
15.1	视觉暂留(Persistence of Vision)	117
15.2	Phi现象(Phi Phenomenon)	117
15.3	电影时代的开始	117
15.4	大卫·格里菲斯(David W. Griffith)	118
15.5	无声电影(Silent Movie)	118
15.6	有声电影(Sound Motion Picture)	118
15.7	彩色电影(Color Film)	118

15.8 数字电影(Digital Movie) 119
15.9 电影的发展路径 119
15.10 蒙太奇(Montage) 120
15.11 院线制(Theater Chain) 121
15.12 收入分享(Revenue Sharing) 121
15.13 电影史上的五座里程碑 121

16 录音业(Recording Industry) 122
16.1 留声机(Phonograph) 122
16.2 样带(Demo) 123
16.3 爵士乐(Jazz) 123
16.4 摇滚乐(Rock and Roll) 123
16.5 DJ(Disco Jockey) 123
16.6 《公告牌》排行榜 124
16.7 MTV(Music TV) 124
16.8 MP3(Motion Pictures Engineering Group Audio Layer 3) 125
16.9 Napster 125
16.10 CD(Compact Disc) 126
16.11 数字视频光盘(Digital Video Disk,DVD) 126

17 新媒介(New Media) 126
17.1 新媒介的发展趋势 127
17.2 新媒介的分类 128
17.3 媒介融合(Media Convergence) 128
17.4 数字技术(Digital Technology) 129
17.5 因特网(Internet) 131
17.6 万维网(World Wide Web,WWW) 132
17.7 超链接(Hyperlinks) 134
17.8 网站(Website) 135
17.9 电子邮件(E-mail) 136
17.10 新闻组(Newsgroup) 137
17.11 搜索引擎(Search Engine) 138
17.12 社交媒介(Social Media) 139
17.13 虚拟社区(Virtual Community) 140
17.14 博客(Weblog/Blog) 141

		17.15	电信媒介(Telematic Media)	141
		17.16	新媒介对大众传播的影响	143
	18		认识媒介的八个原则(Eight Principles about Media Literacy)	144
	19		媒介选择的或然率(Probability of Selection of Media)	146
	20		传播的偏向(Bias of Communication)	147
		20.1	偏倚时间的媒介(Time-Biased Media)	148
		20.2	偏倚空间的媒介(Space-Biased Media)	148
	21		麦克卢汉的媒介理论(McLuhan's Theories of Media)	148
		21.1	媒介冷热论	149
		21.2	媒介延伸论(The Extensions of Man)	150
		21.3	"地球村"(Global Village)	150
		21.4	媒介即讯息论(The Medium is the Message)	151
	22		梅罗维茨的媒介理论(Meyrowitz's Theory of Media)	152
	23		第四权力(Fourth Power)	153
	24		媒介的功能(Functions of Media)	154
		24.1	拉斯韦尔的三功能说	154
		24.2	经典的媒介四功能论(Classic Four Functions of the Media)	155
		24.3	施拉姆的功能学说	157
	25		媒介形态变化的原则(Media Morphosis)	158
	26		媒介全球化(Media Globalization)	158
第五章			传播材料和内容	160
	1		信息(Information)	160
		1.1	信息的特征	161
		1.2	信息的分类	162
		1.3	信息的功能	164
		1.4	信息的三要素	164
		1.5	信息流量(Information Flow)	164
	2		信息化(Informationisation)	166
	3		信息社会(Information Society)	166
	4		噪音(Noise)	167

5	冗余（Redundancy）	168
6	熵（Entropy）	169
7	信息论（Information Theory）	170
	7.1 传播学的基础三论	170
	7.2 系统论（System Theory）	170
	7.3 控制论（Cybernetics）	171
8	信息流理论（Information Flow Theory）/信息扩散理论（Information Diffusion Theory）	172
9	信号（Signal）	173
10	符号（Sign）	173
	10.1 符号的特征	173
	10.2 符号的分类	174
	10.3 信号和符号的区别	175
	10.4 符号学（Semiology）	175
11	语言符号（Verbal Sign）	176
	11.1 语言符号的特点	176
	11.2 语义三角图（Semantical Triangle）	176
	11.3 语言符号的类型	177
	11.4 萨丕尔—沃尔夫假说（Sapir-Whorf Hypothesis）	178
12	非语言符号（Nonverbal Sign）	178
	12.1 非语言符号的特点	178
	12.2 非语言符号的分类	179
	12.3 语言符号与非语言符号的区别	179
13	符号互动理论（Symbolic Interactionism）	180
14	共同经验范围（Common Experience）	181
15	语义学（Semantics）	181
16	语用学（Pragmatics）	182
17	抽象（Abstraction）	182
	17.1 抽象思维（Abstract Thinking）	182
	17.2 抽象阶梯（Abstraction Ladder）	183
18	语言的特性（Character of Language）	184
19	语言的误用（Misuses of Language）	185
20	大众传播的内容（Content of Mass Communication）	186

20.1	大众传播内容的特点	186
20.2	传播内容的三个范畴	188
20.3	大众传播内容的生产流程	188
20.4	大众传播内容的把关行为	189
21	易读性（Readability）	189
21.1	易读性公式（The Measurement of Readability）	190
21.2	弗雷奇公式（Flesch Formula）	190
21.3	冈宁灰雾指数（Gunning Fog Index）	191
21.4	填空法（Cloze Procedure）	191
22	可获得性（Accessibility）	191
23	讯息（Message）	192
23.1	文本（Text）	192
23.2	信息、符号与讯息之间的区别	193
24	文化（Culture）	193
24.1	大众文化（Mass Culture）	194
24.2	大众（Mass）	195
25	谣言（Rumor）	195
26	影响媒介内容的因素（Influences on Mass Media Content）	196

第六章 受众 　　　　　　　　　　　　　　　　　　　　197

1	受众（Audience）	197
1.1	受众与受传者的区别	198
1.2	受众的类型	198
1.3	受众的特点	199
1.4	受众的角色	200
1.5	受众的动机	200
2	信宿（Receiver）	200
3	社会化（Socialization）	201
3.1	社会化机制（Agencies of Socialization）	201
3.2	大众传播的社会化机制	201
4	解释学理论（Hermeneutic Theory）	201
5	行为主义心理学（Behaviourism Psychology）	202

	5.1 经典条件反射(Classical Conditioning)	203
	5.2 学习理论(Learning Theory)/社会学习理论(Social Learning Theory)	204
	5.3 强化理论(Reinforcement Theory)	205
6	认知心理学(Cognitive Psychology)	206
7	平衡理论(Balance Theory)	207
	7.1 一致理论(Consistency Theory)	208
	7.2 态度改变(Attitude Change)	208
8	对称理论(Symmetry Theory)	209
9	调和理论(Congruity Theory)	209
10	认知不协调理论(Theory of Cognitive Dissonance)/认知一贯性理论(Theory of Cognitive Consistency)	210
11	信息处理理论(Information Processing Theory)	212
	11.1 麦圭尔的信息处理理论	212
	11.2 安德森的信息整合理论(Information Integration Theory)	213
	11.3 精心的可能性模式(Elaboration Likelihood Model)	214
	11.4 信息处理的概略理论(Schema Theory of Information Processing)	215
12	受众心理的特点(Characteristics of Audience Psychology)	215
13	使用与满足理论(Uses and Gratifications Theory)	216
	13.1 早期的"使用与满足"研究	216
	13.2 传播的个人功能	220
	13.3 卡茨的使用与满足研究(Uses and Gratifications Approach)	220
	13.4 罗森格伦的使用与满足模式(Media Gratifications Model)	222
	13.5 使用与满足理论的四重范畴	223
	13.6 对使用与满足研究的评价	224
14	受众期望—价值理论(Expectancy-Value Theory)	225
15	媒介系统依赖理论(A Dependency Model of Mass-Media Effect)	226

16	受众使用大众传播媒介的动机(Audiences' Motivation of Using Mass Media)	227
17	受众的选择性心理(Selective Mechanism of Audience)	228
	17.1 选择性暴露(Selective Exposure)	229
	17.2 选择性注意(Selective Attention)	229
	17.3 选择性理解(Selective Perception)	229
	17.4 选择性记忆(Selective Retention)	230
18	解释受众选择性心理的五种理论(Five Theories about Selective Mechanism of Audience)	231
	18.1 个人差异论(Individual Difference Theory)	231
	18.2 社会范畴论(Social Category Theory)	232
	18.3 社会关系论(Social Relationship Theory)	232
	18.4 文化规范论(Culture Norms Theory)	233
	18.5 社会参与论(Audience Participation Theory)	234
	18.6 受众选择的整合模式(Integrated Model of Audience Choice)	235
19	受众的从众行为(Herd Behavior of Audience)	236
	19.1 谢里夫的群体规范(Group Norms)实验	237
	19.2 奥许的群体压力(Group Pressure)实验	238
20	受众的逆反心理(Antagonistic Psychology of Audience)	239
21	关于受众的观念的演变(The Evolvement of Viewpoints about Audience)	240
	21.1 被动的受众(Passive Audience)	240
	21.2 顽固的受众(Obstinate Audience)	242
	21.3 主动型受众(Active Audience)	243
	21.4 受众细分(Audience Segmentation)	244
22	受众的价值(Value of Audience)	244
23	受众的权利(Rights of Audience)	245
24	收视类型(Style of Viewing)	246
	24.1 频道扫描策略(Scanning)	246
	24.2 频道冲浪(Surfing)	247
	24.3 频道逗留时间(Tuning Duration)	247
	24.4 闪频(Zapping)	247

24.5	观众收看流程理论(Audience Flow Theory)	247
25	媒介暴力可能产生的效果(Possible Effects of Media Violence)	248
25.1	刺激理论(Stimulation Theory)	248
25.2	宣泄理论(Catharsis Hypothesis)	249
25.3	班图拉的波波娃娃实验(The Bobo Doll Studies)	249
26	沙发土豆(Couchpotato)	250
26.1	鼠标土豆(Mousepotato)	251
26.2	容器人	251
26.3	单向度人(One-Dimensional Man)	252
26.4	成瘾性媒介使用(Media Use as Addiction)	252
26.5	媒介依存症(Media Interdependency)	252
26.6	他律性欲望主义	253
27	亲社会行为(Prosocial Behavior)	254
28	粉丝(Fandom)	256
29	媒介素养(Media Literacy)	256

第七章 传播效果 258

1	传播效果(Communication Effects)	258
1.1	传播效果的四个层面	259
1.2	影响传播效果的因素	259
1.3	大众传播效果的分类	260
1.4	时间与意图组合的传播效果类型(Effects can be located on two dimensions: Time Span and Intentionality)	260
1.5	传播功能(Function)与传播效果(Effect)的区别	262
2	子弹理论(Bullet Theory)	262
2.1	本能心理学(Instinct Psychology)	263
2.2	大众社会理论(Mass Society Theory)	263
2.3	弗洛伊德学说(Freudianism)	264
3	宣传(Propaganda)	265
3.1	《世界大战中的宣传技巧》(Propaganda Technique in World War I)	266
3.2	说服(Persuasion)	268

	3.3 《宣传的完美艺术》(The Fine Art of Propaganda)	268
	3.4 新闻的客观性(Objectivity)	270
	3.5 三色宣传	271
4	霍夫兰的美国陆军研究(Hovland's Study on U.S. Army)	271
	4.1 说服研究	272
	4.2 说服技巧与说服效果	273
	4.3 说服主体与说服效果	277
5	态度改变的功能取向(Functional Approach to Attitude Change)	278
6	态度的经典条件作用理论(Attitude Established by Classical Conditioning)	281
7	说服的技巧(Persuasion Techniques)	281
	7.1 采用图像(Use of Pictures)	282
	7.2 诉诸幽默(Appeal to Humor)	282
	7.3 诉诸性感(Appeal to Sex)	282
	7.4 重复(Repetition)	283
8	说服理论的新模式(New Models of Persuasion)	284
9	卡特赖特的劝服原则(Cartwright's Principles of Mass Persuasion)	284
10	莱平格尔的说服模式(Lerbinger's Persuasive Communication)	285
11	间接效果理论(Indirect Effects Theory)	287
	11.1 直接影响假说(Direct Effects Assumption)	287
	11.2 "火星人入侵"事件的另一个视角	287
12	有限效果理论(Limited Effects Theory)	288
13	德福勒心理动力学模式(DeFleur's Psychodynamic Model)	289
14	两级流动传播(Two-step Flow of Communication)	290
	14.1 《人民的选择》(The People's Choice)	291
	14.2 意见(舆论)领袖(Opinion Leader)	292
	14.3 追随者(Follower)	293
	14.4 舆论领袖与追随者的区别	293
15	创新的扩散(Diffusion of Innovations)	294

	15.1	散布研究(Diffusion Research)	294
	15.2	多级传播模式(Multistep Flow Model)	294
	15.3	创新(Innovation)	295
	15.4	创新的决定过程	295
	15.5	创新扩散中的异质性(Heterophily)	296
	15.6	创新的传播渠道(Communication Channels)	296
	15.7	创新采用者的类型	296
	15.8	创新扩散传播的"S"形曲线(S-curve)	297
	15.9	变革推动者(Change Agent)	298
	15.10	创新的后果	298
16	新闻的散布(Diffusion of News)		299
17	适度效果(Moderate Effects)		300
18	教养理论(Cultivation Theory)		301
	18.1	文化指标研究(Cultural Indicator)	302
	18.2	冷酷世界症候群(Mean World Syndrome)	302
	18.3	拟态环境(Pseudo-Environment)	303
	18.4	主流化(Mainstreaming)	305
	18.5	共鸣(Resonance)	306
	18.6	电视的3B(3Bs of Television)	306
	18.7	暴力指数(Violence Index)	306
	18.8	类社会关系(Parasocial Relationship)	307
19	沉默的螺旋(The Spiral of Silence)		307
	19.1	"沉默的螺旋"理论的关键概念	308
	19.2	大众传播对民意产生巨大效果的原因	309
	19.3	舆论(Public Opinion)	310
	19.4	参照群体理论(Reference Group Theory)	310
20	第三者效果(The Third-person Effect)		311
21	媒介霸权理论(Media Hegemony Theory)		312
22	议程设置的效果(Effects of Agenda-setting)		313
	22.1	有关"水门事件"(Watergate Scandal)报道的研究	313
	22.2	影响议程设置效果的因素	313
	22.3	议程偏颇(Bias by Agenda)	315
	22.4	铺垫作用(Priming)	316

22.5 议题的强制性接触(Obtrusiveness)和非强制性接触
(Unobtrusiveness) 316
22.6 抽象议题(Abstract Issues)和具体议题(Concrete Issues) 317
22.7 时滞问题(Time Lag) 317
22.8 议程建构(Agenda Building) 318
23 知识沟假说(Knowledge-gap Hypothesis) 319
23.1 导致知识沟产生的因素 320
23.2 缩小知识沟的条件 321
23.3 信息沟理论(Information Divide) 321
23.4 信息寻求行为等级图(Hierarchy of Information-Seeking Behavior) 323
23.5 上限效果理论(Ceiling Effect) 324
23.6 文化资本(Cultural Capital) 326
24 强大效果模式(Powerful-effect Model) 326
25 大众传播效果研究的发展阶段(The Development of the Studies on Mass Communication Effects) 327
25.1 对效果研究的评价 328
25.2 效果研究的普遍结论 329
26 媒介的社会离心与向心效果(Dispersal vs. Integration) 329

第八章 传播的应用 331

1 传播研究(Communication Research) 331
2 新闻采集与报道(News Gathering and Report) 331
  2.1 新闻(News) 331
  2.2 新闻价值(News Values) 332
  2.3 新闻准则(Journalistic Codes) 333
  2.4 新闻与报道的种类 333
  2.5 编辑方针(Editorial Policies) 335
  2.6 印刷新闻与广播电视新闻的异同 335
  2.7 在线新闻(Online News) 336
  2.8 摄影报道(Photo Journalism) 337
  2.9 公共新闻(Civic Journalism) 337
  2.10 通讯社(Wire Services/News Agency) 338

	2.11	卫星新闻采集技术(Satellite News Gathering, SNG)	338
3	广告(Advertising)		339
	3.1	广告的四种基本功能	340
	3.2	广告的分类	340
	3.3	广告活动(Campaign)	343
	3.4	广告主体(Main Body of Advertising)	344
	3.5	广告代理制(Advertisement Agent)	346
	3.6	4A广告公司(4A Advertising Agency)	347
	3.7	独特销售主张(Unique Selling Proposition, USP)	347
	3.8	定位(Positioning)	347
	3.9	目标受众(Target Audience)	348
	3.10	文案(Copy)	348
	3.11	千人成本(Cost Per Thousand, CPT)	348
	3.12	网络广告(Online Ads)	350
4	公共关系(Public Relations, PR)		352
	4.1	传媒炒作(Press Agentry)	353
	4.2	公开宣传(Publicity)	354
	4.3	广告与公共关系	354
	4.4	公共关系的重要性	355
	4.5	公共关系传播	355
	4.6	公众(Public)	356
	4.7	公关公司(PR Company)	356
	4.8	公关活动的程序	357
	4.9	公共关系的领域	357
	4.10	在线公共关系(Online PR)	359
5	营销(Marketing)		360
	5.1	营销与广告	360
	5.2	营销与销售	361
	5.3	市场细分(Market Segment)	361
	5.4	品牌(Brand)	362
	5.5	4P营销组合(4P Marketing-Mix)	364
	5.6	4C营销组合(4C Marketing-Mix)	364
	5.7	4R营销组合(4R Marketing-Mix)	365

        5.8　整合营销传播(Integrated Marketing Communication, IMC)　366
    6　市场调查(Market Research)　366
        6.1　社会调查(Social Survey)　366
        6.2　受众调查(Audience Survey)　367
        6.3　营销调查(Marketing Research)　368
        6.4　广告调查(Advertising Survey)　369
        6.5　公关调查(PR Survey)　369
        6.6　媒介调查和审计机构(Media Survey and Monitoring Organisation)　371
    7　媒体经济学(Media Economics)　371
        7.1　媒介经济的特殊性质　372
        7.2　媒介经营与管理(Media Management)　373
        7.3　媒介产业(Media Industry)　373
        7.4　媒介集团(Media Conglomerates)　374
        7.5　广播电视所有制形式(Radio and Television Ownership)　375
    8　文化产业(Cultural Industries)/意识工业(Consciousness Industries)　376
        8.1　文化生产(Cultural Production)　377
        8.2　文化创意产业(Cultural and Creative Industries)　377

第九章　媒介法规与伦理　378
    1　第一修正案(First Amendment)　378
    2　信息自由法案(Freedom of Information Act)　379
    3　诽谤(Defamation)　379
        3.1　对诽谤诉讼的辩护　380
        3.2　诽谤的几种形式　380
    4　隐私权(Rights to Privacy)　381
        4.1　侵犯隐私与诽谤　381
        4.2　侵入(Trespass)　382
    5　保护新闻来源(Protecting the Source of Information)　382
        5.1　新闻保障法(Shield Laws)　383
        5.2　不公开(Off the Record)　383
    6　版权(Copyright)　383

7	淫秽与色情(Obscenity and Pornography)	384
	7.1 《希克林准则》(Hicklin Rule)	385
	7.2 《儿童电视法案》(Children's Television Act)	385
8	《1996年电信法案》(Telecommunications Act of 1996)	386
9	对媒介的非正式控制(Informal Controls of Media)	387
10	新闻传播的个人道德规范(Personal Moral Philosophies)	388
11	方针手册(Policy Book)	389
12	印刷媒介的组织方针(Organizational Policies)	390
13	美国电影协会评级系统(MPAA Rating System)	390
14	意见调查员(Ombudsperson)	391
15	潜网(Social Control in the Newsroom)	391
16	普利策奖(Pulitzer Prizes)	392
17	新闻的偏差(News Bias)	392
18	新闻和编辑政策(News and Editorial Policy)	393
19	媒介与社会化(Media and Socialization)	394
	19.1 早期窗户(Early Window)	395
	19.2 《童年的消逝》(The Disappearance of Childhood)	396
	19.3 《娱乐至死》(Amusing Ourselves to Death)	396
	19.4 《技术垄断——文化向技术投降》(Technopoly: The Surrender of Culture to Technology)	397
20	大众娱乐理论(Mass Entertainment Theory)	398
21	大众社会(Mass Society)	399
22	作茧效应(Cocooning)	400
23	赋予社会地位(Status Conferral)	400
24	信息主权(Information Sovereignty)	401
25	文化霸权(Cultural Hegemony)	401
26	文化帝国主义(Cultural Imperialism)	402
	26.1 文化统治论	403
	26.2 文化分析论	403
27	文化商品化(Commodification of Culture)	404
	27.1 信息娱乐化(Infotainment)	405
	27.2 娱乐化新闻(Newszak)	405
	27.3 第五等级(Fifth Estate)	406

28	电子乌托邦（E-Utopia）	406
29	媒介义务（Media Accountability）	407
	29.1 社会责任（Social Responsibility）	407
	29.2 公共利益（Public Interest）	407
30	媒介伦理（Media Ethics）	407

第十章 传播学主要流派和大家 408

1	经验学派（Empirical School）	408
2	批判学派（Critical School）	410
	2.1 经验学派与批判学派的特征对比	411
	2.2 西方马克思主义（Western Marxism）	411
	2.3 批判学派的主要取向	413
3	法兰克福学派（Frankfurt School）	416
4	芝加哥学派（Chicago School）	418
	4.1 芝加哥学派的关键人物	420
	4.2 洛克菲勒基金会（Rockefeller Foundation）	421
	4.3 佩恩基金（Payne Fund Studies）	423
5	解释学派（Interpretivism School）	424
6	英国文化研究学派（British Cultural Studies）	425
7	哥伦比亚学派（Columbia School）	425
8	帕洛阿尔托学派（Palo Alto Group）	426
9	人文主义理论（Humanism Theory）	428
10	功能分析理论（Function Analysis Theory）	428
11	技术决定论（Technological Determinism）	428
12	美国社会科学的根源（Origin of American Social Science）	429
	12.1 奥古斯特·孔德（Augste Comte）和实证主义	429
	12.2 埃米尔·涂尔干（Emile Durkheim）	429
	12.3 乔治·西梅尔（Georg Simmel）和"芝加哥学派"	429
	12.4 查尔斯·H.库利（Charles H. Cooley）	431
	12.5 加布利埃尔·塔尔德（Gabriel Tarde）	431
	12.6 马克斯·韦伯（Max Weber）	432
	12.7 威廉·冯特（Wilhelm Wundt）和"心理学"	433

13	最早关注传播问题的美国社会学家(American Sociologists Who Initiated Communication Study Headmost)	433
	13.1 约翰·杜威(John Dewey)	434
	13.2 乔治·H. 米德(George H. Mead)和符号互动论	435
	13.3 罗伯特·E. 帕克(Robert E. Park)	436
14	传播学的四大奠基人(The Four Great Founders of Communication Study)	438
	14.1 哈罗德·D. 拉斯韦尔(Harold D. Lasswell)	439
	14.2 库尔特·勒温(Kurt Lewin)	441
	14.3 保罗·F. 拉扎斯菲尔德(Paul F. Lazarsfeld)	443
	14.4 卡尔·I. 霍夫兰(Carl I. Hovland)	445
15	威尔伯·L. 施拉姆(Wilbur L. Schramm)	448
16	哈罗德·A. 英尼斯(Harold A. Innis)	449
17	罗伯特·K. 默顿(Robert K. Merton)	451
18	马歇尔·麦克卢汉(Marshall McLuhan)	452
19	沃尔特·李普曼(Walter Lippmann)	453
20	利昂·费斯廷格(Leon Festinger)	455
21	诺伯特·维纳(Norbert Wiener)	455
22	克劳德·E. 申农(Claude E. Shannon)	457
23	沃伦·韦弗(Warren Weaver)	458

第十一章 传播学研究方法 460

1	科学方法(Scientific Method)	460
2	传播研究的分类(The Classification of Communication Research)	461
	2.1 应用性调查研究和理论性调查研究	462
	2.2 探索性研究、描述性研究和解释性研究	462
	2.3 横剖式研究和纵贯式研究	463
	2.4 统计调查和实地调查	464
3	宏观分析和微观分析(Macroanalysis and Microanalysis)	465
4	范式(Paradigm)	466

5	传播学研究方法的特点(Characteristics of Communication Research Methods)	466
6	传播学研究的基本观点(Standpoints of Communication Research)	467
7	传播学研究方法的层次(The Hierarchy of Communication Research)	467
	7.1 传播学研究方法体系	468
	7.2 三角测量(Triangulation)	468
8	传播学研究的一般程序(The General Process of Communication Research)	469
9	假设(Hypothesis)	469
10	归纳(Induction)	470
11	演绎(Deduction)	470
12	归纳与演绎之间的联系(The Relation between Induction and Deduction)	470
13	因果关系(Causal Relationship)	471
	13.1 相关(Correlation)	472
	13.2 虚假关系(Spurious Relationship)	472
	13.3 因变量(Dependent Variable)	472
	13.4 自变量(Independent Variable)	472
	13.5 变量(Variable)	472
14	测量(Measure)	473
	14.1 测量尺度的分类	473
	14.2 测量的质量	474
15	抽样调查(Sample Survey)	477
	15.1 抽样的术语	477
	15.2 概率抽样(Probability Sampling)	480
	15.3 非概率抽样(Nonprobability Sampling)	482
	15.4 典型调查(Typical Survey)	483
	15.5 普查(Census)	484
16	问卷(Questionnaire)	484
	16.1 封闭式问题(Closed-ended Questions)	485
	16.2 开放式问题(Open-ended Questions)	485

- 16.3 关联问题(Contingency Questions) 485
- 16.4 问卷收集数据的方法 485
- 16.5 回收率(Response Rating) 486
- 16.6 问卷的编码(Coding) 486
- 16.7 李克特量表(Likert Scale) 486
- 16.8 倾向性(Bias) 487
- 16.9 二次分析(Secondary Analysis) 487
- 17 访谈法(Interview) 487
  - 17.1 结构式访问(Structured Interview) 487
  - 17.2 非结构式访问(Unstructured Interview) 488
- 18 观察法(Observation) 490
  - 18.1 观察法的种类 490
  - 18.2 个案研究法(Case Study) 492
  - 18.3 民族志学方法(Ethnomethodology) 492
  - 18.4 实地观察(Field Observation) 492
- 19 实验法(Experimental Method) 493
  - 19.1 受控变量(Controlled Variation) 494
  - 19.2 实验组(Experimental Group)和控制组(Control Group) 494
  - 19.3 随机化(Randomization) 494
  - 19.4 配对法(Matching) 494
  - 19.5 前测(Pretesting)与后测(Posttesting) 495
  - 19.6 双盲实验(Double-blind Experiment) 495
  - 19.7 现场实验(Field Experiment) 495
  - 19.8 知情同意(Informed Consent) 495
  - 19.9 匿名(Anonymity) 495
  - 19.10 自愿参与(Voluntary Participation) 495
- 20 内容分析法(Content Analysis) 496
  - 20.1 内容分析法的基本步骤 497
  - 20.2 非介入性研究(Unobtrusive Research) 497
- 21 统计(Statistics) 498
  - 21.1 描述性统计(Descriptive Statistics) 498
  - 21.2 推论统计(Inferential Statistics) 498
  - 21.3 定量分析(Quantitative Analysis) 498

21.4	定性分析（Qualitative Analysis）	498
21.5	操作性定义（Operational Definition）	498
21.6	零假设（Null Hypothesis）	499
21.7	单变量分析（Univariate Analysis）	499
21.8	集中趋势（Central Tendency）	499
21.9	离散趋势（Dispersion）	500
21.10	连续变量（Continuous Variable）	500
21.11	离散变量（Discrete Variable）	500
21.12	双变量分析（Bivariate Analysis）	501
21.13	路径分析（Path Analysis）	501
21.14	显著性水平（Significance Level）	501
22	调查研究报告（Research Report）	502
22.1	摘要（Abstract）	503
22.2	个案式解释（Idiographic）	503
22.3	通则式解释（Nomothetic）	503
23	互联网调查（Internet Research）	503
23.1	互联网收集数据的方法	504
23.2	互联网研究的优势和劣势	504
附录　传播学基础与经典作品 100 部		506

第一章 传播的类型

1 传播（Communication）

传播是一个沟通或者分享的过程。在这个过程中有发送者、中介和接收者，从而在传播者与接收者之间形成了传递关系和交换关系。

信息是传播的内容，传播的根本目的是传递信息，对信息的传递是通过符号来进行的；传播是人与人之间、人与社会之间，通过有意义的符号进行信息传递、信息接收或信息反馈活动的总称。

传播是一切社会交往的实质，传播关系也是社会关系，因此在整个人类历史中，人类在不断地改进自身对信息的接收、处理和吸收能力；不断提高传播信息的能力、速度、清晰度和便利性；也在不断更新着在信息传播的技术和方法论方面的思考。这些努力使得传播成为社会发展的生产性要素。

互文参阅：第五章词条 1 信息（p.160）、词条 10 符号（p.173）

2　内向传播(Intrapersonal Communication)

内向传播也被称为自我传播、自身传播。内向传播是发生在同一个人体内的一种信息交流活动,是在作为意愿和行为主体的主我(I)和作为他人的社会评价和社会期待的代表的客我(Me)之间进行的信息交流。在这个传播过程中,传播信息的主体和接收信息的客体都是同一个人。[①]

一切发生在人体内部的信息交流,如:感觉、理解、思维、意识、情绪等都是人的内向交流。在这个交流过程中,主我和客我进行自由沟通,以达到自我的内部平衡调节,通过这种思维活动进行正常的信息编码,以保证人类其他传播活动的正常进行。[②] 因此,内向传播的核心是自我管理。

内向传播包括正常形式和异常形式两种类型:
- 正常形式:感觉和知觉、记忆、思维、想象、情感和情绪;
- 异常形式:入睡状态和做梦、催眠、酒精中毒和毒品麻醉、高峰体验和沉思状态。

互文参阅:第十章词条 13.2 乔治·H. 米德和符号互动论(p.435)

3　人际传播(Interpersonal Communication)

人际传播可以从广义和狭义的角度分别定义。

广义的人际传播是指大众传播以外的所有其他人类传播类型,是一个人(或群体)不借助机器设备与另一个人(或群体)互动的传播方式。[③]

狭义的人际传播是在两者或两者以上之间进行的面对面或凭借简单媒介,如电话、书信等非大众传播媒介进行的信息交流活动。

[①] 胡正荣:《传播学总论》,北京:北京广播学院出版社1997年版,第121页。
[②] 同上书,第122页。
[③] 同上书,第128页。

人际传播是组织传播和大众传播的基础。①

人际传播的特点有：
- 直接传播：人际传播不依赖大众传播媒介来做中介物。
- 随意性大：在人际传播中，无论传者和受者的位置，还是传播的内容和方式都可以根据情境随时加以调整。
- 保密性强：这是因为人际传播是一种直接交流。
- 反馈迅速：由于人际传播是面对面或凭借简单媒介进行的直接传播，因此传者与受者之间能够迅速反馈。但是在非面对面的交流中，中间媒介会制约反馈的速度和数量。
- 速度可以控制：在人际传播中传播双方可以根据需要调整传播速度。

人际传播的弱点是：
- 覆盖面窄，传播速度慢：这是因为人际传播是面对面的直接传播或凭借简单媒介进行的交流，信息传播受到时间、空间的制约，因此传播效率不高。
- 容易走形：人际传播通常是口头传播，因此复制能力和信息保存能力差。
- 多数留于记忆：由于个人的素质、观念、态度、情绪、语言等因素的影响，可能使信息失真，形成人为的传播障碍。

3.1 机器辅助的人际传播（Machine-assisted Interpersonal Communication）

机器辅助的人际传播是一人或多人利用一种机械设备（或多种设备）同一个或多个接收者进行沟通的方式。机器辅助的人际传播的一个重要特征，是它允许信息的发送者和接收者在时间和空间上的分离。机器能够将讯息储存在纸、电子介质或一些其他材料上，而使讯息具有持久性。机器也能够通过放大讯息及/或远距离传递讯息而扩展讯息的范围。

机器辅助的人际传播同时具备人际传播和大众传播情境的特点，这主要是由于因特网的发展模糊了这两种类型的特征。种类繁多的现代传播形式可以归入这个类别，例如电子邮件、因特网上的

---

① 胡正荣：《传播学总论》，北京：北京广播学院出版社1997年版，第129页。

聊天室等。

机器辅助的人际传播在传播的八要素方面所展现的特点有：
- 信源：信源可以是单个个人或一群人，信源对接收者可能有直接的了解，也可能没有。
- 编码：编码过程至少包括两个阶段：首先，信源把想法转化成文字或其他符号；然后机器将讯息编制成机器符码、电子讯号等发送或储存。
- 渠道：传播渠道受的限制比较多。由于机器辅助的人际传播在信源与接收者之间至少插入了一台机器，因此不像传统的人际传播那样可以利用多个渠道，如交谈的同时看到表情和手势。
- 讯息：讯息可以是私人间的或是公开的，例如私人电子邮件和公共聊天室。由于在信源和接收者之间插入了机器，增加了所谓的心理距离，因此结束这种传播比结束面对面的人际传播要容易。在大多数情况下，讯息发送相对便宜。
- 解码：解码过程也至少包括两个阶段：首先，机器把电讯号等解码成文字或其他符号；然后，接收者将它们转化为意义。
- 接收者：接收者可以是个人或者是一个或小或大的群体。
- 反馈：反馈可以是即时的，也可以是延后的。当信源与接收者紧密联系在一起时，反馈是即时的，例如对演讲者的反馈、电话中的交谈；而当信源与接收者在地理上被分开时，反馈可能是即时的，也可能不是，例如对电子邮件的回应。
- 噪音：同传统的人际传播一样，噪音可以是语义的或环境的，同样也可以是机械的噪音，因为对讯息的干扰可能部分来自所涉及的机器的故障。

互文参阅：第二章词条4 传播要素（p.26）

3.2 经由媒介的传播（Mediated Communication）

经由媒介的传播是存在于一些或许多人之间的、采用某项技术作为媒介的传播。在一个从直接的面对面的人际传播到凭借复杂媒介系统的大众传播的连续统一体上，由经由媒介的传播连接这两个端点。例如，机器辅助的人际传播就是经由媒介的传播的一种形式。

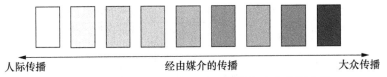

图 1-1　经由媒介的传播处于人际传播与大众传播之间

3.3　约哈里之窗(Johari Window)

1955年,美国心理学家约瑟夫·卢夫特(Joseph Luft)和哈瑞·英汉姆(Harry Ingham)提出了分析人际关系和传播的"约哈里窗口"(Johari Window 是两个人的名字各取一部分而成)理论,他们用四个方格,说明人际传播中信息流动的地带和状况。

第一个方格称为"开放区域",在这里,传播各方的"我"均认为可以公开的信息都集中在这个方格内。第二个方格称为"盲目区域",传播各方的"我"不知道的他人评价"我"的信息置于这个方格内。这些信息"我"不知道,但是别人知道,看得很清楚。第三个方格称为"秘密区域",这里的信息是传播各方的"我"均认为不能公开的纯私人信息,除了隐私,还包括不愿意暴露的"我"的弱点。第四个方格称为"未知区域",传播各方都不知晓的信息置于这个方格中。这是指每个人身上尚未开发出来的信息或潜能,遇到新情况或新问题时,这类信息会生成和表现出来,不为传播各方的"我"和他人察觉。

由于人们在相互交往过程中自我表露程度的不同,约哈里之窗中各区域的大小也不同,且受时间、地点、交往对象等因素制约。扩大对他人的自我开放区域可以提高人际互动的效率,自我表露是扩大这一区域最有效的办法。增强人际间的信息交流互动可以扩大开放区域,缩小未知区域。自我表露的过程实际上就是向未知区域过渡的过程,这一过程不但促进了信息沟通,也促进了个人对自身和他人的了解,促进了社会的协调和进步。

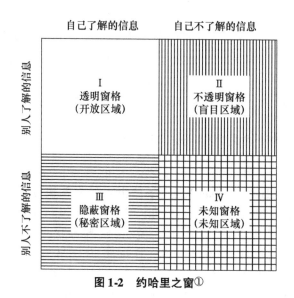

图 1-2　约哈里之窗①

3.4　自我表露(Self-exposure)

个体将自身的情况、状态、能力、情绪等信息传递出来的过程便是自我表露的过程。自我表露是人际传播的重要技能和基础。

3.5　人际传播的动机

- 认识自我
- 与他人建立联系
- 控制周围环境
- 满足情感需求

4　组织传播(Organizational Communication)

组织传播既是传播的一种形式,也是组织管理赖以进行的方式。组织传播是由各种相互依赖的关系结成网络,为应付环境的不确定性而创造的交流信息的过程。② 因此,组织传播是组织成员间、

---

① 胡正荣:《传播学总论》,北京:北京广播学院出版社1997年版,第132页。
② 同上书,第138页。

组织之间以及组织与环境之间的信息互动。

组织传播包括信息、相互依赖的各个部分、传播网络、传播过程和传播环境五个基本要素。

4.1 组织传播的方向

组织传播的方向一般指的是正规组织传播的方向,分为横向传播和纵向传播两种方向:

- 横向传播是在组织内部具有相近或相似权力和地位者之间的一种信息交流;
- 纵向传播是组织内部权力、地位不同的人之间的交流,包括自上而下的传播和自下向上的传播。

4.2 组织传播的形式

组织传播可以分为正规的组织传播和非正规的组织传播两种形式:①

- 正规的组织传播是发生在组织内部具有组织性的传播,是一种与组织的正规角色、地位网络相联系的,严格按照组织正规权力、职能结构、等级系统和交流渠道等进行的信息交流活动,例如会议、布置任务、汇报工作等。正规的组织传播对于组织的生存发展有着重要作用。
- 非正规的组织传播是发生于组织内部的非组织性的传播,是一种没有与组织的正规结构、等级和交流网络相对应的信息交流。非正规的组织传播有任务指向性和情感指向性两种交流,多以联络感情的满足性交流为主要目的,例如组织成员之间的聊天、散布传闻等。

4.3 组织传播的功能

- 手段性功能
  - 确保组织内部的协调合作。
  - 确保组织与外部之间的正常的输入输出的交换活动。
- 满足性功能
  - 保证组织内部的情感交流。

---

① 胡正荣:《传播学总论》,北京:北京广播学院出版社1997年版,第141页。

- 通过组织内部多层次、多角度的信息交流满足成员的心理需求。

4.4 组织文化(Organizational Culture)

组织文化是指一个组织的成员所共享的在身份认同、思想代码和行动方面的理解。[①]

5 群体传播(Group Communication)

群体是一定数量的个体基于某些因素和目的,以特定方式组合而成的系统。在这个系统中,各成员相互影响,相互作用,并指向某种共同的活动目标。群体传播就是群体内部成员之间的信息传递和交流活动。在社会活动中,群体传播起着重要的作用,因为:

- 群体是个人的信息来源。
- 群体是个人实现其价值目标的场所与手段。
- 群体归属和群体规范对个人的态度起着影响和制约作用。
- 群体传播是大众传播效果形成的重要中介和制约因素之一。人们所属的群体,无论大小,正式或者非正式,都对人们接收大众传播消息的方式有很大影响。作为群体成员的身份很可能使偏见态度形成并难以改变,群体以多种方式影响着人们的传播行为。

群体传播是介于人际传播和组织传播之间的一个信息交流层次,它的范围虽然不及大众传播,但是也不限于个人交往的狭窄范围,而是纳入了社会系统。群体内部和群体之间都包含着能动的相互关系,往往会因传播而形成一种凝聚力。

互文参阅: 第六章词条 19.1 谢里夫的群体规范实验(p.237)、词条 19.2 奥许的群体压力实验(p.238)

[①] 〔美〕朱莉娅·伍德:《生活中的传播》,董璐译,北京:北京大学出版社 2009 年版,第 29 页。

拉扎斯菲尔德的总统选举研究(Lazarsfeld's Study of the Presidential Election)

总统选举研究是保罗·F.拉扎斯菲尔德(Paul F. Lazarsfeld)和他的同事在1940年和1948年的美国大选期间就大众传播的影响力所做的调查。这次调查是在伊里县(Erie County)进行的,所以又被称为"伊里研究"。两次研究都是以抽样方法组成固定样本组做连续调查访问,同一受访者要接受多次访问。这是在传播学研究中最早采用系统的社会调查方法进行的一次研究,在传播学研究史上具有重要的地位。

这两次研究的出发点都是希望发现:在选举的决定过程中,大众传播是很重要的因素。但是,研究却意外发现,与个人的影响或他人的影响相比,大众传播媒介在选举决定中扮演的是影响力微弱的角色。这些研究显示:人们的投票行为与其基本群体成员——如父亲、亲密的朋友——的投票行为有强烈的一致性。

部分调查结果在1948年以《人民的选择》(The People's Choice)为题正式出版。这次研究提出了许多有关大众传播效果的重要理论观点,如"先有倾向"的作用、"选择性接触"机制、"补强效果"、"中介因素"、"意见领袖"与"两级传播"等等。伊里研究的结果证明,单一的大众传播并不能直接改变人的态度,大众传播的效果受到多种因素的制约,这些观点对否定早期的"子弹论"的效果观起了重要作用。

互文参阅:第七章词条2 子弹理论(p.262)、词条14 两级流动传播(p.290)、词条14.1《人民的选择》(p.291)、词条14.2 意见(舆论)领袖(p.292);第十章词条7 哥伦比亚学派(p.425)、词条14.3 保罗·F.拉扎斯菲尔德(p.443);第十一章词条2.3.2 纵贯式研究(p.463)、词条15 抽样调查(p.477)

6 大众传播(Mass Communication)

大众传播是一个复杂的组织借助于一个或多个机器,生产和传递公共讯息的过程,这些讯息的目标为庞大的、异质的及分散的受

众。具体来看：①

- 大众传播的传播者是职业传播者，是一个传播组织（如报社、电台、电视台、杂志社等）的整体或其中的个人。这些人大多受过专门的职业教育，以传播为职业，在传播媒体中扮演不同的角色。这些传播机构的运营需要庞大的开支。
- 大众传播的讯息传送是广泛、快速、连续和公开的。大众传播中的讯息是一种可以大量生产并不断复制、十分复杂的符号结构物。讯息往往具有稍纵即逝的特征。
- 大众传播媒介为机械媒介或电子媒介，依靠这些媒介，传播者大量复制信息，并进行迅速、及时、连续不断的传送。媒介的特点也影响了利用媒介传送信息的方式。例如广播电台的快速、简洁；印刷媒介的详细、深入；电视的声像兼备。
- 大众传播的受众广泛，成分复杂。受众有众、杂、散、匿的特点。但是，他们常被发送组织看作是一个具有某些普遍特性的群体或集体。
- 大众传播的反馈是间接、零散、迟缓的，具有积聚性。

但是，新技术带来的变化之一恰恰是对大众传播定义的质疑。②

互文参阅：第六章词条 1.3.2 大众传播受众的特点（p.199）

以计算机为中介的大众传播（Computer-Mediated Mass Communication, CMC）

以计算机为中介的大众传播是经由计算机进行的、具有以下特征的传播形式：

- 以计算机为中介的大众传播，是参与者能够控制和在相互交流中改变角色的大众传播过程，因此比起普通的大众传播，它具有较强的交互性。
- 以计算机为中介的大众传播为媒介的使用者提供了丰富的内容选择，如在因特网中的挑选。面对数字化的讯息，相比使用传统媒介，个体拥有了对媒介的更多的控制权。因此，它具有去一体化的特征，而且我们正从信息匮乏走向信息过载。

---

① 胡正荣：《传播学总论》，北京：北京广播学院出版社1997年版，第149—151页。
② 〔美〕沃纳·赛佛林、小詹姆斯·坦卡德：《传播理论：起源、方法与应用》，郭镇之等译，北京：华夏出版社2000年版，第4页。

● 以计算机为中介的大众传播所传递的信息,可以在发送和接收的时间上不同步。例如,电子讯息的发送者和接收者能够在不同的时间里发送或阅读电子邮件。这也意味着个体能够方便地发送、接收、储存或找回信息。因此,这种形式的大众传播具有异步性的特点。

● 传播的参与者并非在同一物理空间中互动,常规的物理界限被打破,因而在传播中具有匿名和隐藏的可能性。①

互文参阅:第三章词条 10 大众传播的功能(p.69);第四章词条 17 新媒介(p.126)、词条 17.4 数字技术(p.129)、词条 17.5 因特网(p.131)、词条 17.13 虚拟社区(p.140)

7 国际传播(International Communication)

国际传播是在民族、国家或其他国际行为主体之间进行的、由政治所规定的、跨文化的信息交流与沟通。国际传播与国家利益相关联,带有明显的政治倾向性和意识形态色彩。可以将国际传播分为广义和狭义两种:

● 广义的国际传播包括所有的国家与国家之间的外交往来行为,例如首脑互访、双边会谈、地区间峰会以及其他相关事务。广义的国际传播活动是随着国家的出现而出现的。

● 狭义的国际传播是随着大众传媒的出现和发展以及信息全球化的逐步展开而兴起的,在大众传播基础上所进行的国与国之间的传播。例如开设国际广播电台,向其他国家发送广播节目等。

无论是广义的或是狭义的国际传播,都包括两个部分:

● 由外向内的传播:将国际社会的重要事件和变化传达给本国民众。

● 由内向外的传播:把有关本国政治、经济、文化等方面的信息传达给国际社会。

---

① Denis McQuail, *McQuail's Mass Communication Theory* (6th Edition), Sage, 2010, p.552.

7.1 国际传播的主体

通常,国际传播最基本的主体是国家。除了国家以外,国际传播的主体还包括:

- 国际组织:对国家没有强制力的国家间的机构,如联合国组织。
- 超国家组织:在某种程度上对成员国具有一定约束力的机构,其一体化程度较强,如欧盟、世界贸易组织。
- 同盟或地区集团:为了某个目标而以条约的形式结成的联盟,如北大西洋公约组织、东南亚国家联盟。
- 非政府国际组织或者跨国运动:如教会、国际红十字会、国际邮政联盟等。
- 国内的集团或组织:如政党、工会以及各种利益集团。
- 跨国公司或多国公司:如新闻集团等。
- 个人:主要是指那些在国际问题上具有一定影响力的社会活动家、知名专家等。

7.2 国际传播的特点

国际传播的特点主要体现在其传播意图、频道、技术、形式、文化冲击和政治本质等六个方面:

- 意图:国际传播可以是出于一定的目的,也可以是出于无意。也就是说,国际传播可能是有意地跨越国界向其他国家传播,也可能是无意地越出国界之外。在很多情况下,国家的国际广播电台就是在有意地进行国际传播。
- 频道:国际传播既有公共性的,也有私有性的。公共传播指的是社会上的大众能够接收到的传播;私有传播则为了防止目标受众以外的人了解到其内容,而将所传播的信息进行了加密处理。
- 技术:国际传播系统所采用的信息传播渠道有无线电波、有线电波,或者影碟、录音带和录像带等多种媒介。
- 形式:国际传播可以采用多种形式。例如国际广播机构传播的娱乐或新闻节目;国际电讯机构发送的原始的新闻稿件;国际数据处理和数据库公司所提供的计算机数据和软件;军方通过其专用频道发送的加密信息等。

第一章 传播的类型

- 文化冲击：任何国际传播活动都必然会对接受国的文化产生或多或少的影响。那些媒介技术较强的国家可能通过发达的国际传播系统，将它们的文化价值观念向落后国家的公众进行灌输。文化冲击是国家间产生矛盾的原因之一——落后国家认为国际传播对其本民族文化构成了威胁，因而倾向于对针对它的国际传播加以控制；而另外一些国家则认为这种控制会对优秀价值观在国家间的流动构成阻碍，对信息的自由流通不利。
- 政治本质：国际传播具有很强的政治性。在国际传播中，其传播主体大都是以国家利益代表的身份出现的，因而其传播内容也都带有强烈的政治倾向性。国际传播的政治倾向性可能是公开的，也可能是隐含的。

因此，概括起来，国际传播具有与一般传播形态完全不同的特征：

- 国际传播发生在主权国家以及其他国际行为主体之间。"其他国际行为主体"包括国际机构、地区性的联盟组织以及跨国组织等。
- 国际传播是在国家或其他国际行为主体的控制下所进行的信息传播。因此，国际传播是国际政治的一部分，国际传播既对国际政治产生影响，也会受到政治权力的制约和控制。
- 国际传播所传播的内容经过高度过滤。这是因为国际传播的主体通常是国家，因此其传播的最高原则是国家利益。因此，对外传播时，要选择有助于树立国家良好形象的信息，对内传播也是将于己有利的信息介绍进来。

8 跨文化传播（Cross-cultural Communication）

跨文化传播是不同文化背景下拥有不同文化感知和符号系统的人群间进行的传播和交流。① 它是在人类发展过程中，各种文化不断地吸收不同文化的有益因素，使自己不断得到更新、丰富和发展，从而形成的一种历史文化现象。不同的文化在跨文化传播的互

---

① 〔美〕拉里·A. 萨默瓦、理查德·E. 波特：《跨文化传播》，闵惠泉等译，北京：中国人民大学出版社 2000 年版，第 47 页。

相参照过程中认识文化的特性,各种文化通过传播和交流而获得思想新资源。

跨文化传播有两种主要交流形式:国际的跨文化传播和国家内的跨文化传播。前者是指来自于不同国家和文化的人们之间的交流;后者是指在同一国家内部具有不同文化背景的人们的交流。

科学技术的发展极大地促进了不同文化之间的交流,跨文化传播也更加活跃和频繁,成为现代人的一种生活方式和文化发展的内在动力。大众媒介改变了传统文化边界,拓展了文化空间,进行了文化的整合,同时也携带着政治与资本的力量,推行着文化霸权主义。大众媒介因此在跨文化传播中扮演着重要角色。

互文参阅:第四章词条3 大众媒介(p.81);第九章词条25 文化霸权(p.401)、词条26 文化帝国主义(p.402)

9 全球传播(Global Communication)

全球传播是媒介内容的生产、传播与接收不再局限于一个地理区域的过程。[1]

随着广播、电影、电视、卫星电视、有线电视、因特网和新媒介传播技术的发展和普及,新闻、文化和舆论的交流与传播实现了网络化和全球化。

全球传播意味着凭借这些传播手段,迅速、连续地将地球上任何一个角落里发生的事件传遍全球。除了技术原因之外,全球传播也是国际性传播组织所带来的结果。全球传播为全球各地的居民带来了有关其他国家、民族的信息,因此人们对于世界的感知和认识,更多地是通过大众媒介而获得的,只有很少一部分是通过亲见亲闻。与此同时,全球传播也可能威胁到文化认同、文化自主与文化完整。

全球传播的出现和发展有赖于这样四个因素:

---

[1] Denis McQuail, *McQuail's Mass Communication Theory* (6th Edition), Sage, 2010, p.558.

- 传播屏障的消除,信息的自由流动;
- 传播媒体的跨地区、跨国界经营;
- 传播手段的高度现代化——新媒介通常被认为是加速传播的全球化的重要原因;
- 各国政府对信息控制的减少。

互文参阅:第四章词条 26 媒介全球化(p.158);第八章词条 7.4 媒介集团(p.374)

10 健康传播(Health Communication)

健康传播是传播学的一个分支,是制作、传递、分散、交流和分享健康信息的过程,所有涉及健康方面的内容的人类传播都是健康传播。健康传播的议题广泛,包括疾病预防(如预防艾滋病)、药物滥用预防、医患关系研究等内容。

健康传播的目的是将医学研究成果转化为大众的健康知识,并且通过改变公众的态度和行为,来降低疾病的患病率和死亡率,有效地提高一个社区或国家的人民的生活质量和健康水平。

健康传播是健康教育与健康促进的重要手段和策略。它包括四个传播层次:
- 自我个体的健康传播
- 人际健康传播
- 组织健康传播
- 大众健康传播

互文参阅:第七章词条 15 创新的扩散(p.294)

11 公共传播(Public Communication)

公共传播是指政府、企业及其他各类组织,通过各种方式与公众进行信息传输和意见交流的过程。公共传播是信息在当代社会的一种传递方式,包括新闻传播(广播、电视、报纸、杂志等)和舆论传播(口头议论、道德评议等),也包括多媒体视频音频和网络媒体

等最新传播形式。因此,可以将公共传播分为以下几个层面:
- 人际层面的公共传播:例如,政府部门的相关负责人或工作人员、专家与公众进行的面对面交流。
- 群体层面的公共传播:例如,在学校、商场、某个社区或组织内召开的公众参加的小范围的座谈会。
- 组织层面的公共传播:例如,在某个公司或组织内面向公众传递信息。
- 大众层面的公共传播:例如,通过广播电视、报纸、因特网等大众传媒向公众传递信息。

在公共传播中,新闻或信息发布机制和新闻发言人都起到了相当重要的作用。

互文参阅:第八章词条4 公共关系(p.352)

11.1 新闻发言人制度(Press Spokesman System)

新闻发言人制度是一种新闻发布制度,是指在一定时间内就某项重大事件或政策问题,举行新闻发布会,或者约见记者,发布新闻或阐述所代表的政府、某个社会组织的态度立场,并且作为部门或某个社会组织的代表回答提问。

建立和完善新闻发布机制和新闻发言人制度的主要功用在于:
- 通过及时向公众通报相关重要信息,保证公众知情权的实现。
- 通过及时主动地发布新闻、信息,在舆论引导中把握主动权,减少不利报道。
- 通过及时准确地公布各类信息,阐述政府或组织的观点立场,树立良好的形象。

11.2 新闻发言人(Press Spokesman)

新闻发言人是国家、政党、社会团体任命或指定的专职(比较小的部门为兼职)新闻发布人员,其职责是在一定时间内就某一重大事件或时事,约见记者或举办新闻发布会、记者招待会,针对有关问题阐述本部门的观点立场,并代表有关部门回答记者的提问。

新闻发言人的背后有一个强大的工作团队,他们共同收集材料、分析信息、深入了解情况,而且,新闻发言人也需要与其他相关部门保持沟通和合作,以保证所提供的信息的全面性、准确性和权威性。

11.3 新闻发布会(News Release Conference)

新闻发布会是政府或某个社会组织定期、不定期或临时举办的信息和新闻发布活动,直接向新闻界发布政府政策或组织信息,解释政府或组织的重大政策和事件。新闻发布会通常:

- 有正规的形式,符合一定的规格,根据发布会所发布的内容精心选择召开的时间和地点;
- 邀请记者、新闻界(媒体)负责人、行业部门主管、各协作单位代表及政府官员参加;
- 实现了时间集中、人员集中、媒体集中,通过报刊、电视、广播、网站等大众传播手段的集中发布,迅速将信息扩散给公众。

新闻发布会通常由新闻发言人自己主持,即承担发布会活动中的新闻发布、点请记者提问、回答问题等所有环节的工作。新闻发布会的基本程序是先由发言人发布新闻,然后再回答记者提问。

互文参阅:第一章词条11.4 记者招待会(p.17);第八章词条4 公共关系(p.352)

11.4 记者招待会(Press Conference)

记者招待会也是公共传播的一种方式,是由政府部门、社会组织或个人根据自身的某种需要,邀请有关新闻单位的记者,在主持人的主持下回答记者提问的传播方式,是一种对公众具有影响力的公共关系活动。

记者招待会与新闻发布会是两种不同的新闻发布形式,它们之间有两点重要的区别:

- 新闻发布会是先由新闻发言人发布新闻,然后他/她再回答记者提问;而在记者招待会中,回答记者的问题是最主要的内容,因此通常直接回答记者提问。
- 新闻发布会通常由新闻发言人自己主持,即承担发布活动中所有环节的工作;记者招待会通常设有主持人,但主持人不回答问题,而由政府官员或社会组织的有关人士来回答问题。

互文参阅:第一章词条11.3 新闻发布会(p.17);第八章词条4 公共关系(p.352)

第二章 传播模式

1 传播学(Communication Science)

传播学是关于传播的一种视角,通过汇集各种观点和方法论来研究各种传播活动。①

传播学是研究人类一切传播行为和传播过程发生、发展的规律以及传播与人和社会的关系的学问,即传播学是研究人类如何运用符号进行社会信息交流的学科。它具有交叉性、边缘性、综合性等特点。②传播学研究的重点和立足点是:人与人之间如何借传播的作用而建立一定的关系。

传播学作为一门独立的学科是从 19 世纪末以来逐步形成的,在 20 世纪 30、40 年代作为跨学科研究的产物,诞生于美国。当时的传播学具备了构成独立学科的必要条件:自觉性、一般性、系统性、科学性。

在国际范围内,传播学研究大体分为两大学派:以美国为中心的传统学派和以西欧为中心的批判学派。

---

① 胡正荣:《传播学总论》,北京:北京广播学院出版社 1997 年版,第 57 页。
② 〔美〕斯坦利·巴兰、丹尼斯·戴维斯:《大众传播理论:基础、争鸣与未来》(第三版),曹书乐译,北京:清华大学出版社 2004 年版,第 341 页。

互文参阅：第十章词条 1 经验学派（p.408）、词条 2 批判学派（p.410）

1.1 传播学的学术渊源

传播学的形成是以大众传播媒介以及新闻事业的发展为直接基础的，因此可将新闻学视作传播学的前身。传播学的学术渊源包括两大门类：

- 行为科学：凡是研究人与人之间的关系的科学都与传播学相关，如哲学、社会学、心理学、社会心理学、政治学、新闻学、人类学、语言学、符号学、神经病学等。
- 信息科学：传播学借鉴了自然科学中的信息论、控制论、系统论、数学、统计学等的知识。

各种社会科学、自然科学的理论成为传播学理论的一部分，但是，传播学有其自身的理论，是其他学科所不能代替的。

1.2 传播学的发展背景

传播研究起源于20世纪前二十年，发展成为一门学科是在四五十年代。其兴起与形成的社会条件和学科基础是：①

- 19世纪初是资本主义从自由竞争走向垄断竞争的年代。工业化大生产使资本主义的生产活动和范围大大延伸，因而对信息的要求就更高。
- 19世纪已经形成的报业，加上20世纪前期新兴的电影、广播、电视等新媒介，逐步形成了资本主义社会独立的产业——传播业，对这个社会产生了强烈的冲击。
- 到20世纪初，资本主义社会已经经历了两次科学革命，亦即两次思想革命。人类对物质和精神世界的认识能力以及认识的广度和深度有了大幅度的扩展。研究方法日益科学化，学说日益多样化，因此人们能够科学而全面地研究影响日益扩大的传播活动。

传播学的发源地是美国，除了上述条件之外，其产生还有独特的社会、学科背景：②

---

① 胡正荣：《传播学总论》，北京：北京广播学院出版社1997年版，第2—3页。
② 同上书，第3—8页。

- 在政治上,美国的政治家无论是在日常的政治活动中,还是在四年一次的竞选中,都比较重视利用传播媒介进行政治宣传。
- 在战争期间,政治家对传播媒介的依附更凸显出来。两次世界大战不仅是军事上的较量,也是宣传之战。这在客观上推动了传播研究的深入,为传播学的研究奠定了坚实的实践基础。
- 在经济上,美国是资本主义阵营里唯一的在两次世界大战中加强了经济实力的国家,传播学的兴起是与大众传播在美国经济生活中的地位和作用密切相关的:
  - 经济发展导致美国向国际市场扩展,因此,美国在20世纪20年代应运而生的大量广告公司、公关公司、调查公司等机构,在40年代有了空前的发展,企业普遍关注营销环节中的各种传播问题。
  - 美国的大众传播业在两次世界大战中和之后日益壮大,也成为一个相对独立而完善的经济实体。大众传播业客观上和主观上都需要进一步研究传播规律,改进传播行为,增强传播效果。
- 从社会的角度来看,科学技术空前发展,新的传播技术推动了传播业的发展。这一方面为受众提供了更多的获得信息的渠道;同时,媒介中的色情和暴力内容也严重地影响着受众。美国的社会学家、心理学家纷纷开始关注和研究传播业现实中出现的新问题。

1.3 传播学的研究对象

传播学的研究对象按研究领域可以分为三个部分:[①]

- 人类传播的发生与发展历史:也就是理解传播是如何发生的,以及它对个人和社会秩序产生什么样的后果。
- 人类传播的形态:社会发展的历史阶段和社会形态不同,产生了许多不同的传播形态;同时,在一个社会中,因社会所需功能的不同又存在着众多的传播形态。因此,传播学必须研究这些传播形态的结构、功能以及运动机理等。
- 人类传播的过程与结构:对人类传播过程的研究可以从至少两个层面进行:宏观层面和微观层面。任何传播过程都发生在宏观的系统中,即都具有他组织性,因此需要研究传播活动过程与社会、政治、经济、文化等系统要素的互动关系。人类传播活动过程都有

---

① 胡正荣:《传播学总论》,北京:北京广播学院出版社1997年版,第28—30页。

其运动的自身轨迹,具有自组织性,这是微观层面的研究,包括控制分析、内容分析、受众分析、媒介分析、效果分析。

传播学按传播层次可分为:
- 内向传播学:主要研究发生在一个人体内的信息交流活动。
- 人际传播学:
  - 按传播符号可以分为:言语传播学和非言语传播学。
  - 按传播方式可以分为:演讲学、辩论学和谈判学。
- 组织传播学:研究组织成员间、组织之间以及组织与环境之间的信息互动。
- 群体传播学:研究一定数量的个体,基于某些因素和目的,以特定方式组合而成的群体,其内部成员之间的信息传递和交流活动。
- 大众传播学:
  - 按传播媒介可以分为:报刊传播学、书籍传播学、广播传播学、电视传播学、电影传播学、网络传播学、移动媒介传播学等。
  - 按传播内容的性质可以分为:政治传播学、经济传播学、文化传播学、新闻传播学、舆论传播学、文艺传播学、科技传播学、广告传播学和教育传播学等。

互文参阅:第一章词条2 内向传播(p.2)、词条3 人际传播(p.2)、词条4 组织传播(p.6)、词条5 群体传播(p.8)、词条6 大众传播(p.9);第二章词条3 传播模式(p.24)、词条5 拉斯韦尔模式/5W模式(p.27)

1.4 新闻学、大众传播学、传播学的区别

表 2-1 新闻学、大众传播学、传播学的区别①

	新闻学	大众传播学	传播学
研究对象	新闻及社团活动	大众传播活动	人类传播活动
研究方法	经验研究	经验研究、定量研究、定性研究	定量研究、定性研究
研究取向	实务导向	理论化	本质研究、理论

---

① 胡正荣:《传播学总论》,北京:北京广播学院出版社1997年版,第9页。

2 模式(Model)

模式是对真实世界理论化和简约化的表达方式,[1]其结构与现实的或预测中的现实的结构相同。每个模式都描述了一个人们所处环境中不断出现的问题,为我们提供考虑问题的框架,并描述该问题的解决方案的核心。例如,传播学的模式就是对人类如何进行传播、传媒机构如何运营等问题的结构化和模式化。

正是由于模式暗示着事物之间的内在联系,因此虽然模式本身不是一种解释工具,但是它却有助于理论的形成。从一种模式到一种理论的飞跃通常非常快,以至于二者经常被混淆。

2.1 模式的类型

模式有多种形式,按照所用的符号可以分为三类:
- 文字模式:用文字进行描述的模式。
- 图像模式:用图形、表格等符号进行结构的模式。
- 数学模式:用数学符号、方程式等建构的模式。

2.2 模式的功能

卡尔·多伊奇(Karl W. Deutsch)总结了模式的四种显著功能:[2]
- 组织:模式能够对资料进行排序和联系,以显示从表面上没有看出来的资料之间的相似性和相关性。也就是说,模式能提供我们考虑问题的框架,即使它早期的形式还不能用以进行成功的预测。
- 预测:新模式解释了人们尚未了解的事情。如果它具有可操作性,那就表示,一个模式可以通过实际的检验对预测加以证实。
- 启发:在由于缺乏测量技术而不能证实预测的时候,模式仍然是引出新的未知事实和未知方法的启发手段,而且模式也能指出我们的知识领域中那些明显的空白。

---

[1] 〔美〕沃纳·赛佛林、小詹姆斯·坦卡德:《传播理论:起源、方法与应用》,郭镇之等译,北京:华夏出版社2000年版,第44页。
[2] 同上书,第45页。

- 测量：如果模式与被模式化的事物之间的联系过程是明白易懂的，所得资料在模式的帮助下便可形成测量。

2.3　模式的评价标准

对一个模式的评价标准主要有：①
- 普遍性：这个模式所组织的材料有多少？有效性有多大？
- 启发性：这个模式对发现新的联系、新的事实或新的方法有多大帮助？
- 重要性：由这个模式得出的预测对研究领域的重要性如何？
- 准确性：由这个模式发展出的测量方法准确性如何？
- 原创性：它提供的新见识有多少？
- 简约度：这个模式的简化程度、手段的经济性和简约性如何？
- 真实性：我们能在多大程度上依赖这个模式作为物质的实质代表？

3　传播模式（Communication Model）

传播模式是利用文字和图表构筑的功能性模式，表示我们已知确实存在但无法看到的传播中的联系。也就是说，传播模式在理论上抽象地把握了传播的基本结构与过程，描述其中的要素、环节以及相关变量的关系。

3.1　传播基本模式的类型

传播基本模式的三大基本类型：
- 线性模式：又称直线模式，将传播的过程看作是单向流动。线性模式使人们能够以一种简明的图形结构，来对传播过程的结构和特点进行直观的、具体的描述，是人类传播研究史上的一大创举。它的缺陷包括：忽视了"反馈"这个要素；将传播者和受传者的角色固定化，忽视了传播的双向性，不能充分揭示人类传播的互动性质。
- 控制论模式：又称循环模式。控制论的基本思想是通过对反

---

① 〔美〕沃纳·赛佛林、小詹姆斯·坦卡德：《传播理论：起源、方法与应用》，郭镇之等译，北京：华夏出版社2000年版，第45页。

馈信息的利用来调节和控制系统行为,以达到预期目的。控制论模式指出,传播的过程是带有反馈的双向交流过程,即具有反馈回路的封闭式控制系统。其缺陷在于:现实中的传播,尤其是大众传播过程往往不能形成平衡、循环的自我调节系统;传播过程并不是一个独立的本体运动过程,而是在一定的社会背景下进行的。

- 社会系统模式:将传播过程看作一个系统,并将传播系统放在包罗万象的社会系统中去研究,认为大众传播过程与社会系统之间相互影响、相互作用。

传播模式从线性模式到控制论模式的发展,完成了传播结构认识史上的两次飞跃,基本解决了传播的要素问题;而社会系统模式的提出是第三次飞跃,解决了传播的条件问题,反映了人类对传播现象的认识越来越全面、深刻。

互文参阅:第二章词条4.1 施拉姆的传播过程八要素(p.26)、词条10.3 反馈(p.36);第五章词条7.3 控制论(p.171)

3.2 传播模式概览

表2-2 传播模式概览

一、基本模式	线性模式	拉斯韦尔的5W模式
		布雷多克的7W模式
		申农—韦弗的数学模式
		格伯纳的传播基本模式
	控制论模式	奥斯古德—施拉姆模式
		施拉姆的大众传播模式
		丹斯螺旋模式
	系统论模式	赖利夫妇的工作模式
		德福勒的互动过程模式
		马莱茨克的大众传播场模式
		纽科姆的A-B-X模式
		韦斯特利—麦克莱恩的大众传播概念模式
二、大众传播对微观个体影响的模式	两级传播模式	
三、大众传播对宏观社会影响的模式	议程设置模式	

（续表）

四、以受众为中心的模式	使用与满足模式
五、大众传播的媒介与行为体系的模式	怀特的把关人模式
	麦克内利的把关模式
	选择性守门模式
	巴斯的双重行动模式

互文参阅：第二章词条 5 拉斯韦尔模式/5W 模式（p.27）、词条 6 布雷多克模式/7W 模式（p.29）、词条 7 申农—韦弗模式/数学理论（p.29）、词条 9 格伯纳模式/传播基本模式（p.33）、词条 10 奥斯古德—施拉姆循环模式（p.34）、词条 11 施拉姆的大众传播模式（p.38）、词条 12 丹斯螺旋模式（p.39）、词条 13 赖利夫妇模式（p.40）、词条 14 德福勒的互动过程模式（p.41）、词条 15 马莱茨克模式/大众传播场模式（p.42）、词条 16 纽科姆 A-B-X 模式（p.44）、词条 17 韦斯特利—麦克莱恩模式/大众传播概念模式（p.45）；第三章词条 5.1 怀特的把关人模式（p.56）、词条 5.2 麦克内利的新闻流动模式（p.57）、词条 5.3 选择性守门模式（p.58）、词条 5.4 巴斯的双重行动模式（p.59）、词条 6 议程设置（p.61）；第六章词条 13 使用与满足理论（p.216）；第七章词条 14 两级流动传播（p.290）

4 传播要素（Communication Factors）

传播要素是任何一次完整的传播活动都必须包含的因素，这些要素相互作用、不断变化的过程构成了传播过程。传播过程通常被认为是由六个基本要素组成的，这六个要素是：信息源、传播者、受传者、讯息、媒介和反馈。

4.1 施拉姆的传播过程八要素

按照传播学鼻祖威尔伯·L. 施拉姆（Wilbur L. Schramm）的观点，传播过程应包括以下八个要素：

- 信源（Source）：信息的来源，是传播过程的开始。
- 讯息（Message）：传播的内容，是即将用于交换的信息组合。

第二章 传播模式

- 编码者(Encoder)：负责将讯息译制为可用于传输或表达的形式，如各种符号和信号等。
- 渠道(Channel)：传播讯息所依赖的介质、通道或讯息传输系统。
- 解码者(Decoder)：与编码者的作用相反，负责将编码者编译过的符号和信号还原为接收者能够理解的讯息存在形式。
- 接收者(Receiver)：讯息的接收者，是传播的目的地与终端。
- 反馈(Feedback)：介于信源与接收者之间的一种结构，是由接收者在接收讯息后对信源的一种后续的反向传播。信源可以利用反馈来对后续传播做出相应的调整。
- 噪音(Noise)：是信息传播过程中可能发生的附加、减损、失真或错误。

互文参阅：第一章词条 3.1 机器辅助的人际传播(p.3)；第二章词条 10.1 编码(p.35)、词条 10.2 解码(p.36)、词条 10.3 反馈(p.36)；第三章词条 3 信源(p.52)；第四章词条 1 渠道(p.80)；第五章词条 4 噪音(p.167)、词条 23 讯息(p.192)；第六章词条 2 信宿(p.200)

4.2 信息与讯息的区别

信息是人类传播的材料，它的流通必须经过物质外壳的处理，即符号化，才得以进行。

讯息在传播学中是指传达一个具体内容的一组信息符号，在传播中传播者发出讯息，接收者对这个讯息进行处理，并做出反应。

5 拉斯韦尔模式/5W 模式(Lasswell's Model)

美国政治学家哈罗德·D. 拉斯韦尔(Harold D. Lasswell)在其 1948 年发表的《传播在社会中的结构与功能》("The Structure and Function of Communication in Society")一文中，最早以建立模式的方法对人类社会的传播活动进行了分析，提出 5W 传播过程模式。这一模式界定了传播学的研究范围和基本内容，影响极为深远。

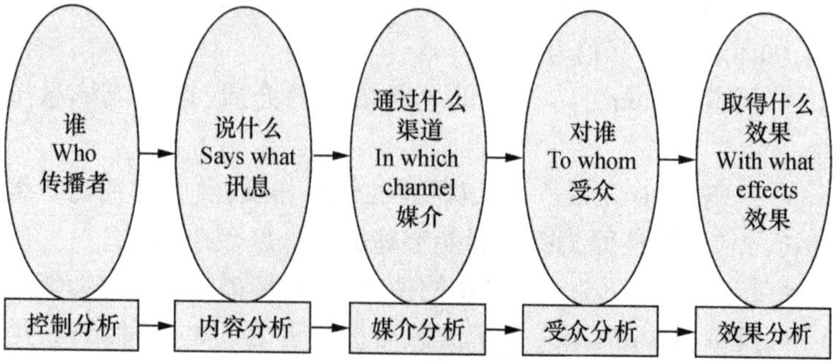

```
┌─────┐   ┌─────┐   ┌──────┐   ┌─────┐   ┌──────┐
│ 谁  │   │说什么│   │通过什么│   │ 对谁 │   │取得什么│
│ Who │ → │Says │ → │ 渠道 │ → │ To  │ → │ 效果 │
│传播者│   │what │   │In which│   │whom │   │With what│
│     │   │ 讯息 │   │channel│   │ 受众 │   │effects│
│     │   │     │   │ 媒介 │   │     │   │ 效果 │
└─────┘   └─────┘   └──────┘   └─────┘   └──────┘
   ↓         ↓          ↓          ↓          ↓
┌─────┐   ┌─────┐   ┌─────┐    ┌─────┐    ┌─────┐
│控制分析│→│内容分析│→│媒介分析│→│受众分析│→│效果分析│
└─────┘   └─────┘   └─────┘    └─────┘    └─────┘
```

图 2-1　拉斯韦尔模式/5W 模式

拉斯韦尔的 5W 模式为线性传播过程模式：谁（Who）→说什么（Says what）→通过什么渠道（In which channel）→对谁（To whom）→取得什么效果（With what effects）。这五个要素又由此构成了传播学研究的五个基本内容，即控制分析、内容分析、媒介分析、受众分析和效果分析。

- "谁"就是传播者，在传播过程中担负着信息的收集、加工和传递的任务。传播者既可以是单个的人，也可以是集体或专门的机构。此项对应于传播学研究中的控制分析。

- "说什么"是指传播的讯息内容，它是由一组有意义的符号所组成的信息组合。符号包括语言符号和非语言符号。此项对应于传播学研究中的内容分析。

- "渠道"是信息传递所必须经过的中介或借助的物质载体。"渠道"既可以是信件、电话等人际媒介，也可以是报纸、广播、电视等大众传播媒介。此项对应于传播学研究中的媒介分析。

- "对谁"是受传者或受众。受众是所有受传者，如读者、听众、观众等的总称，是传播的最终对象和目的地。此项对应于传播学研究中的受众分析。

- "效果"是信息到达受众后，受众在认知、情感、态度和行为各层面所产生的反应。它是检验传播活动是否成功的重要尺度。此项对应于传播学研究中的效果分析。

这个模式的缺陷在于：

- 将信息的流动看作是直线的、单向的，没有注意信息回路和反馈；

- 将传者和受者的角色固定化,忽视了传播的双向性;
- 将传播的过程看作孤立的过程,没有涉及传播过程和社会过程的联系。

互文参阅:第十章词条 4.2 洛克菲勒基金会(p.421)、词条 14.1 哈罗德·D.拉斯韦尔(p.439)

6 布雷多克模式/7W 模式(Braddock's Model)

美国学者理查德·布雷多克(Richard Braddock)在 1958 年发表论文《拓展拉斯韦尔模式》("An Extension of the Lasswell Formula")。他在拉斯韦尔的 5W 模式的基础上增加了"情境"(Where)和"动机"(Why)两个环节,提出 7W 模式,即把传播过程分解为传者、受者、信息、媒介、效果、情境和动机七个要素。

"情境"和"动机"分别考察"在什么情况下"和"为了什么目的"进行传播,布雷多克还将这二者与"取得什么效果"并列。

7 申农—韦弗模式/数学理论(Shannon and Weaver Model/Mathematical Theory)

1949 年,信息论创始人、数学家克劳德·申农(Claude E. Shannon)与沃伦·韦弗(Warren Weaver)共同提出了传播的数学理论。数学理论把传播描述成一种直线的单向过程,整个过程由五个环节和一个不速之客——噪音构成。"噪音"概念的引入,是传播的数学理论的重大优点。数学理论包括以下九个要素:

- 信源(Information Source)是负责从一组可能被传播的讯息中选择或构造需要被传播的讯息的实体。作为传播过程的第一个环节,信源负责发出将要传播的讯息。
- 讯息(Message)是信源希望传递的物质。
- 发射器(Transmitter)是将讯息从原来的形式转化为能被传递的形式的实体,即讯息会经发射器编码,从而采用与所经渠道相适应的信号形式到达接收器。

- 信号(Signal)是讯息能够被传送给接收器的形式。
- 渠道(Channel)是讯息得以传递的中介。
- 噪音源(Noise Source)是无意中加入到信号中的任何信息的来源。
- 接收的信号(Received Signal)是被传送来的信号加上所有被接收到的噪音。
- 接收器(Receiver)是执行与发射器相反功能的实体,它将接收到的信号还原为讯息并发送到传播的目的地,即信宿。
- 信宿(Destination)是讯息的目标接收者,可能是人也可能是机器。

申农—韦弗模式仍然是线性模式,忽视了反馈和社会过程对传播过程的制约。申农和韦弗的数学模式意味着,信源、信宿、发射者和接收者是相互独立的。虽然对机械系统而言这通常是正确的,但对人类传播系统而言却不一定。

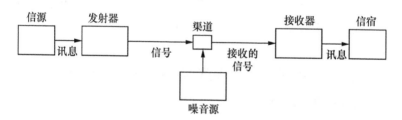

图2-2 香农的一般传播系统简图①

互文参阅:第二章词条10.1 编码(p.35)、词条10.2 解码(p.36);第五章词条4 噪音(p.167);第十章词条21 诺伯特·维纳(p.455)、词条22 克劳德·E.申农(p.457)、词条23 沃伦·韦弗(p.458)

SMCR 模式

SMCR 模式是数学模式的基本形态,由克劳德·申农与沃伦·韦弗在1949年提出。SMCR 模式描述了在信息发出者和信息接收者之间发生的事情,其基本顺序是:信源(Source)——讯息(Message)——渠道(Channel)和接收者(Receiver)。在 SMCR 模式中:

---

① 〔美〕沃纳·赛佛林、小詹姆斯·坦卡德:《传播理论:起源、方法与应用》,郭镇之等译,北京:华夏出版社2000年版,第47页。

- 信源是传播的开端,是将信息进行编码并且传送给接收者的人。
- 讯息将内容包装成可以传播的物质形式,它包含着信源的意图,即讯息是信源希望接收者以信源所希望的方式接收并理解的传播内容。由于人们不可能将大脑直接相连,因此信源只能将他/她的意图尽量编码成接收者能够"准确"解码成原来含义的讯息。
- 渠道是讯息得以传递的媒介。它的形式可以是有组织的媒体,例如电视中的广告或报纸上的文章;也可以是更直接的中介,例如电话交谈或面对面的交流。渠道必须插入接收者的感受系统,这样才能通过视、听、闻、触摸或品尝接收信息。
- 接收者是在传播的另一端的人。他们可能正在主动地寻求接收信息,也可能意外地获得信息;他们可能是信源的发送目标,也可能是处于接收范围内的人。接收者将讯息解码,并且形成自己对它们的理解。

8　传播过程理论(Process of Communication Theory)

传播过程理论由美国传播学家戴维·贝罗(David K. Berlo)于1960年提出。传播过程理论指出,传播是由多个要素及其相互关系组成的动态的、有结构的信息流动过程。也就是说,

- 传播是一个动态的过程,没有开端也没有终点,没有界限。[①]
- 传播过程是一种复杂的结构体,这个结构中的各个要素之间有着复杂的多元关系,其中的每一个因素、每一个环节、每一个步骤,都是相互关联而不能被切割、分离的。这些关系是传播研究的基本单位。
- 传播是双向的过程,所有的信息交流都不是传播者向受传者发送讯息的单向过程,而是传播者与受传者之间相互作用的过程。
- 传播过程的本质是运动,即过程中各要素及其关系的相互影响和变化。[②]

[①] 胡正荣:《传播学总论》,北京:北京广播学院出版社1997年版,第165页。
[②] 沙莲香:《传播学:以人为主体的图像世界之谜》,北京:中国人民大学出版社1990年版,第28页。

- 传播是社会性的过程,传播过程是社会大系统的子系统。根据系统论的观点,系统的本质不但与系统本身相关,而且与它的外部环境有关。

贝罗的传播过程模式

贝罗提出了 SMCR 的传播过程模式,强调传播过程研究是研究传播的各个要素,即信源(S:Source)、讯息(M:Message)、渠道(C:Channel)和受者(R:Receiver),也强调了传播过程研究要探究要素之间的相互关系和所形成的传播现象的结构。SMCR 传播过程模式概括起来,就是信源将讯息编码,经由渠道传递给受者,受者将讯息解码的过程。

贝罗的传播过程模式中所列的各要素与申农和韦弗的 SMCR 模式中的要素基本相同;两个模式的区别在于,贝罗强调了传播过程的动态性。在传播过程模式中,贝罗指出,尽管我们可以列出传播的各个要素,但是却不能完全抓住传播过程的实质,这是因为传播过程具有很强的动态性,信源与受者之间的关系是传播过程中的重要变量。传播双方的传播技能、态度、知识水平、在社会中的地位、所处的文化背景等许多因素都影响着传播的"结果",因此,我们无法通过个别的传播要素预测传播是否能成功地进行。为此,传播过程模式强调了"过程研究"的重要性和科学性。

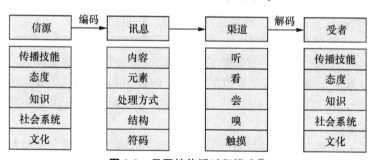

图 2-3　贝罗的传播过程模式①

互文参阅:第二章词条 SMCR 模式(p.30)

---

① David K. Berlo, *The Process of Communication*, New York: Holt, Rinehart, and Winston, 1960, pp.20-48.

9　格伯纳模式/传播基本模式（Gerbner's General Model of Communication）

传播基本模式由美国传播学者乔治·格伯纳（George Gerbner）于1956年提出，其目的是要探索一种在多数情况下都具有广泛适用性的模式。该模式能够以具体情况下的不同形式对千变万化的传播现象进行描述。

事件（E）发生在真实世界，被人或机器（M）感知。事件（E）可以是人们之间的谈话、发送的信件、电话通话或其他人或机器（M）的传播。也就是说，E可以是信源或发送器；同样，E也可以是所发生的事件，如车祸、自然灾害等。有三个重要因素对E的感知与理解起作用：

- 选择：M是E的感知者，选择某些事件，对它们加以或多或少的注意。这个选择和筛选的过程可以被理解为守门的过程。
- 语境：这是一个往往被其他传播模式所忽视的，但是非常重要的因素。在不同语境下，同一则信息有不同的含义。
- 可获得性：当我们身边的E很少时，我们倾向于对它们施以更多的注意，它们对我们也显得更有"意义"。

E'是M对E的感知和理解，与E或多或少地接近。感知的过程不是简单地直接反映真实世界，而是一个主动的解释过程。因此，E'与E之间的相关程度是由M的假定、态度、观点和经验等多种因素所决定的。

在这个模式的第三阶段，当M把所获得的关于E的讯息传递给其他人的时候，M就生产了一则关于E的陈述（S与E）。为了发送S与E，M必须运用渠道或媒介，M对这些中介系统有或多或少的控制能力——这取决于M运用传播渠道的能力，例如运用语言、传播技术的能力。

S和E通常被我们称为讯息。S表示所发送的信号（形式），如果S完全不能代表E，那么它就只是噪音。

格伯纳的传播基本模式是一条由感知到生产再到感知的信息传递链。依照这一模式，整个传播过程中所有的信息都始终与外界保持着密切的联系,说明人类传播是具有开放性的系统,而传播也是对纷繁复杂的事件、信息加以选择和传送的选择性的、多变的过程。

格伯纳模式的优点是适用广泛。它可以描述人与人之间的、机器(如电脑)之间的或人与机器之间的传播过程。这个模式的缺陷是:只是对单向线性模式的改进,缺乏对传播活动中反馈和双向性的描述。

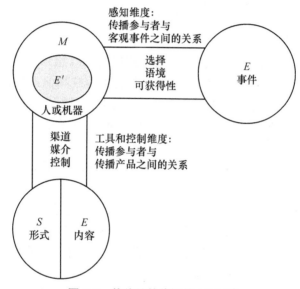

图2-4　格伯纳的传播基本模式①

互文参阅:第三章词条4 把关人(守门人)(p.54)、词条5 把关人模式(p.56)、词条6 议程设置(p.61)

10　奥斯古德—施拉姆循环模式(Osgood and Schramm Circular Model)

奥斯古德—施拉姆的循环模式是控制论模式的代表,是一个高度循环模式。这个模式由查尔斯·E.奥斯古德(Charles E. Osgood)

---

① George Gerbner, "Toward a General Model of Communication," *AV Communication Review* 4, Summer 1956, pp.171-199.

首创,威尔伯·L.施拉姆(Wilbur L. Schramm)于1954年提出。

该模式认为,在这个传播过程中,传播者既是制成符号者(编码)、解释者,也是还原符号者(解码);受传者也是如此。每个个体都是一个既能发射消息又能接收消息的传播单位,传、受双方互为传播过程的主、客体,行使着相同的功能,即编码、释码和译码。在任何两个这样的传播单位之间,将两者连接起来成为一个系统的,就是"消息"。

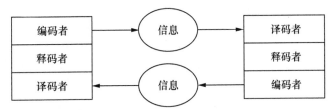

图2-5 奥斯古德—施拉姆循环模式①

消息可以是信源单位的所有输出(反应),同时也可能是信宿单位的部分输入(刺激)。在传播的过程中,不仅"说"的内容是信源所输出的,信源所"做"的或为信宿所感受到的其他行为也都将被传播给信宿。该模式假定,传媒一旦发出刺激信号,受众必定会在态度或行为上有所反应。

奥斯古德—施拉姆的循环模式改变了线性模式的单向直线性,突出了传播过程的双向循环性,强调传受双方的相互转化;并且引入了"反馈"的机制,认为信息会产生反馈,并为传播双方所共享,从而更客观、更准确地反映了现实的传播过程,特别适用于人际传播。

这个模式的问题在于,容易使人产生错觉,认为各"传播单位"之间传、受的地位完全对应、机会完全平等,未能区分传受双方的地位差别。因此,这个模式虽然能够较好地体现人际传播尤其是面对面传播的特点,却不适用于大众传播过程。

10.1 编码(Encoding)

编码就是将意义或信息转化成渠道可以传递的符号(如语言声音、语言文字或图像等)的过程,是传播过程中非常重要的环节。

---

① 胡正荣:《传播学总论》,北京:北京广播学院出版社1997年版,第174页。

编码并非完全个人的活动。一方面,它要受编码者个人的世界观、价值观、文化范围和经验等的制约;另一方面,也受编码者所在的社会、文化环境的制约。因此,编码不仅仅是一个技巧问题,影响它的还有更为深层的领域。

在施拉姆所提出的传播模式中所强调的观念是,只有在信源与信宿的经验范围内的共同领域,即编码者和解码者对符号的意义的共同的理解,才是实际上传播的部分,因为只有在那一部分,信号才是信源与信宿共同拥有的。

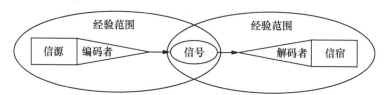

图 2-6 施拉姆的传播模式①

互文参阅:第二章词条 11 施拉姆的大众传播模式(p.38);第五章词条 14 共同经验范围(p.181)

10.2 解码(Decoding)

解码又称译码,是编码的反向过程,将符号还原为信息或意义。它是传播对象对接收到的符号加以阐释和理解,读取其意义的活动。编码和解码环节是传播过程中重要的元素。

10.3 反馈(Feedback)

反馈是一种信号,它将一个系统的输出信号的一部分或全部以一定的方式和路径送回到系统的输入端,作为输入信号的一部分,目的是为了对这个系统进行自我控制。这一路径被称为反馈回路。

在传播过程中,反馈是接收者对收到的信息所做出的反应,并将这些反应的一部分或全部作为信息传递给上一则信息的发送者。

反馈在传播过程中的作用:②

---

① 〔美〕沃纳·赛佛林、小詹姆斯·坦卡德:《传播理论:起源、方法与应用》,郭镇之等译,北京:华夏出版社 2000 年版,第 56 页。

② 胡正荣:《传播学总论》,北京:北京广播学院出版社 1997 年版,第 173 页。

- 从传播者角度看,反馈可以检验传播效果,传播者可以根据反馈调整和规划目前以及未来的传播行为。
- 从受众角度看,反馈是受众意见、需要、态度等信息的流通方式,受众可以因此更积极、更主动地介入传播过程,主动搜集、使用信息。

互文参阅: 第五章词条 7.3 控制论(p.171);第十章词条 21 诺伯特·维纳(p.455)

反馈的类别

可以根据反馈的作用或发生的时间进行分类:
- 根据反馈的作用可以将反馈分为正反馈与负反馈:
  - 使原来传递的信息在下一次传播中得到加强的反馈是正反馈。在传播中,接收者对传播行为的鼓励就是一种正反馈。
  - 使原来传递的信息在下一次传播中减弱的反馈为负反馈。传播中的负反馈可以表现为试图改变或结束传播活动。
- 从反馈的发生和响应时间考虑,存在着并时反馈与延时反馈:
  - 并时反馈是一种与信息传递行为同时发生并为传播者同时接收的反馈。例如,演讲者听到了听众的鼓掌或嘘声,他就得到了并时反馈。
  - 延时反馈,也称滞后反馈,是一种滞后于交流行为或为传播者延时接收的反馈。例如,读者向报社写信反映自己对某篇报道的看法。大众传播的反馈具有延时性。

10.4 前馈(Feedforward)

根据控制论的解释,前馈就是尽可能在系统偏差发生之前,根据预测的信息,采取相应的措施。将前馈回路和反馈回路耦合起来,就构成了前馈—反馈系统,这种系统能达到更好的控制效果。[①] 例如,在节目制作前进行市场调查,以收集各方信息,为制作节目做准备。

威尔伯·L.施拉姆最早在传播学中使用了"前馈"这一概念,即在进行大众传播之前,事先对受众进行调查研究,以了解其构成、需要、行为等,以改进传播方式、增强针对性、加强传播效果。

---

① 王雨田:《控制论、信息论、系统科学与哲学》,北京:中国人民大学出版社 1998 年版,第 52—53 页。

11 施拉姆的大众传播模式(Mass Communication Model)

威尔伯·L. 施拉姆于 1954 年提出了适用于大众传播的模式，认为构成传播过程的双方分别是大众传媒与受众，这两者之间存在着传达与反馈的关系。

该模式的中心是传媒组织，与一定的信源相连接，又通过大量复制的讯息与作为传播对象的受众相联系。在这个模式中明确提出了"反馈"，而作为传播者的媒介组织，是该模式的中心，集编码者、译码者和释码者于一身，可以从受众处获得推测性反馈。

受众往往是由个体构成的，是个人的集合体，这些个体分属各自的基本群体和次级群体。个人与个人、个人与群体之间都保持着特定的传播关系。

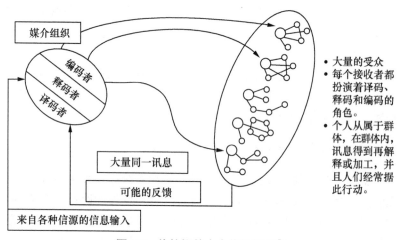

图 2-7　施拉姆的大众传播模式[1]

施拉姆的大众传播模式，标志着一般传播过程模式走向大众传播过程模式，标志着将大众传播看作社会的有机组成部分这一趋向。但是，这个模式没有重视对干扰(噪音)要素的研究。

---

[1] 胡正荣:《传播学总论》,北京:北京广播学院出版社 1997 年版,第 175 页。

12 丹斯螺旋模式(Dance's Helical Spiral)

丹斯螺旋模式是控制论模式(双向循环模式),由美国传播学者弗兰克·丹斯(Frank E. X. Dance)在1967年提出,描述了传播过程的各个不同侧面,以及整个传播过程是如何随时间而变动的。这个模式用上升的螺旋和一个表示方向的箭头,说明传播过程是一个循环往复、螺旋上升、不断发展的过程。也就是说,人际传播经过一轮又一轮的讯息交流,随着时间的推移和交往的累进,扩大了传播双方的认知范围,或者达成了某种协议以获得更多的交流话题。

丹斯模式的优越性在于,它强调了传播的动态性和发展性,即传播过程是不断向前发展的,不存在机械的起点和终点,正在进行的传播是从前传播的延续,也将影响到未来的传播结构和内容。丹斯模式中的"传播者"概念比其他许多模式中的更为积极和主动。例如,如果有些人事先已熟悉要谈的话题,螺旋圈会变得越来越大;反之,如果对于话题知之甚少,螺旋圈的扩展就有限。[1] 丹斯模式也探讨了认知领域如何随着传播的发展而发展,指出知识有助于创造更多知识。这一模式可以用来解释知沟现象。

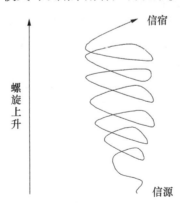

图 2-8 丹斯螺旋模式[2]

---

[1] 〔英〕丹尼斯·麦奎尔、〔瑞典〕斯文·温德尔:《大众传播模式论》(第2版),祝建华译,上海:上海译文出版社2008年版,第20页。

[2] Frank E. X. Dance, C. E. Larson, *Speech Communication: Concepts and Behaviors*, New York: Holt, Rinehart and Winston, Inc., 1972.

这个模式的缺陷在于：变量太少；提出了很多问题，却没有给予回答。

互文参阅：第五章词条 14 共同经验范围（p.181）；第七章词条 23 知识沟假说（p.319）

13 赖利夫妇模式（Rileys' Model）

赖利夫妇的大众传播社会学模式由赖利夫妇（John W. Riley & Matilda W. Riley）在 1959 年发表的《大众传播与社会系统》（"Mass Communication and the Social System"）一文中提出。这个模式从社会学的角度出发，将大众传播看作是各种系统中的一个系统，把传播过程放到整个社会系统中进行考察，这在传播学研究中是一次重大创新。

赖利夫妇模式的基本观点是，传播过程是一个处于社会系统中并受其影响的子系统，所有的传播过程都可以看作是一个系统的活动。传播系统既与社会中的其他系统相联系，又具有自身相对的独立性。赖利夫妇模式揭示了基本群体和参照群体在传播过程中扮演的角色，受众在如何对讯息做出选择、理解和反应方面会受到这些群体的指导。模式图（图 2-9）中的"初级群体"，又称基本群体、首属群体，如家庭、邻里、亲密伙伴等；"较大的社会结构"指关系比较松散的次级群体，如工作单位、学校、社团等；"总体社会系统"指民族、国家乃至世界等隶属群体。

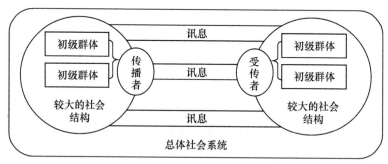

图 2-9 赖利夫妇模式①

---

① 胡正荣：《传播学总论》，北京：北京广播学院出版社 1997 年版，第 178 页。

从这样的角度看来,传播过程中传受双方都是具有内向传播的个体系统;这些个体系统之间相互影响,构成人际传播;个体系统又不是独立存在的,而是从属于各自的群体,这样,群体系统之间又形成群体传播;而个体、群体又都是社会的组成部分,他们总是在社会中运行,因而大众传播过程与总的社会系统有着互动关系,两者相互影响。

赖利夫妇模式着眼于传播过程的宏观环境,将传播过程放到整个社会系统运行的大框架中去,这与以前的直线模式和循环模式主要探讨传播过程系统内部的微观环节和要素有本质的区别。这一模式开启了大众传播研究的新面貌。

14 德福勒的互动过程模式(Message Interpretation Process Model)

德福勒的互动过程模式,又称大众传播双循环模式,在20世纪60年代后期由社会学家、传播学家梅尔文·德福勒(Melvin L. De Fleur)在发展申农—韦弗模式的基础上提出。这个模式指出:

- 在闭路循环传播系统中,受传者既是信息的接收者,也是信息的传送者。
- 噪音可以出现于传播过程中的各个环节。
- 这个修正模式突出了传播的双向性、循环性,最大贡献在于增加了反馈机制,被认为是描绘大众传播过程的一个比较完整的模式。
- 提示了大众媒介对传播过程的介入。

互动过程模式是社会系统模式,其基本观点为:大众传播是构成社会系统的一个有机组成部分。组成社会系统的政治、经济、文化等各部分都必然会成为影响大众传播过程的因素,大众传播过程是作为一个多变量的系统而存在的。

互动过程模式最为明显的优点是突出了整体与部分、部分与部分之间的有机联系。就传播来说,社会是整体,而传播组织、政府机构、文化环境、利益团体等是部分,作为一个组成部分,传播组织的活动必然要受到社会整体及其他各部分的影响。大众传播会受到社

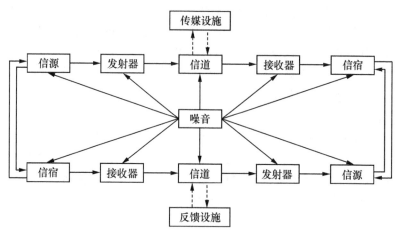

图 2-10　德福勒的互动过程模式①

会中此消彼长的各种力量的影响,这些力量之间对比平衡的保持或被打破,都会对大众传播产生影响。但是,这一模式并不完全适用于那些直接受到国家、政府或政党的指导和控制的大众传播。

互文参阅: 第六章词条 15　媒介系统依赖理论(p.226)

15　马莱茨克模式/大众传播场模式(Maletzke's Mass Communication Field Model)

大众传播场模式由德国学者格哈德·马莱茨克(Gerhard Maletzke)于 1963 年在他的著作《大众传播心理学》(*Psychology of the Communication of Masses* [*Psychologie der Massenkommunikation*])中提出。大众传播场模式是在赖利夫妇模式的基础上发展起来的,属于社会系统模式。这一模式同样从社会心理学角度切入,进一步考察了社会系统与传播系统中的各因素及其间相互集结、相互作用的"场"。场论是库尔特·勒温(Kurt Lewin)在研究群体动力学时提出的,强调环境内复杂的因素和变量相互之间的影响。大众传播场就是大众传播过程中诸种社会关系的群集和总和,马莱茨克认为无

---

① 胡正荣:《传播学总论》,北京:北京广播学院出版社 1997 年版,第 172 页。

论是传播者还是接收者的行为,都是在一定的"社会磁场"中进行的,在与社会的互动中显示其传播的性质和作用。

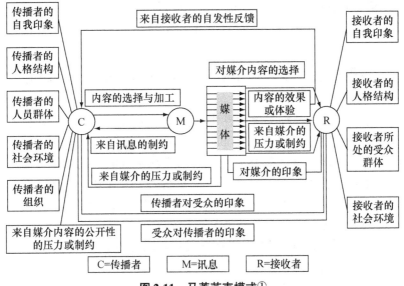

图 2-11 马莱茨克模式①

在这个模式中,首先存在着来自媒介的"压力"或"约束",每一种媒介都有潜在的价值和局限性,媒体的特性影响着接收者的体验方式和他们受媒介内容影响的方式,也决定着传播者的传播方式。

传播者和受传者都要受到三个层面的制约和影响:一是个人层面,即"自我形象"和"个性结构";二是组织层面,即传播者的"工作环境",包括媒介组织和工作伙伴以及受传者所在的"受众群体"和这个群体中的意见领袖;三是社会层面,即"社会环境"。

马莱茨克的模式说明传播是一种复杂的社会行为,是一个变量众多的社会互动过程。这种互动并不仅仅是有形的变量——社会作用力之间的互动,而且也是无形的变量——社会心理因素之间的互动。这样的视角无疑使社会传播系统研究得到了进一步的拓展。而且,正是大众传播参与者(包括传播者与接收者)的复杂性,使得

---

① 胡正荣:《传播学总论》,北京:北京广播学院出版社1997年版,第179页。

大众传播研究始终未能成功地解释和预测大众传播的结果。①

互文参阅：第二章词条13 赖利夫妇模式(p.40)；第六章词条17 受众的选择性心理(p.228)；第七章词条14.2 意见(舆论)领袖(p.292)；第十章词条14.2 库尔特·勒温(p.441)

16 纽科姆A-B-X模式(Newcomb's A-B-X Model)

纽科姆模式又称共向性模式、A-B-X模式、对称理论,由社会心理学家西奥多·纽科姆(Theodore Mead Newcomb)于1953年提出,他对传播的研究是从关心人类之间的互动出发的。在这个最简单的传播行为模式中,一个人A传达信息给另一个人B有关某事X的信息。在这个模式中,假设A对B和对X的倾向是相互独立的,这三者便组成了一个包含四个取向的系统：

- A对X的倾向,即对X的或接近或回避的态度以及认知态度(信念和认知构建)。
- A对B的倾向。
- B对X的倾向。
- B对A的倾向。

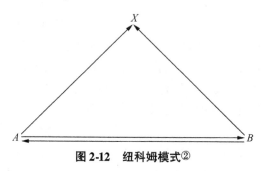

图2-12 纽科姆模式②

在纽科姆的模式中,传播是个人对他/她所处的环境进行定位

---

① 〔英〕丹尼斯·麦奎尔、〔瑞典〕斯文·温德尔：《大众传播模式论》(第2版),祝建华译,上海：上海译文出版社2008年版,第47页。

② Theodore M. Newcomb, "An Approach to the Study of Communicative Acts," *Psychological Review* 60, 1953, p.393.

的最普遍而有效的方式。这个模式是两个人之间有目的的传播行为:[1]

- A 与 B 之间的吸引力越强,则他们对 X 的倾向就越会努力趋于对称,由于一方面或更多方面的传播行为,结果这种对称增加的可能性就越大。
- A 与 B 之间的吸引力越小,则他们倾向对称的张力就越局限于对特定 X 的协同倾向,这种协同倾向是建立联系所必需的。

平衡的状态出现在以下两种情况中:
- 在 A 和 B 对 X 态度一致并且 A 和 B 互相吸引时;
- 在 A 和 B 对 X 的态度不一致并且 A 和 B 不互相吸引时。

其他的情况就是不平衡,不平衡可能造成态度改变。例如 A 和 B 对 X 态度不同,但是 B 受 A 的吸引,因此 B 改变了对 X 的态度,从而恢复平衡。

纽科姆的模式意味着,任何一个特定系统都有力量平衡的特征,系统中任何部分的任何改变都会导致恢复平衡或对称的努力,因为不平衡或缺乏对称会造成心理上的不舒服,从而产生内在的压力以恢复平衡。

互文参阅:第六章词条 8 对称理论(p.209)

17 韦斯特利—麦克莱恩模式/大众传播概念模式 (Westley and MacLean's Conceptual Model)

韦斯特利(B. H. Westley)和麦克莱恩(M. S. MacLean)于 1957 年在《传播研究的概念模式》("A Conceptual Model for Communication Research")一文中提出他们的传播模式。大众传播概念模式通过展示传播双方与外界事物之间的密切联系,反映了大众传播的复杂情况。这个模式包括五个要素:

- X 是社会生活中可以被感知、能够为大众媒介所传播的事物。X' 是被 C 选出进入传播渠道的信息,而 X'' 是经过媒介组织加工

---

[1] 〔美〕沃纳·赛佛林、小詹姆斯·坦卡德:《传播理论:起源、方法与应用》,郭镇之等译,北京:华夏出版社 2000 年版,第 57 页。

而向受众 B 传递的信息。

- A 是具有一定目的的传播者,指那些向全体公众发布有关 X 的消息的个人或组织。
- C 是传播的中介和渠道,由媒介组织及其成员承担。他们既可以在数量众多的 A 中依据自己所设想的受众需要和兴趣选择信息,也可以直接在 X 中进行这种选择。C 为 B 充当信息选择代理人的角色,同时也在一定程度上服务于 A。
- B 表示受众,其既可以是个人,也可以是群体,或者是整个社会系统。他们因需要而必须获取和应用来自 C 的信息。在大众传播的环境中,有多个 C 接收多个 A 传来的消息,并且传送给大量的 B,B 同时也接收来自其他 C 的信息。
- F 表示反馈。其中 F_{BA} 是受众 B 向传播者 A 发出的反馈;F_{BC} 是受众 B 向媒介组织 C 表达的反馈,C 作为守门人在选择信息时要受到来自 B 的反馈的影响;F_{CA} 是媒介 C 向信息来源 A 发出的反馈,这种反馈可能会鼓励、改变乃至抵制 A 的意图。

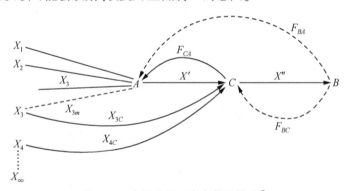

图 2-13　韦斯特利—麦克莱恩模式①

(图解:X = 信息源;A = 发送者;B = 接收者;C = 选择、编辑功能;F = 反馈路径)

大众传播概念模式的特点是:

- 信息选择具有多样性:传播来源可以在各种事件中进行选择;而大众传播媒介既可以在各种信息来源中选择,也可以在各种

---

① B.H. Westley, M.S. MacLean, "A Conceptual Model for Communication Research," *Journalism Quarterly* 34, 1957, pp.34-38.

事件中直接进行选择。

- 传播系统具有自动调节性：社会上数量众多的大众媒介间存在着激烈的竞争，在这种竞争的过程中，它们也互相取长补短、自动调节，以适应社会优胜劣汰的发展机制。
- 信息反馈具有重要性：只有反馈才能真正保证传播过程中所有要素间关系的系统性。

第三章　传播者

1　传播者(Sender)

传播者是指在传播过程中担负着信息的收集、加工任务,运用符号,借助或不借助媒介工具,首先或主动地向对象发出社会信息的一方。传播者既可以是单个的人,也可以是集体或专门的机构。只有当传播者具备以下条件时才能实现有效传播:

● 掌握有关受传者的信息:正确判断自己与受传者的关系,了解受传者在寻求什么以及有什么传播习惯和接受传播的技能。

● 适应传播的场合,根据具体的时空条件决定有吸引力的传播方式。

● 遵守一定语用原则:

■ 不传播失实信息的质准则。

■ 信息足够但不超量的量准则。

■ 充分运用情景条件、简洁明了传播的方式准则。

■ 前言后语有关联的关系准则。

互文参阅:第六章词条1　受众(p.197)

1.1 普通传播者

普通传播者是指并非专门负责传播的人,不以传播作为谋生的手段。因此,其传播活动自由、灵活。传播的时间、地点、内容、所采用的媒介、针对的对象都可以完全由个人决定。其传播的内容多为大众日常生活内容或群体所关心的问题。普通传播者多为人际传播的传播者,其角色极不固定,随时在传播者与受传者两种角色之间转换。

1.2 职业传播者

职业传播者指专门负责传播的人,以传播为职业和谋生的手段。职业传播者与受传者的角色相对固定。

现代社会的职业传播者多为大众传播者,凭借先进的印刷媒介或/和电子媒介,向人数众多、分布广泛、多元化和相对无法预知的受众进行传播。职业传播者通常是代表某特定阶级(多为统治阶级)的利益,站在特定阶级的立场上,对大众进行传播。因此,职业传播者的传播行为与普通传播者的自由行为不同,会受到诸多因素的制约。

职业传播者在传播过程的不同阶段履行着不同的职能:
- 在传播过程的初始阶段,传播者是信息的编码者和发送者;
- 在受传者接收信息并发出反应性信息之后,传播者又成了反馈信息的接收者、分析者和评价者;
- 之后,传播者又成为传播过程的改进者。

从总体上看,传播者是整个传播过程的导控者,在传播过程中扮演着"守门人"的角色。

虽然传播活动由传播者和受传者双方共同参与,双方互为信息的传送者和接收者,但是,传播者和受传者双方在信息传播过程中所处的地位与所起的作用是不同的。整个传播系统的运动主要是由传播者所输出的信息推动的,传播者接收对方的反馈信息,是为了了解传播系统的状况与功能,对传播系统进行合理的调节和正确的控制,以便最有效地达到预期的目的。

互文参阅:第三章词条 4 把关人(守门人)(p.54)

1.2.1 职业传播者的任务

职业传播者主导着整个传播过程,他们承担的主要任务有:

- 收集信息。传播者通常根据传播目的和受传者的社会需求,进行有目的、有计划、有组织的信息收集工作。
- 加工信息。传播者要对信息的内容和表达形式进行加工处理,这主要包括对信息的取舍和将信息符号化、有序化两个方面。
- 传递信息。传播者采用灵活而有效的传播策略和技巧,借助一定的传播通道,使信息到达受传者。为此,传播者必须合理选择和利用传播媒体,并且注意克服信息传递中的干扰。
- 收集并处理反馈信息。大众传播的传播者需要采用调查研究的方法来收集反馈信息。
- 调整、修正传播行为。通过把掌握的反馈信息与预定的传播目的进行对照、比较、分析,传播者可以了解传播效果,找出实际的传播结果与预定的目标之间的差距,并以此为依据对整个传播过程进行调整。

1.2.2 职业传播者的特点

职业传播者相对于其他类型的传播者有一定的优越性,这是由他们的特点所决定的,具体如下:

- 代表性:职业传播者具有一定的代表性,代表一定的传播部门、传播组织、政党和阶级进行新闻传播活动。因而,他们所发布和传播的信息无不具有一定的倾向性和思想性,反映并代表一定阶级、集团、组织的利益、愿望和要求。
- 自主性:虽然代表性的特点意味着传播者的言行有一定的受控性和约束性,但他们仍然拥有不同程度的传播权利和传播自主性。
- 专业性:职业传播者具有一定的专业知识和专门技能;具备一定的专业观念、专业精神和职业道德与新闻敏感;有一定的职业标准和协会组织。
- 集体性:职业传播工作需要集体合作,是团队性工作。
- 复杂性:职业传播者不仅人数众多、协调性强,而且分工复杂。

1.2.3 职业传播者的权利

职业传播者(大众传播者)除了享有国家公民进行信息交流的

普遍性权利外,还享有从事大众传播活动的专业性权利,包括:

- 编辑权:这既是一种大众传播者对信息进行控制("把关")的权利,同时又是一种自控权利。
- 知情权:或称采访权、知察权,主要是指享有在一定限度内不受阻挠地收集、核对信息,并且安全、有效地传送信息的权利。
- 著作权:又称版权,是指作者对其创作的文学、科学和艺术作品依法享有的权利,也包括传播权,即出版权、发行权、放映权、广播权、改编权等。
- 秘匿权:又叫取材秘密权,或消息来源保密权。主要指记者在保护消息来源方面享有一定的权利。
- 安全保护权:根据《日内瓦公约》中关于保护国际武装冲突受害者的附加议定书里的规定,对于从事专业任务的新闻人员应视为平民,在冲突地区应给予有条件的保护。

互文参阅:第四章词条23 第四权力(p.153);第九章词条5 保护新闻来源(p.382)、词条6 版权(p.383)

1.3 传播者与受众的关系

传播者在处理与受众的关系时,并非都是积极主动的。传播者与受众的关系大致可以分为四类:支配关系、疏离关系、圈层关系、服务关系。

- 支配关系是指传播者根据自己的目标或意图将思想、观点或信息强行灌输给特定受众的传播情境。
- 疏离关系是指传播者不重视与受众的关系,往往缺乏为受众而采集信息、传播信息的意识,传播者开展传播活动出于政治、经济、名望或其他私利的目的。
- 圈层关系意味着作为个体的传播者有意愿将自己的目的与部分受众的需求、兴趣相结合。处于圈层关系中的受众,如影迷、球迷、通俗歌曲发烧友,与传播者往往拥有基本相同的文化背景、理想抱负和兴趣爱好,而大众传播媒介则是他们共享社会信息、个人想象或体验的工具。
- 服务关系要求大众传播者将受众看作是服务对象。在传播媒介和传播者的眼里,受众满意与否至关重要。

2　控制研究（Control Research）

传播者对信息传播具有控制权，同时又受到社会制度和传播制度的制约，所以对传播者的研究也称为控制研究。

所谓社会制度是指在特定的社会活动领域中，围绕着一定目标形成的具有普遍意义的、比较稳定的和正式的社会规范体系，包括政治法律制度、经济制度和思想文化制度，也包括传播制度。传播制度是以社会根本制度为基础的，它的内容主要是围绕大众传播媒介与政府的关系（也包括媒介与社会群体和受众的关系）而形成的社会规范体系，包括言论、出版的自由与权利问题，媒介所有权问题，也包括传播者应承担的责任与义务问题。

控制研究的重点，是研究社会制度和传播制度对传播者所施加的控制和造成的影响。

互文参阅：第三章词条11　传播控制（p.72）、词条12　大众传播的体制（p.74）

3　信源（Source）

信源，又称信息源，是信息论中的概念，是产生某种运动状态或方式（信息）的源事物。

客观存在的一切事物都是不断运动着的；运动中的物质必然会相互影响、相互作用；相互作用的内容和结果除了物质、能量之外，还有信息。由于任何物质的运动过程都离不开信息的运动过程，任何物质都可以产生信息，因此任何物质都可以成为信源。

互文参阅：第五章词条7　信息论（p.170）

信源—记者关系模式（Source-Reporter Interaction）

在信源—记者关系模式中，信源特指从混乱的社会事件或事物中选择信息、作有意图的传播的个人或组织。

记者是指媒介组织或其中的成员，他们根据自己理解的受众兴趣和需要，对诸多的信源进行选择，而后通过某种渠道传向受众。大众传播者是满足受众需要的代理人，也是为信源传播的中介者。

为使传播持续不断,传播者总是在一定程度上依赖信源提供信息,又在一定程度上依靠受众反馈的指导去寻求信息和选择信息。

英国学者沃伦·吉尔伯(Warren Greber)与瓦尔特·约翰逊(Walter Johnson)在《市政厅抢新闻:记者与信源角色的研究》("The City Hall Beat: A Study of Reporter and Source Roles")中采用了韦斯特利-麦克莱恩模式中的一些基本元素,提出了信源—记者关系模式的三种可供选择的关系模式:

• 分离的关系(图3-1):信源与记者的传播行为分别发生在各自的参照系内,各自具有自己的机构功能、角色分配、社会距离、价值观等。

图3-1 信源与记者之间的分离关系①

• 合作的关系(图3-2):虽然传播者和信源分属不同的社会系统,而且代表不同的机构,但是他们在传播中所扮演的角色却是可以合作的。他们对传播观念和媒介功能的理解也有一定共识。因此,在大众传播中,传播者与信源往往互相利用、互相帮助,共同达成彼此认可的目标,但这也意味着传播者失去了一定的独立性。

图3-2 信源与记者之间的合作关系②

这种关系比较接近于信源与记者之间的关系的实际情况。

• 同化的关系(图3-3):信源或记者的参照系已被对方所吸收或接管,两者在角色或价值观上没有任何区别。

图3-3 信源与记者之间的同化关系③

---

① 〔英〕丹尼斯·麦奎尔、〔瑞典〕斯文·温德尔:《大众传播模式论》(第2版),祝建华译,上海:上海译文出版社2008年版,第144页。
② 同上书,第145页。
③ 同上。

同化（Acculturation）

虽然存在着信源按记者的需要提供信息的可能性，但同化大多指在媒介领域中，记者或其他媒介从业人员接受他们所报道的或经常与之打交道的群体的想法、态度和观点的倾向。在记者作报道时，相对于他们对新闻职业的义务，他们认为对他们所报道的群体的义务更为重要。①

4 把关人（守门人）（Gatekeeper）

把关人概念由社会心理学家库尔特·勒温（Kurt Lewin）在关于家庭食物购买决策的研究中最先提出。把关人或称守门人，是在向受传者传递信息的过程中，有权控制信息的流量和流向，影响着对信息的理解，决定让哪些信息通过以及如何通过的人或机构。把关人在传播过程中起着过滤、筛选的作用，决定报道什么、不报道什么、把报道重点放在何处、如何解释信息。

在人际传播或群体传播的两级流动中，把关人是审查、筛选媒介信息并传递信息以帮助其他人共享其观点的人。在大众传播中，把关人是指在大众传媒中决定什么性质的信息可被传播、传播多少以及怎样传播的人或机构。

把关人理论最有价值的一点是：收到的信息和送出去的信息并不是对等的，其差异程度取决于把关人的需要。

对把关人的决策产生影响的要素包括：把关人的价值体系；把关时的情境；法律、机构和商业等方面的限制。②

互文参阅：第五章词条 20.4 大众传播内容的把关行为（p.189）、词条 26 影响媒介内容的因素（p.196）；第七章词条 14 两级流动传播（p.290）、14.2 意见（舆论）领袖（p.292）；第九章词条 15 潜网（p.391）、词条 18 新闻和编辑政策（p.393）；第十章词条 14.2 库尔特·勒温（p.441）

---

① 〔美〕约瑟夫·R.多米尼克：《大众传播动力学：数字时代的媒介》（第七版），蔡骐译，北京：中国人民大学出版社 2004 年版，第 543 页。

② 〔美〕约翰·费斯克：《关键概念：传播与文化研究辞典》（第二版），李彬译，北京：新华出版社 2004 年版，第 116 页。

4.1 大众传播中把关人的特征

把关人在大众传播过程中具有隐形性、依附性、追加性、完善性的特点。

- 隐形性:大部分把关人置身于幕后,很难为公众所知晓。
- 依附性:把关人的劳动成果依附在其他传播者的劳动成果上。
- 追加性:把关人在依附性的基础上进行一系列选择、舍弃、修改、润色、排版、转换、发挥等追加劳动。
- 完善性:通过把关人的追加劳动使信息传播更成熟。

4.2 大众传播中把关人的功能

在大众传播中,把关人的作用和功能主要表现为:检查功能、加工功能、评价功能、导向功能和桥梁功能。

- 检查功能:把关人代表媒介组织和受众的要求和需要,并据此对信息做出鉴别和选择,决定其能否进入大众传播渠道。
- 加工功能:把关人对将继续传播的信息进行筛选、强调和加工。
- 评价功能:把关人可以通过编者按、短论、内容提要等形式直接表明态度;也可以用字体、字号、版面位置、传播时间、篇幅长短、顺序先后等形式间接反映立场。把关人的评价既涉及对传播者劳动成果的肯定程度,也关系到对受众的影响程度和信息覆盖面、传播面。
- 导向功能:导向功能是检查、加工和评价功能的释放,对传播者和受众的传播、接受行为起到促进或抑制的作用。
- 桥梁功能:把关人处于传播者与受众的中间地带和交接点,具有桥梁的作用。

4.3 影响传播者把关的因素

传播者的把关行为受到以下一系列因素的影响:[①]

- 政治、法律因素:传播者的把关行为必然受所处社会的政治

---

① 胡正荣:《传播学总论》,北京:北京广播学院出版社 1997 年版,第 207—210 页。

体制的制约,而法律是现代社会影响与制约把关人行为的一种有效的规范体系。
- 经济因素:把关人必须顾及由信息而带来的经济压力,把关人的行为在相当程度上最终将影响到其个人以及其所在的媒介组织的经济目标的实现。
- 社会、文化因素:把关人所处社会的价值标准体系和文化开放程度。
- 信息自身的因素:信息本身是否具有较强的传播价值。
- 组织自身的因素:例如传播组织的目标、对象、功能和工作重点,以及组织的要求、规范、传统与标准。
- 受众的因素:把关人必须了解受众的需要、构成、心理、行为等信息。
- 技术因素:技术条件、技术水平和要求影响着把关过程中的信息制作、传播等环节。
- 传播者个人的因素:传播者的价值观、个性特征和传播能力等。

5 把关人模式(Model of Gatekeeper)

在信息的传播过程中,始终存在着决定信息中转或中止的把关人;把关人的行为包括对信息的抑制和疏导(筛选与过滤)两个方面;从整个社会系统的角度看,传播媒介起着关键的把关作用,是信息流通渠道中的主要把关人。

5.1 怀特的把关人模式

美国传播学者大卫·怀特(David M. White)在文章《"守门人":新闻选择的事例研究》("The 'Gate Keeper': A Case Study in the Selection of News")中改进了勒温的把关人理论,通过输入信息与输出信息的对比,考察在一个具体的把关环节上,信息是怎样被过滤和筛选的。他发现:

- 大众传媒的新闻报道是从新闻信源中选取一部分进行的报道;

- 大众传媒组织形成一道"关口",即"门区"(Gate Area),某些新闻得以通过"门区",而另一些新闻则被挡在门外从而被舍弃。

因此,怀特提出的公式是:输入信息 – 输出信息 = 把关过滤信息;也就是说,信息所经过的路径是:输入信息→门区→输出信息。

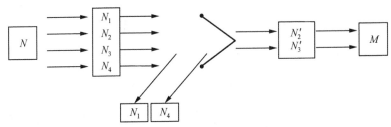

图 3-4　怀特的把关人模式①

(图解:N:新闻源;N_1、N_2、N_3、N_4:新闻事件;N_1、N_4:没有被选中的新闻事件;N_2'、N_3':被选中的新闻事件;M:受众)

互文参阅:第三章词条4　把关人(守门人)(p.54)

5.2　麦克内利的新闻流动模式(Intermediary communicators in the Flow of News)

约翰·T.麦克内利(John T. McNelly)在1959年发表的文章《国际新闻流动中的中介传播者》("Intermediary Communicators in the International Flow of News")中提出了新闻传播模式。这个模式指出,在整个传播过程中——从新闻事件到最终的接收者之间——存在着一系列的中介传播者,即守门人(C_1、C_2、C_3、C_4、C_5 等),如记者、编辑、总编等,并且最初的接收者也经常为其他人充当守门人。把关人将经过他们的大量信息一层一层地加以筛选,而不只是简单地选择或拒绝,因为中间人经常改变那些在运转过程中保留下来的信息的形式和内容(如删节、修改、与其他信息合并等),最后分别发出 S_1、S_2、S_3、S_4、S_5、S_6 等互不相同的信息。而反馈(图中用虚线表示)通常很少发生而且不及时。②

---

① David M. White, "The 'Gate Keeper': A Case Study in the Selection of News," *Journalism Quarterly* 27, 1950, pp. 383-390.

② 〔英〕丹尼斯·麦奎尔、〔瑞典〕斯文·温德尔:《大众传播模式论》(第2版),祝建华译,上海:上海译文出版社2008年版,第151页。

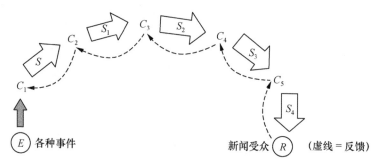

图3-5　麦克内利的新闻流动模式①

这一把关模式修正并完善了怀特单一化的把关模式,揭示了在整个信息流通过程中存在着一条由许多关口组成的把关链,信息经过了一系列的守门过程。但它有一个很突出的问题,就是它认为,每个把关人都是平等的,他们所发挥的作用也都相同,这使人们无法分辨哪道关口最关键、最重要。

5.3　选择性守门模式(Model of Selective Gatekeeping)

乔汉·盖尔顿(Johan Galtung)与马瑞·鲁奇(Mari H. Ruge)在他们1965年发表的论文《国外新闻的结构》("The Structure of Foreign News")中提出选择性守门模式。他们指出,原始新闻事件的某些主要特点影响着事件在最初是否被把关人选取。通常,编辑在决定一则新闻是否进入下一步的流通领域时,主要审视新闻是否具有如下特点:②

- 时间跨度(Timespan):如果一个事件的发生符合媒介的时间表,它受到注意的可能性就更大,例如一个在几个小时或更短时间内发生并完成的事件,适合于日报或广播、电视,而一个要历时几天的复杂事件就适合于周报。
- 强度或阈限价值(Intensity or Threshold Value):重大的事件或重要性突增的事件更有可能受到注意。
- 明晰性(Clarity):含义越清晰、模糊性越低的事件越适合于报道。

---

① 李彬:《传播学引论》(增补版),北京:新华出版社2003年版,第171页。
② 郭庆光:《传播学教程》,北京:中国人民大学出版社1999年版,第163—164页。

- 文化相近性(Culture Proximity)：与目标受众的文化和兴趣越接近的事件，越可能被传播媒介选中。
- 一致性(Consonance)：符合某些既定期望和预想的事件更可能被选中。
- 出乎意料性(Unexpectedness)：根据上一条的意义，在具有同样一致性的事件中，越不平常或越难预料的事件，越容易引人关注。
- 连续性(Continuity)：一旦某个事件被确认为有新闻价值，就会引起对该事件或相关事件的持续关注。
- 组合性(Composition)：某些新闻事件的选择，是出于媒介内容的整体构成或平衡性的需要，例如有些事件是作为对照性事件而被选中的。
- 社会文化价值观念(Socicultural Value)：社会或守门人的社会观念和文化价值也对选择有影响。

5.4 巴斯的双重行动模式(Double Action Model of Internal Newsflows)

亚伯拉罕·Z.巴斯(Abraham Z. Bass)在1969年发表的论文《重新定义守门人概念》("Redefining the Gatekeeper Concept: A U. N. Radio Case Study")中提出了"双重行动模式"，它是对怀特模式和麦克内利把关模式的完善。这个模式强调了虽然在信息流通中有诸多把关环节，但是其中最关键的把关人还是传播媒介。传播媒介的把关活动分为前后相连的两个阶段或两个步骤，即双重行动：

- 第一阶段是新闻采集，在这个阶段中主要的把关人是记者。记者并非有闻必录，而是进行取舍和加工。
- 第二个阶段是新闻加工，这里的把关人主要以编辑为代表。这一阶段的把关活动(编辑)比第一阶段的把关活动(采写)更具有决定性意义。

双重行动模式指出，经过新闻媒介的双重把关之后，一幅人造的现实图景便呈现在受众眼前，而这幅图景同世界的本真面貌并不完全一致。

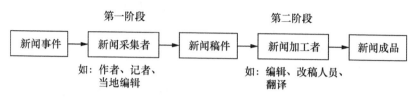

图 3-6　巴斯的双重行动模式①

互文参阅：第七章词条 18.3 拟态环境（p.303）；第十章词条 19 沃尔特·李普曼（p.453）

5.5　盖尔顿-鲁奇选择性把关模式（Galtung and Ruge's Model of Selective Gatekeeping）

约翰·盖尔顿（Johan Galtung）和马里·鲁奇（Mari H. Ruge）的选择性把关模式将新闻流动或把关行为看作是一个连续选择的过程，这个过程的选择标准是用来确定某一事件是否为新闻事件的新闻价值标准。他们指出，新闻流动中的新闻过滤因素包括：②

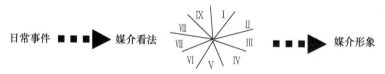

图 3-7　新闻流动中的新闻过滤因素③

Ⅰ．时间跨度：如果一个事件的发生符合有关媒体的时间流程，它受到注意的可能性就更大。

Ⅱ．强度或界限值：一个事件如果非常重要，或者其重要性突增以致引起了特别关注，它便有可能受到注意。

Ⅲ．明晰：事件的意义越清晰，就越可能被当作新闻。

Ⅳ．文化接近性或相关性：一个事件越接近目标受众的文化和兴趣，它就越可能被选作新闻。

---

① 李彬：《传播学引论》（增补版），北京：新华出版社 2003 年版，第 173 页。
② Johan Galtung, Mari H. Ruge, "The Structure of Foreign News," *Journal of Peace Research*, 2(1), 1965, pp.64-91.
③ 〔英〕丹尼斯·麦奎尔、〔瑞典〕斯文·温德尔：《大众传播模式论》（第 2 版），祝建华译，上海：上海译文出版社 2008 年版，第 153 页。

Ⅴ. 一致性:一个事件如果符合既定的预期或看法,就可能被选中。

Ⅵ. 出乎意料:在具有同等一致性的事件中,越不同寻常或难以预测,就越可能被选作新闻。

Ⅶ. 连续性:一个事件中出现某种惯性趋势,并不断变化,就会引起动态关注。

Ⅷ. 整体构成:在对新闻事件进行选择时,也会考虑它们与媒介总体(报道)之间的平衡。

Ⅸ. 社会文化价值观:所在社会或把关人的社会文化价值观会影响选择。

以上新闻因素的共同作用基于三项主要假设:(1)附加性假设(additivity),即当特定事件中体现出的相关新闻因素越多时,该事件就越可能成为"新闻";(2)补充性假设(complementarity),即一个事件在某一因素上表现不明显,但可能因为在其他因素上表现明显而得到补偿;(3)排除性假设(exclusion),即如果一个事件在所有因素上都表现不明显,将不能成为新闻。[1]

6 议程设置(Agenda-setting)

议程设置理论最早由麦克斯韦·E. 麦克姆斯(Maxwell E. McCombs)和唐纳德·肖(Donald L. Show)在 1972 年的论文《大众媒介的议程设置功能》("The Agenda-setting Function of Mass Media")中提出。媒介的议程设置功能就是媒介为公众设置"议事日程"的功能:通过反复播出某类新闻报道,以强化该话题在公众心目中的重要程度。也就是说,某一问题若被大众媒介所关注,那么该问题在公众心目中的重要位置及熟悉程度就会得以提升。[2]

---

[1] 〔英〕丹尼斯·麦奎尔、〔瑞典〕斯文·温德尔:《大众传播模式论》(第 2 版),祝建华译,上海:上海译文出版社 2008 年版,第 153 页。

[2] 〔美〕沃纳·赛佛林、小詹姆斯·坦卡德:《传播理论:起源、方法与应用》,郭镇之等译,北京:华夏出版社 2000 年版,第 247 页。

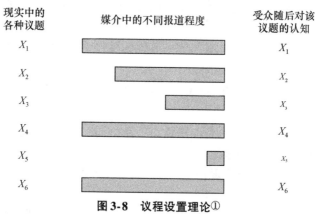

图 3-8　议程设置理论①

议程设置理论的基本观点是：

• 媒介在大多数情况下在告诉人们"怎么想"方面并不是总能成功，但能非常成功地告诉受众"应该想些什么问题"。因此，它会影响到人们对当前议题的认知，也会影响他们对这一问题的观点和评价。

• 议程设置理论所考察的对象并非局限于一时一地、一人一事，而是大众传播媒介在较长时期内综合的社会效果，并且这种效果通常是在媒介与其他社会力量的协同中体现出来的。

• 大众媒体对新闻或报道议题的选择或多或少受到几种力量的影响，尤其是受到利益集团、公众意见和真实世界事件的影响。②

• 相互竞争的利益集团都努力将与自己有关的事件放在显著位置。③

议程设置功能暗示了传播媒介是从事"环境再构成作业"的机构。议程设置具有"0/1"、"0/1/2"和"0/1/2/…/n"三个传播效果：

• "0/1"效果指的是大众传媒报道或不报道某个"议题"，会影响到公众对少数议题的感知。

• "0/1/2"效果指的是媒介对少数议题的突出强调，会引起公

---

① Maxwell E. McCombs, Donald L. Shaw, "The Agenda-setting Function of Mass Media," *Public Opinion Quarterly* 36, 1972, pp. 176-187.

② Denis McQuail, *McQuail's Mass Communication Theory* (6th Edition), Sage, 2010, p. 515.

③ Ibid.

众对这些议题的突出重视。
- "0/1/2/…/n"效果指的是传媒对一系列议题按照一定的优先次序所给予的不同程度的报道,会影响公众对这些议题的重要性顺序所做的判断。

互文参阅:第六章词条18.4 文化规范论(p.233);第七章词条18.3 拟态环境(p.303)、词条18.3.2《公共舆论》(p.304)、词条22.1 有关"水门事件"报道的研究(p.313)、词条22.2 影响议程设置效果的因素(p.313);第十章词条13.3 罗伯特·E.帕克(p.436)、词条19 沃尔特·李普曼(p.453)

议程设置理论的特点
议程设置理论的特点是:
- 传播效果分为认知、态度和行动三个层面,议程设置理论考察的是这个过程的最初阶段,即认知层面的阶段。议程设置理论考察了传播在人们的环境认知过程中的作用,重新揭示了大众传媒的有力影响。
- 议程设置理论从考察传播在人们的环境认知过程中的作用入手,考察了整体的大众传播在具有较长时间跨度的一系列报道活动中所产生的中长期的、综合的、宏观的社会效果,重新揭示了大众传媒的有力影响。
- 该理论揭示了长期被回避的问题,即大众传播背后的社会控制问题,指出传播背后存在着复杂的政治、经济和意识形态的力学关系。

该理论的缺陷是:
- 只强调了传播媒介设置或形成议题的一面,没有涉及媒介反映社会议题的一面;
- 将议程设置的效果绝对化。

互文参阅:第三章词条11 传播控制(p.72);第五章词条26 影响媒介内容的因素(p.196);第七章词条22 议程设置的效果(p.313)

7 框架(Framing)

框架,或可以称之为"建构",是指新闻媒介倾向于以各种不同的方法构造议题,即采取一种集中的组织思路,通过选择、强调、排除和精心处理等方式为新闻内容提供背景,并提出中心议题。框架意味着选择一些感知现实的角度,将其表现得更为显著,并由此提出某个具体的议题,以及对这一议题的解释、评价、建议或对策。[1]

媒介不仅告诉我们想些什么,它们还通过报道框架告诉我们怎么想。例如,编辑、编辑室全部成员等传播者通过选择和播发新闻,在塑造现实的过程中扮演着重要的角色。受众不仅获悉一个特定的议题,而且也通过该新闻的信息量和它的编发位置来判断该议题被赋予了何等程度的重要性。也就是说,受众对某个问题的理解是建立在该问题是如何被媒体建构(框架)的基础之上的。[2] 受众被认为采纳了记者所提供的框架,并以类似的方式看待世界。[3]

构建框架可以从内容的角度出发,如媒介强调某个问题的责任在谁或谁可能解决这个问题;也可以从形式方面进行,通过一些特定的编排进行设计,这些设计包括大标题、导语、引人注目的引语和核心段落。

框架可以由当权者定义,然后被大众媒介选中,并加以传播;也可以由大众传媒借助人们心中已经有的话题,用构造新闻的方法更好地抓住受众。

互文参阅:第三章词条 6 议程设置(p.61);第六章词条 18.4 文化规范论(p.233);第七章词条 18.3 拟态环境(p.303)、词条 22 议程设置的效果(p.313);第九章词条 9 对媒介的非正式控制(p.387)、词条 11 方针手册(p.389)、词条 12 印刷媒介的组织方

---

[1] Robert M. Entman, "Framing: Toward Clarification of a Fractured Paradigm," *Journal of Communication*, 43(4), Autumn, 1993, p.53.

[2] Karen Callaghan and Frauke Schnell, "Assessing the Democratic Debate: How the News Media Frame Elite Policy Discourse," *Political Communication*, 18(2), 2001, p.199.

[3] Denis McQuail, *McQuail's Mass Communication Theory* (6th Edition), Sage, 2010, p.557.

针(p.390)、词条 15 潜网(p.391)、词条 17 新闻的偏差(p.392)、词条 18 新闻和编辑政策(p.393)、词条 23 赋予社会地位(p.400)

8 报刊的四种理论(Four Theories of the Press)

弗雷德·西伯特(Fred S. Siebert)、西奥多·彼得森(Theodore Peterson)和威尔伯·L. 施拉姆在《报刊的四种理论》(*Four Theories of Press*)(又译《大众传播媒介的四种理论》)中提出了对世界上的大众传播媒介体系的划分办法,将世界的报业系统分成四大类:集权主义、自由至上主义、社会责任主义和苏联—全权主义。

互文参阅:第三章词条 9 媒介的三种模式(p.68)、词条 12 大众传播的体制(p.74);第八章词条 7.5 广播电视所有制形式(p.375);第九章词条 9 对媒介的非正式控制(p.387)

8.1 集权主义理论(Authoritarian Theory)

集权主义理论又称威权主义理论,起源于 16 世纪的英国,普遍的看法是所有的媒介都应被控制在统治精英或权威人士的手中。[1] 集权主义理论的主要内容包括:

- 报刊必须对当权者负责,支持和促进政府的权力,并听命于国家的管理。
- 公众的异议和批评对于政府和人民是有害的,并且不应被容忍,报刊必须绝对服从于权力或权威,不得批判占统治地位的道德和政治价值。
- 精英统治阶层用各种各样的策略来迫使报界顺从,包括颁发许可证、出版前的内容审查、对少量受优待的报刊授予独有的印刷权、出版业公会的自我约束等。
- 对当权者或当局制度的批判属于犯罪行为,会受到迅速而严厉的法律制裁。

在集权主义体制下,虽然报业既可以是集体所有,也可以是私

---

[1] 〔美〕斯坦利·巴兰、丹尼斯·戴维斯:《大众传播理论:基础、争鸣与未来》(第三版),曹书乐译,北京:清华大学出版社 2004 年版,第 98 页。

人所有,但仍被认为是加强政府统治的工具。①

审查制度(Censorship)

审查制度是指国家权力机构或其他权力主体对各种形式的出版或传播所做的限制、删除和控制,主要是为了预防危险的或反政府的内容。这种控制通常是在出版前对出版材料进行检查。②

8.2 自由至上主义理论(Libertarian Theory)

自由至上主义理论与集权主义理论的基本思想相对立,是在17、18世纪对集权主义的斗争中,在英国形成、发展起来的。自由至上主义者认为,人类是理性的,且有能力鉴别观点的好坏,③政府为服务个人而存在。既然政府对于观点表达的任何限制都侵犯公民的权利,那么政府只有不干涉媒介才能最好地为人民服务。简言之,自由至上主义理论主张,报刊必须不受控制。

这一理论的主要内容包括:

- 任何人都拥有出版自由,而不必经过政府当局的特别许可;
- 除人身攻击外,报刊有权批评政府和官员,这是合法的;
- 新闻出版不应接受第三者的事先审查,出版内容不受强制;
- 真理和"谬误"的传播必须同样得到保证。

按照自由至上主义理论,报纸主要是私有的,任何可以负担这项事业的人均可以自由出版。媒介通过两种方式受到限制:一是通过多数人的声音,"思想的自由市场"下的"真理自我修正过程"可以使个人区分真理和谬误;另一种是通过法律体系,法律对于诽谤、亵渎、无礼和战时煽动叛乱的行为进行规范。因此,媒介是监督政府和满足社会其他需求的工具。④

互文参阅:第四章词条23 第四权力(p.153)

---

① 〔美〕沃纳·赛佛林、小詹姆斯·坦卡德:《传播理论:起源、方法与应用》,郭镇之等译,北京:华夏出版社2000年版,第339页。

② Denis McQuail, *McQuail's Mass Communication Theory* (6th Edition), Sage, 2010, p.550.

③ 〔美〕斯坦利·巴兰、丹尼斯·戴维斯:《大众传播理论:基础、争鸣与未来》(第三版),曹书乐译,北京:清华大学出版社2004年版,第98页。

④ 〔美〕沃纳·赛佛林、小詹姆斯·坦卡德:《传播理论:起源、方法与应用》,郭镇之等译,北京:华夏出版社2000年版,第340页。

8.3 社会责任理论(Social Responsibility Theory)

社会责任理论,也被称为西方观念,在吸收了自由至上主义理论的基础上,引入了一些新的元素,是对自由至上主义理论的修正。从媒介从业人员的实践、媒介自律守则与报业自由委员会(哈钦斯委员会)的工作中发展出来的社会责任理论,由美国报刊自由委员会在1947年提出。这一理论的背景主要有:

- 第二次世界大战对自由的概念产生了影响;
- 20世纪传媒业出现垄断,资源集中在少数人手中;
- 自由至上主义理论过于关注传播者的权利,忽视受众的权利;
- 自由至上主义理论忽视了营利性的传播媒介的低俗化趋向。

社会责任理论认为媒介具有告知、娱乐和销售的功能,但是此外,它还必须发挥讨论冲突的功能。任何人如果有重要的事情要说,他/她都应该得到一个可以表达的场合,如果媒介不承担提供这个场合的义务,就应该有人来监督媒介,使其尽到责任。因此,媒介应该受到社群意见、消费者行为、媒介职业道德的控制,同时还应该受到政府立法机构的控制。①

这一理论的主要内容和原则包括:②

- 媒介应该接受和履行对社会的特定义务。
- 媒介的义务主要通过让新闻报道和信息传播符合真实、准确、客观、公正的原则,并把握事件的真实意义而实现。
- 如果公众的利益没有得到充分的维护,政府可以通过颁布一些法令来介入媒体的运作。
- 传媒机构在法律和制度范围内自我约束。媒介应该避免报道煽动犯罪、宗教歧视或种族歧视的新闻。
- 受众有权要求媒介从事高品位的传播活动,而对媒介的干涉是为了保障公众的利益。

---

① 〔美〕沃纳·赛佛林、小詹姆斯·坦卡德:《传播理论:起源、方法与应用》,郭镇之等译,北京:华夏出版社2000年版,第342页。
② 〔美〕斯坦利·巴兰、丹尼斯·戴维斯:《大众传播理论:基础、争鸣与未来》(第三版),曹书乐译,北京:清华大学出版社2004年版,第111页。

- 媒介总体而言应该是多元化的，能反映社会的多样性，并给不同的观点以表达的机会。
- 新闻记者和媒介专业人士对于市场、雇主和社会来说都是负责任的。

美国、日本、英国以及许多欧洲国家都赞同这一理论。

8.4 苏联—全权主义理论(Soviet-totalitarian Theory)

苏联—全权主义理论的原则包括：①
- 传播媒介和传播资源是国家的公有财产，不允许私人占有；
- 传播媒介必须为工人阶级服务，接受共产党在思想和组织上的领导；
- 传播媒介必须按照马列主义原理、社会主义的意识形态和价值体系来传播信息；
- 只有忠诚的和正统的党员才可以有规律地使用媒介；
- 国家有权监督和管理出版物，媒介只是作为促进国家发展的有力助手而存在。

9 媒介的三种模式(The Media and Public Policy：Market, Communitarian, Advancing)

赫伯特·阿特休尔(Herbert J. Altschull)在他1984年的著作《权力代言人——新闻媒介在人类事务中的作用》(又译《权力的媒介》)(Agent of Power：The Media and Public Policy)中讨论了大众传播媒介与权力的关系，并指出，"大众传播媒介的四种理论"是冷战时期形成的分类方法，现在已经不适用了。通过对世界报业的历史和运作情况的大规模研究，他提出了媒介的三种模式：
- 市场模式(或资本主义模式)(Market)；
- 共产主义模式(或社会主义模式)(Communitarian)；
- 进展模式(或发展模式)(Advancing)。

---

① 〔美〕沃纳·赛佛林、小詹姆斯·坦卡德：《传播理论：起源、方法与应用》，郭镇之等译，北京：华夏出版社2000年版，第345页。

阿特休尔坚持认为,完全独立的报纸不可能存在,在任何体制中大众传播媒介都是那些掌握政治、经济、社会权力的人的代言人。

从媒介的三种体系中可以得出的结论是:[1]

- 在所有的报业体系中,新闻媒介都是那些掌握政治、经济权力者的代言人。所有大众媒介都只是强权势力的工具,是社会控制机构。媒体与权力的关系是共生共存的。因此,报纸、杂志、广播并非独立的行为者,尽管它们存在着实践权力的潜力。
- 新闻媒介的内容总是反映了给新闻媒介提供资金者的利益。媒体与资金来源者的关系为:官方形式、商业行式、利益关系形式和非正式形式。
- 所有报业体系都依据自由表达的原则,但是各自解释言论自由的方法不一。
- 所有报业体系都赞成社会责任的教义,并宣称自己可以满足人民的需求和兴趣,并声明它们愿意提供让人民参与的渠道。
- 三种报业模式中的每一种都认为其他模式是离经叛道的。
- 新闻院校传播所在社会的意识形态与价值取向,它们生活于其间,并不可避免地帮助掌权者继续控制新闻媒介。
- 新闻实践与理论总是不同的,新闻实践往往背离新闻理论,关于新闻自由的许多信念只是浪漫的理想。

互文参阅: 第三章词条 8 报刊的四种理论(p.65)、词条 12 大众传播的体制(p.74);第四章词条 23 第四权力(p.153);第八章词条 7.5 广播电视所有制形式(p.375)

10 大众传播的功能(Functions of Mass Communication)

在现代社会中,人们已经逐渐习惯并依赖媒介带给我们的世界,大众越来越依赖于通过媒介来了解世界。大众传播的功能有发挥积极作用的,也有产生消极影响的。

---

[1] Herbert J. Altschull, *Agents of Power: The Media and Public Policy* (2nd Edition), Longman, 1995, pp.440-442.

互文参阅：第四章词条 24.2 经典的媒介四功能论(p.155)；第六章词条 13.2 传播的个人功能(p.220)；第九章词条 20 大众娱乐理论(p.398)；第十章词条 10 功能分析理论(p.428)

10.1　大众传播的正功能(Function of Mass Communication)

概括起来,大众传播的正功能包括：

● 传播信息和监测环境。向受众连续不断地传播大量的信息是大众传播的第一功能,大众传播媒介收集、存储、整理和传递这些信息、数据、资料、图片等以供个人或组织、社会了解周围环境,认识自己所处的地位,确定自己的应变策略。

● 引导舆论和整合社会。舆论是社会公众共同的强烈持久的意见、态度与信念的总汇。它的发生以共同关注的问题存在为前提。大众传媒的报道既决定了大多数人要议论的内容,也决定了大多数受众对这些问题的看法及采用了何种相应措施来应对。媒介通过信息的选择、传递、解释与评论,提出相应的解决方案与策略,动员受众形成全社会范围内基本一致的意见、态度和看法,以调节社会内部的矛盾冲突。对于个体而言,大众媒介也具有联系和赋予身份、地位的功能。

● 教育大众和传递文化。除了经过正规的学校教育,人们获得新知识、新技能还有另外一个途径,即通过与各种媒介的接触。大众传播媒介通过传播文化知识、科学技术,不仅保存和发展了文化遗产,也促进了社会成员社会化的逐渐完善。大众媒介为了维持公共的、共同的社会生活,很大程度上起着形成社会现实、维持常态的作用；同时,它们也是各种标准、模式和规范的主要来源。

● 提供娱乐。在现代社会,工作节奏十分紧张,人们需要通过休息和娱乐来放松、调整并逃避压力。同时,由于社会生产力水平的提高,人们不需要用那么多的时间来工作,因此有了更多的闲暇时间。人们选择大众媒介作为主要的娱乐工具和手段。

● 发展经济。大众传播媒介所提供的产品可以作为商品进入市场,所以大众传播媒介本身可以作为经济单位出现,而其所提供的信息对社会经济也有着巨大的作用。

10.2 大众传播的负功能(Dysfunction of Mass Communication)

大众传播的负面功能主要有：
- 过分强调危险可能带来社会恐慌或对反社会行为的效仿。
- 麻醉精神。文字、印刷媒介时代是一种文化进步，人们有较为深厚的精神信仰，而电视时代人们要把一切都变成娱乐。
- 把积极参与事件变成了消极旁观。由于人们花了很多时间在媒介接触上，而且满足于间接了解世界的方式，把积极参与事件变成了消极旁观，将现实生活的真实和媒体生活的真实等同起来，并且极少进行思考。①
- 对信息态度冷漠。由于信息大量的涌入而造成的信息过量，使人们对信息产生了一种冷漠的态度。
- 人际间的社会交往、互动减少。人们过多地依赖于媒介带来的间接交流之后，人际间的社会交往、互动逐渐减少，社会性行动受到限制，与社会、群体逐渐疏远。
- 文化低俗化。大众媒介提供的文化娱乐产品是工业化社会的产物，大批量的标准化生产，与精英文化的产品有很大差距，相对于高层次的精英文化是一种堕落。因此，这类文化娱乐产品，可能会增强人们的被动性，鼓励逃避，降低人们的审美水平，并可能助长厌世情绪。
- 跨文化传播中的国家主权问题。由于目前以人力、物力、财力开办跨国媒介的多是一些发达资本主义国家，因此伴随其节目而带来的是该国的政策倾向、价值观念、生活方式、风俗习惯等。这种单方面的信息流动造成了对第三世界国家的一种政治的、文化的、经济的和社会的冲击，导致诸多不利影响。

互文参阅： 第五章词条 20.2 传播内容的三个范畴(p.188)；第六章词条 26 沙发土豆(p.250)；第七章词条 18.2 冷酷世界症候群(p.302)、词条 18.3 拟态环境(p.303)、词条 18.7 暴力指数(p.306)、词条 18.8 类社会关系(p.307)；第九章词条 21 大众社

---

① 李彬：《传播学引论》(增补版)，北京：新华出版社 2003 年版，第 193—194 页。

会(p.399)、词条 22 作茧效应(p.400)、词条 25 文化霸权(p.401)、词条 26 文化帝国主义(p.402)、词条 27 文化商品化(p.404)

11 传播控制(Control of Communication)

大众传播的社会控制是指社会上的各种因素和力量对大众传播实施的控制。大众传播的社会控制是广泛存在着的。任何社会都会出于其本身的政治、经济、文化等方面的需要而对大众传播加以控制。而其控制的程度、方式和手段,主要取决于这个社会的政治、经济制度,同时也会受这个社会的历史背景与文化条件的影响。

对大众传播实施控制的主体可以是政府、组织、群体甚至个人。社会控制的手段有的是强制性的,如立法的形式;有的更具主动性,如赞助、贿赂甚至威胁的形式。这些控制有的是显在的,有的则是隐藏的,而且它们是密切联系、相互影响着的。

大众传播的社会控制根据控制源可以主要分为政治控制、大众传播媒介自身的控制、经济利益集团的控制和受众的控制。

互文参阅: 第四章词条 4.2 媒介组织的三个重要目标(p.83);第五章词条 20.4 大众传播内容的把关行为(p.189)

11.1 大众传播的政治控制

大众传播的政治控制是来自国家和政府的对大众传播媒介的控制,包括四种控制形式:[①]

- 规定传媒组织的所有制形式。这构成了政治控制的主要内容和主要手段,是传播体制确立的前提条件。所有制形式的采用,主要取决于国家政治制度和经济制度的性质,同时也受到历史文化以及传媒性质的一定影响。

- 对传媒的活动进行法制和行政管理,包括对创办媒介机构进行审批、登记的制度;对传播资源实行分配制;对媒介内容实行出版前审查制等。

---

① 郭庆光:《传播学教程》,北京:中国人民大学出版社1999年版,第132页。

● 对某些传播内容实行强力限制或禁止。这些内容的范围,因国家和社会制度的不同也各具特点。通常,与国家制度或意识形态有关的内容,涉及国家安全及国防机密、名誉侵权和隐私权的内容,涉及淫秽和非法出版物以及对公共利益和社会文明风气有害的内容都属于受限或禁止的范围。

● 对大众传播事业从总体上进行规划,或以国家援助的形式给予扶持。

互文参阅:第五章词条 26 影响媒介内容的因素(p.196);第八章词条 7.5 广播电视所有制形式(p.375)

11.2　大众传媒自身的控制

在媒介的传播活动中,来自媒介自身的控制是不可忽视的。

传媒组织的活动受到它们自身经营目标、宣传目标以及公共性和公益性目标的制约。这三种因素的制约程度随现实情况和媒介组织形态的不同而有所差异。一般来说,国有或公营媒介以社会效益为主要目标,其活动更多地是受到宣传目标和公共性、公益性的制约;商业性的媒介则更多地受制于经营目标,它的主要目的是追求利润的最大化。

互文参阅:第四章词条 4.2 媒介组织的三个重要目标(p.83);第八章词条 7.5 广播电视所有制形式(p.375);第九章词条 9 对媒介的非正式控制(p.387)、词条 11 方针手册(p.389)、词条 12 印刷媒介的组织方针(p.390)、词条 15 潜网(p.391)、词条 18 新闻和编辑政策(p.393)

11.3　利益群体和经济势力的控制

社会上的各利益团体对大众传媒进行控制主要是从经济方面展开的,控制形式表现为:[①]

● 利益集团以强大的资本作后盾成立超大型媒介联合企业,对主要部分实行垄断,把持广告等重要的收入来源。一些媒体之外的

---

① 〔美〕约翰·费斯克:《关键概念:传播与文化研究辞典》(第二版),李彬译,北京:新华出版社 2004 年版,第 139 页。

企业集团,也通过收购或控股来实现对媒体的控制。
- 利益集团通过被其控制的议会党团对公营媒介加以干预。
- 利益集团通过提供广告或赞助来间接控制和影响其他中小媒介的活动。媒体的收入主要来自于广告,因此为了保证广告所占的版面或时间能够确保赢利,媒体内容不能对广告商不利。

11.4 受众的控制

大众传播广泛渗入人们生活的各个方面,在人们的生产和生活中施加着重要的影响,与此同时,受众有权对传播媒介的活动进行监督和提出要求,大众传播媒介也受到了来自社会公众的控制。受众的控制是通过对大众传播活动进行反馈的方式进行的,可以将反馈的形式具体分为以下几种:

- 个人反馈:通过信件、电话或者访问等个人生活中常用的通信方式直接向媒体表达自己的意见。这是最简单、最常见的一种手段。
- 组成或加入某一社会组织:依靠群体的力量对媒介施加影响。这种手段较为有效,但个人的意见可能要屈服于群体中的多数意见。
- 诉诸法律手段:当受众受到假新闻或假广告的欺骗,甚至是受众的隐私或人格受到媒介侵害时,他们可以诉诸法律,要求对传媒进行制裁。
- 通过影响媒介的销售市场来制约媒介活动:对于品味低下、品质粗糙的媒介产品,受众可以不去接触,以使该产品的市场萎缩,以此来表达自己的不满。
- 形成社会舆论:受众在各自所处的交往网络中对媒体内容予以评价,会形成舆论并对媒体产生压力。

12 大众传播的体制(Mass Communication System)

所谓制度,是指任何社会中约束与控制个体与个性的、永久的、管制性的组织结构。[1] 大众传播的体制或称大众传播制度,指由国

---

[1] Denis McQuail, *McQuail's Mass Communication Theory* (6th Edition), Sage, 2010, pp. 290-291.

家通过法律确定的大众传播媒介组织的总体结构,以及国家对大众传播活动进行协调和管理的制度体系。大众传播的体制就是大众传播事业的机构设置、管理制度和经营方式的总称,而所有权是大众传播体制的基础。大众传播体制作为社会制度的反映,其内容是十分复杂的,它体现了社会制度或制度性因素在各个方面对媒介活动的制约和影响。

互文参阅:第三章词条 8 报刊的四种理论(p.65)、词条 9 媒介的三种模式(p.68);第八章词条 7.5 广播电视所有制形式(p.375);第九章词条 9 对媒介的非正式控制(p.387)

12.1 商业经济型传播体制

商业经济型传播体制是建立在生产资料私有制基础之上的、以营利为目的的一种传播体制。在资本主义各国及大部分发展中国家,报纸、杂志等印刷媒介都为私人所有,广播和电视的一部分也为私人所有,而且在有些国家,传播媒介为少数垄断集团所控制。这种传播体制的特点是:

- 在所有制形式上,商业型传播体制下的媒介为私人所有。
- 由于经济上的独立性,这类传播体制下的大众传播具有一定的独立性。
- 这类传播体制中的媒介组织必须面对信息产品市场,随时关注受众的需要和兴趣,有针对性地提供信息产品,以追逐商业利润为根本目标。

12.2 政治宣传型传播体制

政治宣传型传播体制是建立在公有制基础之上,以宣传政府和政党观点、立场、方针、政策为主要目的的一种大众传播体制。大部分社会主义国家及小部分发展中国家的大众传播体制属于政治宣传型体制。这种传播体制的主要特点有:

- 传播媒介归国家或政党所有。
- 传播媒介不仅是集体的宣传者和集体的鼓动者,而且是集体的组织者。传播的内容一般比较严肃。
- 大众传播媒介的活动经费主要来自国家拨款,因而传播媒介不以追逐商业利润为传播活动的主要目标。

12.3 公共传播型传播体制

公共传播型传播体制是指一种依据法律设立、主要由公共基金（包括每户家庭应该支付的收听收视费）赞助的系统，拥有范围广泛的编辑和运营独立权。这种体系的一般运作原则是通过满足社会与公民重要的传播需求，从而服务于公众利益及政治体系。[1] 其特征有：

- 在覆盖的区域和人群方面具有普遍性的特征，并为少数人群提供服务。
- 特别关注传播的质量，在对冲突的报道中，提供平衡和不偏不倚的信息。
- 传播媒介既不属国家所有，也不是私人所有，而是为社会所有的独立的公共传播机构所有。例如英国广播公司（BBC）、美国公共广播公司（CPB）和德国广播联盟（ARD），都是这类传播机构。
- 传播活动具有相对的独立性，不为政府或财团所左右。传播活动的主要目的是为社会各界提供新闻节目、文化教育节目、文艺娱乐节目等信息。
- 传播机构的经费来源于广播电视的收听收视费、报刊的发行费，社会各界的赞助，政府少量的拨款以及小部分广告收入。公共利益优先于商业利益。

12.4 大众传媒的所有权与控制[2]

- 所有权的主要形式有：商业公司、非营利机构、公共控制。
- 媒体所有者拥有决定传播内容的权力。
- 所有制的形式影响着传播的内容。
- 所有权多样化和自由竞争是较为理想的情况。
- 大众传播体系中的相互制约和平衡能够制约某种所有制产生的不良影响。

---

[1] Denis McQuail, *McQuail's Mass Communication Theory* (6th Edition), Sage, 2010, pp. 177-179.

[2] Ibid., p. 228.

12.5 传播制度对社会制度的能动作用[1]

- 传播制度要维护其所在社会的社会制度,为巩固和发展该社会制度服务。
- 传播制度的基本状况与形态也影响着社会中其他派生制度的发展,因此,只有传播制度与其他社会派生制度协调互动,才可以促进整个社会的良性运动。
- 传播制度的不适应,乃至失控将可能影响到社会其他制度乃至根本制度的稳定。

13 大众媒介的监管(Mass Media Regulation)

媒介监管是指通过一整套法律法规和惯例对媒介企业进行控制,以服务于普遍利益的行为。对媒介的监管不仅包括应遵守的正式的规则,也涉及大量的非正式的机制;监管既来自媒介企业外部,也来自媒介组织内部。[2]

互文参阅:第三章词条 8 报刊的四种理论(p.65)、词条 9 媒介的三种模式(p.68)、词条 12 大众传播的体制(p.74);第八章词条 2.3 新闻准则(p.333)、词条 2.5 编辑方针(p.335);第九章词条 9 对媒介的非正式控制(p.387)、词条 11 方针手册(p.389)、词条 18 新闻和编辑政策(p.393)

13.1 媒介监管的目的(Purposes of Regulation)

媒介监管的主要目的有:[3]
- 保护国家根本利益,维护公共秩序。
- 保护个人利益。
- 满足媒介企业的需求,营造稳定的、支持性的运营环境。
- 促进自由和其他传播类型的发展以及多元文化价值的实现。

---

[1] 胡正荣:《传播学总论》,北京:北京广播学院出版社 1997 年版,第 202—205 页。
[2] Denis McQuail, *McQuail's Mass Communication Theory* (6th Edition), Sage, 2010, p.232.
[3] Ibid., p.233.

- 鼓励技术革新和经济发展。
- 制定关于技术和基础设施的标准。
- 履行国际义务。
- 鼓励媒介承担责任。

13.2　媒介监管的形式（Forms of Regulation）

	正式的	非正式的
外部的	通过法院、公共监管机构实施的法律和法规	市场力量、游说团体、舆论、批评和评论
内部的	内部管理、公司或行业自律、企业文化	专业主义、道德行为准则

图 3-9　媒介监管的主要形式①

13.3　媒介监管的模式（Models of Regulation）

- 印刷媒体模式（the free press model）：印刷媒体的技术、内容及其决定信息供求的市场一般不会受到或很少受到监管。这种模式的核心就是充分自由。理论上，发布权是公开的，任何人都可以创办印刷媒介，但是实际操作中通常存在着很高的资金门槛。②
- 广播电视模式（the broadcasting model）：广电媒介的垄断局面和严格监控最初是由于稀缺原则和效率原则所造成的，即广电频道稀缺，必须合理使用才能行之有效地为社会服务。对于公众的利益的考虑还导致了对内容的监管。节目接收权限是开放的。③
- 公用通道模式（the common carrier model）：由于电话网络基本上是被天然垄断的，所以对这种基础设施需要严加控制。然而，由于其内容绝大多数是"点对点"的信息流（私人或机构之间的对话或数据交换），所以属于隐私，不受监管。发布权限对所有人开放，

---

① Denis McQuail, *McQuail's Mass Communication Theory* (6ᵗʰ Edition), Sage, 2010, p.234.

② 〔英〕丹尼斯·麦奎尔、〔瑞典〕斯文·温德尔：《大众传播模式论》（第 2 版），祝建华译，上海：上海译文出版社 2008 年版，第 185 页。

③ 同上。

但由于信息隐私权的原因,接收权限并非公开,只限定于发送者指定的一方。①

- 互联网的混合状态(the hybrid status of the Internet):媒介技术的融合,使得对印刷、广电和典型传播媒介的管理变得牵强,这一点在对互联网的监控上体现得更为明显。因互联网的功能多样,难以对其实施监管。此外,在监管方面的一个特别之处是,不可能精确地在国家层面对其进行监管,也不能准确地把它归属于某个辖区。② 互联网一直本着不受任何控制的原则在发展,在实践中,互联网对所有潜在的发送者都是开放的,因而是相当自由的媒介,但是鉴于互联网的迅速发展及其日益显著的商业功能,监控变得越来越必要。

---

① 〔英〕丹尼斯·麦奎尔、〔瑞典〕斯文·温德尔:《大众传播模式论》(第2版),祝建华译,上海:上海译文出版社2008年版,第185—186页。

② Denis McQuail, *McQuail's Mass Communication Theory* (6th Edition), Sage, 2010, pp.237-238.

第四章　传播媒介

1　渠道(Channels)

渠道又称信道,是信息传输的介质,是信号的运载工具,是信息发送者传递到接收者的传送中介,是传播者和受传者之间相互进行信息交流的各种途径、手段、方式。渠道的作用是把携有信息的信号从它的输入端传递到输出端,因此,它最重要的特征参数是信息传递能力(也叫信息通过能力)。

信道容量(Channel Capacity)

信道容量是信道传输准确信号的能力,具体是指在单位时间(精确到百万分之一秒)内由一个信道所传递的信息量的最大值。由于所有的传播都是由系统链组成的,与其他任何链条一样,信道容量的最大值不会超过链条中最弱的环节。[1]

信道容量和冗余共同制约信息传递的精确度。高效的信息传递需要最大限度的解码率,但又不能超出信道容量的上限。它还意味着使用适量的过剩信息代码,以此来抵消信道内存在的噪音的负面影响。

---

[1] 〔美〕沃纳·赛佛林、小詹姆斯·坦卡德:《传播理论:起源、方法与应用》,郭镇之等译,北京:华夏出版社2000年版,第49页。

当精确度成为问题时,冗余就可能增加,但这样一来,同样的信号被发送了不止一次,效率就会随之降低,而过少的冗余信息则会导致信息传递的不准确。

互文参阅:第四章词条 17.5.4 带宽(p.132);第五章词条 5 冗余(p.168)

2 传播媒介(Media)

传播媒介或称传媒、媒体或媒介。在传播学中,媒介有两种基本含义:

- 传播媒介是传播工具、传播渠道和传播信息的载体,即信息传播过程中从传播者到接收者之间携带和传递信息的一切形式的物质工具。
- 媒介是各种传播工具的总称,如电影、电视、广播、印刷品(书籍、杂志、报纸)、计算机和计算机网络等。这也是 Medium(单个媒介)在英文中多以复数形式——Media 出现的原因。同时,传播媒介也指从事信息采集、加工制作和传播的个人或社会组织。

因此,相对于传播技术层面上的渠道,媒介是指扩大人类信息交流能力的传播中介物。

依据传播方式,媒介可分为口头传媒、书写传媒、印刷传媒、电子传媒和新传媒等。

3 大众媒介(Mass Media)

大众媒介就是大众传播所使用的、面向大众传播信息符号的物质实体。现代大众媒介包括报纸、期刊、广播、电视、因特网等。大众媒介使用这些渠道来传递信息。

对于一个大众媒介的定义不仅包括传递以及有时存储讯息的机械设备(电视摄像机、广播麦克风、印刷机),也包括那些使用这些机器来传递讯息的机构,如报社、电视台等。

大众媒介的特点是在非个人化再生产机制中承担中间人的角

色,通常联结了说话者和一个不在场的受众群体。①

互文参阅:第四章词条 2 传播媒介(p.81)

4 媒介组织(Media Organization)

媒介组织是拥有并经营媒介,专门从事大众传播活动以满足社会需要的社会单位或机构,如报社、电台、电视台、出版社、杂志社和电影制片厂等。具体来说:

- 媒介组织是一种社会机构,渗入社会的一切过程和现实生活的一切领域,并同国家或社会的一定机构有机地联系在一起,通过反映、阐明和分析、报道各种社会现象和社会问题实现其社会价值。
- 媒介组织是经过认真筹划、充分准备而有意建立起来的,而不是自然形成的。
- 媒介组织的成立得到了权威部门的认定和社会大众的承认,具有明显的集体认证过程、服务大众的计划以及人员更替的程序。
- 媒介组织有明确的目标,即满足社会大众的信息需求。
- 媒介组织成员专门从事大众传播活动,并以此谋生。

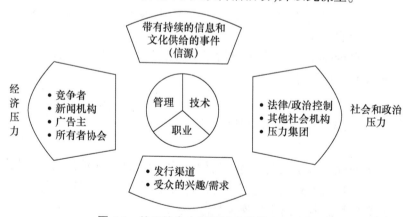

图 4-1 处于社会力量领域中的媒介组织②

---

① 〔英〕鲍勃·富兰克林:《新闻学关键概念》,诸葛蔚东等译,北京:北京大学出版社 2008 年版,第 187 页。

② Denis McQuail, *McQuail's Mass Communication Theory* (6th Edition), Sage, 2010, p.281.

第四章　传播媒介

- 媒介组织要开展活动、实现目标,必须合理地分化功能、协调行动、划清权限、形成媒介中特有的角色关系。
- 媒介组织的行为讲究效率,强调时效,追求时间上的延续性和互动关系的持续性。
- 任何媒介组织都有至少一种固定媒介(报纸、杂志、广播、电视等)用于专门的信息传播。
- 媒介组织通过制定各种规章制度,以约束其成员的行为,为实现目标提供保证。

4.1　媒介组织的分类

当代的媒介组织可分为:
- 以美国为代表的私营媒介组织;
- 以欧洲为代表的公营媒介组织;
- 以中国为代表的国营媒介组织。

互文参阅:第三章词条12 大众传播的体制(p.74);第八章词条7.5 广播电视所有制形式(p.375)

4.2　媒介组织的三个重要目标

经营目标、宣传目标以及公共性和公益性目标是媒介组织的三个重要的基本目标,它们指导并制约着媒介组织的活动。

- 经营目标:经营目标是大众传媒组织赖以生存和发展的基础。一般来说,大众传媒的经济收益来自两个方面:广告销售收益和产品销售收益(如报纸发行量以及广播电视的收听、收视率等所带来的收益)。相应地,媒介也面对来自这两个方面的压力——只有媒介节目的发行量越大或者收听收视率越高,媒介的广告价值才随之上升;但是,受众的利益与广告主的利益之间存在着矛盾,两者之间往往具有对立关系,而媒介组织的基本任务之一就是调和这种矛盾和对立。除此之外,传媒组织还面临着瞬息万变的市场和激烈的竞争的压力。
- 宣传目标:宣传目标主要是指宣扬和散播某种思想与意识形态,以行使或扩大该思想或意识形态的社会影响力。实现这一目标的途径主要有两种:言论和报道。言论是直接发表自己的看法,宣传功能较为直接;报道则是通过对所报道事件的选择和加工来间接实现宣传的目的。大众传媒实现宣传目标的制约因素主要在于:所有的大众传媒都服从或服务于一定的政治、经济和意识形态,必须代表特定的利益。

- 公共性和公益性目标:大众传媒在社会的政治、经济、文化、道德诸方面都具有广泛而强大的影响力,而且大众传媒受社会和公众委托而拥有对某些"稀有"公共传播资源(如广播电视使用的电波频率)的支配和使用特权,因而它必须对社会和公众负责,承担起相应的义务和责任,以公共服务者的角色出现,满足社会的普遍信息需求。

互文参阅:第三章词条11.2 大众传媒自身的控制(p.73)、词条12 大众传播的体制(p.74)

5 人类传播发展的七座里程碑(Seven Milestones in Human Communication History)

人类传播发展的七座里程碑分别是:
- 语言的出现
- 文字的创造
- 印刷术的发明
- 电报与电话技术的发明
- 摄影术与电影技术的发明
- 广播与电视技术的发明
- 电脑技术的发明

互文参阅:第四章词条6 印刷媒介(p.87)、词条8 报纸(p.90)、词条9 杂志(p.97)、词条10 图书(p.100)、词条11 电报(p.101)、词条12 广播电视业(p.102)、词条13 广播(p.102)、词条14 电视(p.107)、词条15 电影(p.116)、词条16 录音业(p.122)、词条17 新媒介(p.126)

5.1 人类传播的五次飞跃（Five Leaps in Human Communication History）

人类传播的五次飞跃是：

- 第一次飞跃：大约 10 万年前，语言产生。人类摆脱了信息传播对具体对象的依赖，"将声音和声音所指的对象分离开来"①。因此，(1) 人类信息传播的内容更加丰富，传播活动的距离和范围更加广阔；(2) 语言不仅成为交流的工具，也成为人类思维的工具，人的大脑日趋复杂与聪明，使人类能够创造出新的文明要素。

- 第二次飞跃：大约 5000 多年前（约公元前 3500 年），文字产生。文字使人类克服了口头语言传播在时间和空间上的限制，为人类提供了远距离传播的可能性，它"将声音与发出声音的人也分离开了"②，使信息不仅能在同代人之间，也能在不同代人之间大规模地进行传播。因此，(1) 人类的知识经验得以大量积累，开始有了文字记录的历史；(2) 人脑的思维材料不再局限于直接的经验和口耳相传的间接经验，为人类大脑潜能的发挥创造了条件；(3) 由于文字只被少数人掌握，因此文字的产生造成了人类社会的分化。

- 第三次飞跃：中国北宋时期的毕昇发明了活字印刷，15 世纪德国的古登堡发明了印刷术。印刷术的迅速普及产生了以下结果：(1) 广泛地传播了新的信息和长期被垄断的知识，成为现代社会形成的强大推动力；(2)《圣经》的广泛印刷推动了宗教改革，动摇了罗马天主教会的权威，为欧洲文艺复兴奠定了基础；(3) 印刷媒介不但为科学巨匠提供了思想交流的舞台，也使千百万人分享了他们的成就，因此有力地促进了近代科学的发展。

- 第四次飞跃：1844 年电报技术的发明开启了电子传播时代。广播电视使人类的传播摆脱了印刷传播的物流束缚，彻底突破了传播的时间和空间限制。特别是卫星通信技术的应用，实现了跨国界传播和全球传播。电子传播(1) 由于覆盖面广、成本低廉、没有接收门槛，大大提高了贫困人群的信息接收能力，部分缩小了不同群

---

① 〔美〕威尔伯·施拉姆、威廉·波特：《传播学概论》，陈亮、李启、周立方译，北京：新华出版社 1984 年版，第 9 页。

② 同上书，第 11 页。

体的信息差距;(2)广播电视渗透到社会生活的各个方面,对经济、政治、文化以及战争等产生了重要影响,它们直接或间接地改变着人们的思想和行为方式,并由此影响着世界历史的进程。

- 第五次飞跃:20 世纪中后期,电脑和因特网的发展,使人类进入了数字传播时代。数字传播极大地提高了信息传播速度和容量:(1)改变了人们的生活、生产、教育、消费方式;(2)加速了经济全球化进程,促进了全球政治生活的民主化,并推动了全球文化传播。

人类传播的飞跃呈加速发展状态,从动物传播到语言传播大约经过了 200 万年,从语言传播到书写传播大约用了 9.5 万年,从书写传播到印刷传播用了 4000 年,从印刷传播到电子传播用了 1200 年,从电子传播到数字传播用了 102 年。传播革命的加速发展,使人类的信息和知识的增长与积累呈级数增加,这是促进人类文明发展的主要动力。

5.2 "最后 7 分钟"

威尔伯·L.施拉姆将人类历史的 100 万年假设等于一天(1 天 = 100 万年;1 小时 = 41666.67 年;1 秒钟 = 11.57 年),在这一天中,人类文明的进展是:

- 晚上 9 点 33 分,出现了原始语言(10 万年前)
- 晚上 11 点,出现了正式语言(4 万年前)
- 晚上 11 点 53 分,出现了文字(3500 年前)
- 午夜前 46 秒,古登堡发明了近代印刷术(1450 年)
- 午夜前 5 秒,电视首次公开展出(1926 年)
- 午夜前 3 秒,电子计算机、晶体管、人造卫星问世(分别为 1946 年、1947 年、1957 年)

因此,施拉姆说,这一天的前 23 个小时,在人类传播史上几乎全部是空白,一切重大的发展都集中在这一天的最后 7 分钟。

5.3 媒介发展的基本路径

媒介发展的基本路径概括起来为:

- 古代的实物媒介、语言媒介和文字媒介
- 近代平面/印刷媒介
  - 15 世纪的印刷书籍

- 17 世纪的定期报纸
- 18 世纪的杂志
- 19 世纪中期的大众媒介：便士报、五分镍币杂志、一角钱小说
• 现代的电子媒介
- 19 世纪的照相技术、无线电技术、电话技术
- 19 世纪 80 年代的电影
- 19 世纪末的唱片
- 20 世纪初的广播
- 20 世纪中期的电视
• 当代的新媒介：20 世纪后期的卫星、有线电视、数字媒介、网络媒介

5.4 人类传播演进的规律

人类传播的发展在以下三个方面呈现出其特征以及规律：①

• 传播手段与传播媒介的进步贯穿于整个人类存在的过程，而且人类传播的进步呈加速度发展趋势。人类在学习和积累前人经验的基础上，不断创造出更多更新的传播手段、传播媒介。这实际上是人类认识客观世界能力提高，从而使生产力水平提高的结果。

• 传播与人类社会文化的积累与发展紧密相关。文化发展速度越快，规模越大，对传播的速度和规模也就要求越高，传播的过程与结构也就更加复杂。特别是到了大众传播时代，人类社会因为大众媒介影响日益扩大，从而形成了独有的文化状态——媒介文化。

• 传播是经济以及社会形态的直接产物。社会有多种渗透方式来对媒介造成深远的影响。因此，一种传播一定是一种社会类型的反映。

6 印刷媒介（Print Media）

15 世纪中，德国人约翰·根斯弗莱施（Johannes Gensfleisch），大家都叫他古登堡（Gutenberg），将做酒的压榨机改装成印刷机，依靠

---

① 胡正荣：《传播学总论》，北京：北京广播学院出版社 1997 年版，第 78—80 页。

在中国发明的技术制造出墨和纸,复印出许多份宗教文件。因为他排印的是音节文字,因此虽然比中国人使用的印刷方法晚了些时间,但是效率高的铸字方法,促进了印刷业在西欧的发展和推广。

古登堡的发明改变了人类的传播,大众传播也就开始于15世纪40年代初或1456年前后:前一个日期是指印刷文件的出现,后一个日期是庆祝古登堡印制出《圣经》。

印刷媒介(主要是报纸)诞生于17世纪,兴盛于18、19世纪,在20世纪形成前所未有的规模。印刷技术的进步使报纸、书籍、杂志在社会上迅速普及开来。这些印刷媒介比早期其他媒介发挥着更大的作用,因为印刷媒介具有以下特性:①

- 表达性:它们能传送范围广阔的思想和感情;
- 记录永久性:可以超越时间;
- 迅速性:可以跨越空间;
- 分布性:可以达到所有的阶层。

互文参阅:第四章词条8 报纸(p.90)、词条9 杂志(p.97)、词条10 图书(p.100)

6.1 印刷媒介的历史作用

印刷以及报刊、书籍在相当程度上促进了知识的普及,推动了生产力的发展,成为社会发展的助推器,它使人类社会由封闭走向开放,由封建走向民主,由隔离走向融通;并且使资产阶级革命得以顺利进行。这是人类社会划时代的一种力量。具体地说:②

- 印刷机在16世纪席卷欧洲的宗教巨变中发挥了作用。在印刷机出现之前,那些不同意教会教义及方针的教士只有有限的渠道来发表意见。在古登堡之后,这种状况被永远地改变了。
- 印刷术的到来加速了科学研究著作的出版。
- 印刷机甚至帮助了探险。早期航海家们的旅行受益于那些关于美洲的导航及地理信息的印刷图书。许多早期的开发者发表了乐观的关于新土地上的生活报道,希望以此来促进投资和刺激

---

① 胡正荣:《传播学总论》,北京:北京广播学院出版社1997年版,第73页。
② 〔美〕约瑟夫·R.多米尼克:《大众传播动力学:数字时代的媒介》(第七版),蔡骐译,北京:中国人民大学出版社2004年版,第78—79页。

商业。
- 印刷机对于学术和知识的增长有着深刻的影响。随着图书数量的增加,在大学里学习的学生数量也增加了,识字率进一步提高。
- 印刷机导致了今天所说的新闻的发展。

6.2 印刷媒介的特征

印刷媒介的主要优点是:

- 与电子媒介(广播和电视)相比,印刷媒介的读者拥有主动权。
  - 读者在接触印刷媒介时,可以自由选择阅读的时间和地点,而电子媒介的受众处于一种被动的地位,受众必须在一定的时间或地点才能接触到其内容。
  - 印刷媒介较为充分地照顾到了受众的选择性,可以自己决定节奏和内容,而电子媒介的传播方式是线性的,所以受众如果想回头再看,必须付出额外的代价,比如将电视节目录下来。
- 印刷媒介具有便携性和易存性。电子媒介的传播内容是稍纵即逝的,若不经过专门录制,就会很快消失。而印刷媒介却能将信息有效地保存下来。因此,印刷媒介更能达到使受众获得反复接触的积累效果。
- 印刷媒介更能适应分众化的趋势。除了一些综合性的报纸以外,印刷媒介不像其他媒介那样强调以标准化的内容来适应大部分受众的共同兴趣。专业化、专门化的报纸、杂志、书籍等印刷媒介往往通过有针对性的内容,适应专业化、专门化受众的特殊需要。在知识界与教育界,印刷媒介更是拥有广泛的类型化受众。

印刷媒介的缺点主要有:

- 时效性不强,不能像广播电视那样进行实时报道,而要经过一个制作周期。
- 使用印刷媒介需要识字能力,因而受到文化程度的制约,文盲和文化程度较低的人无法或不能充分使用这种媒介。

互文参阅:第四章词条 13　广播(p.102)、词条 14　电视(p.107)

7　出版商(Publisher)

出版商是印刷媒介产业中,根据大众的需求,负责创造、发行内容的个人或组织。出版商的工作包括策划、购买、生产、营销内容,并且将其印刷出来,主要以报纸、杂志和书籍的形式出现,然后分发到各种销售渠道。

随着传媒业的发展,出版商所创造和发行的作品不局限于印刷制品,还包括音乐作品(如唱片、CD)、软件和其他一切与信息有关的产品。因此,今天的出版商随着信息技术、数字技术的发展以及因特网的普及,其工作已经扩展到电子系统,包括出版电子版的图书、期刊和报纸,也包括出版网络页面、博客等。

8　报纸(Newspaper)

报纸是一种通常每日或每周出版的印刷媒介,内容主要包括最新的新闻、社论、特写和广告。

17世纪初,定期出版的报刊首先诞生于德国。之后,欧洲各国先后出现了日报。最早的日报是1660年在德国莱比锡创办的《莱比锡新闻》报(*Leipziger Zeitung*)。

报纸和印刷书籍相比更是一种革新,是一种新的社会文化形式的发明。

报纸成为大众媒介是建立在三个前提条件的基础之上的:发明了能够迅速而且便宜地印刷报纸的印刷机;有足够数量的识字人口;存在大众读者群。[①]

互文参阅:第三章词条11　传播控制(p.72);第四章词条23　第四权力(p.153);第九章词条9　对媒介的非正式控制(p.387)、词条12　印刷媒介的组织方针(p.390)

---

① 〔美〕约瑟夫·R.多米尼克:《大众传播动力学:数字时代的媒介》(第七版),蔡骐译,北京:中国人民大学出版社2004年版,第107页。

8.1 报纸的特征

报纸的优势特征主要有：

- 报纸是视觉媒介。报纸通过印刷在平面纸张上的文字、图片、色彩、版面设计等符号传递信息，是利用视觉供人阅读的，这是报纸的最大的特点。①
- 报纸是由不同的内容构成的，信息容量较大。
- 报纸的选择性极强。阅读的速度、对内容的取舍以及阅读的顺序、时间、地点等均由读者自己决定。②
- 报纸保存信息的力量强，报纸比其他任何媒介都更多地充当了历史的记录者这一角色。③
- 报纸内容按照主题不同被分为不同的板块，并且每则报道都有一个标题，方便读者决定是否阅读。④
- 报纸适合传达深度信息。正因为报纸是印刷在纸张上的，可以保存、可以选择的媒介，因此，读者通过文字、图片可以从容地反复研究、细品报纸所传播的信息。报纸利用这一特点，可以增加新闻信息的深度，刊登新闻背景分析、解释性报道、调查性报道等。⑤
- 报纸在我们的社会中扮演着"看家狗"的角色。它们监督着政府与工商业的工作，提醒公众可能的威胁和新趋势。
- 报纸通常是本地的。报纸是有办法报道一个社区中所有邻里活动的唯一媒介。

报纸的缺点包括：⑥

- 报纸的时效性差。报纸报道新闻的时效性远逊于广播与电视。
- 报纸借助文字传播，因此要求读者必须有文化，因而限制了读者的范围。

---

① 胡正荣：《传播学总论》，北京：北京广播学院出版社 1997 年版，第 242 页。
② 同上。
③ 同上。
④ 〔美〕约瑟夫·R. 多米尼克：《大众传播动力学：数字时代的媒介》（第七版），蔡骐译，北京：中国人民大学出版社 2004 年版，第 120 页。
⑤ 胡正荣：《传播学总论》，北京：北京广播学院出版社 1997 年版，第 242 页。
⑥ 同上书，第 242—243 页。

- 报纸的感染力比广播、电视弱。报道形式缺乏电视新闻声像并茂的动感,也不如以声传情的广播报道亲切、活泼。

8.2 阅读率(Rating)

一份报纸的阅读率反映了在读报人群中有多少人在看这份报纸,它是衡量报纸覆盖和阅读人数的一个指标。阅读率是读者数量及这些读者的构成等情况的综合,它包括报纸的阅读人口、传阅率及读者构成等几个方面。阅读率数据一般由作为第三方的专业市场调查公司定期进行收集、研究和出售,媒介和广告公司及广告主购买,以使媒介对自己的工作有全面的了解,而广告主据此可知晓所购买的商品——版面的真正价值,从而提高了报纸广告版面出售和购买的透明度。

$$阅读率 = \frac{特定报纸的读者}{市场中的读报总人数} \times 100\%$$

8.2.1 初始受众(Primary Audience)

由订阅者或那些在报摊上购买报纸或杂志的人所构成的那一部分报纸或杂志的受众,被称为初始受众。[1]

8.2.2 传阅受众(Pass-along Audience)

由那些在医生的办公室、在工作中、在旅行中随手拿起一本杂志看的人或其他类似之人所组成的那部分报刊受众,被称为传阅受众。[2]

8.3 发行量(Circulation)

发行量是某出版物,即报纸或杂志,分送到报摊、售报机以及为订户所订的总份数,即出版物的发行数量。报纸的发行量是报纸质量、实力、影响力等诸多方面的重要体现。

报纸与杂志的发行量通常包括四个数据:

- 计划发行量:出版机构所设定并努力达到的某一时期的发行目标。

---

[1] 〔美〕约瑟夫·R.多米尼克:《大众传播动力学:数字时代的媒介》(第七版),蔡骐译,北京:中国人民大学出版社2004年版,第171页。
[2] 同上。

- 实际发行量：通过市场调查统计所得的出版物的真实销售、订阅的数量。实际发行量还包括了补损报、赠阅报、自用报、工作报等，但这四项数量所占比例很低。
- 有效发行量：实际发行量减去非目标读者后的发行数量，强调了出版物发行的质量。有效发行量的统计涉及读者层次、读者阅读习惯，特别是读者的购买力等，以区分目标读者和非目标读者。
- 表现发行量：通常是出版物在广告刊例、宣传单页和各种公开场合声称的发行量。有些出版物为了吸引广告客户、增加收益，所公布的发行量可能高于实际发行量。

发行量审计局（Audit Bureau of Circulation, ABC）

在20世纪早期，一些出版商虚报读者数量，以便从广告商那里争取更多的广告收入。为了制止这种欺骗行为，美国的广告商与出版商在1941年联手成立发行量审计局，提供经过验证的发行数量报告。①

8.4 付费发行（Paid Circulation）

付费发行是发行的一种方式，与免费发行相对，读者必须付费订阅或是从报摊上购买出版物。

8.5 大报（Broadsheet）

大报原意是从外形而言的，用的是基本纸度的纸，即未经折或切的大开张形式的纸；内容多是符合社会主流价值观且较为严肃的政论、时事分析、经济解读等。报纸的文字艰深，图片较少，且定价较高。大报是在全国性新闻议程的基础上针对全国受众所编写和发行的，②读者为有知识的社会中上层。大报属于高端报纸，有一定的权威性，并且在历史上一直被认为是新闻的典范。

8.6 小报（Tabloid）

小报和大报原本就报纸的开张而言。小报通常只有一页普通

---

① 〔美〕约瑟夫·R.多米尼克：《大众传播动力学：数字时代的媒介》（第七版），蔡骐译，北京：中国人民大学出版社2004年版，第139页。
② 〔英〕鲍勃·富兰克林：《新闻学关键概念》，诸葛蔚东等译，北京：北京大学出版社2008年版，第38页。

报纸一半尺寸大小。最早流行于伦敦的小报,特指在有轨电车上阅读方便的微型报纸。

小报是含有大量具备视觉冲击力的图片的出版物,内容多为轰动性、煽情的报道,其中既有政治色彩浓厚、观点激进的报纸,也包括炒作社会新闻、调剂无聊生活的报纸。小报诞生初期属于廉价报纸,以满足广大中下层群众的需要。小报从19世纪末20世纪初开始蓬勃发展,随着竞争加剧,在内容上渐渐转向黄色新闻、娱乐新闻、犯罪新闻和低级趣味材料构成的新闻。

小报新闻的出现体现了新闻业倾向的改变——将新闻媒体视为娱乐产业的一部分,新闻报道的目的是娱乐公众。[1]

近年来,也出现了刊登严肃内容的小报,成为大报的精缩版。

8.6.1 小报化

小报化被认为是报纸发展的一种趋势,其目的是增强竞争力、吸引年轻读者。主要体现为标题变大,图像增多,有大量传播个人隐私的和软性的报道,国际和全国新闻报道减少,调查性深度报道减少。

8.6.2 便士报(Penny Press)

便士报是19世纪早期的大众报纸,是售价一便士的新闻报纸的统称。本杰明·戴伊(Benjamin Day)1833年创办了《纽约太阳报》(*New York Sun*),以1美分出售(当时其他大城市日报的售价为6美分),从此掀起了"便士报运动"。

《纽约太阳报》包含地方新闻,尤其是那些以性、暴力以及有人情味的报道为特色的新闻,而没有当时报纸上的烦琐乏味的政治辩论。[2] 此后,以普通劳动者为读者对象的通俗化的报纸,就如雨后春笋般诞生了。

便士报的实质就是买报人不需要支付报纸的全部成本,报社通过这一方式改变了以前报纸只有富人才买得起的状况,使报纸成了当时最大的信息传播媒介。报社通过将人数不断增长的读者群卖

---

[1] 〔英〕鲍勃·富兰克林:《新闻学关键概念》,诸葛蔚东等译,北京:北京大学出版社2008年版,第344页。

[2] 〔美〕约瑟夫·R.多米尼克:《大众传播动力学:数字时代的媒介》(第七版),蔡骐译,北京:中国人民大学出版社2004年版,第108—109页。

给广告商来赢利,这为后来的报纸广告业打下了坚实的基础,这也是报纸获取最大利润率的关键。因此,便士报也是一种经营理念。

8.7　倒金字塔形式(Inverted Pyramid Form)

报道的"倒金字塔形式"是新闻写作的传统模式,多用于印刷媒介。① 具体做法是,依据新闻报道最重要的五个 W(When? Where? Who? What? Why?)和一个 H(How?)"头重脚轻"地安排材料,把新闻的高潮和结论放在最前面的导语里,然后以事实的重要性递减的顺序来安排(in the order of descending importance)材料。这种结构能够帮助记者迅速组织事实,编辑即使删除最后几段以适应版面,也对文章的意思损害不大,读者则可以迅速判断他/她对报道是否感兴趣。

这种报道的"倒金字塔"风格是在南北战争期间发展起来的,是为了将来自战争地带的电讯转化成标题,从而出现的一种新的报道技巧。因为电报有时会出现故障,所以报道的开头段落包含了最重要的事实,以防如果电报线在一则报道中间出现故障,至少最重要的部分会传递过去。②

8.8　黄色新闻(Yellow Journalism)

黄色新闻指出现在 19 世纪 80 年代的耸人听闻、常常是不负责任的新闻报道,以强调性、谋杀、大众医学、伪科学、自我推销以及人情味报道而出名。

黄色新闻以煽情手法和感情内容为特征,与当时严肃、理性的报道形成对比。一般认为,黄色新闻是现代小报新闻的前身。③ 黄色新闻使通栏大字标题、图片、彩色印刷等各种利用排版方式来展示新闻的手段得以流行,并且这些都延续下来成为现代新闻的特征。

---

　　①　〔美〕罗兰·德·沃尔克:《网络新闻导论》,彭兰译,北京:中国人民大学出版社 2003 年版,第 186 页。
　　②　〔美〕约瑟夫·R. 多米尼克:《大众传播动力学:数字时代的媒介》(第七版),蔡骐译,北京:中国人民大学出版社 2004 年版,第 110 页。
　　③　〔英〕鲍勃·富兰克林:《新闻学关键概念》,诸葛蔚东等译,北京:北京大学出版社 2008 年版,第 372 页。

在黄色新闻盛行的时期(1880—1905年),记者是所有职业或者行业中社会地位最低的一种人。与之形成对比的是,操作高速印刷机的印刷人员因被视为熟练的技术人员而得到了更多的尊重。①

威廉·R. 赫斯特(William R. Hearst)

威廉·R. 赫斯特是《旧金山检查人报》(San Francisco Examiner)和《纽约新闻报》(New York Morning Journal)的成功出版商,采用耸人听闻的题材与手法(黄色新闻)赢得了19世纪晚期发行量大战的胜利。他擅长收购失败的报纸,并且把它们变成赚钱的公司。他证明了新闻生意能像铁路、钢材或者石油一样赚钱。赫斯特的一个成功秘诀是,为了吸引低收入的读者群而制定更好的策略——他的报纸将低廉的销售价格和创新性的内容形式相结合,报纸里有大量的图片、故事连载和连环漫画。一些专家甚至认为,黄色新闻业的名字就是来源于赫斯特报纸中的第一批连环漫画《黄色小孩》("The Yellow Kid")。

赫斯特创立了一个重要的出版帝国(赫斯特出版集团),包括报社、通讯社和辛迪加。电影《公民凯恩》(Citizen Kane)中的主人翁就是以赫斯特为原型的,这也使得他在约瑟夫·普利策(Joseph Pulizer)、爱德华·斯克里普斯(Edward Scripps)和他这三位19世纪、20世纪之交的报业巨头中最为有名。

8.9 网络报纸(Web-Newspaper)

网络报纸具有与印刷报纸相似的基本功能——收集、评价与组织信息。但是,在分发给读者方面,两者有很大区别。传统的报纸使用纸、墨、印刷机、卡车和投递人员;网络报纸以数字形式将信息传送给电脑和便携式无线媒介。网络报纸与传统报纸相比有一些优势:

- 网络报纸不受新闻版面的限制。
- 网络报纸能持续刷新,对于它来说没有版面的最后期限。
- 网络报纸是互动式的,读者可以通过电子邮件、公告牌和聊天室迅速地向报纸反馈。

---

① 〔美〕斯坦利·巴兰、丹尼斯·戴维斯:《大众传播理论:基础、争鸣与未来》(第三版),曹书乐译,北京:清华大学出版社2004年版,第45页。

互文参阅：第四章词条 9.4 数字杂志（p.99）、词条 17.4 数字技术（p.129）、词条 17.5 因特网（p.131）

8.10 报刊史上的四座里程碑

- 15 世纪中，古登堡在美因茨成功地试制了印刷机。
- 1605 年，世界上第一份期刊《安特卫普新闻》（*Les nouvelles d'Anvers*）诞生了。①
- 1660 年，世界上最早的日报《莱比锡日报》（*Einkommenden Zeitungen*）出版了。②
- 1993 年，美国的《圣·琼斯水星报》（*San Jose Mercury News*）首次开办网络版。③

9 杂志（Magazine）

杂志是包含各种经过编辑加工的内容、有固定栏目、定期并按顺序连续出版的印刷出版物，往往是以订阅或报刊亭零售的形式出售，发行和广告收入构成了杂志的主要收入来源。杂志的界定特征主要有：④

- 吸引了最为专业化的受众，杂志被设计以满足特定的人口、职业、兴趣、政治、地区以及其他非常特定的群体的需要。
- 杂志是那种最能与社会、人口、经济及文化潮流合调的媒介。随着消费者和企业的需求与兴趣的变化，新的杂志会出现，而已有的杂志也会调整它的内容。
- 杂志能够影响社会潮流。
- 传统的杂志以一种便于携带和方便的模式来装订，并且以高质量的印刷和优质的图片为特色。

---

① 〔法〕弗朗西斯·巴勒：《传媒》，张迎旋译，北京：中国传媒大学出版社 2007 年版，第 5 页。
② 同上。
③ 同上书，第 6 页。
④ 〔美〕约瑟夫·R.多米尼克：《大众传播动力学：数字时代的媒介》（第七版），蔡骐译，北京：中国人民大学出版社 2004 年版，第 158 页。

9.1 费用基数(Rate Base)

费用基数是杂志的出版商所担保的购买者数目,同时也是杂志用来计算其广告费用的数目。①

9.2 媒介指标调查公司(Mediamark Research Inc., MRI)

媒介指标调查公司通过选择一个大的阅读杂志的受众样本并进行个人访谈以取得每种杂志的展示分,从而提供关于杂志的全部受众的数据②,为广告主、广告代理公司、电视台和广播电台、出版商、节目发行公司和咨询公司提供数据和咨询服务。

9.3 掏粪者(Muckrakers)

掏粪者专指揭露商业和政府的腐化丑闻及黑暗内幕的报刊记者。③ 19世纪末、20世纪初,美国大工业的发展为社会带来繁荣的同时,也隐藏着严重的两极分化和其他社会问题,社会不满也在悄然滋生。新闻界最先洞察到这些现象。因此,美国新闻界中以杂志为主体掀起了一股揭露丑闻、谴责腐败、呼唤正义与良心的运动,这就是著名的"掏粪运动"。

当时的美国总统西奥多·罗斯福(Theodore Roosevelt)把写揭露新闻的记者比作英国作家约翰·班扬(John Bunyan)的小说《天路历程》(*The Pilgrim's Progress*)里的主人公——在朝圣途中不仰看天国的皇冠,而只埋着头拿着粪耙收集污物的"拿着粪耙的人"。这个词为公众所接受,新闻界也把这一称呼视作光荣的奖赏接受下来了。

《麦克卢尔》(*McClure's*)是一本以其创办者塞缪尔·麦克卢尔(Samuel McClure)的名字命名的杂志,是当时著名的"掏粪者"刊物。

互文参阅:第四章词条23 第四权力(p.153);第八章词条2.3 新闻准则(p.333);第九章词条9 对媒介的非正式控制(p.387)

---

① 〔美〕约瑟夫·R.多米尼克:《大众传播动力学:数字时代的媒介》(第七版),蔡骐译,北京:中国人民大学出版社2004年版,第170页。
② 同上书,第171页。
③ 〔美〕斯坦利·巴兰、丹尼斯·戴维斯:《大众传播理论:基础、争鸣与未来》(第三版),曹书乐译,北京:清华大学出版社2004年版,第72页。

9.4 数字杂志(Digital Magazine, E-magazine)

数字杂志,也叫电子杂志或网络杂志,是由于计算机跨入多媒体世界而出现的一种新型出版物。数字杂志是以数字形式显示杂志内容,通过网络或其他电子媒介传输的杂志,并且保留了传统杂志的一些基本属性,如有固定的栏目、按顺序连续出版等。

由于数字杂志借以传输和存在的载体发生了变化,不再是普通的凸版纸、胶版纸,而变成了网络、磁盘或光盘,因此数字杂志与纸质杂志相比,具有一些特别的优势:

- 携带、保存便利。
- 不需要纸张、油墨,因此更环保。
- 获取信息便捷且信息量大。
- 可显示多媒体内容,声、图、像并茂,还包括各种音频和视频内容,并且更具有互动性。
- 电子内容以计算机数据库的形式存储,容量大、运算速度快,因此便于资料的查询检索。

互文参阅: 第四章词条 8.9 网络报纸(p.96)、词条 17.4 数字技术(p.129)、词条 17.5 因特网(p.131)

9.5 直投杂志(Direct Mail Magazine)

直投杂志通常被称为 DM 杂志。DM 是英文 Direct Mail(直邮信函)的简称,即直接邮递广告,是指通过邮政系统将广告直接送给广告受众的广告形式。利用邮政系统作为传递广告的渠道,历史由来已久,后来由于报纸、杂志等媒体的出现,直投广告的优势为这些媒体所取代。直投杂志作为广告载体,其优势表现为:

- 针对性强、投递准确、免费赠阅。
- 广告持续时间长:在受众做出最后决定之前,可以反复翻阅直投杂志中的广告信息,详尽了解产品的各项性能指标。
- 较强的灵活性:不同于普通的报纸杂志广告,直投广告的广告主可以根据自身具体情况选择版面大小、确定广告信息的长短及选择全色或单色的印刷形式。
- 广告效应良好:这是因为直投杂志的投放对象是参照人口统

计数据和地理区域因素选择的；另外，受众不会受到普通杂志中的编辑内容的干扰，而是直接阅读广告内容。

- 可测定性：广告主在发出广告之后，在一定程度上，可以借助产品销售数量的增减变化情况及变化幅度来了解广告信息传出之后产生的效果。
- 具有隐蔽性：直投广告是一种不易引起竞争对手的察觉和重视的非轰动性广告。

互文参阅：第八章词条3 广告(p.339)

9.6 样书(Dummy)

样书是将要出版的某期杂志的粗略版本，体现了这期杂志的计划或蓝图，以适当的顺序展示相应的内容。①

互文参阅：第四章词条14.9 试播节目(p.112)、词条16.2 样带(p.123)

10 图书(Book)

图书是通过一定的方法与手段将知识内容以一定的形式和符号(文字、图画、电子文件等)，按照一定的体例，系统地记录于一定形态的材料之上，用于表达思想、积累经验、保存知识与传播知识的工具。图书的界定特征包括：②

- 图书是"大众化"特性相对最不显著的大众媒介。当一部流行的精装本图书的销售量达到12.5万册时，它就可以成为畅销书，而一档不成功的电视节目也会有1000万观众。
- 图书所生产的文化影响远远大于它的受众规模。
- 图书是最古老与最持久的大众媒介。古登堡印刷图书的历史可以追溯到15世纪，公共图书馆也存在了几百年。人们读完报纸与杂志后会很快扔掉它们，但大多数人会保留他们的图书。

---

① 〔美〕约瑟夫·R.多米尼克：《大众传播动力学：数字时代的媒介》(第七版)，蔡骐译，北京：中国人民大学出版社2004年版，第168页。

② 同上书，第187页。

10.1 畅销书排行榜(Best-seller Lists)

畅销书排行榜是以零售量为基础的对畅销图书所做的排名表。这个排行榜是图书业中受众反馈的最重要的形式之一。不同机构排列畅销图书的名次所使用的方法略微不同,但是都包括抽样收集来自不同图书经销渠道的数据,然后再给这些数字加上不同的权重,从而得出排名。

制作畅销书排行榜十分重要,因为上榜的图书会被许多书店大量订购,因此,出现在排行榜上可能意味着这本书的销量会增加。①

10.2 电子图书(E-book)

电子图书是可以通过电脑或电子书阅读器以及手机,来进行阅读的数字版本的图书。数字形式的电子图书不必再印刷在纸上而后分发给读者,而是通过因特网或其他信息网络直接分送给消费者。

电子图书具有改变图书产业结构的潜力——作者自己可以将其书稿放在网站上进行出售,而将出版商置于出版发行的程序和利益之外。②

目前,传统的图书出版商也已进入电子图书出版业务领域,出版并出售电子版本的图书。

电子图书带来了更尖锐的版权问题。

互文参阅:第九章词条 6 版权(p.383)

11 电报(Telegraph)

电报是通过电报机所发送的信息。电报的发送利用了电,而这项技术最终发展成为广播技术。电报也是第一种使用数字传播(点与横)的媒介。电报对人类文化与传播的影响包括:③

- 电报使类似记录火车位置及协调装运货物去不同地方的复

---

① 〔美〕约瑟夫·R.多米尼克:《大众传播动力学:数字时代的媒介》(第七版),蔡骐译,北京:中国人民大学出版社2004年版,第185页。
② 同上书,第201页。
③ 同上书,第82—83页。

杂工作成为可能。
- 战争行为也为电报所改变。随着战术和战略的发展，通过铁路运输调度，部队能够被迅速地动员和转移。
- 电报对商业同样有影响。它加速了买家与卖家之间的沟通、申报交易以及有组织的发货。即时的传播促使商品市场的标准价格产生。
- 电报大大地提高了报纸传播新闻的能力。
- 电报在某些方面改变了人们思考他们的国家和世界的方法。通过消除空间的限制，电报具有成为一种把人们联系在一起的即时联系设备的潜力。

互文参阅：第四章词条8.7 倒金字塔形式（p.95）

第一条电报

人类历史上的第一条电子信息由美国科学家、电报之父塞缪尔·莫尔斯（Samuel Morse）用他所发明的由点和线组成的莫尔斯码，于1844年5月24日，从华盛顿发往巴尔的摩，内容是"上帝创造了何等的奇迹"（What Hath God Wrought）。从此，几乎同步的远距离信息传输得以实现。

12 广播电视业（Broadcasting）

广播电视业是由电子技术装备起来的现代化的新闻传播媒介。它是通过无线电波或导线（有线电缆）向广大地区传送声音符号和图像符号的传播媒介，其中包含广播（Radio）和电视（TV）。

互文参阅：第四章词条13 广播（p.102）、词条14 电视（p.107）；第九章词条11 方针手册（p.389）

13 广播（Radio）

广播是电子媒介，通过无线通信装置发送和接收声音信号。古莫利·马可尼（Guglielmo Marconi）1901年发明无线电通信装置，吸引了大批业余爱好者。1920年11月2日，美国西屋公司（Westinghouse）在匹兹堡（Pittsburgh）成立的 KDKA 电台是世界上第一家正式电台。

20 世纪三四十年代是广播的黄金时代，由于技术和节目的大量革新，广播成为最流行的娱乐媒介。

广播新闻也在这个时候成熟了。广播使新闻个人化：与报纸不同，在报纸上标有作者姓名的那一行可能是识别一位记者的唯一依据，而广播新闻的评论员与记者却可以向听众展示自己的姓名、声音、独特的陈述风格以及个性。

广播帮助不同种类的音乐流行。广播对通俗文化做出了自己的贡献。虽然早期节目重新利用了许多歌舞杂耍的表演，但这一媒介所独创的节目类型很快就出现了，其中一个就是肥皂剧。

广播改变了人们打发空闲时间的方法。广播成为娱乐信息与新闻的最主要来源。

广播的优势特征包括：

- 广播的影响面广、渗透性强。广播的出现，第一次使受众在接触媒体的时候可以不受文化程度的限制，对听众有较强的接近性。广播的影响面不受时间的限制，同时不受空间、听众阶层等因素的限制，真正可以做到无时不在，无处不在。因此，广播遍及全世界。
- 广播的时效性强。广播利用电波传送信息，其传递速度是其他任何载体无可比拟的。广播传出的声音与听众听到的声音几乎是同步的。广播的时效性和传播速度可以说是各媒介之首。
- 广播是听觉媒介。除了人的有声语言之外，广播中还运用大量的音响。这种音响现场感强，有立体感、空间感、情境性，能立即将听众带到音响现场，感染力强。音乐也是广播广泛使用的素材。
- 广播是可移动的、便携的，几乎可以在任何地方收听。
- 广播是补充物，大部分人收听广播时都在做其他事情。[1]
- 广播是细分受众的，与杂志类似，广播电台会选择小的、细分

---

[1] 〔美〕约瑟夫·R.多米尼克：《大众传播动力学：数字时代的媒介》（第七版），蔡骐译，北京：中国人民大学出版社 2004 年版，第 225 页。

的听众群模式,而该听众群对广告客户有吸引力。①

广播的缺点:

- 广播的保存性弱,因为其传播手段是声音,声音的特点是转瞬即逝。由于这一特点,听众对广播的内容往往难以留下深刻的印象,特别是那些抽象、艰深、内在逻辑关系复杂的事实以及一些理论和技术性强的内容。②
- 广播是线性媒体,选择性弱。广播是按时间顺序进行传播的,因此听众必须沿时间这条"线"的顺序收听,无法在同一时间自由灵活地选择节目或内容。③
- 无线电广播单纯提供听觉形象,给受众留下的印象不如视听兼备的电视深刻。

13.1 收听率(Rating of Radio Programmes)

收听率是特定电台的听众与市场中总人数的比率。④

$$收听率 = \frac{特定电台的听众}{市场中的总人数} \times 100\%$$

互文参阅:第八章词条3.11.1 开机率(p.349)、词条3.11.2 节目受众占有率/受众份额(p.349)、词条3.11.3 受众分布率(p.349)、词条3.11.4 受众接触媒介兼容率(p.349)、词条3.11.5 受众喜爱率(p.350)

13.2 电台受众份额(Share of the Radio Audience)

电台受众份额指特定电台的听众与市场中广播听众的总人数的比率。⑤ 受众份额把市场中所有电台的听众划分开来,把它们合计起来时,份额应该是100%。

收听率和受众份额是确定电台对广告客户收费比率的基础。

---

① 〔美〕约瑟夫·R.多米尼克:《大众传播动力学:数字时代的媒介》(第七版),蔡骐译,北京:中国人民大学出版社2004年版,第226页。
② 胡正荣:《传播学总论》,北京:北京广播学院出版社1997年版,第246页。
③ 同上。
④ 〔美〕约瑟夫·R.多米尼克:《大众传播动力学:数字时代的媒介》(第七版),蔡骐译,北京:中国人民大学出版社2004年版,第656页。
⑤ 同上书,第657页。

$$受众份额 = \frac{特定电台的听众}{市场中广播听众的总人数} \times 100\%$$

13.3 广播网(Network)

广播网,又称连锁广播,由广播电台联合组成。

建立广播网的目的主要有三个:

- 一是基于广播业者自身的经济原因。每个电台不再花钱制作自己的节目,而是所有的电台共同分担一个节目的费用,并且将同一个节目在所有的电台播放,以缩小制作节目的开支。
- 二是听众因素。那些远离大城市的偏僻地区,可以通过广播网接收高质量的节目,而不必受当地广播人才匮乏这一状况的制约。
- 三是广播网也对广告客户有更强的吸引力。因为由电台连接起来的广播网为广告客户提供了在更广阔的地理领域接触更多听众的可能。

广播网改变了美国社会。它刺激了全国的广告业;将原来局限于城市的娱乐节目扩散到农村,刺激了美国大众文化的形成;也改变了美国的政治,使政治竞选真正成为全国性的活动,例如富兰克林·D. 罗斯福(Franklin D. Roosevelt)就将"炉边谈话"作为战胜政敌的一项法宝。

13.4 调幅广播(AM Radio)

调幅广播采用幅度调制技术,即话筒处接受的音量越大则电台发射的能量也越大。无线电波在传播过程中有各种各样的干扰信号与有用波混杂在一起,这种干扰主要是以影响幅度的形式出现的,于是调幅收音机里就会出现许多杂音。

13.5 调频广播(FM Radio)

调频是调制载波的频率。调频收音机设有限幅器,可以把干扰引起的幅度变化消去而对频率没有影响,而且调频广播可以比调幅广播产生更为宽广的声音频率范围,因而调频广播能用更高的保真度传播音乐和声音,并且不受静电干扰。

对频率调制而言,话筒处接受的音量越大,对应发射信号的频率越高。调频广播工作于甚高频段。频段越高,其所拥有的频率带宽也越大,因而可以容纳更多的电台。同时,波长越短的无线电波的传播也越接近于光波直线传播的特性,不易干扰其他地方的电台,从而提高了广播质量。

13.6 数字广播(Digital Audio Broadcasting, DAB)

数字广播又称数字音频广播,是利用数字信号的形式传送声音。与传统的模拟广播相比:

- 数字广播抗干扰性能好,适合于移动、固定或便携式接收,可实现多媒体接收,声音质量可达 CD 水平。
- 数字广播既可以用来传送声音广播节目,又可以传送数据业务、静止或活动的图像等。
- 数字广播的传输系统需要的发射功率小、可加密、允许同步运行,有利于节约频率、降低电磁污染、改善环境。

因此,数字音频广播成为继传统的调幅、调频广播之后的第三代广播,代表了 21 世纪广播的未来。

互文参阅:第四章词条 16.10 CD(p.126)、词条 17.4 数字技术(p.129)、词条 17.5 因特网(p.131)。

13.6.1 卫星广播(Satellite Radio)

卫星广播是由电台通过卫星地面站将无线电信号从地面站发送到赤道上空的地球同步卫星,再由它转发到地球上的无线电接收机。在这个过程中,信号覆盖的面积比普通无线电天线信号的覆盖面积要大很多,而且方向性不强、辐射功率大,因此在世界任何地区,如山区、公海、森林,听众都可以使用与普通收音机相仿的接收机清晰地收听节目,而无须大型抛物形天线。

卫星广播用数字方式传送节目,音质可以达到 CD 级,受自然条件的负面影响很小。因此,卫星广播将开车的听众锁定为重要的收听目标。但是,卫星广播也面临着两个主要的挑战:适当的卫星必须发射到正确的轨道上;另外,人们还不习惯为广播节目付费。[1]

---

[1] 〔美〕约瑟夫·R.多米尼克:《大众传播动力学:数字时代的媒介》(第七版),蔡骐译,北京:中国人民大学出版社 2004 年版,第 223 页。

13.6.2 因特网专用电台(Internet-only Stations)

因特网专用电台是通过网络服务器将广播节目送到因特网上,而后听众可以通过网络浏览器收听上网的任何一家电台,这样可以克服调幅和调频广播的发射范围的限制,收听全球范围内的电台。

网络广播是用数字方式传送节目,声音质量主要取决于网络的传输速度。它的重要目标听众是在工作中收听广播的人。网络广播公司提供多种专门音乐类型,也提供聊天室、电子商务以及原创内容,而广告比较少。①

卫星广播与因特网专用电台的兴趣都是吸引那些对传统广播不满的听众。②

14 电视(Television, TV)

电视是电子媒介,通过无线通信装置发送并接收声音和图像信号。电视转播最早出现在20世纪30年代的德国和英国。1936年,英国广播公司(BBC)建立了世界上第一座电视台,于当年11月2日开始正式播送节目。

第二次世界大战后,美国引领电视产业,电视的迅速发展使广播黯然失色。电视取代了广播成为最重要的娱乐与信息媒介,并成为一种主要的文化及社会力量。

彩色电视节目转播始于1954年,在20世纪60年代开始普及。1955年,电视观众的数量首次超过了广播听众。③ 80年代卫星电视的发展进一步拓展了广播电视领域。

电视与广播一样是普遍被使用的媒介,电视产业的受众也在不断的分化过程中,以有线电视产业最为明显。新的有线频道日益适合于小型的、界定明确的受众群体,甚至那些受众群体也被加以分割。

---

① 〔美〕约瑟夫·R. 多米尼克:《大众传播动力学:数字时代的媒介》(第七版),蔡骐译,北京:中国人民大学出版社2004年版,第223页。
② 同上。
③ 〔英〕鲍勃·富兰克林:《新闻学关键概念》,诸葛蔚东等译,北京:北京大学出版社2008年版,第350页。

虽然电报最早被称为"时间与空间的伟大消灭者",但是在其后出现的电视更符合这个称号。电视是当代社会的大众告知者、劝说者、娱乐者、教育者和沟通者,其优势特征包括:

- 电视是视听合一的媒介。电视图声并茂、生动、形象、逼真、感染力强,真正适应了人的生理特征,因此受到人们的普遍欢迎。①
- 电视适合再现想象、现场、过程。电视的首要特点是视听兼备且表现手段多样,这决定了电视具有极强的形象感、现场感和过程感。②
- 电视具有时效性强、手段先进、传递信息迅速、超越空间的力量强等电子媒介的共同特点,并且集中体现在电视的实时性上。直播是电视最有力的武器。③
- 电视具有人际传播特点:主持人是电视节目最具代表性的因素之一,无论新闻节目还是娱乐节目,主持人都直接面对镜头与观众交流,由于具有面对面的特点,所以在大众传播媒体当中,电视是人际交流最充分的传播手段。借助于这种人和人的直面交流,电视节目和观众之间形成了一种非常紧密的关系。
- 电视使用便利,是人们获取新闻和娱乐信息的主要媒介。

电视的缺点主要有:

- 电视画面转瞬即逝,保存性差,选择性差。这也是电子媒介的共同劣势。④
- 由于表现手段多样、技术相当复杂,也让电视成为现有媒体当中成本最高的一种。
- 由于电视复制设备价格昂贵,复制电视内容比复制广播内容更加困难。

14.1 非商业性电视台(Noncommercial Television)

非商业性电视台指收入并非来自出售广告时间的电视台,其经费主要来自社会的捐款和赞助。

---

① 胡正荣:《传播学总论》,北京:北京广播学院出版社1997年版,第249页。
② 同上。
③ 同上。
④ 同上。

互文参阅：第三章词条 12 大众传播的体制（p.74）；第八章词条 7.5 广播电视所有制形式（p.375）

14.2　商业电视台（Commercial Television）

商业电视台指收入主要来自向广告客户出售广告时间的电视台。

14.3　无线电视（Open Circuit TV）

无线电视，又称开路电视。电视开路传播是将图像信号和伴音信号调制成完整的电视频道信号后，通过发射天线向空中发射电磁波，而后由电视接收天线接收，电视机将电磁波再转化为视频和音频信号的电视节目传播形式。

14.4　有线电视（Cable Television，CATV）

有线电视也叫电缆电视，由无线电视发展而来，最初出现于1950年的美国宾夕法尼亚州。有线电视仍保留了无线电视的广播制式和信号调制方式，并未改变电视系统的基本性能。有线电视把录制好的节目通过线缆（电缆或光缆）送给用户，再用电视机重放出来，而不向空中辐射电磁波，所以又叫闭路电视。有线电视是一种由观众而不是资助者支付费用的付费电视。

有线电视相比无线电视的优势包括：

- 由于电视信号通过线缆传输，不受高楼山岭等的阻挡，所以收视质量好。
- 有线电视可以采用邻频传输，不像无线电视为防止干扰，在一个地区必须采用隔频发射，所以频谱资源能得以充分利用，能提供更多的频道。
- 有线电视通过线缆还能实现信号的双向传输，能够提供交互式的双向服务，也可以很容易实现收费管理，开展多种有偿服务。
- 有线电视台不需要昂贵的发射机和巨大的铁塔，所以建台费用低，有利于快速发展。
- 有线电视系统不仅接收和转播大电视网的节目，还提供自己录制的具有不同专题内容的节目，为订户提供了更多的节目选择。

14.5 卫星电视(Satellite TV)

卫星电视转播是由地面电视台通过卫星地面站发射电视信号，由设置在赤道上空的地球同步卫星先接收，然后再把它转发到地球上指定的区域，由地面上的设备接收供电视观众收看。卫星电视广播与地面开路电视传播相比，所具有的优势包括：

- 覆盖面积大，电波利用率高。
- 一个地面卫星接收系统可以接收多个卫星的信号，接收的电视节目可达上百套。
- 卫星电视传播不需多次微波中继，也没有多径干扰，使用频率高，工业干扰小，所以图像及声音质量好。

直播卫星电视业务(Direct Broadcast Satellite, DBS)

直播卫星业务又被称作直接入户(DTH)业务，是家庭电视机通过安装在屋顶上的雨伞大小的卫星接收天线，直接从在轨道中运行的卫星处接收信号的一种系统。这种碟状天线不能转动，固定指向天空中的某一位置。单个卫星转发器能够传播数个节目，因此指向某一轨道位置的碟状天线能够接收多达200个信道。直播卫星电视业务所接收的信号经过数字压缩。

14.6 模拟电视(Analog Television)

模拟电视是指从电视图像信号的产生、传输、处理到接收机的复原，整个过程几乎都是在模拟体制下完成的电视系统或电视设备。也就是说，电子束扫描图像并产生一个电子信号，在接收的末端，这个信号被还原为电子束，它高速撞击荧光屏并产生一个图像。[1]

模拟电视存在易受干扰、色度畸变、亮色串扰、大面积闪烁、清晰度低和现场感弱等缺点。传统的模拟电视每秒钟传送30帧画面。

互文参阅：第四章词条 17.4.1 模拟信号(p.130)

---

[1] 〔美〕约瑟夫·R.多米尼克：《大众传播动力学：数字时代的媒介》(第七版)，蔡骐译，北京：中国人民大学出版社2004年版，第331页。

14.7 数字电视(Digital Television, DTV)

数字电视是从节目的采集、录制播出、传输到接收,全部采用二进制(0 和 1)的数字编码技术的电视系统或电视设备。

其具体传输过程是:图像及声音信号被扫描,经数字压缩和数字调制后,形成二进制的数字电视信号;经过卫星、地面无线广播或有线电缆等方式传送;由数字电视机接收后,将少量代码分配给电视屏幕上的每个像素,代码决定了该像素的色彩与亮度,并再现原来的图像。[1] 因为全过程均采用数字技术处理,因此,信号损失小,接收效果好。数字电视与模拟电视相比优势在于:

- 收视效果好,图像和音响效果清晰、高度保真。数字技术的高清电视只传送关于帧与帧之间的变化的数字信息,也就是说,首先需要传送用来在家庭电视机上再造同样场景的必要信息,然后只需传送和接收相对于原先场景而言有所变动的信息。只有必要的信息才会进入系统,于是噪声得到降低,效率得到提高,信道容量大大增加。
- 数字电视机外形的长宽比例不再是 4∶3,而是 16∶9,这使它更具有电影屏幕的效果。
- 抗干扰能力强。数字电视不易受外界的干扰,避免了串台、串音、噪声等影响。
- 数据流量大,可选择的频道从几十套增加到几百套。
- 传输效率高。利用有线电视网中的 1 个模拟频道可以传送 8 到 10 套标准清晰度数字电视节目。
- 在数字电视中,采用了双向信息传输技术,增加了交互能力和节目的参与性,因此人们可以按照自己的需求获取各种网络服务,如视频点播、网上购物、远程教学等,使电视机成为信息家电。

互文参阅:第四章词条信道容量(p.80)、词条 17.4 数字技术(p.129)

---

[1] 〔美〕约瑟夫·R.多米尼克:《大众传播动力学:数字时代的媒介》(第七版),蔡骐译,北京:中国人民大学出版社 2004 年版,第 331 页。

14.8 网络电视(IPTV)

网络电视是基于网际协议(IP)的电视广播服务。该业务将电视机(IP机顶盒+电视机)、个人计算机、平板电脑或智能手机作为显示终端,通过宽带网络向用户提供数字广播电视、视频服务、信息服务、互动社区、互动休闲娱乐、电子商务等宽带业务。

同传统的电视相比,网络电视的特点包括:

- 高度交互性。网际协议的介入对电视的线性传播有极大的改善,用户可以选择播出模式、点播、控制进度、决定剧情发展,以及同其他用户进行交流沟通等。
- 提供定制服务。网络电视有很强的搜索功能,可以直接向用户提供内容索引,帮助用户以最快的速度找到自己喜欢的节目,制定适合自己的节目单。
- 能够对网络电视的终端设备进行远程管理和控制。
- 实现组播传输。网络电视的节目可以进行一对一、一对多和多对多的传播。组播方式使每个人都可以成为网络电视内容的提供者,也使节目内容更加丰富。
- 综合利用电视传播过程中人际传播和表现手段多样的特点,催生网络主持明星,使网络电视的节目具有更强的人气。

14.9 试播节目(Pilot)

美国电视网将电视连续剧的第一集放映给观众看叫作试播节目。

美国的电视网每年秋季都会收到数百种创意,从中将选出50—75个有潜力的连续剧雏形,在对其情节纲要和主要人物的背景概况进行审查后,再进行筛选。之后要求被选中的创意制作出一个作为样本的剧本,如果这个剧本或故事能通过审查,电视网就与制片人签订试播节目的合同,将连续剧的第一集在电视台放映。[1] 如果试播节目赢得了一批可观的观众,电视网就会为其余的季度订购并制作后面的若干集。

---

[1] 〔美〕约瑟夫·R.多米尼克:《大众传播动力学:数字时代的媒介》(第七版),蔡骐译,北京:中国人民大学出版社2004年版,第341页。

互文参阅：第四章词条 9.6 样书(p.100)、词条 13.3 广播网(p.105)、词条 16.2 样带(p.123)

14.9.1　观念测试(Concept Testing)

在观念测试中,向样本观众描述一个新系列片的创意,然后调查他们有什么反应。在观念测试中获得好评的节目创意,获得播出的机会会大一些。①

14.9.2　样片测试(Pilot Testing)

样片测试是向抽样所获得的样本观众放映整个一集节目,并记录下他们的反映的过程。样片测试通常有两种形式：

● 将一组观众安排在一个特殊的测试剧院中,向他们放映节目,通过"电子回应指示器"(ERI)对样本观众进行测试。"电子回应指示器"安装在座位上,有若干按钮表示对放映内容的喜爱或不喜爱的程度。观众在观看时可以随时按键,电子回应指示器将观众的反应直接输入电脑,并进行计算。

● 通过有线电视系统测试样片。这是在某一社区内,让被抽取的样本观众接到电话通知,在一个没有用过的频道上收看被测试的节目,然后回答问卷调查。这种方式最贴近真实的电视收视情况。②

14.10　收视率(Rating of TV Programmes)

收视率是收看特定电视节目的家庭户数与市场中有电视的总家庭户数的比率。

$$收视率 = \frac{收看节目的家庭户数}{既定市场中有电视的总家庭户数} \times 100\%$$

值得注意的是,大多数电视收视率统计的基本单位是家庭,而广播则是个人,这种差别反映在收听率、听众份额和收视率、观众份额上。

互文参阅：第四章词条 13.1 收听率(p.104)、词条 13.2 电台受众份额(p.104)、词条 14.11 电视节目受众份额(p.115);第八章词条 3.11.1 开机率(p.349)、词条 3.11.2 节目受众占有率/受

---

① 〔美〕约瑟夫·R.多米尼克:《大众传播动力学:数字时代的媒介》(第七版),蔡骐译,北京:中国人民大学出版社2004年版,第365页。
② 同上。

众份额(p.349)、词条 3.11.3 受众分布率(p.349)、词条 3.11.4 受众接触媒介兼容率(p.349)、词条 3.11.5 受众喜爱率(p.350)

14.10.1　毛收视率(Gross Rating Point, GRP)

毛收视率又称为总收视率、总评点,计算方法是用某一节目的播放次数乘以这个节目的平均收视率,表示节目送达的总视听众,用来评估在某一阶段中一轮广告在目标受众中的视听率,是计算媒体投放量的一个重要单位。

毛收视率 = 节目的平均收视率 × 某节目播放次数

14.10.2　调查收听/视率的方法

测量收听/视率主要有以下几种方法:日记法、人员测量仪和电话同步调查。

14.10.2.1　日记法(Diary Panel)

日记法是调查公司要求与之合作的样本家庭将每天的视听情况记录在公司提供的日记本上,然后定期寄回公司进行分析研究。

通常,日记以一个星期为周期,每天一页,纵列为什么时候开始收听/视、什么时候结束、所收看或收听的台号、收听/视的地点。

在日记本的最后,还要回答一些简单的人口统计问题,一周日记完成后,寄回调查公司,并开始下一个周期。

日记法的主要缺点是:

- 受个人记忆的干扰,会出现忘记记录的情况。
- 没有真实地记录,人们可能在没有收看或收听时记录,或是在一周结束后,依靠回忆填写日记。
- 数据返回慢,甚至可能出现不寄回日记的情况。

14.10.2.2　人员测量仪(People Meter)

人员测量仪与电视机连接,自动记录开机的时间和频道;并且通过一个类似遥控器的袖珍键盘,记录观看者的信息。样本家庭的成员都有一个自己的号码,他们按照要求在开始和结束收看时,键入自己的号码。仪器记录下这些信息,并通过电话线传输到调查公司的中心计算机。在安装仪器时,调查公司已经对家庭成员的基本情况做了了解,因此经过计算机处理的就是具有人口统计学意义的数据了。

与日记法相比,人员测量仪的优点有:

- 不受个人记忆的影响。
- 数据返回及时。
- 人员测量仪器不仅记录了开机的数据，还记录了观看者的信息。

这种方法的主要缺点包括：
- 安装和维护费用较高。
- 几乎无法记录儿童的收看或收听情况。
- 只能记录家庭的接收情况，而在工作场所、餐馆或学校宿舍的收看和收听情况无法记录。

因此，人员测量仪记录的收听/视率数据往往低于其他测量方法所得的数据。

14.10.2.3　电话同步调查(Telephone Coincidental)

电话同步调查法测量的是某一特定时间点上媒介受众的数量。调查与实际的收听或收视同步进行。调查公司先随机抽取样本家庭，在他们感兴趣的收听或收视时段打电话到其家中，简要地询问受试者当时正在接收的节目。

这种方法不需要受试者费力去回忆几天前的收听或收视情况；实施的费用低，经常被电台或电视台用来获取有关某一特定节目是否成功的即时反馈信息。

目前，这种方法的应用越来越少，主要原因是有些人并不喜欢或没有耐心在电话上回答与其收视或收听习惯有关的问题。

14.11　电视节目受众份额(Share of TV Program Audience)

这是指收看特定电视节目的家庭户数与在那个时段收看电视节目的家庭户数的比率。其计算公式为：

$$受众份额 = \frac{收看节目的家庭户数}{在同一时段收看电视的家庭户数} \times 100\%$$

14.12　视频点播(Video on Demand，VOD)

视频点播系统也称为交互式电视点播系统，可以按照观众预定的时间，播放他/她所希望观看的电影、体育比赛和其他视频节目，从根本上改变了用户过去被动式看电视的不足。

视频点播通常是指有线电视公司或电信公司通过数字用户回

路系统（DSL）提供的免费的或付费的电视节目,尽管网站也按照视频点播模式提供了大量视频文件和电影,但是通常它们被称为"流动视频"。

互文参阅：第四章词条 17.5.3 宽带(p.132)

流动视频(Streaming Video)
流动视频是在因特网上发送电视节目的方式,采用一种"边传边播"的方法。流动视频的功效在于能让用户在其他部分还在下载的时候,就能观看视频的开头部分,即先从服务器上下载一部分视频文件,形成视频流缓冲区后播放,同时继续下载,为接下来的播放做好准备。

15　电影(Film)

电影通过摄像机将一系列在不同地点、从不同距离和角度、以不同方法拍摄的镜头排列组合起来,用特殊的电影表现手法和电影叙述语言叙述情节,刻画人物,是一种重要的大众传播方式。

从制作的角度来看,电影是通过摄像机以每秒钟拍摄若干幅画面(如 24 幅)的速度,将运动中的物体记录在赛璐珞胶片上;经过显影、定影、干燥等工艺加工成电影拷贝;最后在放映时,由于将不同胶片连续播放,而使观众看到物体的运动过程。

电影的样式繁多,有故事片、纪录片、美术片、戏曲片等,在这些种类中又包含若干片种。电影的主要特征包括：

- 电影是集体创作的综合艺术,是编剧、导演、演员、美术、摄影、录音等多个创作部门艺术创造的有机配合。
- 电影利用现有的一切艺术表现手法,具有很强的美学性质。电影中包含文学、戏剧、绘画、建筑、音乐、舞蹈等各种艺术成分,所以电影被称为综合艺术。
- 电影能为观众带来高品质、逼真的视听效果。
- 电影是广泛的群众性文化。电影通过运动的画面和音响反映了世界各国的人和环境之间的关系、风俗习惯、生活方式、文化水平等,通俗易懂。
- 看电影是一种社会体验。它是唯一能够让观众大规模聚集在一起并接受相同的信息的媒介。看电影也依然是一种流行的约会形式。①

- 电影产业被大集团所控制,部分原因是商业电影的制作过于昂贵。②

互文参阅:第九章词条 13 美国电影协会评级系统(p.390)

15.1　视觉暂留(Persistence of Vision)

视觉暂留是指人所看到的图像在视网膜上具有滞留性的特点,当图像在眼前消失之后,仍然能够在视网膜上保留 0.1 秒左右的时间。

电影就是利用人的眼睛的这种特性,因此虽然胶片上每画格中的影像都是静止不动的呆照,但是电影胶片以每秒 24 格画面匀速转动,一系列静态画面就会因视觉暂留作用而造成一种连续的视觉印象,从而产生逼真的动感。

15.2　Phi 现象(Phi Phenomenon)

Phi 现象又称似动现象,是人类知觉系统的一种倾向性,它使人能够在两个一灭一亮的静止光源之间感觉到连续的运动。这是霓虹灯以及电影中运动错觉的基础。

15.3　电影时代的开始

1895 年 12 月 28 日,法国里昂的企业家、摄影师路易·卢米埃尔兄弟(Auguste and Louis Lumiere),在巴黎卡普辛路 14 号大咖啡馆的印度沙龙内(Grand Cafe on the Boulevard des Capucines in Paris),向社会正式公映了《火车到站》(Arrival of a Train at the Station)、《工厂大门》(Leaving the Lumiere Factory)、《婴儿喝汤》(Baby's Breakfast)等大约 10 个电影短片,一共持续了 20 分钟左右,这是世界上最早的影片。这一天被当作世界电影的诞生日,标志着电影发明阶段的结束和电影时代的正式开始。

---

① 〔美〕约瑟夫·R.多米尼克:《大众传播动力学:数字时代的媒介》(第七版),蔡骐译,北京:中国人民大学出版社 2004 年版,第 300 页。
② 同上。

15.4 大卫·格里菲斯(David W. Griffith)

大卫·格里菲斯被誉为美国电影之父,他为电影发展做出的重大贡献在于,他改变了卢米埃尔兄弟复制现实和乔治·梅里爱(Georges Méliès)复制舞台、以场景为影片构成的基本单位的做法,而采用不同距离、不同角度和不同方位来拍摄所要表现的拍摄对象,以镜头作为构成影片的基本单位。

摄像机使视点得以解放,使电影突破了活动照相和复制戏剧的局限,是电影发展的历史性的一步。电影由此成为一门真正的独立艺术。

格里菲斯所摄制的影片《一个国家的诞生》(The Birth of a Nation)(1915)和《党同伐异》(Intolerance)(1916)是世界电影史上的经典名作。

15.5 无声电影(Silent Movie)

无声电影是指只有供人观看的画面而无声音的默片。在电影诞生的最初十多年内,人们只能观看到默片。

15.6 有声电影(Sound Motion Picture)

20世纪20年代末、30年代初,电影发展史上的第一次重大的技术革命,使电影从无声电影发展到有声电影。这是电子工业的发展,即声频真空管和光电管的发明以及录音还音设备和技术逐步完善的结果。

有声电影的问世,使电影成为视觉艺术与听觉艺术相结合的艺术,更好地满足了电影观众的审美和娱乐需求。

15.7 彩色电影(Color Film)

彩色电影在20世纪30年代中期问世,是电影史上第二次重大的技术革命。电影能再现真实的色彩世界是由于1935年发展出具有特殊感光性能的彩色胶片工艺。

世界上第一部大型彩色影片改编自英国作家威廉·萨克雷(William Makepeace Thackeray)的长篇小说《名利场》(Vanity Fair),由导演鲁本·马摩里安(Rouben Mamoulian)于1935年摄制。40年代初以后,彩色电影开始遍及全球。

15.8　数字电影(Digital Movie)

数字电影脱离了传统的胶片,是以数字的形式制作、传输和放映的。数字电影的制作有三种方式:计算机生成、用高清晰数字摄像机拍摄以及将用胶片拍摄的影片扫描转为数字格式。之后,将数字电影母文件压缩成适合流动放映的大小,再由各经营院线通过卫星传输到地方卫星接收站,放映点可以直接通过卫星接收影片文件,也可以由地方卫星接收站通过专业存储设备发送到放映点,最后通过数字电影放映设备播放。

数字电影与传统的胶片电影相比,具有一些优势:

● 数字电影图像清晰,音效高度保真。

● 可避免出现胶片老化、褪色,使得影片可长久保存,确保画面没有任何抖动和闪烁,不会让观众看到画面的划痕磨损现象。

● 数字电影节目的发行不再需要洗印大量的胶片,既节约发行成本又有利于环境保护。

● 以数字方式传输,使整部电影在传输过程中不会出现质量损失,全球各地的观众可以同时欣赏到同一个高质量的数字节目。

互文参阅:第四章词条 17.4 数字技术(p.129)

15.9　电影的发展路径

随着技术的发展,电影经历了:

● 拍摄视点的解放;

● 从无声发展到有声;

● 从黑白发展到彩色;

● 从普通银幕电影发展到宽银幕电影、立体电影、环形电影、全息电影;从模拟技术发展到数字技术的拍摄、制作和放映。

15.9.1　宽银幕电影(Widescreen Motion Picture)

宽银幕电影在银幕上画面的宽高比大于标准 35 毫米普通电影画面的宽高比(1.375∶1),它的画面宽高比一般在 1.66∶1 到 3∶1 之间,银幕宽度在 10—20 米之间,其视角更广阔,场面更恢宏。在 20 世纪 50 年代,随着电影通过电视屏幕迅速进入家庭,电影院里的观众开始大量流失，为了让他们重新回来，好莱坞的电影公司发明了宽银幕电影和立体电影。

15.9.2 立体电影(Three-D)

立体电影是利用人的双眼视角差和会聚功能等特性进行拍摄，从而在放映时产生立体效果的电影。与普通电影用一个镜头从单一视角拍摄、影像都在同一平面上不同，立体电影是由两幅画面组成的，这两幅画面从类似两眼的不同角度拍摄。当观众戴上眼镜观看时，左眼看到的是从左视角拍摄的画面，右眼看到的是从右视角拍摄的画面，通过双眼的会聚功能，合成为立体视觉影像。

15.9.3 全息电影(Holographic Movie)

全息电影是用全息摄影的方法制作和显示的电影。影像是立体的，有纵深感，亮度范围比普通摄影和电影大得多，观看全息电影不用戴任何特殊的眼镜。

全息摄影是指一种记录被摄物体反射波的振幅和位相等全部信息的新型摄影技术，能产生与原来被拍摄物体完全相同的三维立体像。

15.9.4 环形电影(Circamara)

环形电影又被称为"环幕电影"，是在围绕电影院圆形内壁、呈360度的环形银幕上放映的电影。环形电影由多台摄像机同步摄制，并通过多台放映机同步放映，有三台、五台、九台、十一台等多种。环形电影院的放映机装置在环形银幕上方的放映室中，观看时，观众站在放映厅中央，四面观看。因为视野开阔，具有多声道立体声效果，因此能产生身临其境的感觉。

15.10 蒙太奇(Montage)

蒙太奇来自法语词 Montage 的音译，原来是指建筑学中的构成、装配，借用到影视艺术中有组接、构成的意思。一般来说，电影蒙太奇的基本内涵就是镜头的分切与组合。因此当不同的镜头组接在一起时，往往会产生各个镜头单独存在时所不具有的含义。

随着电影的发展，蒙太奇的内涵也不断丰富和拓展，包括影像与影像、影像与声音、声音与声音、色彩与色彩、光影与光影之间的关系。

凭借蒙太奇的作用,电影享有时空的极大自由,甚至可以构成与实际生活中的时间、空间并不一致的电影时间和电影空间。蒙太奇是电影创作的主要叙述手段和表现手段之一。

15.11　院线制(Theater Chain)

由一个发行主体(如电影公司或制片公司)和若干电影院组合而成,实行统一品牌、统一排片、统一经营、统一管理的发行机制。其经营模式类似于传统商业中的"连锁店"。这个发行放映联合体有三个基本的特征:

- 具有共同名称;
- 具有共同产权或进行统一管理;
- 具有系列电影院。

变动比例(Sliding Scale)

变动比例是在电影放映人与发行人之间的、一种详细规定了电影院(电影放映人)将保留多少票房收入的商定。

15.12　收入分享(Revenue Sharing)

收入分享是指录像店与电影公司分享影片租金的过程。

15.13　电影史上的五座里程碑[①]

- 1895年,卢米埃尔兄弟申请了电影放映机的专利证书,并于当年的12月28日首次公开放映影片——《水浇园丁》(*L'arroseur arrose*)。
- 1927年,拍摄了世界上第一部说唱电影《爵士歌手》(*The Jazz Singer*)。
- 1938年,发明了电影的彩色印片法。
- 1953年,拍摄了世界上首部宽银幕电影《圣袍千秋》(*The Robe*)。
- 1995年,制成了世界上首部完全是合成影像的电影《玩具总动员》(*Toy Story*)。

---

① 〔法〕弗朗西斯·巴勒:《传媒》,张迎旋译,北京:中国传媒大学出版社2007年版,第15—16页。

16 录音业(Recording Industry)

录音业是音乐产业的一个组成部分,主要是指通过创作、制造和分销音乐唱片、磁带和 CD 盘而获得利润的行业。

在第一次世界大战前夕,唱机已经在西方国家随处可见。到战争结束后,录音业进入繁荣期。20 世纪 20 年代收音机的流行对录音业有一定冲击。1947 年 3M 公司采用了德国技术,开发了录音磁带。磁带的诞生意味着更清晰的音质、更简易的编辑、更低的成本以及复声道录音。50 年代电视的迅速普及对广播与录音业都产生了冲击。20 世纪 90 年代,CD 取代了磁带成为更受人们喜爱的听歌媒介,CD 的利润空间远远大于磁带。

录音产业的界定特征包括:[①]

- 录音是一种文化力量。录音业的产品有助于表现社会群体的特性,特别是能解释西方国家的种种运动与潮流,例如从 20 世纪 20 年代的爵士乐、50 年代的摇滚乐到 90 年代的 hip-hop 等。可见,录音业在塑造现代文化方面扮演了重要的角色。

- 录音是一项国际化的事业,目前有四个巨型公司统治着这个行业,分别是百代唱片公司(EMI Music)、华纳唱片公司(Warner Music)、索尼博德曼音乐娱乐公司(SONY BMG Music Entertainment)和环球唱片公司(Universal Music Group)。录音歌手在全世界销售他们的音乐,并且在全球进行巡回演出。

- 唱片行业是一种独特的商业与人才的组合。唱片公司不断寻找能够赢得市场的新歌手与新声音。歌手与音乐家可能会成为明星,而唱片公司是明星的制造者。大多数唱片之所以风靡一时在很大程度上归功于其所属唱片公司在营销和宣传上的努力。

16.1 留声机(Phonograph)

留声机是 1877 年由托马斯·爱迪生(Thomas Alva Edison)发明的一个"会说话的机器";这个手动曲柄装置把声波变换成金属针的

[①] 〔美〕约瑟夫·R. 多米尼克:《大众传播动力学:数字时代的媒介》(第七版),蔡骐译,北京:中国人民大学出版社 2004 年版,第 261—262 页。

第四章　传播媒介

震动,然后将波形刻录在圆筒形腊管的锡箔上。当针再一次沿着刻录的轨迹行进时,便可以重新发出留下的声音。爱迪生朗读的《玛丽有只小羊》的歌词,是世界录音史上的第一声,共有 8 秒钟。但是,很快留声机便被用来录制音乐而不是说话。

16.2　样带(Demo)

样带是用来宣传促销一个音乐表演者或乐团组合的示范磁带。[1]

互文参阅:第四章词条 9.6 样书(p.100)、词条 14.9 试播节目(p.112)。

16.3　爵士乐(Jazz)

爵士乐发端于美国黑人的生活经历,节奏欢快轻松,在 20 世纪 20 年代的美国得以流行。爵士乐的特点是自发的、个性化的和感官的,由于对传统的不屑,爵士乐被指责为堕落,但也因此而闻名。[2]

16.4　摇滚乐(Rock and Roll)

摇滚乐发源于美国,以黑人节奏布鲁斯、商业化的白人音乐、西部乡村音乐以及爵士乐为基础,从 20 世纪 50 年代开始在美国流行,而后在六七十年代风靡全球,深受年轻人的喜爱。[3] 摇滚乐通过灵活大胆的表现形式和富有激情的音乐节奏表达情感,是自发的、感官的,成为反主流文化的一部分,因此被传统势力指责。

16.5　DJ(Disco Jockey)

DJ 又称流行音乐节目主持人,是为收音机、网络广播的听众或酒吧、俱乐部顾客选择和播放事先录制的音乐的人。很多 DJ 与听众说话,或是告诉他们歌曲的名字、表演者的信息,或是随着音乐打节拍、哼唱。

---

[1]　〔美〕约瑟夫·R. 多米尼克:《大众传播动力学:数字时代的媒介》(第七版),蔡骐译,北京:中国人民大学出版社 2004 年版,第 645 页。
[2]　同上书,第 248 页。
[3]　同上书,第 251 页。

16.6 《公告牌》排行榜

美国的《公告牌》(Billboard)杂志的排行榜是反映录音行业听众反馈的最重要的形式。《公告牌》杂志的排行榜根据唱片的曝光量和销售额来确定排名,并用录音行业的反馈标志——星号、子弹与三角符号来表示。星号代表在排行榜上攀升的歌曲;子弹符号是销量达到 100 万的单曲;三角符号表示销量达到 200 万的畅销唱片。[①]

每周电台的 DJ、节目主管以及唱片公司经理都要浏览《公告牌》杂志的排行榜,以了解唱片市场的最新情况。

16.7 MTV(Music TV)

MTV 可直译为音乐电视,是将音乐配上活动的画面在电视上播放。20 世纪 80 年代初,美国有线电视网开办了一个新栏目 MTV,内容都是流行歌曲。由于节目制作精巧,歌曲为精选的优秀歌曲,因此观众人数大大增加,很快就达到数千万。之后,英、法、日、澳大利亚等国家的电视台也相继开始制作播放类似节目,并为 MTV 的制作定型,即用最好的歌曲配以最精美的画面。

MTV 展示了一种三向共生:唱片公司使用 MTV 作为促销工具;MTV 使用唱片公司的录像作为节目来源;广播电台使用 MTV 作为新节目的宣传手段。[②]

16.7.1 MV(Music Video)

MV 是音乐视频,即将 MTV 的范畴扩大,使配以画面的歌曲除了在电视上播放之外,还可以单独发行影碟,或者通过手机、网络等方式发布。

16.7.2 VJ(Video Jockey)

VJ 是电视音乐节目主持人,由原来的广播音乐节目主持人(DJ)的概念延伸而来。这主要是由于 MTV 的出现和风行,使人们热衷于可视歌曲。

---

① 〔美〕约瑟夫·R. 多米尼克:《大众传播动力学:数字时代的媒介》(第七版),蔡骐译,北京:中国人民大学出版社 2004 年版,第 273 页。

② 同上书,第 27 页。

16.8　MP3（Motion Pictures Engineering Group Audio Layer 3）

MP3 是"运动图像过程技术组第三代音频压缩格式"的缩写,它将数字音频信号,即在 CD 上被编码的那一类信号,压缩在一个小小的数据库文件中。这个文件可以保存在电脑硬盘中,也可以从因特网上下载,或者通过电子邮件等形式发送出去。①

16.9　Napster

Napster 是一种在线音乐服务,是最初由肖恩·范宁(Shawn Fanning)创建的文件共享程序。当人们下载了免费的 Napster 程序后,可以发送寻找一首歌或一个歌手的请求,然后程序会搜索所有在线的 Napster 用户的硬盘,并且列出所有有这首歌曲的用户名单。用户双击储存歌曲的位置中的一个,音乐就会被复制到自己的硬盘中。而后可以通过电脑扬声器或 MP3 播放器放出来,还可以刻录到一张 CD 上。② 在这个过程中,音乐使用是免费的。

Napster 是第一个被广泛应用的点对点(peer-to-peer)音乐共享服务,它的出现使音乐爱好者间共享 MP3 音乐变得容易,但是也引起了道德、法律和经济上的问题,并且冲击了录音业的商业模式。

1999 年,美国唱片协会(RIAA)因新唱片销售受到影响,因此就版权受侵害起诉 Napster;2000 年春天,许多大学的服务器由于学生使用 Napster 几乎瘫痪,因此试图封杀 Napster;2001 年,联邦上诉法庭责令 Napster 清除系统中一切有版权保护的内容;最后,Napster 在当年停止运营,并在 2002 年 6 月申请破产。

其他的文件共享软件,如 Morpheus、LimeWire 等取代了 Napster,它们的用户可以不通过中央目录而直接交换文件,因而无法被发现在非法下载,也无法被制止。而 Napster 之所以遭遇法律麻烦,就是因为它有中央服务器,可以被跟踪和控制正在被下载的内容。

互文参阅:第九章词条 6 版权(p.383)

----

①　〔美〕约瑟夫·R.多米尼克:《大众传播动力学:数字时代的媒介》(第七版),蔡骐译,北京:中国人民大学出版社 2004 年版,第 259 页。

②　同上。

16.10 CD(Compact Disc)

CD(光盘)是压缩唱盘的缩写,是一种涂有丙烯酸保护层的聚碳酸酯基盘,基盘上有一系列的凹坑和平面,坑的不同长度表示不同的波形,而平面部分表示没有波形,也就是没有声音。当 CD 转动时,激光照射着唱盘,遇到凹坑,光波就带着原来的声波数据反射过来,通过数字—模拟转换器和其他电子设备,把数据转换成电信号并通过放大器传到扬声器。CD 的直径多为 8 厘米或 12 厘米。

CD 的播放效果清晰,没有摩擦和磨损,也不会被意外消磁,但要避免在使用中弯曲或划刮。

16.11 数字视频光盘(Digital Video Disk, DVD)

数字视频光盘,又称数字影碟,是将声音、电影、录像以及图形,用能与数字影碟播放机和家用电脑兼容的数字形式存储起来的光盘。

数字影碟和 CD 都是光存储产品,但数字影碟的存储量比 CD 大得多,这是因为虽然它们的直径都为 12 厘米或 8 厘米,但是内部结构不一样。数字影碟是由两个厚度为 0.6 毫米的基层粘贴而成的,并采用了多面多层的技术,每一面光盘可以储存双层数据,因此一张数字影碟上至少有 4 层的储存空间,加上利用聚焦更集中的红色激光技术,提高了每单位面积的储存密度,扩大了储存空间。数字影碟的规格主要有:

- dvd-rom:只读型数字多功能光碟;
- dvd-video:数字影音光碟;
- dvd-audio:数字音响光碟;
- dvd-r:可读写数字多功能光碟(只能写一次);
- dvd-ram:可重复读写数字多功能光碟。

17 新媒介(New Media)

所谓新媒介就是音/视频技术与因特网等数字通信技术的结合,既指新兴的数字技术和数字平台,也指电子或多媒体出版(尤其是在因特网上)。① 它有两层含义：

- 新媒介从技术原理上来看首先是指以数字化形式(0和1为最基本的符号)传递信息的媒介,因此又被称为数字媒介,包括以光盘或网络形式呈现的电子出版物、软磁盘、光盘、DVD、数字电视、计算机网络、数字电话以及最具有代表性的因特网。新媒介意味着对电脑或便携电子计算机,以及无线通信设备的使用,因此大量的计算机业、通信业的公司都在一定程度上与新媒介有关。
- 新媒介从使用上来看,体现了容量大、即时、多种媒体综合运用,以及高度参与和互动的特性：
  - 允许更大数量的信息传递和信息检索；
  - 让使用者对内容的创造和选择有更大的控制权；
  - 使用者之间能够对信息进行分享,并且通过新媒介进行物品或信息的交换以及出售；
  - 新媒介使更多的人能够在他们所生活的社区或更大范围内发出自己的声音；
  - 对普通消费者来说使用新媒介花费更少。

互文参阅：第一章词条以计算机为中介的大众传播(p.10)；第四章词条新旧媒介的差异(p.145)

17.1 新媒介的发展趋势

新媒介有以下几个发展趋势：

- 新媒介的界面将更为人性化,其本身也将具有某种智能,能更好地领悟人的指令和要求,从而做出反应。
- 形式多样化。数字媒介将根据人的需求的多样性而具有多姿多彩的形式,例如更方便的携带、更便利的与卫星或网络的连接、更逼真的视觉效果、更强的震撼力和冲击力等。
- 相关产品及服务的价格不断下降。
- 与其他数字化设备之间的连接、协作与融合。新媒介与其他数字化设备共同组成了数字化空间。

---

① 〔英〕鲍勃·富兰克林：《新闻学关键概念》,诸葛蔚东等译,北京：北京大学出版社2008年版,第210页。

17.2 新媒介的分类

我们可以以渠道、使用、内容和情境的特性等为标准将新媒介划分为四个主要类别:[1]

- 人际传播媒介:包括电话(及移动电话)和电子邮件。这种媒介在通过人际传播建立和强化关系方面比所传递的信息更为重要。
- 互动操作媒介:主要包括计算机游戏、视频游戏和虚拟现实设备。其特点在于互动性,对"过程"的控制是最重要的使用与满足感的来源。
- 信息搜索媒介:以互联网为代表的范围广泛的媒介,移动电话、图文电视和广播数据服务属于这个范畴。它们被视为在容量、实用性和使用性方面都无与伦比的图书馆和资料来源。
- 群体参与式媒介:其主要功能在于交换信息、观念、经验以及建立和发展人际关系,使用满足从纯粹的工具层面覆盖到情感、情绪层面。

17.3 媒介融合(Media Convergence)

媒介融合是单一功能媒体向综合功能媒体发展的趋势,它是以数字化的媒体技术为基础的,即多媒体化趋势,从而使传统媒介之间的界线变得模糊了。由媒介融合而产生的多媒体具有十分丰富的功能,并且各类媒体平台都包括了其他媒体平台的一些功能和特点。[2] 多媒体的出现和普及大大提高了人类的传播效率,降低了传播成本,并且增强了传者与受者之间的互动性,是媒介发展史上具有革命性意义的事件。

互文参阅:第四章词条 17.4.4 数字化(p.131)、词条 17.15.2 移动互联网(p.142)

---

[1] Denis McQuail, *McQuail's Mass Communication Theory* (6th Edition), Sage, 2010, pp.143-144.

[2] 〔英〕鲍勃·富兰克林:《新闻学关键概念》,诸葛蔚东等译,北京:北京大学出版社 2008 年版,第 64 页。

数字融合(Digital Convergence)

对计算机的运用意味着先将信息数字化,而后进行传送和交换,被传输的信息包括字符类、声音类和视频类等多种类型。各种类型的信息以数字化的形式进行传递引导了数字融合,具体包括以下行业的融合:

- 计算机业与娱乐业:计算机同时成为发送和接收照片、音乐和视频的装置。
- 信息技术业和电信业:数据通过电信网络传输,电信信号可以通过数据网络传递。
- 无线通信业与计算机业:无线通信设备与电子运算的功能被组合起来了,例如,手机与个人数字处理设备、手机与照相机或录像机、手机与音乐播放器等。
- 家用电器业与计算机业:家用电器越来越智能,具有更多的互动性,例如 IPTV。

17.4 数字技术(Digital Technology)

美国工程师在 20 世纪中期开始发展数字技术,这项技术是建立在 17 世纪德国数学家戈特弗里德·W. 莱布尼兹(Gottfried Wilhelm Leibniz)所提出的数学概念的基础上的,即二进制的计算机系统。他的创新为美国信息交换标准码(ASCII)的发明提供了灵感,这种符码通过阿拉伯数字来描述物体。

数字技术不是对原始声音和图像进行模拟,而是把信号,如声音、文本、数据、图片、影像等,编码成一系列通常被表现为 0 和 1 的断续的脉动,也被称为比特(Bit),用来表示"是"和"非"、"开启"与"关闭"等。比如,数字录音中的每个声音都是一连串的二进制代码序列,如 0011、1010 等。

数字记录首先要对图片或声音的信号进行电子采样,然后将其转变为一连串的数字,并储存在 CD 等介质上。数字技术能够使大量信息被压缩、存储在小型存储设备上,而且一旦被数字化,信息就能以极低的成本被轻易地、快速地复制以及传播。当信号被重放时,接收到的是与原始信号完全相同的副本,保真度最高,并可以做到无噪音。

数字技术与因特网共同带来了信息存储与传播方式的巨大变

革,永久地改变了媒介环境。数字技术也影响了其他制度,改变了人类的交流、学习、生产和商业活动。数字技术还对社会文化造成了巨大的潜在影响。例如,社区的概念可能需要重新思考。因特网的数字世界使虚拟社区成为可能,它更多地建立在共享的需求或兴趣而不是地理位置的基础上,这样就可能出现社会孤立的问题,还有可能存在数字鸿沟的问题。①

互文参阅:第四章词条8.9 网络报纸(p.96)、词条9.4 数字杂志(p.99)、词条13.6 数字广播(p.106)、词条14.7 数字电视(p.111)、词条15.8 数字电影(p.119)、词条16.11 数字视频光盘(p.126);第七章词条数字鸿沟(p.323)。

17.4.1 模拟信号(Analog Signal)

在这里,信息转化过程的关键是从一种能量形式转变为另一种能量形式。模拟信号就是用一个对原始声音或图像的"模拟"代替原始的声音或图像。它记录的是信息正常的、自然的状态,是线性式记录。② 例如,广播电视是把物理形态的能量转变为电子脉冲;照相技术是将光线转变为底片上化学成分的变化。

模拟信号只是对原始信号的替代,但由于本身的局限,不能囊括原始声音和图像所表达的所有信息,很大程度上受信号和噪音丢失的影响。而且,模拟信号往往随着时间和空间的变化而衰退,如照片褪色、影片变得模糊等。

互文参阅:第四章词条14.6 模拟电视(p.110)。

17.4.2 数字媒介(Digital Media)

数字媒介就是以数字化形式(0和1为最基本的符号)传递信息的媒介。计算机网络、软磁盘、光盘、数字电话等都属于数字媒介。数字媒介不仅具有即时性、参与性这两个电子媒介的特征,而且还具有容量大、多种媒体综合运用、交互性强等特征。

---

① 〔美〕约瑟夫·R.多米尼克:《大众传播动力学:数字时代的媒介》(第七版),蔡骐译,北京:中国人民大学出版社2004年版,第94页。
② 〔美〕罗兰·德·沃尔克:《网络新闻导论》,彭兰译,北京:中国人民大学出版社2003年版,第180页。

17.4.3 比特(Bit)

比特一词是由 Binary(二进制的)和 Digit(数字)两个词压缩而成的,是指数字 0 或 1,表示"开启"或"闭合"状态,用于二进制数字系统。二进制数的一位所包含的信息就是 1 比特,8 个比特构成 1 个字节(Byte)。

互文参阅:第二章词条 7 申农—韦弗模式/数学理论(p.29);第十章词条 22 克劳德·E. 申农(p.457)、词条 23 沃伦·韦弗(p.458)

17.4.4 数字化(Digitization)

数字化是将信息——声音、文本、数据、影像——编码成一系列通常被表现为 0 和 1 的断续的脉冲体系的过程。数字化是媒介融合的基础。数字化用二进制的数字信号取代了模拟信号,使得潜在的渠道容量大大增加,互动性大大增强。①

17.5 因特网(Internet)

因特网是由那些使用传输控制协议(TCP)或因特网协议(IP)相互通信的计算机连接而成的全球网络。一旦连接到环球网(Web)的节点上,就意味着所使用的计算机已经连入因特网。

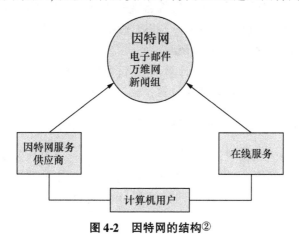

图 4-2 因特网的结构②

---

① Denis McQuail, *McQuail's Mass Communication Theory* (6th Edition), Sage, 2010, p.555.

② 〔美〕约瑟夫·R. 多米尼克:《大众传播动力学:数字时代的媒介》(第七版),蔡骐译,北京:中国人民大学出版社 2004 年版,第 377 页。

因特网与国际电话系统十分相似,即不被某个人或单独的机构完全地拥有或控制,但连接以后却能像大型网络一样运转。

17.5.1　协议(Protocol)

当计算机之间相互连接、互相沟通时,必须使用一种共同的语言。这种被计算机程序员所接受的语言就叫作协议。

17.5.2　TCP/IP 协议(Transmission Control Protocol/Internet Protocol)

TCP/IP 协议是为因特网开发的公用语言,代表着传输控制协议和因特网协议,是一组管理数据如何通过网络从一台机器到达另一台机器的协议。

IP 就像是信封上的地址,告诉计算机将某一种信息发送到什么地方。

TCP 将信息分成可以高效传输的数据包,分路传送,当这些数据包被送到目的地后再被重新组装起来。

17.5.3　宽带(Broadband)

宽带是指传送信息的速度可以达到传统拨号调制解调器的速度(56K/秒)的 30 到 60 倍的几种因特网传输渠道的任何一种。目前,用户有四种途径上宽带网:综合业务数字网(ISDN)、卫星、有线电缆调制解调器(Cable Modem)和数字用户回路(DSL)。[1]

17.5.4　带宽(Bandwidth)

带宽是指在互联网上计算机之间数字化信息传输通道的大小,[2]以每秒传输的比特数来计算。

17.6　万维网(World Wide Web,WWW)

万维网或互联网,是一个信息来源网络,一个由众多页面相互联结而成的网络;万维网(互联网)发端于 1969 年的美国国防网络(ARPANET)——大量联网的计算机能够通过特定的线路相互通

---

[1] 〔美〕约瑟夫·R. 多米尼克:《大众传播动力学:数字时代的媒介》(第七版),蔡骐译,北京:中国人民大学出版社 2004 年版,第 384 页。

[2] 〔美〕罗兰·德·沃克:《网络新闻导论》,彭兰译,北京:中国人民大学出版社 2003 年版,第 180 页。

信。① 它所合并的超文本可以使用户将一条信息链接到另一条信息上,也就是说万维网是因特网上的所有可用信息和多媒体资源。万维网用户可以使用一个被称为 Web 浏览器的应用程序来搜索、查看和下载因特网上的各种信息。

万维网是非线性的,这意味着用户不必按照等级路径从一条信息到达另一条信息。用户可以从一个文件的中间跳到另一个文件的中间。此外,万维网还将文本、图形、声音和动作集于一身。②

万维网是因特网的一部分,这两个术语并不是同义的。

17.6.1 赛博空间(Cyberspace)

赛博空间是哲学和计算机领域中的一个抽象概念,指在计算机屏幕后,由因特网络所构成的特殊宇宙空间。成千上万台电脑通过因特网实现了实时连接,因此全球范围内的人们都可以在计算机网络的虚拟现实中进行通信、贸易、科研等交流。它更多地被用作因特网的别名。③

"赛博空间"一词是控制论(Cybernetics)和空间(Space)两个词的组合。赛博空间最早出现在科幻小说作家威廉·吉布森(William Ford Gibson)在 1984 年发表的科幻小说《神经漫游者》(*Neuromancer*)中,它用于描述人们探索虚拟的网络空间时所处的位置。

互文参阅:第四章词条 17.5 因特网(p.131)

17.6.2 浏览器(Browser)

浏览器就是可以在万维网上搜索、描述并展示信息的计算机程序。

17.6.3 Web 1.0

Web 1.0,即第一代互联网,其特征为采用技术创新的主导模式、盈利基于点击量、发展方向为建立综合性门户网站、强调内容的组织与提供、有明显的主营和兼营产业结构(如新闻、广告、网络游

---

① 〔美〕约瑟夫·R.多米尼克:《大众传播动力学:数字时代的媒介》(第七版),蔡骐译,北京:中国人民大学出版社 2004 年版,第 186 页。
② 同上书,第 380 页。
③ 〔英〕鲍勃·富兰克林:《新闻学关键概念》,诸葛蔚东等译,北京:北京大学出版社 2008 年版,第 68 页。

戏等)、动态网站(例如论坛)被广泛应用。

17.6.4 Web 2.0

Web 2.0 即第二代互联网,是相对于 Web 1.0 而言的新一类互联网应用的统称,强调了用户主导而生成的内容互联网产品模式。

Web 1.0 的主要特点在于用户通过浏览器获取信息,Web 2.0 则更注重用户的交互作用,用户既是网站内容的消费者(浏览者),也是网站内容的制造者,例如博客。因而,Web 1.0 以网站对用户为主,Web 2.0 以用户对用户(P2P)为主,Web 2.0 是以用户为核心的互联网。

互文参阅:第四章词条 17.12 社交媒介(p.139)、词条 17.14 博客(p.141)

17.7 超链接(Hyperlinks)

超链接是植入网页的链接,是万维网上一种被广泛使用的技术:事先定义好关键字或图形,只要用鼠标点击该段文字或图形,程序就向服务器提出请求,服务器通过"统一资源定位器"确定该链接的位置,找到相关信息并发送给提出请求的计算机。通过这种方式,可以实现不同网页之间的跳转。

链接是以文字或图形的形式出现的,通常通过下划线表示它们是可以点击的,是真正的超文本链接。任何形状、大小的图像或图形元素都可以作为可点击的链接,这种形式的超链接准确地被称为"超图"(Hypergraphics)。因此,从技术上来看,超链接可以是超文本或超图,在应用中,"超链接"和"超文本"(Hypertext)经常被用到,而且被当作同义词。

超链接的主要特点是能够非线性地在信息之间相互参照。超链接可以成为网站的主要浏览工具,而"链接能力是网络的核心"[1]。

超链接为读者带来的问题是,在遇到每一个超链接时,读者都要决定是点击链接还是停留在主页面。而决定设置哪些超链接的

---

[1] Mike Ward, *Journalism Online*, Focal Press, 2002, p.141.

通常是网站编辑,这也使其具有把关人的作用。①

17.8 网站(Website)

网站就是一整套相互链接的超文本页面,它包含关于一个共同主题的信息,②通常有一个主页,此外,网站中还有大量的不同类型的网页。网站是某个人、团体或组织发布、更新信息的电子空间。

每个网站都有一个独一无二的域名来标识自己,全球性的注册机构负责分配域名,这些注册机构必须获得非营利性的"国际域名与数字地址分配机构"(ICANN)的授权。③

17.8.1 网页(Webpage)

网页是在某个网站中的一个超文本页面,包括一个用超文本标示语言(HTML)写的文件和若干相关的文字和图像文件,经常还有很多超级链接与其他网站上的文件相连。

17.8.2 主页(Homepage)

主页是网站的首页或主体页面,主要用来问候访问者,并且提供有关这个网站或其所有者的情况。网站的主页是这个站点的入口或门口,它包括了与其他页面或站点内许多部分的链接。④

17.8.3 域名(Domain Name)

域名是指用户输入浏览器用于访问网站或网页的地址,也叫统一资源定位器(URL)。⑤

17.8.4 门户网站(Portal)

门户网站就是指通向某类综合性因特网信息资源并提供有关信息服务的应用系统,该网站为进入因特网的入口,指导冲浪者网络漫游从哪里开始。理论上,只要通过这个网站就可以获取需要的

---

① 〔英〕鲍勃·富兰克林:《新闻学关键概念》,诸葛蔚东等译,北京:北京大学出版社2008年版,第137页。
② 〔美〕约瑟夫·R.多米尼克:《大众传播动力学:数字时代的媒介》(第七版),蔡骐译,北京:中国人民大学出版社2004年版,第380页。
③ 〔英〕鲍勃·富兰克林:《新闻学关键概念》,诸葛蔚东等译,北京:北京大学出版社2008年版,第369页。
④ 〔美〕约瑟夫·R.多米尼克:《大众传播动力学:数字时代的媒介》(第七版),蔡骐译,北京:中国人民大学出版社2004年版,第380页。
⑤ Jason Whittaker, *Producing for the Web*, Routledge, 2000, p.31.

几乎所有信息,或者达到几乎是任何想要达到的网站。

门户网站最初提供搜索引擎和网络接入服务,后来由于市场竞争日益激烈,门户网站快速拓展了各种新的业务类型,希望通过门类众多的业务来吸引和留住因特网用户。现在的门户网站的业务包括提供新闻、搜索引擎、网络接入、聊天室、邮箱、影音资讯、电子商务、网络社区、网络游戏、免费网页、博客空间等。

门户网站可分为综合门户、行业门户、地区门户等等;门户网站的规模通常较大,知名度高,内容丰富,可靠性也较强。

17.9 电子邮件(E-mail)

电子邮件是因特网应用最广的服务,既指通过连接计算机的电话网络和其他通信网络发送和接收电子信息的系统,也指通过这样的系统所发送的信息。电子邮件系统又称基于计算机的邮件系统,它承担从邮件进入系统到邮件到达目的地为止的全部处理过程。

电子邮件综合了电话通信和邮政信件的特点,它传送信息的速度和电话一样快,又能像信件一样使收信者在接收端收到文字记录。具体来说,电子邮件的特点主要有:

- 快速:几秒钟之内可以发送到世界上任何被指定的目的地。
- 价格低廉:不管发送到哪里,都只需负担电话费或网费即可。
- 传送多种形式的文件:电子邮件的讯息不限于文本,电子邮件可以是文字、图像、声音等各种形式。用户也可以得到大量免费的新闻、专题邮件,并实现轻松的信息搜索。
- 使用方便:电子邮件可以进行一对多的邮件传递,同一邮件可以一次发送给许多人。这也可能会影响信件的保密性。
- 值得信赖,易于保存:电子邮件是网络系统中直接面向人与人之间信息交流的系统,它的数据发送方和接收方都是人,满足了人与人通信的需求。
- 没有纸质信函那么正式,这也体现为其格式上的随意性。
- 经常存在电子邮件垃圾(Spam)的威胁。
- 有很多病毒通过电子邮件来传播。

电子邮件垃圾(Spam)

电子邮件垃圾又称垃圾邮件,是指没有经过接收者许可的、强行发送的电子邮件,通常具有商业宣传的性质,以不加选择的方式群发到各种邮件地址列表、个人或新闻组当中。

垃圾邮件的发送人从网上各种BBS论坛、新闻组等收集网民的电子邮件地址,然后出售给广告商,广告商发送垃圾邮件到这些地址。在垃圾邮件中,往往有"从收信人的清单移除"之类的链接,当收信人按照指示链接去做时,广告商便验证了该地址的有效性,使用者便会收到更多垃圾邮件。

电子邮件垃圾的前身是专门为其他公司客户提供收费广告的传真服务,由于浪费纸张,而且干扰接收者,因此美国法律禁止了未经同意的传真广告。

垃圾邮件可以分为良性和恶性两类。良性垃圾邮件是各种宣传广告等对收件人影响不大的信息邮件;恶性垃圾邮件是指具有破坏性的电子邮件,例如携带病毒。垃圾邮件的界定特征主要有:

- 向未主动请求或者同意接收的用户发送;
- 同时、大批量地发送;
- 内容为各种广告、电子刊物、连环信或各种形式的宣传品;
- 隐藏发件人身份、地址、标题等信息;
- 邮件中没有明确的退信方法、发信人、回信地址;或含有虚假,甚至恶意的信息源、发件人、路由等信息;
- 收件人无法拒收;
- 可能影响正常网络通信。

17.10 新闻组(Newsgroup)

新闻组是一个电子讨论组。新闻组是在网络中,特别是在因特网中的空间,是对电子公告牌(BBS)的收集,每个新闻组都有特定兴趣的主题,新闻组按标题进行组织和分类;所有的用户都可以发布消息,也都能看到别人发布的消息并做出回复,从而实现交流。不同的新闻组有各自探讨的主题,因此"新闻组"中的"新闻"是指主题讨论组,而不是传统意义上的新闻,组成新闻的信息或"文章"是由那些对主题感兴趣的人写的。新闻组的交流并不一定是即时的,而是用户在自己方便的时间浏览并留言。①

新闻组存在于一个叫 Usenet 的专用网络上,它是因特网的一部分。

17.10.1　Usenet

Usenet 是世界范围的新闻组网络系统,目前包括 6000 多个新闻组,囊括了因特网上的几乎所有新闻组信息,包括各种主题。

通过 Usenet,人们可以张贴个人信息、回答其他人的问题或找到自己所需要的信息,等等。与即时通信软件不同,用户可以在方便的时候浏览或应答 Usenet 上的内容。

17.10.2　电子公告牌(Bulletin Board System,BBS)

电子公告牌通常被称为论坛,是一种计算机联网的电子信息服务系统。它向用户提供了一块公共电子白板,允许用户在上面发布信息、发表意见或查看各种消息,②其中的内容根据特定兴趣的主题进行分类。

早期的电子公告牌由教育机构或研究机构管理,现在多数网站上建立了自己的 BBS 系统,供用户进行交流。

17.11　搜索引擎(Search Engine)

搜索引擎收集了互联网上数量巨大的网页,并对网页中的关键词进行索引,建立索引数据库;当用户查找某个关键词的时候,特定的计算机程序根据一定的策略,从互联网上搜索信息,将所有页面内容中包含该关键词的网页按照与搜索关键词相关度的高低排序后作为搜索结果呈现给用户。也就是说,搜索引擎是一个搜索信息、整理信息(按照一定的规则创建索引)、接受查询并返回资料的系统。

根据其工作方式,搜索引擎主要可以分为三种类型:

- 全文搜索引擎(Full Text Search Engine):真正的搜索引擎,

---

① 〔美〕约瑟夫·R.多米尼克:《大众传播动力学:数字时代的媒介》(第七版),蔡骐译,北京:中国人民大学出版社 2004 年版,第 379 页。
② 〔美〕罗兰·德·沃尔克:《网络新闻导论》,彭兰译,北京:中国人民大学出版社 2003 年版,第 182 页。

从互联网上提取信息、创建数据库、检索与用户查询条件相匹配的记录,并按一定顺序将搜索结果发送给用户。

- **垂直搜索引擎**(Vertical Search Engine):针对某一个行业的专业搜索引擎,它将网页库中的某类专业信息进行一次集成,定向分字段抽取需要的数据进行处理后以某种形式返给用户。其搜索的定向性更强。
- **元搜索引擎**(Meta Search Engine):在收到用户的查询请求后,同时在其他多个搜索引擎上进行搜索,并将结果返回给用户。

17.12 社交媒介(Social Media)

社交媒介,又称社会化媒体,是指允许人们撰写文章、分享意见、展开评价、进行讨论和交流的网站和技术。社交媒介的产生与发展是与 Web 2.0 的发展相辅相成的,传播的内容由网民提供,传播的过程由网民推动。

社交媒介具有两个特性:人数众多、自发性传播(也是构成社交媒介的两个基本条件),因而社交媒介的影响速度、广度和深度超越了任何其他媒介或传播形式。

互文参阅:第四章词条 17.6.4 Web 2.0(p.134)、17.14 博客(p.141);第八章词条网络推手(p.353)

17.12.1 Facebook

Facebook 是一个创办于美国的社交网站,2004 年 2 月 4 日上线,目前是全球第一大社交网站,其名字来自传统的纸质花名册——美国大学通常会将印有学校所有成员的名册发给新来的学生和教职员工,以帮助他们认识学校的其他成员。

其功能包括建立个人页面、人际交流、交换信息、赠送虚拟礼物、通知并组织(线上线下活动)、传播或接收视频、进行交易(如二手市场或租房)、团购等。

网络安全和个人隐私权一直是 Facebook 所面临的诸多问题中两个最大的问题。

互文参阅:第九章词条 4 隐私权(p.381)

17.12.2　Twitter

Twitter 是一个社交网络和微博服务网站,其用户通过有线或无线网络进行即时通信,将自己的最新动态或想法编辑为 140 个字符内的短消息发布给他们的关注者(Followers),并且用户也可以在一个页面上读取所有他们所关注的人(Following)发布的信息。

Twitter 可以在手机和电脑上使用;与电信运营商的短信服务不同,它是免费的。

互文参阅:第四章词条 17.15.3 智能手机(p.142)

17.12.3　微博（Microblogging/Microblog）

微博是一个基于用户关系的即时分享、传播和获取信息的广播式社交网络平台,用户可以发送长度通常限定在 140 个字符之内的文本信息,以传递当时的想法或最新动态,也可以发布图片或视频,所发布的信息可以允许任何人阅读或只能由用户所选定的群组阅读。

微博短小、使用简单,并可凭借电脑或手机终端在任何时间、地点发送,因而可以快速传播,并且有较强的实时性、现场感;微博传播可以点对点,也可以一点对多点;用户在信息的获取上有较强的主动性和选择性。但是微博的信息发送随意性强,真实性难以保障,相比通信和交流的功能,更多地扮演着娱乐化平台的角色,并且可以用作商业炒作的工具。

微博的代表性网站是 Twitter,它甚至成为微博的代名词。

互文参阅:第四章词条 17.15.3 智能手机(p.142)

17.13　虚拟社区（Virtual Community）

虚拟社区是由各种社会群体通过因特网,在相同的兴趣的基础上,突破地域限制,在网络世界聚合在一起。虚拟社区里的活动多种多样,包括讨论、交换信息、玩游戏和谈情说爱等。

虚拟社区被认为具有许多真实社区的特性,如认同、凝聚、规范性和分享等,但它通常不涉及与其他成员的实体接触或对他人的真实的认知。①

17.14 博客(Weblog/Blog)

博客(或称网络博客)是以"博客写手"撰写的网上日记或日志为内容的流行网站,其内容往往是对某些话题或新闻事件的个人评价和分析,同时添加进入其他相关网站的超文本链接。博客的帖子通常按照倒叙的时间顺序排列,形式从基本文本到各种多媒体。博客还向访问者提供发表意见的空间。②

由于许多网络博客都采取匿名的形式发表,因而一些人怀疑博客的真实性和合法性,但另一些人却对这种方式表示欢迎,因为人们获得了在全球范围内发表自己意见的机会。③

互文参阅：第四章词条 17.6.4 Web 2.0(p.134)

自媒体(We Media)

自媒体是随着数字技术的发展和完善以及全球知识体系的相互连接,普通大众提供和分享有关他们自身的事实的新闻途径。自媒体是私人化、平民化、自主化的传播者以数字化的媒介向不特定的人群或特定的个人进行传递的新的传播形式的总称。

自媒体具有平民化、个性化、易于操作、交互性强、传播快等特点。

自媒体的形式包括 E-mail、BBS、博客、播客,也包括手机群发、论坛等。自媒体的完善与公民素质的完善同步,或相辅相成。

17.15 电信媒介(Telematic Media)

融合了电信学(Telecommunications)和信息学(Informatics)的媒介被称为电信媒介,包括由电信网络向用户收发公开或私人信息与数据的各种服务。④

---

① Denis McQuail, *McQuail's Mass Communication Theory* (6th Edition), Sage, 2010, p.573.
② 〔英〕鲍勃·富兰克林等:《新闻学关键概念》,诸葛蔚东等译,北京:北京大学出版社 2008 年版,第 367 页。
③ 同上书,第 368 页。
④ Gianpietro Mazzoleni, "Mass Telematics: Facts and Fiction," in D. McQuail and K. Siune (eds.), *New Media Politics*, Sage, 1986, p.100.

17.15.1 移动通信技术的代际划分(X-Generation Wireless Telephone Technology)

表4-1 移动通信技术的代际划分

代际	第一代手机通信技术标准(1G)	第二代手机通信技术标准(2G)	第三代手机通信技术标准(3G)	第四代手机通信技术标准(4G)
信号	模拟	数字	数字	数字
传输速度	—	160kbps	3.6Mbit/s	100Mbps－1Gbps
制式	—	GSM CDMA	CDMA2000 TD-SCDMA WCDMA	TD-LTE FDD-LTE
主要功能	语音	语音与传输量小的数据	移动宽带多媒体服务	局域网、互联网、电信网、广播网、卫星网等融合为通播网
典型应用	通话	通话、短信	语音、多媒体数据、网页浏览、电话会议、电子商务等	语音及多媒体通信、上网、多媒体服务、电子商务、远端控制等
终端	模拟制式手机	数字制式手机	智能手机	智能手机

17.15.2 移动互联网(Mobile Internet)

移动互联网是移动通信技术和互联网运行平台相融合的产物,体现了移动通信的随时随地和互联网的分享、开放及互动的优势特点。电信运营商提供无线接入,互联网企业提供各种软件应用和操作平台,用户通过智能移动终端获取交流、信息、娱乐、电子商务等服务。

互文参阅:第四章词条17.3 媒介融合(p.128)

17.15.3 智能手机(Smart Phone)

智能手机是具备与个人电脑一样的独立操作系统,可以由用户自行安装各种由第三方服务商所提供的应用、游戏等软件,并且由移动通信网络运营商提供通信和无线网络接入服务的手机。

智能手机是用于个人信息处理的掌上电脑(Pocket PC)和无线通信的手机的组合,能够无线接入互联网;具有个人信息管理、多媒体应用、浏览网页、无线通信等功能;拥有开放性的操作系统,可以安装大量的应用程序,以扩展其功能。这一组合对人们的信息处理、日程管理、人际交流都带来很大的影响,并且随着其技术的发展变迁,将带来更大的影响。

　　手机作为继报纸、广播、电视、网络之后的第五媒介的角色是通过智能手机真正得以体现的。

微信(Wechat)

　　微信是腾讯公司于2011年1月推出的为智能终端提供即时通信服务的免费应用程序,使用微信可以通过网络跨操作平台、跨通信运营商,发送文字、语言、图片和视频。

　　微信提供公众平台、朋友圈、消息推送等功能,属于社交媒体。

17.16　新媒介对大众传播的影响

　　新媒介的相继问世和普及极大地改变了人们的信息传播方式,媒介变革导致人们的利用、接受与评价等信息行为的变化,最终导致社会整体的调整与变革。新媒介对大众传播的影响体现为:

- 使社会传播方式发生变化,使社会信息传播的"垂直型单方向结构"转向"多渠道型双方向结构",因此从传播者到(被动的)受众的传播模式,变成从媒介环境到(主动的)使用者的传播模式。
- 媒介利用者由被动变为主动。有的新媒介既可像传统大众媒介一样进行由点到面的信息传播,同时也能实现由点到点的个体化人际信息传播。
- 媒介间的界限模糊化。传统媒介分类之间的明显差别将被打破而实现媒介融合。新媒介将使信息传播更具高速、高质、超量、多样化和范围广的特征。
- 大众传播的双向性。新媒介将使任何人都有可能参与到由点到面的大众传播系统中来。

18 认识媒介的八个原则(Eight Principles about Media Literacy)

威尔伯·L.施拉姆指出,认识和分析传播媒介(包括人际传播所使用的各种媒介)可以从以下角度进行:[①]

- 各种媒介所刺激的感官不同,即媒介符号的通道是听觉、视觉或是其他。
- 各种媒介接收反馈的渠道和速度不同。不同媒介的反馈速度及数量不尽相同,通常人际传播过程中比大众传播过程中的反馈机会要更多。
- 不同媒介对传播活动的可控性不同。面对面的交流比大众传播易于控制,而在大众传播中,报刊、网络用户对传播活动的可控性就优于广播和电视。
- 不同媒介使用不同的讯息代码。面对面的交流可以使用语言符号和非语言符号;印刷媒介以文字为主,较为抽象化;视听媒介利用声音和图像,比较具体化。
- 不同媒介的信息增值能力不同,即拥有不同的信息覆盖和信息分享能力。人际传播增值需要付出很大努力,而大众传播能够克服距离和时间引起的问题,有巨大的能力使信息被传播到非常广泛的范围,被许多人所分享。而且视听媒介还可以克服由于文盲造成的无法分享文字信息的障碍。
- 不同媒介保存信息的能力不同。面对面和视听媒介传播转瞬即逝,而印刷媒介在保存信息方面占有优势。
- 不同媒介克服弃取的力量不同,即不同媒介的传受双方关联紧密度不同。例如,转换电视频道比生硬地打断面对面的交流要容易得多。
- 满足专门需要的能力不同。大众传播媒介在满足社会的一般需要方面迅速而且有效,但在满足特殊、专门的需要方面较差,尤其是视听媒介。

---

① 胡正荣:《传播学总论》,北京:北京广播学院出版社1997年版,第232—233页。

新旧媒介的差异

传统媒介及其组织的主要特征有:①

- 其核心活动围绕着符号性内容的生产和传播。
- 媒介组织在公共空间运作,并接受政治、政府、法律、经济和宗教等方面的管制。
- 发送和接收活动是自愿的。
- 由专业的、机构化的组织运营。
- 媒介既是自由的也是无力的。

新媒介及其组织的主要特征是:

- 全方位的数字化,融合了印刷与广电媒介。
- 网络媒介不仅仅关注信息的生产和传播,同样关注信息的处理、交换与储存。②
- 网络媒介同时具有私人传播和公共传播的特性,也受到相应的规范的管理。③ 传统媒介中的把关人在网络中仍然存在,但社会控制程度有所减弱。④
- 大众受众仍然存在,与此同时受众也包括可以进行自我选择的网络中的成员、特殊的公众或个体。受众活动的重心也从接收信息转移到更加个人化的搜寻、协商与互动上。⑤
- 新媒介组织的运作并非像大众媒介那么专业或具有行政上的组织性。⑥
- 内容出版者、生产者、分配者、消费者和评论者之间的界限已经趋于模糊。⑦

网络融合了印刷媒介和广电媒介,在以下方面冲破了传统媒介的限制:⑧

---

① Denis McQuail, *McQuail's Mass Communication Theory* (6th Edition), Sage, 2010, p.60.
② Ibid., p.138.
③ Ibid.
④ Ibid., p.140.
⑤ Ibid., p.139.
⑥ Ibid., p.138.
⑦ Ronald E. Rice,"Artifacts and Paradoxes in New Media," *New Media and Society*, 1(1),1999,p.29.
⑧ Mark Poster, "Underdetermination," *New Media and Society*, 1(1),1999,p.15.

- 使得多对多的交谈成为可能。
- 使得文化信息的同步接收、交流与再分配成为可能。
- 使得传播行为摆脱了地域限制,但很大程度上仍然受到文化和语言的限制。
- 提供了即时性的全球交流。
- 将现代和后现代主题纳入网络体系。

互文参阅:第四章词条 17 新媒介(p.126)

19 媒介选择的或然率(Probability of Selection of Media)

威尔伯·L.施拉姆在齐普天(G. K. Zipf)的"最省力原理"(Principle of Least Effort)的启发下提出媒介选择的或然率,即人们选择不同的传播途径,是根据传播媒介和传播的讯息等因素进行的,人们选择最能满足需要的途径。在其他条件完全相同的情况下,人们选择最方便而且能迅速地满足其需要的途径。因此,他提出人们选择某种信息的或然率的方式,即如下公式:[1]

$$选择的或然率 = \frac{可能的报偿}{费力的程度}$$

分母"费力的程度"是指,得到传播内容和使用传播途径的难易程度,包括获取这一媒介所需要付出的金钱和时间成本。比如在家看电视比外出看电影要方便,费力程度要低。分子"可能的报偿"是传播内容满足选择者需要的程度。当电影特别好看时,人们也可能会选择外出看电影,尽管它的"费力程度"高,但"可能的报偿"也高,最后被选择的可能性也大于在家看电视。人们在选择时,往往会在以下问题上做出自己的评价:[2]

- 传播方式在多大程度上是现成可得的?
- 这种传播方式的吸引力如何?

---

[1] 〔美〕威尔伯·施拉姆、威廉·波特:《传播学概论》(第二版),何道宽译,北京:中国人民大学出版社 2010 年版,第 106 页。
[2] 同上书,第 109—111 页。

- 它的内容的感染力如何?
- 新闻表现出来的严肃性或趣味性如何?
- 我在寻求些什么?
- 我有什么样的传播习惯?
- 我拥有什么样的传播技能?

互文参阅: 第五章词条 21 易读性(p.189)、词条 22 可获得性(p.191);第六章词条 17 受众的选择性心理(p.228)

20　传播的偏向(Bias of Communication)

"传播的偏向"这一概念是由加拿大学者哈罗德·A.英尼斯(Harold A. Innis)提出的。英尼斯在他的著作《帝国与传播》(*Empire and Communication*)和《传播的偏向》(*The Bias of Communication*)中指出,一切文明都是靠对空间领域和时间跨度的控制而存在的,因此文明的兴起、衰落和占支配地位的传播媒介息息相关,对边远地区原材料的开发利用以及帝国权力的扩张,都与有效的传播系统分不开。媒介的发展使得集中在一起的精英们对空间和时间的权力逐渐增强。因而,社会权力的竞争依仗于寻求新的传播技术,传播技术必然使权力集中。[1]

媒介不仅仅制造和传播文化,它自身也是文化的组成部分。媒介技术的发展对我们用什么方式认识社会和自我、我们怎样体会意义,进而对各种社会关系的形成都有重大影响。英尼斯认为,媒介可以分为偏倚时间的媒介和偏倚空间的媒介,因而传播呈现出书面传播的倾向和口头传播的倾向。[2]

互文参阅: 第四章词条 21 麦克卢汉的媒介理论(p.148);第十章词条 16 哈罗德·A.英尼斯(p.449)

---

[1] 〔美〕斯坦利·巴兰、丹尼斯·戴维斯:《大众传播理论:基础、争鸣与未来》(第三版),曹书乐译,北京:清华大学出版社 2004 年版,第 195 页。

[2] 〔加〕哈罗德·伊尼斯:《帝国与传播》,何道宽译,北京:中国人民大学出版社 2003 年版,第 X 页。

20.1 偏倚时间的媒介(Time-Biased Media)

偏倚时间的媒介是有利于时间上的延续的媒介,[①]它与具体物质载体紧密联系在一起,如羊皮纸、陶土、石块等,这类传播媒介具有长久保存的倾向,容易传承,是对时间跨度的控制;但它们不容易被生产和使用,因而不利于空间上的传播。

偏倚时间的媒介导致宗教权威的出现,强调过去和传统,有利于维系传统的集权化宗教形式,形成等级森严的社会体制。

20.2 偏倚空间的媒介(Space-Biased Media)

偏倚空间的媒介是那些轻便的、利于运输,但保存不那么长久的媒介,如印刷纸张、广播等,它们具有远距离运送的倾向性,更适合广袤地区的贸易并便于运输,便于对空间领域的控制;但它们所传播的信息局限于当下,影响比较短暂。[②]

偏倚空间的媒介促成了现代大型帝国的产生,有助于帝国扩张而形成中央集权的社会体制。

21 麦克卢汉的媒介理论(McLuhan's Theories of Media)

马歇尔·麦克卢汉(Marshall McLuhan)是加拿大传播学家,对媒介的分析集中在研究媒介本身及其社会行为上,研究了媒介对人类的感官经验的改变以及进而对社会秩序的改变,因而开拓了从媒介技术角度出发观察人类社会发展的视角,并且突出了媒介技术在社会历史中的巨大作用。他的媒介分析及其理论主要有:

- 冷媒介与热媒介理论;
- 媒介是人体的延伸的理论;
- 媒介即讯息理论;
- 地球村理论。

---

① 〔加〕哈罗德·伊尼斯:《帝国与传播》,何道宽译,北京:中国人民大学出版社2003年版,第Ⅷ页。
② 同上。

麦克卢汉的理论带有一定的极端性和片面性,主要表现在:

- 在他的理论中,媒介技术是社会变革和发展唯一的决定性因素,这就忽略了生产关系和社会关系等各种复杂的社会因素的作用。
- 在过度重视技术的同时,没能充分认识到人的主体性和能动性。
- 其理论立足于媒介工具对中枢感觉系统的技术性影响,并试图以此来解释人类的全部行为。
- 麦克卢汉的理论表现出对于技术的影响力过于乐观,并为电子媒介进行过度辩护,提倡非线性思考,这些都遭到了批评。①

互文参阅:第四章词条 20 传播的偏向(p.147);第十章词条 16 哈罗德·A.英尼斯(p.449)、词条 18 马歇尔·麦克卢汉(p.452)

21.1 媒介冷热论

麦克卢汉认为,媒介有冷、热之分,通过这样的区分,他强调了运用媒介的重要性。但是,他的这种分类标准比较牵强,而且界限模糊,甚至有相互矛盾的地方,因而遭到了很多批评。

21.1.1 热媒介(Hot Medium)

"热媒介"是能够"高清晰度"地延伸人体某个感官的媒介。清晰度是指媒介所提供的信息充分、完善的程度。电影、广播、照片、书籍、报刊等都是热媒介,它们没有留下很多空白让受众去补充和完成,接收者不需要动用更多的感官和思维活动就能理解,因此,热媒介需要受众参与其中的程度低。②

21.1.2 冷媒介(Cool Medium)

"冷媒介"传递的信息少而模糊,在理解之际需要更多的感官和思维活动的配合,如补充、联想等,受众参与其中的程度高。电视、电话、漫画、谈话等属于冷媒介。

---

① [美]斯坦利·巴兰、丹尼斯·戴维斯:《大众传播理论:基础、争鸣与未来》(第三版),曹书乐译,北京:清华大学出版社 2004 年版,第 298 页。
② 胡正荣:《传播学总论》,北京:北京广播学院出版社 1997 年版,第 239 页。

21.2 媒介延伸论(The Extensions of Man)

麦克卢汉认为,任何媒介的发展都是对人的感官或感觉的延伸。比如语言就拓展了人的耳朵的功能,从而极大地丰富了人们的直观体验;印刷书籍则是对人类视觉的极大延伸。印刷媒介将复杂的现实生活转化成一系列不连贯的语言符号,并将它一行行地印在纸上,使人们只能一行行地、按顺序地去阅读、理解、思考。电视机则是人体耳朵和眼睛的同时延伸,使人们能够像在现实生活中那样立体、复合地认识和思考。

媒介和社会发展的同时也伴随着人的感官能力"统合"——"分化"——"再统合"的历史,麦克卢汉将媒介对人体的延伸分为三个阶段:[1]

- "在机械化时代,我们实现了自身在空间中的延伸。"
- "在经历了一个多世纪的电子技术的发展之后,我们已在全球范围延伸了我们的中枢神经系统,在我们的星球范围取消了时空。"
- "目前我们正在很快地接近人的延伸的最后阶段——意识的技术模拟阶段,在这个阶段,知识的创造性过程将被集体地、共同地延伸至整个人类社会,如同我们已通过各种媒介延伸了我们的感官和神经一样。"

正是因为人体任何一部分的延伸都会影响社会,因此麦克卢汉提醒人们这样的影响非常必要。

21.3 "地球村"(Global Village)

在人类社会早期的口头传播时代,人们的交流只能面对面地进行,范围很窄,因此当时社会处于"部落化"阶段。印刷媒介出现后,社会交流范围扩大,人类社会进入"脱离部落化"阶段。电子媒介出现后,人类的时空距离又一次缩短,电视、卫星等技术的应用使信息可以突破时间、空间的限制传遍全球各地,世界就变成了一个部落,

---

[1] Marshall McLuhan, *Understanding Media* (second edition), New York: McGraw-Hill Book Company, 1965, p.19.

地球变成了一个村庄,任何国家和社会都是这个村庄的一部分。①

地球村的出现和发展给人类社会带来极大的影响。人与人、社会与社会、国家与国家的相互依赖性及关系的密切程度大大增加。经济、社会、文化等社会结构要素的形态发生了前所未有的变化。②

21.4　媒介即讯息论(The Medium is the Message)

麦克卢汉认为,传播媒介最重要的效果在于,它影响了我们对自身和社会的经验、理解与思考的方式。虽然技术的效果并没有在意见或观念的层次上发挥作用,但是却逐渐而且不可避免地改变了"感官作用的比例"或理解的形式,而这种影响比特定的信息的内容更重要。③

感官比例(Sense Ratios)的概念指的是我们各种感觉器官的平衡作用。原始人重用所有的五种感觉器官——视觉、嗅觉、触觉、听觉、味觉——但是科技,特别是传播媒介,使得人们只强调一种感官,超过其他感官。印刷媒介强调的是视觉,因此,它影响了我们的思考,使思想变成线性的、连续的、规则的、重复的和逻辑的。它使人类的思考可以与感情分开。印刷媒介带来专业和技术的分化,同时也造成疏离感和个人主义。与印刷媒介相反,电视强调的更多的是感觉,包括视觉、听觉和触觉,它比印刷媒介更需要介入与参与。麦克卢汉提出,电视可能恢复印刷媒介所毁坏的感官比例的平衡,并使我们从单个的民族国家变成地球村。④

麦克卢汉认为,真正有意义的讯息并不是各个时代的媒介所提示给人们的内容,而是媒介本身。媒介并非仅仅是两个或者两个以上环境中的人们之间传播信息的工具,它们本身即是讯息;传播形式的转变是对社会变化产生作用的极其重要的因素。因此,媒介的重要效果来自它的形式,而不是它的内容。

互文参阅:第九章词条 19.3《娱乐至死》(p.396)

---

①　胡正荣:《传播学总论》,北京:北京广播学院出版社 1997 年版,第 240 页。
②　同上。
③　〔美〕斯坦利·巴兰、丹尼斯·戴维斯:《大众传播理论:基础、争鸣与未来》(第三版),曹书乐译,北京:清华大学出版社 2004 年版,第 296 页。
④　〔美〕沃纳·赛佛林、小詹姆斯·坦卡德:《传播理论:起源、方法与应用》,郭镇之等译,北京:华夏出版社 2000 年版,第 296 页。

22 梅罗维茨的媒介理论（Meyrowitz's Theory of Media）

美国传播学家乔舒亚·梅罗维茨（Joshua Meyrowitz）接受了哈罗德·英尼斯和马歇尔·麦克卢汉将传播媒介看作社会变化重要原因的观点，但是他认为，这种理论的重要缺陷是缺乏对人们日常社会生活的结构和动力体系的分析，因此，他又借鉴了美国社会学家欧文·戈夫曼（Erving Goffman）的情境决定论观点（情境决定人们行为的合适性）。在20世纪80年代出版的《空间感的失落：电子传播媒介对人的社会行为的影响》（*No Sense of Place：The Impact of Electronic Media on Social Behavior*）一书中，梅罗维茨提出了他的媒介理论。其主要观点有：

● 应把情境视为信息系统。由媒介造成的信息环境同人们表现自己行为时所处的自然环境同样重要；在确定情境界限时，应把接触信息的机会考虑进去并当作关键因素。

● 每种独特的行为都需要一种独特的情境。对于每一社会情境来说，人们都需要一种明确的界限；当两种或两种以上不同的情境重叠时，会混淆不同的社会角色，令人们感到困惑、不知所措。

● 电子传播媒介将很多不同类型的角色汇聚于相同的情境中，使得以往界限分明的社会角色现在都变得模糊和混淆不清了，其导致的部分结果是，混淆了男性与女性、儿童与成年人、政治领袖与普通人的角色。[①]

梅罗维茨的媒介理论把传播媒介看作社会环境的一部分，提出应该将它们与社会环境及其变化联系起来研究。他把受众的概念包括在情境的概念之中，从而指出了受众在媒介—受众—社会关系中的重要性。在承认受众重要性的同时，梅罗维茨的理论也承认媒介的强大影响力。但是，这一理论也存在着显而易见的缺陷，主要有：

● 如同麦克卢汉的媒介技术决定论，梅罗维茨的媒介理论夸大

[①]〔美〕沃纳·赛佛林、小詹姆斯·坦卡德：《传播理论：起源、方法与应用》，郭镇之等译，北京：华夏出版社2000年版，第297页。

了媒介对社会环境和人们社会行为的影响,几乎将媒介描绘成引起社会变化的唯一原因。

- 这一理论并没有提及社会制度和媒介制度的关系,无视社会意图对媒介管理和媒介使用情况等方面的影响。
- 这则理论常把媒介本身的特点和媒介传递的内容混淆在一起,缺乏连贯性。

23 第四权力(Fourth Power)

"第四权力"的思想最早由美国著名思想家托马斯·杰斐逊(Thomas Jefferson)提出。他指出,联邦政府的真正力量在于接受公众的批评,而且有能力抵挡批评。自由报刊应是对行政、立法、司法三权起制衡作用的"第四种权力",成为公共利益的守护者和政府行为的"监察者"(watchdog)。[①]

报业第四权力的理念被视为共和制的灵魂,其前提是媒体的独立,因为只有独立行使报道权才能有效地监督政府。"第四权力说"经过长期的司法与立法实践,在最典型的资本主义国家初步实现。1923年美国伊利诺伊州最高法院关于"芝加哥市对《芝加哥论坛报》案"的判决确定了报纸批评政府的绝对权利原则。1964年,最高法院关于"《纽约时报》诉沙利文案"(*New York Times* Co. v. *Sullivan*)的判决确立了报纸批评官员的权利。1971年由"专业新闻人员协会"(Society of Professional Journalists)提议创立的"盾牌法"(Shield Laws)保证了新闻人员对新闻来源的保密权,以防止官员钳制舆论。

互文参阅:第三章词条1.2 职业传播者(p.49)、词条8.2 自由至上主义理论(p.66);第四章词条9.3 掏粪者(p.98);第九章词条5.1 新闻保障法(p.383)、词条27.3 第五等级(p.406)

第四阶级(Fourth Estate)

19世纪英国《泰晤士报》(*The Times*)的多数主笔卸任后被内阁吸收为成员,因此从那时起,记者又被称为"无冕之王"。

[①] 〔英〕鲍勃·富兰克林:《新闻学关键概念》,诸葛蔚东等译,北京:北京大学出版社2008年版,第109页。

20世纪初,随着要求政府对媒介进行规范的压力的增加,媒介业的领军人物开始进行本行业的专业化,进一步扩展了"第四阶级"这一概念,将媒介作为一个独立的社会机构用来保证其他机构都服务于公众。媒介管理者不向政府机构割让媒介控制权,而是进一步保证会服务于公众的需要,充当保卫公共福利的"看门狗"。这个概念认为,媒介应该不停地审视这个社会,并且将问题展示给民众。

这个概念来源于"国民等级"(Estates of the Realm)的概念。传统的三个等级分别是神职议员、世俗议员和下议院议员。该词的产生有赖于多位思想家和作家,其中包括埃得蒙·伯克(Edmund Burke)、理查德·卡莱尔(Richard Carlyle)和亨利·里夫(Henry Reeve)等。[1] 他们指出,媒介的权力应该与其他三个等级的人员的权力相匹敌。第四等级成为一个描述新闻记者的词汇,因为记者扮演着报道社会和为政府把关的角色。[2]

互文参阅:第八章词条2.9 公共新闻(p.337)

24 媒介的功能(Functions of Media)

24.1 拉斯韦尔的三功能说

哈罗德·D.拉斯韦尔在1948年发表的论文《传播在社会中的结构与功能》("The Structure and Function of Communication in Society")中,将媒介的基本社会功能概括为以下三个方面:

- 环境监视功能。自然与社会环境是不断变化的,只有及时了解、把握并适应内外环境的变化,人类社会才能保证自己的生存与发展。
- 社会协调功能。社会是一个建立在分工合作基础上的有机体,只有实现了社会各组成部分之间的协调和统一,才能有效适应环境的变化。
- 社会遗产传承功能。人类社会的发展是建立在继承和创新

---

[1] 〔英〕鲍勃·富兰克林:《新闻学关键概念》,诸葛蔚东等译,北京:北京大学出版社2008年版,第109页。

[2] Denis McQuail, *McQuail's Mass Communication Theory* (6th Edition), Sage, 2010, p.556.

的基础之上的,只有将前人的经验、智慧、知识加以记录、积累、保存并传给后代,后人才能在前人的基础上做进一步的完善、发展和创造。

互文参阅:第十章词条 14.1 哈罗德·D.拉斯韦尔(p.439)

24.2 经典的媒介四功能论(Classic Four Functions of the Media)

政治学家、传播学先驱哈罗德·D.拉斯韦尔指出传播有三个社会功能:监视环境、协调社会、传承社会遗产。查尔斯·赖特(Charles Wright)在 1960 年发表的论文《大众传播的功能探讨》("Functional Analysis in Mass Communication")中又增加了媒介的第四个功能——娱乐。①

• 监视环境(Surveillance)是大众传播媒介的第一个功能,它向受众提供并告知新闻。媒介发挥监视功能也可能引起几方面的后果:如果过度强调危险和威胁,便可能导致社会的恐慌;一个人接受了过多的信息,就可能陷入一种对信息漠不关心或被动消极的状态;过多地接触那些不寻常、不正常、极其特殊的新闻,还会导致受众不了解社会上平常、正常和普通状况的后果。②

• 联系功能(Correlation)是大众传播媒介的第二个功能,它是对周围环境信息的选择和解释。媒介发挥的联系功能通过对偏差行为的曝光来强化社会规范,帮助社会达成共识;突出所选择的个人而授予其社会地位;并参与对政府行为的检查。在体现现实联系的功能中,媒介可能阻止对社会稳定产生的威胁,还可以经常反映并管理舆论及其表达工具。③

• 传承社会文化(Transmitters for Culture)是大众传播媒介的第三个功能,是将信息、价值观和规范一代一代地在社会成员中传递下去。通过这种方式,传承文化的功能使社会在扩展共同经验的基础上更加紧密地凝聚起来。媒介发挥传承文化的功能,使个人在开

---

① 〔美〕威尔伯·施拉姆、威廉·波特:《传播学概论》,陈亮、李启、周立方译,北京:新华出版社 1984 年版,第 30 页。
② 〔美〕沃纳·赛佛林、小詹姆斯·坦卡德:《传播理论:起源、方法与应用》,郭镇之等译,北京:华夏出版社 2000 年版,第 348 页。
③ 同上。

始正规的学校教育之前以及学校教育结束之后,都能通过持续的社会化过程而融入社会之中。但是由于大众传播媒介的非个人化特性,也造成了社会中个人的人性丧失,阻碍了传播中人际交往的机会,减少了社会中亚文化群的多样化,使社会文化过分趋同。①

● 娱乐功能(Entertainment)是大众传播媒介的第四个功能,媒介中的大部分内容旨在娱乐,给人们在每天的难题中提供喘息的机会和放松的时间。媒介认为其自身向人们展示了大众化的艺术和音乐,并因此提高了大众的艺术品位。然而,也有批评者认为,媒介鼓励人们逃避现实,毁坏了美术,降低了大众品位,妨碍了人们对真正艺术的欣赏。②

表4-2 大众传播的功能分析③

	功能	负功能
监视功能: 提供并告知新闻	预警性新闻:自然界的危险情况 工具性新闻:对经济、公众和社会生活重要的新闻 宣扬规范:人物、事件	因过分强调危险可能导致社会恐慌 麻醉作用,漠不关心、被动、吸收过量 过度接触,极少思考
联系功能: 选择、解释、批评	强化社会规范:达成共识,将偏差行为曝光 赋予地位:意见领袖 阻止对社会稳定产生的威胁 监视并掌握公众意见 制约政府、保护人民	强化遵从,将固定模式永久化 制造假事件、假形象、假"人格" 阻碍社会变革,阻止创新 尽量减少批评,实行多数意见专制 保护、扩张权力
传承社会文化功能: 教育	增加社会凝聚力,扩大社会共同经验的基础 减少社会的无序性、疏离感 继续社会化过程,在学校教育之前、之后提供帮助,进行整合	减少社会亚文化群的种类,促进大众社会的形成 丧失个性,缺乏人际接触 标准化趋势,阻碍文化生长

---

① 〔美〕沃纳·赛佛林、小詹姆斯·坦卡德:《传播理论:起源、方法与应用》,郭镇之等译,北京:华夏出版社2000年版,第349页。
② 同上。
③ 同上书,第350页。

(续表)

	功能	负功能
娱乐功能	个人休息,调整,逃避压力,充实闲暇时间,创造大众文化——艺术、音乐,增加大众的文化接触 提高大众品位	鼓励逃避主义,纵情享乐 败坏精致艺术 降低大众品位,阻碍艺术发展

互文参阅:第三章词条10 大众传播的功能(p.69);第六章词条13.2 传播的个人功能(p.220);第九章词条20 大众娱乐理论(p.398)、词条23 赋予社会地位(p.400);第十章词条10 功能分析理论(p.428)、词条14.1 哈罗德·D.拉斯韦尔(p.439)

24.3 施拉姆的功能学说

威尔伯·L.施拉姆认为大众传播的社会功能包括三个方面:①

- 政治功能:主要包括监视,协调,对社会遗产、法律和习俗的传递。
- 经济功能:大众媒介提供关于资源以及买和卖的机会的信息,解释这种信息,制定经济政策,活跃和管理商场,开创经济行为等。
- 一般社会功能:提供关于社会规范、作用等方面的信息;接受或拒绝它们;协调公众的理解和意愿,进行社会控制;向社会的新成员传递关于社会规范和作用的规定;娱乐等。

施拉姆分类法的重要贡献在于它明确提出了传播的经济功能,指出了大众传播通过信息的收集、提供和解释,能够开创经济行为。大众传播的经济功能并不仅仅限于为其他产业提供信息服务,它本身就是知识产业的重要组成部分,在整个社会经济中占有重要的地位。

互文参阅:第八章词条7 媒体经济学(p.371)、词条8 文化产业/意识工业(p.376)

---

① 〔美〕威尔伯·施拉姆、威廉·波特:《传播学概论》,陈亮、李启、周立方译,北京:新华出版社1984年版,第31页。

25 媒介形态变化的原则(Media Morphosis)

媒介形态变化遵循六个基本原则：①

1. 共同演进和共同生存的原则：一切形式的传播媒介都在一个不断扩大的、复杂的自适应系统内共同相处和共同演进。新的媒介在出现和发展的过程中，会在不同程度上影响其他媒介的存在与发展。

2. 形态变化：新媒介不会自发和孤立地出现，它们都是从旧媒介的形态变化中逐渐脱胎出来。当新的媒介出现时，较旧的形式就会去适应并且继续进化而不是死亡。

3. 增殖：新出现的传播媒介形式会增加原先各种媒介形式的主要特点。

4. 生存：一切形式的传播媒介为了在不断改变的环境中生存，都被迫去适应和进化。

5. 机遇和需要：新媒介并不是仅因为技术上的优势而被广泛利用，开发新的媒介技术还有社会、政治和/或经济的原因。

6. 延时录用：新媒介技术获得商业成功总比预期要花更多的时间。

26 媒介全球化(Media Globalization)

媒介全球化是指媒介内容的生产、传播和接收不再局限于一个地理区域。全球化部分是因为技术的发展，同时也是国际性媒介集团的组织和结构所造成的后果。② 具体而言，媒介越来越多地被全球性媒介集团所拥有；媒介体系在世界范围内变得越来越相似；全球范围内出现大量同质或类似的新闻或娱乐产品，从而导致同质化和西化的趋势；受众可以选择其他国家的媒介；时空领域缩小；传播

---

① 〔美〕罗杰·菲德勒：《媒介形态变化》，明安香译，北京：华夏出版社 2000 年版，第 24—25 页。

② Denis McQuail, *McQuail's Mass Communication Theory* (6th Edition), Sage, 2010, p.558.

环境更加自由,从而促成创造性的文化交融,或导致国家传播主权受到威胁,文化认同、文化自主和文化完整性遭到破坏。① 新媒介被认为是加速媒介全球化的重要因素。

互文参阅:第一章词条 9 全球传播(p.14);第四章词条 17 新媒介(p.126);第八章词条 7.4 媒介集团(p.374);第九章词条 25 文化霸权(p.401)、词条 26 文化帝国主义(p.402)

---

① Denis McQuail, *McQuail's Mass Communication Theory* (6th Edition), Sage, 2010, pp.253-254.

第五章　传播材料和内容

1　信息（Information）

根据信息论的创始人克劳德·申农（Claude E. Shannon）的定义，信息是"两次不确定性之差"，即信息就是能够减少或消除不确定性的东西。[①] 信息是传播的客体，是传播的材料。

人与人之间社会互动行为的介质既不单单是意义，也不单单是符号，而是作为意义和符号、精神内容和物质载体的统一体的信息：[②]

- 信息是精神内容的载体。无论是语言、文字、图片、影像，还是声调、表情、动作（广义上的符号）等，都表现为一定的物质讯号，这些讯号以可视、可听、可感的形式作用于人的感觉系统，经神经系统传递到大脑得到处理并引起反馈。

- 信息是人的与物质劳动密切相关的精神劳动的创造物。信息并不单纯表现为人的生理层次上的作用和反作用，还伴随着人复杂的精神和心理活动，

[①] 胡正荣：《传播学总论》，北京：北京广播学院出版社1997年版，第84页。
[②] 同上书，第86页。

伴随着人的态度、感情、价值和意识形态。

互文参阅：第五章词条 10 符号（p. 173）、词条 23 讯息（p. 192）

1.1 信息的特征

信息有一些固有的特征：①

- 客观性和普遍性。只要有事物存在，只要有事物在运动，就存在着信息，信息无所不在，无时不在。
- 表达性。信息一方面表达了物质运动状态、物质运动变化的方向性，表明了物质系统的组织程度、有序化程度以及系统朝着有序或无序的方向发展；另一方面表达了物质系统的差异性，没有差异就没有信息，它必然表达了事物的差异。
- 流动性。任何事物的运动都伴随着信息的流动。这种信息的流动过程，就是信息的获取、传递、变换、存储与反馈的过程。因此，信息的传递过程必然伴有一定的物质及其运动的传递或变换、能量的传递或能量信息的变换。信息扮演了主观世界与客观世界的桥梁作用。客观世界作用于主观世界，主观世界反作用于客观世界，都需要依靠信息做中介。

人类社会信息的特征

除了信息的普遍特征之外，人类社会中的信息及其信息运动过程又有其自身的特点：②

- 人类社会的信息具有物质属性，是物质系统（自然、社会）运动过程的表现。
- 人类社会中的信息必须经过人的大脑的加工。外界的客观信息经过人脑的选择、加工、处理，已经不是客观物质世界的信息的原型，而是经过人脑的加工、在人脑中形成的、对客观现实信息的反映的信息。客观物质世界的信息是第一性的；人脑反映的信息是第

---

① 胡正荣：《传播学总论》，北京：北京广播学院出版社1997年版，第88页。
② 同上书，第89—90页。

二性的,是观念形态的,属于意识范畴。

- 人类社会的信息都要有基本的载体。由于信息的无形性和流动性,人类要想传递信息,就要用载体承载。人们用来承载信息的载体有语言、文字以及其他符号,这些符号都是由所承载的信息及其物质外壳组成的。
- 人类社会的信息的接受、理解、使用形式是多样化的。这主要是因为人类社会因其社会形态、经济形态、文化体制、科技水平等的差异,存在相差甚远的社会形式。另外,同一社会中,人们的群体、个体差异也极大。但是,人类社会的信息来源、内容仍然具有客观性。

1.2 信息的分类

多重分类、三分法和广义的信息分类是比较有代表性的信息分类方式。

1.2.1 多重分类[①]

信息可以

- 按内容分为社会信息与非社会信息;
- 按存在形式分为内储信息与外化信息;
- 按动静状态分为动态信息与静态信息;
- 按外化结果分为记录信息和无记录信息;
- 按符号种类分为语言信息和非语言信息;
- 按信息流通方式分为可传的信息和不作传递的信息;
- 按信息论方法分为未知信息和冗余信息;
- 按价值观念分为有害信息和无害信息。

---

① 胡正荣:《传播学总论》,北京:北京广播学院出版社 1997 年版,第 91 页。

1.2.2 三分法[1]

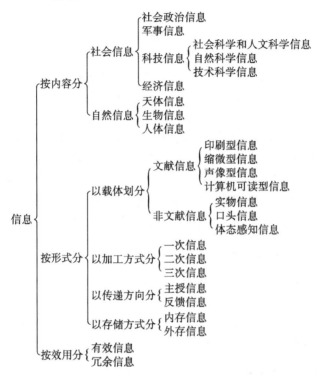

1.2.3 广义信息分类[2]

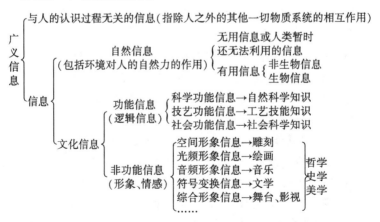

---

[1] 胡正荣:《传播学总论》,北京:北京广播学院出版社1997年版,第92页。
[2] 同上书,第93页。

1.3 信息的功能

信息在人类社会中扮演着日益重要的角色。它发挥着不可替代的、重要的功能:①

- 首先,信息具有认识功能。我们对客观物质世界的认识,都依赖于我们对客观物质运动及存在信息的收集、加工、处理、传播和交流。客观世界充满信息,人类的感觉器官对外界信息进行接收,通过思维器官将收集到的信息进行选择、归纳、提炼、存储而形成不同层次的感性认识和理性认识。在这一过程中,人是认识的主体,信息是认识的客体。
- 其次,信息具有社会功能。这表现在资源功能、启迪功能、教育功能、方法论功能、娱乐功能和舆论功能等方面。

1.4 信息的三要素

信息从结构上看有三要素:
- 作为信息形式的符号
- 作为信息内容的意义
- 作为信息载体的媒介

1.5 信息流量(Information Flow)

信息流量主要研究信息低量和信息超量对社会信息系统的影响,目的是正确控制信息流量。

任何事物的运动都必须伴随着信息的流动,才能保证其新陈代谢、生生不息,以维持其机制,促进自身的发展。这种信息的流动过程,就是信息的获取、传递、变换、存贮与反馈等过程。保证社会系统有足够的信息流量是传播学研究的一个重要课题。

1.5.1 信息低量(Informational Deficiencies)

信息低量或信息匮乏,是指不能及时有效地接受外界信息,或者接受的信息量过小,因此难以满足机制的需要,更不能促进其发展。其表现就是信息接收者对外界的事情知道得太少甚至一无所知,造成对新事物不了解甚至不理解。形成信息匮乏的主要原因有

---

① 倪波、霍丹:《信息传播原理》,北京:书目文献出版社1996年版,第5—7页。

通信不畅、传受失衡等。其具体后果是：
- 阻碍了社会进步、经济发展；
- 导致国家、民族处于愚昧状态，整体素质低下，教育水平落后；
- 让一些负面信息乘虚而入，造成社会文化的庸俗。

信息匮乏在质量上的表现有真相信息匮乏、重要信息匮乏、知识信息匮乏、思想信息匮乏等。

1.5.2 信息过量（Information Overloading）

如果信息流通超出了受众的接受或处理能力和有效应的需要，就是信息过量，或称信息过载。这是因为个人用于接收、处理信息的时间和能力总是有限的，而大众传播媒介借助新技术、新发明传播信息的时间和能量则是可以无限拓展的。信息过量主要表现为：
- 受传者对信息反应的速度远远低于信息传播的速度。
- 信息量大大高于受众所能消费、承受或需要的程度。
- 大量无关的、没用的冗余信息严重干扰了受众对相关有用信息的准确分辨和正确选择。受众在大量不必要的信息的冲击下，可能会恐慌不安，也可能会漠然置之，逐渐形成冷漠感和逆反心理。
- 超量信息可以看作是与传播目的、传播内容无关的干扰，也就是一种人为的噪音。

1.5.3 信息爆炸（Information Explosion）

信息爆炸是指当代社会各种信息大量出现并加速增长的现象，表现为四个方面的信息剧烈增多：新闻信息、娱乐信息、广告信息、科技信息，因此导致个人接收的信息严重超载。

信息爆炸会带来信息泛滥、信息超载、信息浪费和信息疾病等危害，使得人们必须耗费大量精力对付巨量的无用信息，无法有效辨别和使用有用信息，并且导致信息污染综合征、信息技术恐惧综合征、病态使用因特网症等过多信息效果（Too Much Information Effect，TMI Effect）。值得注意的是，信息爆炸不等于知识爆炸，由于信息与知识、自然科学知识和社会科学知识的增长失衡，以及知识生产与知识接受严重失衡，信息爆炸有可能导致知识匮乏。

互文参阅：第五章词条信息社会的特征（p.167）；第六章词条 26 沙发土豆（p.250）、词条 29 媒介素养（p.256）；第七章词条 23.3 信息沟理论（p.321）

2　信息化（Informationisation）

信息化包括三个方面的内容：[①]
- 在经济和社会活动中，通过普遍地采用信息技术和电子信息设备，更有效地开发和利用信息资源，推动经济发展和社会进步。
- 信息化是相对工业化而言的一种新的经济与社会格局。在这个新格局中，信息作为管理的基础、决策的依据、竞争的第一要素，成为比物质、能源更重要的资源。
- 信息化是文化发展的新阶段，带来了生产、生活、商业、军事、科研、教育和文化艺术活动方式的变化。

互文参阅：第八章词条信息产业（p.373）

3　信息社会（Information Society）

信息社会，又称后工业社会、信息化社会，是整个社会在广阔的领域里和深入的层次上，以运用信息化的理论、方法和技术处理实际问题为主要特征的社会。[②] 信息社会最核心的驱动力或生产力的来源就是各种信息。[③] 信息社会是依靠复杂的电子信息和传播网络，并将主要资源投入信息和传播活动的社会。[④]

社会信息化最直接的推动者是信息技术，以计算机、微电子和通信技术为主的现代化信息技术的发展和运用，促使生产方式、生活方式、行为方式和价值观念发生巨大变化。

[①]　胡正荣：《传播学总论》，北京：北京广播学院出版社 1997 年版，第 94 页。
[②]　冯国瑞：《信息科学与认识论》，北京：北京大学出版社 1994 年版，第 303 页。
[③]　Denis McQuail, *McQuail's Mass Communication Theory* (6th Edition), Sage, 2010, p.560.
[④]　〔英〕丹尼斯·麦奎尔、〔瑞典〕斯文·温德尔：《大众传播模式论》（第 2 版），祝建华译，上海：上海译文出版社 2008 年版，第 177 页。

西方发达国家在 20 世纪五六十年代实现高度工业化后,开展了新技术革命,从工业社会转型为信息社会。

信息社会的特征

信息社会表现出三种主要的特征或趋势:①

- 信息的供应量不断增长。越来越多的机构和个人能够以前所未有的低成本向很远的地方发送信息。
- 信息的消费量也在增长,但是以被接收到或注意到的信息量来看,其增长速度却很缓慢。由于信息处理能力和资源有限等原因,对信息的需求量落后于信息的供应量。
- 对信息的应用或信息的效果似乎是一个基本不变的常数。这是因为对新增信息的利用是有限度的,而且,供过于求的信息本身也是造成浪费和混乱的原因之一。

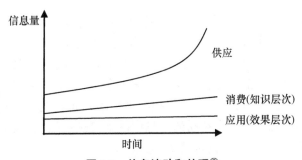

图 5-1 信息流动和处理②

互文参阅:第五章词条 1.5.2 信息过量(p.165)、1.5.3 信息爆炸(p.165)

4 噪音(Noise)

噪音是发出的信号和接收到的信号之间的差异,是一切传播者意图以外的、对正常信息传递的干扰,它降低了信息的精确度。

噪音至少可以分为三种类型:

---

① 〔英〕丹尼斯·麦奎尔、〔瑞典〕斯文·温德尔:《大众传播模式论》(第2版),祝建华译,上海:上海译文出版社 2008 年版,第 178—179 页。

② 同上书,第 179 页。

- 语义的噪音：这是由于不同的人对不同的词或短语有不同的理解；
- 机械的噪音：这是因用来传播的机器发生故障所导致的；
- 形式的噪音，或称环境噪音：这是指产生于传播过程之外却干扰了传播过程的噪音。①

噪音增加了不确定性，因此增加了熵，属于信息。但是，由于这不是信源要传递给信宿的，也不是信宿所期待的，因此噪音是假信息。②

互文参阅：第二章词条 7 申农—韦弗模式/数学理论（p.29）

5 冗余（Redundancy）

冗余是重复配置系统的一些部件，当系统发生故障时，冗余配置的部件介入并承担故障部件的工作，由此减少系统的故障时间。

在传播中，冗余是很多载有相同信息的信号，是过剩信息。这些过剩信息，即冗余，弥补了噪音带来的负面影响。噪音扭曲、屏蔽甚至代替了信号，过剩信息使得接收者能够纠正错误的信息或者填补丢失的信息。因此在传播的信息中就不仅仅包括"有效信息"，还包括重复的那部分信息，也就是"冗余"。

一种语言或一个系统越冗余，就越容易预测，③因而冗余信息的出现会使一定时间内所能传递的有效信息有所减少，但没有冗余的语言式代码必然是混沌一团，为此，在传播的过程中，冗余度的选择是最重大的决策之一，需要处理好有效信息和冗余信息之间的平衡。

互文参阅：第四章词条信道容量（p.80）；第五章词条 6 熵（p.169）

---

① 〔美〕约瑟夫·R.多米尼克：《大众传播动力学：数字时代的媒介》（第七版），蔡骐译，北京：中国人民大学出版社 2004 年版，第 11—12 页。
② 〔美〕沃纳·赛佛林、小詹姆斯·坦卡德：《传播理论：起源、方法与应用》，郭镇之等译，北京：华夏出版社 2000 年版，第 51 页。
③ 〔美〕威尔伯·施拉姆、威廉·波特：《传播学概论》，陈亮、李启、周立方译，北京：新华出版社 1984 年版，第 227 页。

6　熵(Entropy)

熵是现代物理学中的重要词汇,被用来计算一个系统中的失序现象,表示物质系统中的一种不确定性和非组织性,是混乱和无序的度量。"熵"的状态是一种不可预测的状态。由于我们所处的大多数状态部分地或并非完全不可预测,因此"熵"是一个变量。熵值越高,其组织程度和预测性就越低,混乱无序的程度越大;反之,熵值降低,意味着无序程度的降低,确定性提高。

熵是申农的理论中的关键词,他用其作为衡量信息的尺度,熵(或确切地说是相对熵)是"冗余"这个概念的反义词。[1]

互文参阅:第二章词条 7　申农—韦弗模式/数学理论(p.29);第五章词条 5　冗余(p.168);第十章词条 22　克劳德·E.申农(p.457)、词条 23　沃伦·韦弗(p.458)。

信息量

信息量是指在一定条件下对不确定性或者熵的测量,即信息量是信息熵的值。

信息量也常用"信息"来指代(在英语名称中没有区分),它实际上反映的是信息的量化的一面,而非具有意义的那个侧面。

一种状态的不确定性越大,熵越大,其中所包含的信息量也越大。在一个完全可以预测的条件下就没有任何信息量可言,我们就把这种情况称之为"负熵"。一条信息的信息量大小和它所消除的不确定性的大小有直接的关系。

目前使用最广泛的相关概念是由克劳德·申农所提出的,用"比特"这个单位测量信息量。

互文参阅:第四章词条 17.4.3　比特(p.131);第十章词条 22　克劳德·E.申农(p.457)。

---

[1]　〔美〕威尔伯·施拉姆、威廉·波特:《传播学概论》,陈亮、李启、周立方译,北京:新华出版社1984年版,第227页。

7 信息论(Information Theory)

信息论是一种机械性的理论,用来测量某一确定信道所传输的信息总量,并寻求使这个过程的效率达到最大化的途径。[1]

在信息论中,信息被视为客观世界的第三大要素,即世界是由物质、能量和信息三者构成的。[2]

信息论的研究者所使用的"信息"概念强调的不是意义,而是信号的物理形式,强调刺激因素或者信号的量化过程,即信息量。信息(量)往往用比特进行计量。

信息论认为,一个符号越是不可预计,它所传达的信息就越丰富。信息论把信息视为减少不确定性所需要的信号的数量。信息传输和信息压缩是信息论研究中的两大领域。

互文参阅:第十章词条22 克劳德·E.申农(p.457)

7.1 传播学的基础三论

信息论、系统论和控制论提供的新思路和新方法,为人类的思维开拓了新路,它们作为现代科学的新潮流,促进着各门科学的发展。控制论、信息论、系统论作为独立的学科,各自都有自己的发展方向,同时又有内在的联系研究信息传递和控制是在系统的前提下进行的;研究系统或控制时,必然要涉及信息。

7.2 系统论(System Theory)

系统论是研究系统的一般模式、结构和规律的学问,它研究各种系统的共同特征,用数学方法定量地描述其功能,寻求并确立适用于一切系统的原理、原则和数学模型,是具有逻辑和数学性质的一门科学。

系统论的核心思想是系统的整体观念。系统论的创始人理论

---

[1] 〔美〕约翰·费斯克:《关键概念:传播与文化研究辞典》(第二版),李彬译,北京:新华出版社2004年版,第138—139页。
[2] 李彬:《传播学引论》(增补版),北京:新华出版社2003年版,第66页。

生物学家路德维希·冯·贝塔朗菲(Ludwig von Bertalanffy)指出,任何系统都是一个有机的整体,而不是各个部分的机械组合或简单相加。①系统的整体功能是各要素在孤立状态下所没有的新质。即整体大于或小于部分之和,这是组成整体的各部分通过组织、功能相互促进或抵消所带来的结果。

系统论的基本思想方法,就是把所研究和处理的对象,当作一个系统,分析系统的结构和功能,研究系统、要素、环境三者的相互关系和变动的规律性,并从全局的角度分析问题。

系统论的任务,不仅在于认识系统的特点和规律,更重要的还在于利用这些特点和规律去控制、管理、改造或创造系统,使它的存在与发展合乎人的目的需要。

系统(System)

系统是处于一定的相互关系中并与环境发生关系的各组成部分(要素)的总和。② 这个定义表明了要素与要素、要素与系统、系统与环境三个方面的关系,"系统"这个概念与"要素""结构"和"功能"这三个概念有着密切的关联性。

7.3　控制论(Cybernetics)

控制论的创始人诺伯特·维纳(Norbert Wiener)1948年出版了《控制论:或关于在动物和机器中控制和通信的科学》(*Cybernetics: or Control and Communication in the Animal and the Machine*)一书,宣告了控制论这门科学的诞生。

控制论是研究各类系统,包括生物体、机器以及各种不同基质系统的调节和控制规律的科学。

控制论表明各种系统都可以被看作是一个自动控制系统:控制机构发出指令,作为控制信息传递到系统的各个部分(控制对象)中去,由它们按指令执行之后再把执行的情况作为反馈信息输送回来,并作为决定下一步调整控制的依据。整个控制过程就是一个信息流通的过程。反馈对系统的控制和稳定起着决定性的作用,反馈

---

① 李彬:《传播学引论》(增补版),北京:新华出版社2003年版,第69页。
② 〔美〕路德维希·冯·贝塔朗菲:《普通系统论的历史与现状》,载《中外社会科学》1978年第2期,第315页。

是控制论的核心问题。控制论就是研究如何利用控制器,通过信息的变换和反馈作用,使系统能自动按照人们预定的程序运行,最终达到最优目标的学问。

传播学普遍地运用了控制论,现代传播学中的制度、规范、法规、政策与管理、受众与传播效果等几乎所有的宏观、中观和微观层面,都渗透着控制论的观点。控制论对传播学的重大贡献是把反馈的概念引入了对传播过程的研究,这对于认识人类社会传播过程的双向性和互动性具有极为深刻的意义。

互文参阅:第二章词条 3.1 传播基本模式的类型(p.24)、词条 10.3 反馈(p.36);第十章词条 21 诺伯特·维纳(p.455)

8 信息流理论(Information Flow Theory)/信息扩散理论(Information Diffusion Theory)

信息流理论现在被称为信息扩散理论,是关于信息如何从媒介流向受众并希望获得特定预期效果的理论,①主要有散布研究、两级流动传播等理论分支。

互文参阅:第七章词条 14 两级流动传播(p.290)、词条 15 创新的扩散(p.294)、词条 16 新闻的散布(p.299)

信息扩散理论(Information Diffusion Theory)

信息扩散理论解释了在社会进程中创新(新的观念、实践、事物等)成果怎样为人知晓并在社会系统中得到推广。

互文参阅:第七章词条 12 有限效果理论(p.288)、词条 15 创新的扩散(p.294)、词条 16 新闻的散布(p.299);第十章词条 12.5 加布利埃尔·塔尔德(p.431)

---

① 〔美〕斯坦利·巴兰、丹尼斯·戴维斯:《大众传播理论:基础、争鸣与未来》(第三版),曹书乐译,北京:清华大学出版社 2004 年版,第 167 页。

9 信号(Signal)

信号是系统内,从一部分到另一部分的通信流动。信号不关乎内容与意义,而仅指讯息的物质实体或形式,①它的特点有:
- 与其表示的对象事物之间具有自然因果性,一切自然符号都是信号,例如光信号、声音信号。
- 与被表示的事物有一一对应关系。

10 符号(Sign)

符号就是用来指代或代表其他事物的象征物。符号可以表示某物、某事等具体存在,也可以表示精神抽象的概念。因此,它是有意义的,是一种有意义的象征物,但是符号与意义并不一定有一一对应的固定关系,这种关系是人为赋予的。符号是传播者与受众间的中介物,单独存在于其间,承载着交流双方向对方发出的信息。②

结构语言学家费迪南德·德·索绪尔(Ferdinand de Saussure)指出符号包含"所指"和"能指"两个部分。"能指"是符号的物质形式,例如汉字的字形;"所指"是符号所指代和表示的意义,例如某一个汉字的意思。符号的意义包括:辞典意义(指示意义)、引申意义(隐含意义)。

互文参阅:第五章词条 1 信息(p.160)、词条 23 讯息(p.192)

10.1 符号的特征

从一般意义而言,符号是人类社会独有的,它具有以下基本属性:③
- 指代性。符号与它所指代的事物之间没有必然联系,这种指代是人们约定俗成的一种联系。这样,对任何个人来说,符号的意

---

① [美]约翰·费斯克:《关键概念:传播与文化研究辞典》(第二版),李彬译,北京:新华出版社 2004 年版,第 259 页。
② 胡正荣:《传播学总论》,北京:北京广播学院出版社 1997 年版,第 101 页。
③ 同上书,第 101—103 页。

思就是这个符号所引起的一套情绪、感情、腺和神经的活动。它们同符号本身代表的东西所引起的反应相似,但不是完全一样。

- 社会共有性。符号都是在特定的社会中经过历史的积累而创造、发展与丰富的,因此,符号具有社会性,是一定社会成员所共有的。虽然符号是社会共有的,但是并非所有方面都是社会共有的。社会共有的一般是辞典意义和一部分引申意义。很多引申意义是在小群体中形成的。
- 发展性。人们不断赋予旧的符号以新的意义或淘汰旧符号,并创造出新的符号和符号体系,以适应日益丰富的生产以及生活实践。

10.2 符号的分类

美国符号学创始人查尔斯·S.皮尔斯(Charles. S. Peirce)根据符号的"能指"与"所指"进行分类。因此,符号按照与对象之间是否有关系以及具有什么样的解释关系可以分为:

- 图像符号(icon):符号自身和指说对象在一些关键特征上非常相似,如图标符号。
- 指引符号(index):符号自身和对象之间有着某种事实的或因果的关系,例如抽象的图标符号、象形文字。
- 象征符号(symbol):符号自身和对象之间有着一定惯常的或习惯的联想"规则",例如抽象文字。

索绪尔将符号分为:

- 语言符号
- 非语言符号

他认为语言是人类符号系统中最重要的符号。[①]

```
         ┌ 语言符号 ┌ 有声语言符号(口语):对话、独白等
         │         └ 无声语言符合(书面语):书面对话、书面独白等
符号 ┤
         │             ┌ 视觉性 ┌ 动态:身体语言、人际距离、运动画面等
         │             │       └ 静态:标志、衣着、道具、绘画、摄影、雕塑等
         └ 非语言符号 ┤
                       └ 听觉性 ┌ 类语言:笑声、哭声、呻吟、叹息等
                               └ 其他声音符号:乐声、鼓声、口哨、汽笛等
```

图 5-2 索绪尔对符号的分类

[①] 胡正荣:《传播学总论》,北京:北京广播学院出版社 1997 年版,第 107—108 页。

互文参阅：第五章词条 11 语言符号（p.176）、词条 12 非语言符号（p.178）

10.3 信号和符号的区别

符号与信号之间是有联系的。任何载有信息的记号，都可以用作信号或符号。二者最基本的共同特点是它们的"指说性"（significance），即它们都不是事物本身，而是"指说"事物的记号。

信号和符号之间的差别也很大，甚至是人和动物最本质的区别，主要体现在以下方面：

- 信号活动只能局限在固定的时空场合，离开了此情此景，信号就变得毫无意义，信号与被表示的对象事物之间具有自然的因果性。符号则可以通过传统、学习来继承，人类创造的文明和各种知识，是借助于符号超越时空而世代积累相传的。
- 符号不仅能够表示具体的实物，而且能够表达观念、思想等抽象的事物。因此，符号的抽象能力远比信号要强得多。符号与其所象征代表的事物之间，不需要像信号与其所代表的对象那样，有必然的联系，而是具有随意性。

10.4 符号学（Semiology）

符号学最初发源于索绪尔的语言学研究，是关于符号或意义系统的科学，是一种针对符号文本进行系统分析与诠释的方法，[1]研究符号系统和意义的社会性。符号学力图揭示和分析意义是如何产生于任何符号系统所具有的结构关系之中的，而非产生于看似由符号所描绘的外在现实。[2]

互文参阅：第五章词条 15 语义学（p.181）、16 语用学（p.182）、23.1 文本（p.192）

---

[1] Denis McQuail, *McQuail's Mass Communication Theory* (6th Edition), Sage, 2010, p.570.

[2] 〔美〕约翰·费斯克：《关键概念：传播与文化研究辞典》（第二版），李彬译，北京：新华出版社 2004 年版，第 254—255 页。

11 语言符号(Verbal Sign)

语言是人类社会中最重要的符号系统,它是人们进行交流、沟通的最主要的工具。语言是伴随人类社会的产生而形成的,是人们在长期的社会交往中约定俗成的、以语音和字形为物质外壳、以词汇为建筑材料、以语法为结构规律的符号系统。①

11.1 语言符号的特点

世界上的语言千差万别,但都有若干共同之处,即语言普遍的特点:②

- 词语创造的随意性。对语言来说,词语与所表达的意义或指说的对象之间没有必然的联系,而是人们在自己的实践中,随意创造出词语,目的是将客观现实概念化;然后在长期的使用中,人们将词语与其指说的对象和意义之间形成约定俗成的联系。一旦词语经过约定俗成,大家共同理解,这些词语的意义就相对稳定。
- 语言的开放性。语言是在人类社会的实践活动中不断丰富发展的。语言的开放性至少包含这样一些内容:每种语言的词汇都是不断丰富和发展的;任何语言的句子都是没有极限的,人们可以根据现有的词语和造句规则,创造出无限数量的新事物、新意义。
- 语言的概括性。语言是概念和范畴的集合,词语只能表示概念和范畴。客观事物的运动与存在是一个连续不断的、占有时空的过程,而语言却不能描述其全部,只能概括其过程。
- 语言的社会性。语言是在社会中形成的,它是人们认识客观世界、进行社会互动的中介,是社会成员维系关系的基本纽带。正是依靠语言,社会成员才能进行信息交流、建立关系、组成社会。

11.2 语义三角图(Semantical Triangle)

英国学者查尔斯·奥格登(Charles Kay Ogden)和艾弗·理查兹(Ivor A. Richards)指出,语言(符号)、意义、思想三者之间的关系不

---

① 胡正荣:《传播学总论》,北京:北京广播学院出版社1997年版,第109页。
② 同上书,第110—111页。

可分割,提出了"语义三角图":语言(符号)是思维的手段,是思想的直接现实;语言(符号)将人的思维活动的结果、认识活动的结果,即意义,用词、句记录下来,固定下来,思想与语言(符号)是不可分的。思想与符号、指说对象都有着直接的关系,但符号与指说对象之间没有必然、直接的关系(用虚线连接),而是一种人为赋予的、约定俗成的关系。

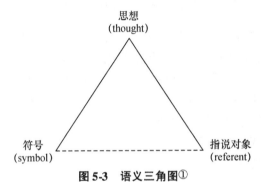

图 5-3　语义三角图①

在这其中包含三种意义:
- 符号的意义,即辞典意义;
- 指说对象的意义;
- 信息接受者(思想)主观理解的意义,即实际意义。

11.3　语言符号的类型

由于构成人类语言实体的是物质化的语音和字形,因此,语言这一符号系统又可以分为两个子系统:有声语言、无声语言。由此,语言符号传播也可以分为两种类型:②
- 有声语言传播,就是通过口头语言进行传播,又可以分为两种:
  - 对话:这是有声语言传播的低级形式,它具有对称性、情境性的特点。
  - 独白:有声语言传播的高级形式,具有非对称性、非情境性的特点。

---

① 胡正荣:《传播学总论》,北京:北京广播学院出版社1997年版,第110页。
② 同上书,第114—115页。

- 无声语言传播,就是通过书面语言进行传播,也可以分为两种:
  - 书面对话:具有形式规范、内容较系统等特点,如书信。
  - 书面独白:除具有形式规范、内容较系统等特点外,还有大众性特点,因为这是面向大众的传播,如文章。

11.4 萨丕尔—沃尔夫假说(Sapir-Whorf Hypothesis)

这是由语言学家爱德华·萨丕尔(Edward Sapir)及其学生本杰明·沃尔夫(Benjamin Whorf)提出的语言相对性理论。这个假说阐明了我们的思维过程和看待世界的方式都是由我们所使用的语言所塑造的。也就是说,现实早已嵌入语言当中,它不是被"构建"出来的,而是被"表现"出来的。①

语言是我们观察世界的透镜,我们的语言习惯预先就决定了我们会如何解释现实。②

12 非语言符号(Nonverbal Sign)

非语言符号是指不以人工创制的自然语言(如汉语、英语)为语言符号,而以其他视觉、听觉等符号为信息载体的符号系统,例如手势、表情、声调等。

语言符号并不能代替所有符号,需要非语言符号作其补充,来弥补语言符号在传播信息时的某些不足、损失或欠缺。③

12.1 非语言符号的特点

非语言符号的特性主要包括:④
- 组合性:非语言符号在传播过程中往往是多种符号共同使

---

① 〔美〕斯蒂芬·李特约翰:《人类传播理论》(第七版),史安斌译,北京:清华大学出版社 2004 年版,第 208—210 页。
② 〔美〕威尔伯·施拉姆、威廉·波特:《传播学概论》,陈亮、李启、周立方译,北京:新华出版社 1984 年版,第 85 页。
③ 胡正荣:《传播学总论》,北京:北京广播学院出版社 1997 年版,第 115 页。
④ 〔美〕斯蒂芬·李特约翰:《人类传播理论》(第七版),史安斌译,北京:清华大学出版社 2004 年版,第 80 页。

用,极少单独出现。

- 连续性:人类传播中非语言符号不间断地传递信息。非语言符号具有模拟性,而非数字化的;数字化符号——例如数字和字母——彼此之间是不相干的;而模拟性的符号是连续不断的,形成了一个系列或者范围。非语言符号形成的是一个逐级递进的层次关系。
- 不可控性:人类沟通中发出的非语言符号相当一部分不经过思维的严格控制,是无意识反应。
- 某些特定的非语言符号在人类的沟通中具有普遍的意义,尤其是那些表达感情的非语言符号具有这样的特征。
- 非语言符号传播受环境的制约,具有自发性,在某种情境下可以本能地表现出来。
- 非语言符号易为人相信,因为非语言符号具有连续性和不可控性。

12.2　非语言符号的分类

非语言符号主要包括:[①]

1. 目光(对他人身体与面部的注视程度)
2. 嘴唇(笑容或其他)
3. 姿势
4. 手势(谈话时手臂的动作)
5. 倾斜(身体倾向谈话对象)
6. 身体距离
7. 气味
8. 皮肤(包括色素沉着、光泽与肌理)
9. 头发(包括长度、质地与样式)
10. 服装。

12.3　语言符号与非语言符号的区别

从传播媒介的角度来看,语言符号和非语言符号的信息传播,

---

① 〔美〕约翰·费斯克:《关键概念:传播与文化研究辞典》(第二版),李彬译,北京:新华出版社2004年版,第186—187页。

有各自不同的特点：

表 5-1　语言符号与非语言符号的主要区别①

语言符号	非语言符号
分离的、共时性的	连续的、历时性的
单通道、线性的	多通道
可控性强	可控性弱
抽象、逻辑	形象、直觉
作用于人脑左半球	作用于人脑右半球

13　符号互动理论(Symbolic Interactionism)

符号互动理论由乔治·H.米德(George H. Mead)提出,指人们赋予符号以某种意义,而那些意义又反过来控制人们的理论,着重强调了语言和符号作为人类互动行为中的核心要素的作用。②

符号互动主义认为,我们对符号做出的反应行为在很大程度上是由那些相同的符号作为中介(或控制)的。因此,一个人对他/她的物理现实或客观现实的理解和关系是由符号环境作为中介的。但是另一方面,我们给予符号的意义定义了我们和我们所经历的现实。③

人类的感知过程非常具有可塑性,并且能够被我们所学到的符号集所塑造,所以我们只会看到我们的文化认为值得看的东西。符号建构了我们认知和解释我们周围事情的能力,因此我们能够建构并且协调我们的所有经验。

互文参阅:第六章词条 17 受众的选择性心理(p.228);第十章词条 4 芝加哥学派(p.418)、词条 13.2 乔治·H.米德和符号互动论(p.435)

---

①　胡正荣:《传播学总论》,北京:北京广播学院出版社 1997 年版,第 119 页。
②　〔英〕安东尼·吉登斯:《社会学》(第 4 版),赵旭东等译,北京:北京大学出版社 2003 年版,第 674 页。
③　〔美〕斯坦利·巴兰、丹尼斯·戴维斯:《大众传播理论:基础、争鸣与未来》(第三版),曹书乐译,北京:清华大学出版社 2004 年版,第 239 页。

14　共同经验范围(Common Experience)

传播过程的确立离不开意义的交换,而意义存在的合理性就在于被用来交换。意义交换的前提,即传播成立的重要前提之一,是交换的双方必须完全或在一定程度上对所传递的讯息有着共通或较为相似的理解和解释,这就是所谓的"共同经验范围",也称为"共通的意义空间"。

共通的意义空间具有两层含义:一是对传播中所使用的语言、文字等符号含义的共通的理解;二是大体一致或接近的生活经验和文化背景。因此,受传者在收到传播者发来的信号时,往往只能"译出"其中与自己的经验相重合的含义。由于每个人的生活经历不同,其意义空间也就各不相同。但是,只要传播者与受传者的意义空间之间存在交集,那么即使可能存在着传播障碍,他们也仍然能够进行意义的交换。而在意义交换的过程中,他们之间共同的意义空间也会不断扩大。

共同经验范围也可以被理解为言语共同体(Speech Community)。

互文参阅:第二章词条10.1 编码(p.35)、词条12 丹斯螺旋模式(p.39)

15　语义学(Semantics)

语义学从语言学角度对意义进行研究,目的在于分析、解释意义如何在语言中得到表达。语义学围绕着三对重要的关系展开研究:①

- 含义与所指意义(sense versus reference):某种语言的表达形式与语言之外的现实之间的联系。主要研究词语之间的同义关系、反义关系和下义关系。

---

① 〔美〕约翰·费斯克:《关键概念:传播与文化研究辞典》(第二版),李彬译,北京:新华出版社2004年版,第251—254页。

- 词语意义与句子意义(word meaning versus sentence meaning):只是将构成一个句子的单个词语相互叠加,可能并不能说明句子的意义,必须通过完整的句子来表达,否则"人咬狗"与"狗咬人"就是同义了。
- 文本与语境(text versus context):主要探讨有多少意义是由语言系统创造、传递的,又有多少意义以及这些意义通过什么方式被所处的语境的关键特征所决定。

普通语义学(General Semantics)

普通语义学是研究符号如何与事物发生关系的学科,即符号世界和物质世界之间的关系;还研究语言、思维和行动之间的关系,并着重研究语言对思维和行动的影响。

普通语义学的基本认识是:意义是人对客观事物进行抽象认识的结果。人们认识世界的过程就是一个用语言来进行抽象的过程,而正是语言的这一特性造成了编码过程中的一些困难。

16 语用学(Pragmatics)

语用学是针对言说(utterance)的解释所做的研究,即针对语言情境如何影响言说的意义所做的研究。语用学强调语境在确定意义方面的作用。[1]

17 抽象(Abstraction)

抽象是选择某些细节和舍弃其他细节的过程。

17.1 抽象思维(Abstract Thinking)

抽象思维是指人们在认识活动中,运用概念、判断、推理等思维形式,从各种具体经验中概括出一种想法的过程。在这一过程中,人们舍弃了细节,用概括性的语言来思考事物、现象和情形,属于理

---

[1] 〔美〕约翰·费斯克:《关键概念:传播与文化研究辞典》(第二版),李彬译,北京:新华出版社2004年版,第217页。

性认识阶段。在这一阶段,人们的认识超越了通过感觉器官直接感知的知识,从而能够认识事物的本质属性、规律,并且对事物的发展进行预测。

17.2 抽象阶梯(Abstraction Ladder)

任何语言都是一定程度的抽象,抽象是语言最有用的特征之一。它能使我们去想到事物的范畴/类别,因此使我们能够概括它们。所有的字都采取了抽象的方法,也就是省略了细节,但是有些字比另一些字更抽象,即抽象程度更高。越是抽象,字词与现实事物的联系便越不直接,它们之间相符的程度就越低。[1]

早川一会(Samuel Ichiye Hayakawa)为了说明人类思维和谈话能够进行的各个水平,设计了"抽象的阶梯",用于反映抽象度的结构差别。他列举了人们在各级阶梯上观看"奶牛贝茜"的情况:[2]

- 第一级:科学上知道的微观奶牛和亚微观奶牛;
- 第二级:我们所看到的奶牛;
- 第三级:贝茜——我们用这个名字来辨认所看到的特定对象;
- 第四级:奶牛;
- 第五级:牲畜;
- 第六级:农场财产;
- 第七级:有交换价值的东西;
- 第八级:财富。

从这个阶梯可以看出,人们在这架梯子上爬得越高,贝茜的具体特征就越湮没在总的含义里。这就是赋予人类语言把不同数量的信息编成单一符号的能力,即"抽象阶梯"。人们可以研究最具体的或最抽象的水平,也可以顺着梯子继续往上爬,把更多的东西和经历用代码编在一起。一方面,这种办法见效神速,大大加快了信息处理过程;但是另一方面,一个抽象名词则可能被解释成各种意思。大多数科学上的谈话(科学家之间的谈话)往往是抽象程度很

---

[1] 〔美〕沃纳·赛佛林、小詹姆斯·坦卡德:《传播理论:起源、方法与应用》,郭镇之等译,北京:华夏出版社2000年版,第91页。
[2] 李彬:《传播学引论》(增补版),北京:新华出版社2003年版,第113页。

高的谈话；最实际的、日常性的谈话往往是抽象程度很低的谈话，这是为了便于人人都能参加。

18 语言的特性(Character of Language)

普通语义学指出了四个语言特性，正是这些特征造成了编码和交流的困难，以及语言的误用：①

- 语言是静态的，而真实是动态的。词语本身并不因经历一段时间而改变，但我们周围的世界却充满了变化。真实是一个过程，然而，对这种过程的描绘我们只能使用固定的字眼和静态的语言。
- 语言是有限的，而真实是无限的。人们常用的词汇是很少的，因此当我们要完全凭借语言的描绘来区分事物的时候，会感觉到词汇不够用。如果要用词来描述一个持续的过程，即便是一个非常简单的过程，也可能几乎无法只用词来表达，而需要配有图片，以帮助理解。
- 语言是抽象的。字词是人们对客观事物的概括的认识，具有抽象性。在此我们选择了一些细节，而忽略了另外的细节。抽象是词汇的一种有用的特色，但它同样也可能产生问题，尤其是当人们没有意识到抽象存在时。寻求合适的抽象程度和抽象数量是我们在使用语言中碰到的一个问题：过分抽象让人听不懂；过分具体让人觉得太烦琐。另一个问题是"简单化"的倾向：由于语言有限以及我们采取了抽象和分类的方法，使用语言时，我们强调类似点，忽略相异点，但是在不同的事物中有相同之处，而相似的事物中也有不同之处。
- 语言中含有很多对真实现象的假定。很多假定非常根深蒂固，以至于我们都不能觉察到。因此，我们使用的语言不只教会我们这样说，而且训练我们这样想。

---

① 〔美〕沃纳·赛佛林、小詹姆斯·坦卡德：《传播理论：起源、方法与应用》，郭镇之等译，北京：华夏出版社2000年版，第88—94页。

19 语言的误用(Misuses of Language)

由于语言是静态的、有限的、抽象的、包含假定的,因此,很可能出现语言的误用。普通语义学指出了四种常见的语言误用:[1]

- 固定层次抽象法(Dead-Level Abstracting):指语言的抽象固定在某个抽象阶梯上。其实,抽象程度可以高,也可以低。普通语义学认为,一则消息要达到它有效的传播效果,在语言使用上应该既使用较高抽象层次的概括用语,也使用较低抽象层次的细节用语。
- 指认不当(Undue Identification):指无法分清同一范畴或类型事物之间的区别,把同一类型中的不同成员视为完全相同的个体,这种现象又可以称为类别思维或过度概括。最常见的一种指认不当是刻板偏见,或称成见。普通语义学有时建议,使用索引数字来防止指认不当,以区分同一类别中的每个个体。
- 二元价值观评判(Two-valued Evaluation):这是非此即彼的思维方式,或者是排斥了中间层次的极端评价。在语言表达和思维方式上人们都常犯极端化的错误。当用于表达意义的语言符号体系被简化了之后,人们认识世界的模式也随之被简化,难以适应复杂事物对人们提出的高要求。普通语义学提醒人们,要作多方面的认识,思考现实中存在的一系列可能性,而不只是"此"或"彼"两个极端。
- 无意识投射(Unconscious Projection):这是在表述事物的过程中一种下意识的、不自觉地以我为中心的现象,将自己对事物的感受、认识强加于客观事物之上,并以客观的形式加以表达。这时,说话者自以为是客观的、中立的,而听话者却在无意识中受到了一种潜移默化的影响,这样就失去了传播活动的客观性。普通语义学建议,在自己每一句判断的末尾都加上"在我看来"这几个字,以防止无意识投射。

---

[1] 〔美〕沃纳·赛佛林、小詹姆斯·坦卡德:《传播理论:起源、方法与应用》,郭镇之等译,北京:华夏出版社2000年版,第94—97页。

刻板印象(Stereotyping/Stereotype)

刻板印象是指常以高度简单化和概括化的符号对特殊群体或人群进行分类,或隐或显地体现着一系列关乎其行为、个性和历史的价值、判断与假定。① 李普曼认为,刻板印象是一种规范,它能简化现实,以至于一个信源能够轻易地将之传递给其他个体。②

互文参阅:第九章词条 19 媒介与社会化(p.394);第十章词条 19 沃尔特·李普曼(p.453)

20 大众传播的内容(Content of Mass Communication)

大众传播所传递的内容基本上是由两部分组成的:③

- "说什么",即特定内容,这是传播内容的核心。在相当多的情况下,传播内容的差异就体现在这个层面,因为传播内容的传播方式可以互通、互相借用,但是内容却相去甚远。"说什么"不完全是由大众传播媒介决定的,而是受制于它们所在的社会文化、政治、经济等环境,因此大众传播的内容带有浓厚的环境与背景色彩。

- "怎么说",即特定内容的传播手段、方式、方法等。虽然它具有外在性、形式性,但是它的作用举足轻重,不可忽视。传播学研究中关于劝服与态度改变的研究,有许多就涉及传播方式问题,如只是说一面和两面都说、信息源的特征、情感诉求与理性诉求以及"滋补法"与"防疫法"等。

"说什么"和"怎么说"二者合一才构成了大众传播的内容。

20.1 大众传播内容的特点

大众传播的信息来源广泛,可以来自各种信息源,其传播的内容范围很广,凡是大众传播者收到的、适合于向受众传播的信息均可以成为大众传播的内容。大众媒介的传播内容因不同的社会制

---

① 〔美〕约翰·费斯克:《关键概念:传播与文化研究辞典》(第二版),李彬译,北京:新华出版社 2004 年版,第 273 页。

② 〔美〕E. M. 罗杰斯:《传播学史》,殷晓蓉译,上海:上海译文出版社 2005 年版,第 207 页。

③ 胡正荣:《传播学总论》,北京:北京广播学院出版社 1997 年版,第 213—218 页。

度、不同的传播媒介、不同的时间和空间等有所差异,但是大众传播的内容仍有一定的共通性,具体如下:

- 选择性:大众传播媒介所传播的内容,只是它所得到的大量信息中,经过高度选择的抽样,而不是全盘加以反映的。同样,潜在的受众所收到的和使用的信息,又只是他们自传播媒介提供的内容中选择出来的抽样。[1]
- 综合性:就大众传播媒介总体而言,它们向社会传播的内容是综合的,各种形式以及各种内容都有。大众传播媒介专业化之后,就具体的媒介而言,它的内容日益专业化,但就整个媒介的内容体系而言,它们的综合性依旧,甚至有强化的趋势,因为越是专业化的分工,就越需要各专业媒介的社会整合。
- 公开性:大众传播的内容是面向整个社会的,因而它必然是公开的,不具有隐蔽性。
- 开放性:大众传播的内容是连续不断地进入与输出的,因而它是变化的、开放的系统,需要随着社会的发展而适时变化调整。
- 大众性:大众传播媒介通常要尽量吸引最大量的受众,因而它们传播的信息在形式上是简单的,而在内容上是通俗的、平易的、不过分复杂深奥的,以满足最大量受众的需要。传播媒介期望大多数受众能够理解它所传播的内容,因而倾向于少传播意义不明确、可能被误解的复杂的材料。[2] 虽然20世纪90年代以来,大众传播的分众化趋势日益明显,就单个媒介的内容与对象而言,专业化必然导致分众化,但是,即便是分众、分众群体也具有大众的特征。
- 娱乐性:大众传播媒介所传播的内容中,相当多的是娱乐性的,而不是消息性的。它们更多的是分散的,而不是集中和增进人们对重要问题(如社会、经济、政治问题等)的注意力。[3]
- 政治性:大众传播的内容有明显的政治倾向性和意识形态色彩,往往符合某一政治集团或统治者的利益,并且是为他们服务的。

---

[1] 胡正荣:《传播学总论》,北京:北京广播学院出版社1997年版,第214—215页。
[2] 同上书,第215页。
[3] 同上。

20.2 传播内容的三个范畴

梅尔文·德福勒(Melvin L. De Fleur)认为，任一媒介的内容大致都可以分为以下三个范畴：[①]

- 低级趣味内容：那些不断触怒批评家、广泛传布并拥有广大受众的内容，例如，强调暴力的犯罪电视剧，电视、电影和录像中的公开色情，日间连续剧，提供隐私的杂志以及挑逗性音乐等。
- 无争议内容：那些同样广泛传播并有广大受众，但媒介批评家很少争议的内容。这一范畴不涉及有关媒介对大众影响的争论问题。例如，电视天气预报、某些新闻的内容、既非交响乐又非流行乐的音乐、专业性杂志、健康主题的电影以及许多其他内容。这类内容被认为既不提高也不降低趣味，不被看作是对道德标准的威胁。
- 高级趣味内容：那些有时得到广泛传播但不一定拥有广大受众的媒介内容。媒介批评家认为它趣味高雅，能起到道德教育和某种鼓舞作用。例如，严肃音乐、意味深长的戏剧、政治讨论、艺术电影以及从事政治评论的杂志。这类内容作为批评家们坚决反对的低级趣味材料的对立物，而得到批评家们的倡导。

低级趣味内容之所以成了这个系统的核心，主要是因为这些内容能够维持系统稳定，能吸引最大量的受众成员，它们是我们的通俗文化中的主要内容。

从系统的观点看，理想的内容应该能获取受众成员的注意力，说服他们购买货物，同时报道又在道德准则和趣味标准范围之内，不会引起管制机构的反对行动。

互文参阅：第九章词条20 大众娱乐理论(p.398)；第十章词条3 法兰克福学派(p.416)

20.3 大众传播内容的生产流程

专业化的传播内容生产流程，以广播电视节目为例，包括以下几个基本环节：

[①] 〔美〕梅尔文·德弗勒：《大众传播学诸论》，北京：新华出版社1990年版，第150页。

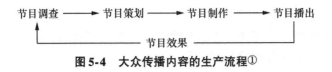

图 5-4 大众传播内容的生产流程①

20.4 大众传播内容的把关行为

大众传播内容的把关人至少来自受众、专家和政府以及媒介本体,因此对大众传播者来说,对其传播内容的把关行为至少要考虑三个层面的要素:

● 受众,即需要认识、研究传播市场,从受众角度搜集、筛选信息。
● 权威,包括政府、专家等,即需要认识、研究把关的原则与标准,从权威角度分析、过滤、加工信息。
● 媒介特征,即需要认识和把握所使用的传播媒介的编码规律与要求,从传播媒介的本体特征出发,选择角度制作、传播讯息。

互文参阅:第三章词条 4 把关人(守门人)(p.54)、词条 11 传播控制(p.72)

21 易读性(Readability)

易读性的原意是指新闻、文学作品等易于阅读的程度,易读性强即作品使读者易于接受和了解,有兴趣并以理想的速度阅读,且带来阅读的乐趣,从而留下鲜明、深刻的印象。对新闻易读性的研究是随着西方报业竞争而兴起的,目的在于改进新闻写作,扩大发行量。易读性研究促使美国的新闻写作具有了用词大众化、句子短、段落短等方便阅读的长处。但是,过分注重僵化的公式,也会出现钻牛角尖的现象。

易读性的实现具体包括以下几点:
● 新闻提倡写短句;
● 尽量少用或不随意简化专用名词;
● 注意用语具体,适当多用常见的词;

---

① 胡正荣:《传播学总论》,北京:北京广播学院出版社 1997 年版,第 220 页。

- 注意少用形容词,多用动词。

互文参阅:第四章词条 19 媒介选择的或然率(p.146);第八章词条 6.5.3 传播稽核(p.370)

21.1 易读性公式(The Measurement of Readability)

易读性公式是估量一位读者在阅读和理解一段文字时能否成功的一种测量方法。①

21.2 弗雷奇公式(Flesch Formula)

鲁道夫·弗雷奇(Rudolf Flesch)的易读性公式是一则被广泛使用的易读性公式,包括阅读易读性公式(Reading Ease Formula)和人情味公式(Human Interest Formula):

易读性公式为:②

$$R.E. = 206.835 - 0.846wl - 1.015sl$$

R.E. =易读性的分数;wl = 每 100 个字的音节数;sl = 每一个句子中的平均字数

易读性公式的得分在 0 到 100 之间,得分越高说明传播内容越容易阅读。

人情味公式为:③

$$H.I. = 3.635pw + 0.314ps$$

H.I. = 人情味的分数;pw = 每 100 个字的人称词数目;ps = 每 100 个句子的人称词数目

人情味公式的得分在 0 到 100 之间,得分越高说明传播内容越有趣。

人情味(Human Interest)

人情味是指一种强调个人的行动与结果、重视戏剧性、以幽默或讲故事的风格进行表现的新闻故事或体裁,通常关注日常生活中

---

① G. R. Klare, "The Measurement of Readability," in B. L. Zakaluk and S. J. Samuels (eds.), *Readability: Its Past, Present & Future*, Iowa State University Press, 1963, p.34.
② 〔美〕沃纳·赛佛林、小詹姆斯·坦卡德:《传播理论:起源、方法与应用》,郭镇之等译,北京:华夏出版社 2000 年版,第 132 页。
③ 同上书,第 132—133 页。

的体验、情感及事务。①

21.3　冈宁灰雾指数(Gunning Fog Index)

弗雷奇的易读性公式产生了很多有用的支派,其中比较著名的有罗伯特·冈宁(Robert Gunning)公式,其标准如下:

- 句子的构成:句子越单纯,其易读性越强。冈宁难度指数的计算基于两个因素:每个句子以字计算的平均长度;每100个字中三个音节以上的字的数目。②
- 迷雾系数(Fog Index):指词汇抽象和艰奥难懂的程度。迷雾系数越大,其易读性越弱。
- 人情味成分:新闻中人情味的成分越多,其易读性越强。

21.4　填空法(Cloze Procedure)

填空法是威尔逊·泰勒(Wilson Taylor)开发的测量易读性的方法,这种方法与其他的公式不一样,它不用测量字词和音节的确切数目。相反,研究者只需要挑选一篇250到300字的文章,从任意一个起点开始,每数五个词,就删掉第五个词,用空白表示。然后,研究者请被试者按照自己的想法填空,研究者数出被试答对了多少空白。答对的答案或可以看作是正确的替代答案的数目在总填空数中所占的比例,就是这篇文章的易读性分值。

这种方法的得分与读者自己对文章难度的评价之间,存在着高度相关关系,因此填空法被认为是比其他几种常见的易读性测试方法更好的评价方法。

22　可获得性(Accessibility)

可获得性又称易得性,是指受众成员常常选择那些最易获得、最易吸收的传播内容,并且往往由于某些信息易于获得,自己也没

---

① Denis McQuail, *McQuail's Mass Communication Theory* (6th Edition), Sage, 2010, pp. 558-559.
② 〔美〕沃纳·赛佛林、小詹姆斯·坦卡德:《传播理论:起源、方法与应用》,郭镇之等译,北京:华夏出版社2000年版,第133页。

有什么特殊理由拒不接受而记住了这些内容。

信息的可获得性对受众的信息接收行为虽会产生一定的影响，但是这种影响本身受到传播环境的制约，在条件相同的情况下，容易获得的信息较易引起受众的注意。

可获得性也是传播伦理与法规方面的要求。在许多国家，法律都要求企业或组织保证它们的服务面向包括残障人士在内的每一个人，①让所有的人都能够获得足够的信息，以做出合理的判断。

互文参阅：第四章词条 19 媒介选择的或然率(p.146)；第六章词条 17 受众的选择性心理(p.228)、词条 23 受众的权利(p.245)

23　讯息(Message)

传播学中的讯息是指传达一个具体内容的一组信息符号，是传播过程中信源编码出来的真正实在的产品，其原意为消息、音讯、文告等。讯息是人类传播内容的具体单位，是一种存在于编码之前与解码之后的初始内容，编码将它转换为能被传播的形式，而解码则将它还原为初始状态。② 因此在传播过程中，传播者发出讯息，借此影响接收者，而接收者对这个讯息进行处理，并做出反应。

23.1　文本(Text)

文本这个概念与讯息经常可以替换使用，是指由传播活动中必不可少的符号或符码所组成的某种表意结构。

两者之间的区别在于：讯息多为传播过程学派所运用，用以表示"被传输的东西"；而文本则源于符号学派或语言学学派，隐含有"意义生成与交换的核心"这一意思，因而一个文本便由一个运行于许多层面的符码网所组成，读者因社会—文化经验不同而会做出不

---

① 〔英〕鲍勃·富兰克林：《新闻学关键概念》，诸葛蔚东等译，北京：北京大学出版社 2008 年版，第 4 页。

② 〔美〕约翰·费斯克：《关键概念：传播与文化研究辞典》（第二版），李彬译，北京：新华出版社 2004 年版，第 164 页。

同的解读。①

互文参阅：第五章10.4 符号学(p.175)

23.2 信息、符号与讯息之间的区别

信息、符号与讯息是有区别的,其形态、范围各不相同:

- 信息是人类传播的基本材料。信息意味着不确定性的减少与消除,传播学中认为它是人的精神创造物。信息论、控制论和系统科学带动了信息技术的进步,导致了社会信息化。
- 符号是人类传播的要素。符号是承载信息的象征物,信息的流通必须通过物质外壳的处理,即符号化才能得以进行。符号是人类社会的创造物,它的语言符号和非语言符号子系统是人类传播的基本要素。
- 讯息是人类传播内容的具体单位。讯息是指传达一个具体内容的一组信息符号,是传播过程中信源所发布的真正实在的产品。

互文参阅：第五章词条1 信息(p.160)、词条10 符号(p.173)

24 文化(Culture)

文化是感觉、意义与意识的社会化生产与再生产,是将生产领域与社会关系领域联系起来的意义领域。②

文化包括狭义的文化和广义的文化。

狭义的文化是指精神产品和精神活动,如语言、知识、科学、艺术、文学等。

广义的文化指人类创造出来并且共享的一切物质的和精神的生产和产品,包括:③

---

① 〔英〕鲍勃·富兰克林:《新闻学关键概念》,诸葛蔚东等译,北京:北京大学出版社2008年版,第291页。

② 〔美〕约翰·费斯克:《关键概念:传播与文化研究辞典》(第二版),李彬译,北京:新华出版社2004年版,第62页。

③ 〔美〕鲁思·本尼迪克特:《文化模式》,王炜等译,上海:生活·读书·新知三联书店1998年版,第5页。

- 物质文化：一切出自人们的劳动和加工之手并体现人的思想的东西。
- 精神文化：以精神生产及精神活动为特征的为人类创造并共享的一切产品，包括科学、艺术、语言等知识性文化。
- 制度文化：习俗、道德、法律等具有思想并用于社会控制和规范的制度文化，也称规范文化。

文化的主要特色包括：①
- 文化是共同的、与他人共享的；
- 通过符号进行表达；
- 具有特定的模式和规律；
- 有不同的评价标准；
- 具有动态性和连续性；
- 可超越时空传播，并在这个过程中发展、生存和延续。

24.1 大众文化（Mass Culture）

大众文化是以工业社会的发展为背景、经过技术革命特别是传播技术革命而出现的、为大众所接受与消费的一种文化。"大众文化"通常意味着以受教育程度较低的"没有文化"的大多数人为诉求对象的娱乐或小报的"低级"形式，是与"精英文化"相对的，②它也不同于乡土文化和群众文化，因为后者具有明显的自发性。大众文化的特点是：

- 商品性，即它伴随着文化娱乐产品的大量生产和大量销售，大众文化活动属于一种伴随商品买卖关系的消费行为。③
- 通俗性，即大众文化不是特定阶层的文化，而是社会上散在的众多"普通个体"的文化。
- 流行性，即大众文化是一种时尚文化，不追求美学价值但流行甚广，呈忽起忽落的变化趋势。
- 娱乐性，即大众文化为人们提供娱乐和消遣，主要起到放松

---

① Denis McQuail, *McQuail's Mass Communication Theory* (6th Edition), Sage, 2010, pp.112-113.
② Ibid., p.562.
③ 李彬：《传播学引论》（增补版），北京：新华出版社2003年版，第328页。

精神的作用,而并非完全的审美和鉴赏。

- 对大众传媒的依赖性,即大众文化主要是在大众传媒的引导下发生、发展和变化的,没有大众传媒,也就没有大众文化。在这个意义上,大众文化也是一种媒介文化;同时,媒介文化也是一种大众文化现象。①
- 价值共享性:在一定程度上反映了社会各阶层的价值观。

大众文化是随着工业化、都市化的发展而产生的,它得以发展的主要原因是劳动生产率的提高提供了较多闲暇时间、促进了教育普及以及广播、电视和印刷业等传播技术的发展等。也有社会学者和传播学者就大众文化提出异议,如法兰克福学派就认为大众文化是浅薄的、商品化的和消极的文化现象。

24.2 大众(Mass)

大众是指一群数量庞大但没有组织、在外界的影响下表现出类似行为的个人集合体,而且被他们的操纵者认为是一个缺少或不具备自我认同、组织形式、自主性和完整性以及自我决定能力的集合体。一系列相关表达,如大众文化、大众社会、大众传播,都与"大众"这个概念一样有负面含义。②

互文参阅:第六章词条 28 粉丝(p.256);第九章词条 20 大众娱乐理论(p.398)、词条 21 大众社会(p.399)、词条 25 文化霸权(p.401)、词条 26 文化帝国主义(p.402)

25 谣言(Rumor)

谣言是一种非正式的、未经认可的传播内容,基本上是捏造的事实,通常通过口头传播,具有传播速度快、交叉性强、多向、覆盖面以几何级数增长以及反馈广等特点。谣言的传播速度和范围随消息本身的"重要性"和"暧昧性"程度的增加而加快、增大。

---

① 李彬:《传播学引论》(增补版),北京:新华出版社 2003 年版,第 329 页。
② Denis McQuail, *McQuail's Mass Communication Theory* (6th Edition), Sage, 2010, p.562.

谣言传播公式

美国心理学家高尔顿·威拉德·奥尔波特(Gordon Willard Allport)和利奥·波斯特曼(Leo Postman)提出了谣言传播的著名公式：谣言的流布量同问题对当事人的重要性和有关命题的证据的暧昧性的积成正比例，即谣言的流布量＝重要性×暧昧性。也就是说，只要重要性或暧昧性一方为0，谣言就不会流传了。

26 影响媒介内容的因素(Influences on Mass Media Content)

对大众传播中的内容的影响因素既有来自意识形态方面的宏观的因素，也包括来自媒介从业人员的微观的因素。影响媒介内容的五种主要因素按照影响力从大到小的顺序依次为：[①]

- 意识形态的影响。
- 媒介机构之外的组织对媒介内容的影响，例如利益集团、政府的管理和控制、法律法规等。
- 媒介组织的影响，例如媒介组织的目标会以各种方式影响媒介内容。
- 媒介日常工作的惯例的影响，例如截稿日期的限制、版面要求、新闻价值、信源等。
- 媒介工作者个人的影响，例如传媒业从业者的职业和教育背景、社会角色、态度和价值观等。

互文参阅：第三章词条6 议程设置(p.61)、词条11 传播控制(p.72)；第九章词条9 对媒介的非正式控制(p.387)、词条15 潜网(p.391)、词条18 新闻和编辑政策(p.393)

[①] Pamela J. Shoemaker, Stephen D. Reese, *Mediating the Message: Theories of Influences on Mass Media Content*, Longman: 1991, pp.182-188.

第六章 ■ 受众

1 受众(Audience)

受众就是社会传播活动中信息的接收者,是实际接触到特定媒介内容或者媒介"渠道"的人们。[1] 受众通常是指传播的对象或信息的目的地,常常被传播者当作自己传播意图的体现者。受众与传播者同为传播活动的主体,既相互依存又相互矛盾,共同推动着传播过程不断向前运动。受众是信息的"目的地",又是传播过程的"反馈源",同时也是积极主动的"觅信者"。

广义上的受众是指各种社会传播活动中信息的接收者;狭义的受众是大众传播活动中信息的接收者,如报纸的读者、广播的听众、电视的观众等。

受众可能和真实的社会团体或者公众相吻合。受众可以通过相关的媒介、内容或者受众的社会组成被定义。受众也可以根据地区或者一天中的时段来加以定义。媒介受众并非一个固定不变的团体,只有经过调查统计才能被确定和了解。

---

[1] Denis McQuail, *McQuail's Mass Communication Theory* (6th Edition), Sage, 2010, p.549.

1.1 受众与受传者的区别

受众与受传者两个概念基本相同,但也有细微的差别:
- 受众一般指传播活动的群体性接收者。
- 受传者既可以指个体信息接收者,也可以指群体性信息接收者。

通常,这两个概念是通用的。

1.2 受众的类型

根据大众传播媒介的不同,受众可以分为:
- 电影的观众;
- 报纸、杂志、书籍的读者;
- 广播的听众;
- 电视的观众;
- 网络的用户;
- 新媒介的接收者、媒介消费者等。

根据规模的不同,大众传播的受众可以分为:
- 普通的受众:指特定国家和地区内能够接触到传媒信息的总人口,这是最大规模的受众。
- 特定的受众:指某特定传播媒介或信息内容的稳定的收听或收视者,他们对于某种媒介或信息内容通常表现出较大的兴趣并愿意保持稳定的接触。
- 有效的受众:指那些不但接触了传媒内容,而且也实际受到了传媒内容的影响,从而在态度或行为方面有所改变的人。对传媒而言,这一部分人才是真正有效的受众,因为在他们身上体现出了实质性的传播效果。

根据传播和接收行为的差异,受众可以分为:
- 实在受众:对大众传播已有接收行为的受众;
- 潜在受众:目前对大众传播并没有接收行为,但是在一定时间内可能有受传行为的受众。

根据对大众传播的信息内容注意的特点不同,受众可以分为:
- 广泛的受众:指广泛地接触各种类型的传播媒介的受众,他们所关注和接收的信息内容相当广泛,不局限于某一方面,没有特别的偏好,没有固定的接收方向和接收重点。
- 专业的受众:指对信息内容有专门性需求的受众。他们由于在某方面具有共同的兴趣爱好或信念与追求,对信息内容具有共同的偏好,因而具有共同的接收倾向。随着对信息内容具有专业需求的人越来越多,传播的主题也因此变得越来越分化,越来越专门化。

根据接收传播内容的不同动机,受众可以分为:
- 主智受众:以满足认知上的需要为主导动机的受众。这类受众通过接收传播内容,了解舆论、获得信息,以指导自己的行动。
- 主情受众:以满足感情上的需要为主导动机的受众。这类受众通过接收传播内容,放松情绪、获得娱乐。

1.3 受众的特点

1.3.1 人际传播受众的特点

在人际传播(包括组织传播)中,受众的特点有:
- 传播者和受众相对存在,在一定条件下两者的位置可以互换;
- 主要是在面对面的环境下完成传播行为;
- 能够及时反馈并调整传播的内容和方式。

1.3.2 大众传播受众的特点

受众在接收和处理大众传播的信息时,既具有群体性,也具有个体特性。[①]
- 大众传播的受众数量巨大。许多大型媒介的受众要用几十万甚至上亿来计算。许多受众除了工作和睡眠,接触大众传媒的时间最多。
- 大众传播的受众分散在社会的各个角落,从事着不同的职业,有着不同的动机,互相不认识且不联系,是无组织的群体。
- 大众传播的受众由成分复杂的一大批人构成,由不同民族、国家、阶级、阶层、社会地位、职业、文化水平的社会成员构成,因此不同的受众对不同的传播内容有着明显的选择偏向。
- 大众传播的受众相对于传播者而言是隐匿的,由于传受双方的时空间隔,传播者对受众的了解间接而笼统。传播者可以了解受

---

① 胡正荣:《传播学总论》,北京:北京广播学院出版社1997年版,第257—260页。

众整体的主要特征和愿望,却无法了解单个受众的具体情况以及愿望、要求。
- 虽然每种大众传媒的受众大都由具有共同经验的个人组成,但是受众作为群体中的个体,受到人际传播与社会联系的影响,又由于受众个人心理结构的差异,因此表现在对信息内容的选择、认知等方面均有所不同。
- 在传播过程中,传播者、受众和传播内容三者之间,除受众对社会讯息有独立的价值判断之外,传播者与受众的利益是否一致,也会影响到传播效果。

1.4 受众的角色

受众是传播符号的"译码者";是传播活动的参与者;是信息产品的消费者;也是传播活动的反馈者。

1.5 受众的动机

受众使用大众传播媒介的动机主要有:[1]
- 获取信息、认识外部世界;
- 娱乐消遣、满足精神和情感等方面的需求;
- 获取知识;
- 增加人际交流中的共同语言或从传播内容中寻找认同感。

2 信宿(Receiver)

信宿是传输信息的归宿,其作用是将复原(解码)的原始信号转换成相应的消息。

信源(或发送者)、信宿(或接收者)和信道是信息传播的三大要素。信源是信息的发源地。信道即传递信息的通道,是信源与信宿之间联系的纽带。

互文参阅:第三章词条 3 信源(p.52);第四章词条 1 渠道(p.80)

---

[1] 胡正荣:《传播学总论》,北京:北京广播学院出版社 1997 年版,第 261—263 页。

3 社会化(Socialization)

社会化是指个体在与社会的互动过程中,逐渐养成独特的个性和人格,从生物人转变为社会人,并通过社会文化的内化和角色知识的学习,逐渐适应社会生活的过程。①

在这个过程中,社会文化得以积累和延续,社会结构得以持续和发展,人的个性得以健全和完善。社会化是一个贯穿人生始终的长期过程。

3.1 社会化机制(Agencies of Socialization)

社会教化是指社会通过社会化的执行者实施社会化的过程。但在个体成长的不同阶段,遇到的贯彻社会教化的执行者是不同的,所受到的影响也不一样。社会化机制就是社会教化的执行者,是对一个人的社会化起作用的各种各样的人与组织,主要有家庭、学校、同辈群体、工作单位、大众传媒和个人自身的内化。

3.2 大众传播的社会化机制

大众传播通常能够潜移默化地使个人接受或认同社会公认的价值观念和行为规范,从而使个人和社会取得协调一致。媒介,尤其是电视,在决定青少年的态度方面可以成为重要的社会化机制。

互文参阅: 第六章词条 26.2 容器人(p.251);第七章词条 18 教养理论(p.301);第九章词条 19 媒介与社会化(p.394)

4 解释学理论(Hermeneutic Theory)

解释学就是专门研究意义与理解的学问,尤其是通过对行动和文本的解读进行研究。②

---

① 王思斌等:《社会学教程》,北京:北京大学出版社1987年版,第60页。
② 〔美〕斯蒂芬·李特约翰:《人类传播理论》(第七版),史安斌译,北京:清华大学出版社2004年版,第220页。

古典解释学是文本解释的方法论,着力于研究宗教典籍、古代文献、法典、史籍等文本。现代解释学将其研究的重心放在理解本身,而不是被理解的文本上,因此解释不再仅是一种方法,还有了认识论意义。现代解释学认为,要想理解人类社会的方方面面,不应借助于科学方法,而应通过主观性的解释。人类世界既是社会性的,也是历史性的,需要从其生活和工作于其中的社群的角度来理解。人类的行为并非固定不变,因而无法通过客观的方式来理解,阐释学倡导历史相对主义的视角。[①]

解释学既是一门哲学,在某种意义上也是一门新的边缘学科和跨学科的研究方法。解释学可以分为两大类:运用阐释学来理解文本的文本解释学(Text Hermeneutics)和运用阐释学来解释行为的社会/文化解释学(Social/Cultural Hermeneutics)。

5 行为主义心理学(Behaviourism Psychology)

行为主义心理学是20世纪初起源于美国的一个心理学流派,由美国心理学家约翰·布鲁德斯·华生(John Broadus Watson)在伊凡·彼德罗维奇·巴甫洛夫(Ivan Petrovich Pavlov)条件反射学说的基础上创立。

行为主义强调对行为(相对于不可见的心理过程,如思想、情感和记忆等)进行观察实验的重要性,[②]认为心理学不应该研究意识,只应该研究行为。行为就是有机体用以适应环境变化的各种身体反应的组合,人类所有的行为都是后天习得的,有的表现在身体外部,有的隐藏在身体内部。因此,心理学研究行为的任务就在于查明刺激与反应之间的规律性关系。这样就能根据刺激推知反应,根据反应推知刺激,从中达到预测和控制行为的目的。

1930年起出现了新行为主义理论,爱德华·托尔曼(Edward Chace Tolman)等人修正了华生的极端观点,指出在个体所受刺激与

---

① 〔美〕斯蒂芬·李特约翰:《人类传播理论》(第七版),史安斌译,北京:清华大学出版社2004年版,第220页。

② 〔美〕约翰·费斯克:《关键概念:传播与文化研究辞典》(第二版),李彬译,北京:新华出版社2004年版,第25—26页。

行为反应之间存在着中间变量,这个中间变量是指个体当时的生理和心理状态,是行为的实际决定因子,它们包括需求变量(动机)和认知变量(知觉和行动的能力)。

行为主义的核心模式就是刺激—反应模式,非常强调强化、奖赏与回报的重要性,以及影响人们行为的条件的作用。① 在传播学研究中,利用行为主义心理学证实了很多有关说服的研究,以及大众媒介影响受众的效果研究。这一理论的重要特征是,它们始终与个体以及对个体的控制性观察,尤其是实验室实验联系在一起,科学上严格的可重复性构成了这种研究的基础。②

5.1 经典条件反射(Classical Conditioning)

俄国生理学家伊万·巴甫洛夫(Ivan Pavlov)是经典条件反射学说的创立者,因而经典条件作用也被称为巴甫洛夫条件作用。他在实验室里对狗进行了经典条件反射的研究。他发现,如果在每次给狗喂食之前给予铃声刺激,然后再给狗吃东西,多次重复、强化之后,每当铃声一出现(即使在没有喂食的情况下)狗便会分泌唾液。他将狗对食物之外的无关刺激引起的唾液分泌现象,称为条件反射。所谓条件反射(Conditioned Response),是指在某种条件下,中性刺激也与原本能引起某种反应的刺激一样引起脑神经反射的现象。③

而当提供的刺激与形成条件反射的条件刺激相似时,比如摇铃时伴随其他的与铃声不同的声音,狗也会分泌唾液。巴甫洛夫称这一过程为泛化(Generalization)。④

在经过强化若干次只对狗给予铃声刺激,不予喂食后,狗就会在铃声刺激下逐渐减少唾液分泌。巴甫洛夫称这种现象为消退(Extinction)。

---

① 〔美〕沃纳·赛佛林、小詹姆斯·坦卡德:《传播理论:起源、方法与应用》,郭镇之等译,北京:华夏出版社2000年版,第249页。
② 〔美〕约翰·费斯克:《关键概念:传播与文化研究辞典》(第二版),李彬译,北京:新华出版社2004年版,第25—26页。
③ 〔美〕理查德·格里格、菲利普·津巴多:《心理学与生活》,王垒、王甦译,北京:人民邮电出版社2003年版,第163—164页。
④ 同上书,第165—166页。

巴甫洛夫的研究和理论,在心理学上称为经典条件反射。他认为所有学习得来的行为,不过是一长串的条件反射,其获得、保持和消失是由这些定律和法则来控制的。其间从生理到心理的历程,就是学习历程。经典条件反射的学习原理,为以后美国行为学派的刺激—反应心理学思想提供了理论基础。

5.2 学习理论(Learning Theory)/社会学习理论(Social Learning Theory)

社会学习理论是20世纪60年代由艾伯特·班图拉(Albert Bandura)和理查德·沃尔特斯(Richard H. Walters)等人提出来的,属于行为主义心理学派。这一理论的提出者以刺激—反应的观点为基础并通过实验的方法,来研究社会环境(如他人、群体、文化规范或风俗习惯等)如何影响人产生某些习得行为。

社会学习理论指出,当某种行为因得到奖励而被强化的时候,学习的过程就产生了。而且人们可能绕过各种随机的试错行为,努力找到能获得奖励的行为这样一种低效率的学习途径,能够通过观察和储存观察所得的印象获得一些行为方法,并以此作为进一步行动的指南。[①] 这个理论认为人的一切社会行为都是在社会环境影响下,通过对示范行为的观察学习而得以形成或改变的,因此该理论强调榜样的作用。

因此,社会学习理论承认,人们具有认识和思考的能力,能够从观察和体验中获益。许多人的学习是通过观察他人的各种行为方法产生的。这种学习也可以借助大众媒介。一些人观看电视上的某些人在特定场合的行为,然后在实际生活中自己练习这些行为。[②] 大众传播的许多效果可以通过社会学习的过程产生。这一理论在分析电视暴力可能产生的效果方面特别有用。

互文参阅:第六章词条25.1.1 模仿假说(p.248)、词条25.3 班图拉的波波娃娃实验(p.249)、词条27 亲社会行为(p.254);第七章词条18 教养理论(p.301);第十章词条12.5 加布利埃尔·塔

---

① 〔美〕沃纳·赛佛林、小詹姆斯·坦卡德:《传播理论:起源、方法与应用》,郭镇之等译,北京:华夏出版社2000年版,第305页。
② 同上。

尔德(p.431)

5.3 强化理论(Reinforcement Theory)

强化理论是学习理论在发展早期形成的理论,是新行为主义中一种激进的行为主义分支,以美国心理学家伯尔赫斯·弗雷德里克·斯金纳(Burrhus Frederic Skinner)为代表人物。

斯金纳在巴甫洛夫经典条件反射理论的基础上提出了操作性条件反射,认为强化训练是解释机体学习过程的主要机制。强化理论指出,当某种行为因得到奖励而被强化时,学习的过程就开始了。当这种行为的后果对他有利时,这种行为就会在以后重复出现;不利时,这种行为就会减少或消失。人们可以用这种正强化或负强化的办法来影响行为的后果,从而修正其行为,因此强化理论也被称为行为修正理论。强化理论非常强调强化、奖赏与回报的重要性,以及影响人们行为的条件作用,它甚至试图用这样一些概念解释人类的思维和语言。

这种观点认为,媒介最普遍的效果是强化,大众传播的目的不是破坏社会和制造意料之外的社会变化,而通常是维持现状的动因,给人们理由继续相信和继续从事他们已经在做的事。除了一些少见的情形,媒介的影响力在导致剧烈的变化时总会遭遇太多障碍。

5.3.1 操作性条件反射(Operant Conditioning)

操作性条件反射理论由斯金纳提出,是指强化生物的自发活动而形成的条件反射。

操作性条件反射是一种学习过程,其特点是用奖励性的手段来强化某种反应方式;当给予奖赏(强化剂)时,就使得将来这一行为出现的频率增高;而给予惩罚就会降低这一行为在将来出现的频率。这种学习往往是学会一种操作的过程,因此被称为操作性条件反射,人类的大多数行为都是操作性行为,如游泳、写字、读书等等。

因此,斯金纳提出两种学习形式:一种是经典式条件反射学习,用以塑造有机体的应答行为,应答行为比较被动,由刺激控制。另一种是操作式条件反射学习,用以塑造有机体的操作行为。操作行为代表着有机体对环境的主动适应,通过自身的主动操作来达到目的,由行为的结果所控制。操作行为是在没有任何能观察的外部刺激的情境下的有机体行为,它似乎是自发的。

5.3.2 强化(Reinforcement)

强化指的是对一种行为的肯定或否定的后果(奖励或惩罚)在一定程度上决定了这种行为今后是否会重复发生。

6 认知心理学(Cognitive Psychology)

认知心理学是20世纪50年代中期西方兴起的一种心理学思潮和研究领域,70年代成为西方心理学的一个主要方向,获得了与当时占据主导地位的行为主义相匹配的地位。它研究人的高级心理过程,主要是认识过程,如注意、知觉、表象、记忆、思维和语言等。

认知心理学把人看作是一个信息加工的系统,聚焦于信息的输入与产出、刺激和回应之间不断调和的思维过程,关注思维的内容、结构和过程。[①] 按照这一观点,认知可以分解为一系列阶段,每个阶段是一个对输入的信息进行某些特定操作的单元,而反应则是这一系列阶段和操作的产物。一般认为,人们使用从环境得来的信息,结合记忆内存储的东西,指导未来的行为,并塑造生活环境。

行为主义强调刺激—反应模式,非常强调强化、奖赏与回报的重要性,以及影响人们行为的条件作用,在这一模式中人被看作是被塑造的对象。而认知心理学则假设人们的行为都是有目的性和选择性的,它所关注的是使人们能够行动起来的思维过程。[②] 认知心理学把人看成问题的解决者而非被塑造的客体,把人视作积极能动的知识探索者,他们在世界中的言行正是基于所获得的知识。[③] 认知心理学非常关注世界的再现,即人们在自己的头脑中建构对世界的印象,以及这些印象是如何被建构起来的。

[①] 〔美〕斯蒂芬·李特约翰:《人类传播理论》(第七版),史安斌译,北京:清华大学出版社2004年版,第118—119页。
[②] 同上。
[③] 〔美〕沃纳·赛佛林、小詹姆斯·坦卡德:《传播理论:起源、方法与应用》,郭镇之等译,北京:华夏出版社2000年版,第249页。

认知心理学是反对行为主义的，但也受到它的一定影响。认知心理学从行为主义那里接受了严格的实验方法、操作主义等。近年来，认知心理学已不仅仅专注于内部心理过程的研究，也开始注意行为的研究。

7 平衡理论(Balance Theory)

美国心理学家弗里茨·海德(Fritz Heider)的平衡理论重点关心个人在自己的认知结构中对相关的人和事形成态度时采用的方式。①

海德的图表集中表现两个人和一个物体：分析对象 P；另一个人 O；还有一个是物质客体，如观念或事件，是 X。海德关心的是，在 P 心中，这三个实体之间的关系是怎样的。海德将此三者之间的关系分成两种情况：喜欢(L)和联合(U)的关系。在海德的图表中，如果三者的关系在所有的方面都是正向的，或者两种关系是负向的，一种关系是正向的，那么，平衡状态就会存在。所谓平衡状态就是在这种状态中，被感知的个体与所感觉的情绪在没有压力中共存。

平衡的状态是稳定的、不受外界影响的，而不平衡状态是被假设为不稳定的，个人会产生心理紧张。这种紧张只有在状态发生变化、达到平衡时，才能缓解。

这个论点包含着一个态度改变或抗拒态度改变的模式：不稳定、不平衡的状态容易向平衡的状态改变；稳定、平衡的状态就抵制改变。这是传播学者对该理论感兴趣的焦点之所在。

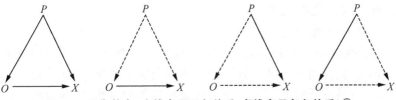

图 6-1　平衡状态（实线表示正向关系，虚线表示负向关系）②

---

① 〔美〕沃纳·赛佛林、小詹姆斯·坦卡德：《传播理论：起源、方法与应用》，郭镇之等译，北京：华夏出版社 2000 年版，第 156 页。
② 同上书，第 157 页。

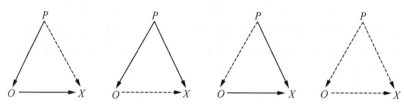

图6-2　不平衡状态(实线表示正向关系,虚线表示负向关系)①

7.1　一致理论(Consistency Theory)

一致理论意指人们试图以自己看来有意义和合理的方式组织我们的世界。海德被认为是最早提出一致理论的人,他的平衡理论、纽科姆的对称理论、奥斯古德的调和理论等都属于一致理论。

一致理论假设,在不一致产生时,人们会产生心理紧张或不舒服感,从而导致心理压力,这就会促使自己去排除和缓解这种不一致的状况,达到一致。因此,当我们采取了在别人看来可能是不合理或不一致的那些方式,但仍然希望这种行为方式在自己看来显得合理时,我们就会对这些行为进行一个合理化的解释。简言之,一致理论认为,我们试图以我们自己认为有意义及合理的方式组织我们的世界。②

互文参阅:第六章词条8　对称理论(p.209)、词条9　调和理论(p.209)

7.2　态度改变(Attitude Change)

态度改变是使我们减轻或消灭不一致所带来的不舒服感或心理压力的方式之一。③

态度(Attitude)

态度是以一致的方式对某类特定对象所持有的一种可持续的习得倾向,是由关于某一客体的正面或负面的感觉、正面或负面的评价、支持或反对的行为倾向所构成的持久的系统,它通过对经验

---

①　〔美〕沃纳·赛佛林、小詹姆斯·坦卡德:《传播理论:起源、方法与应用》,郭镇之等译,北京:华夏出版社2000年版,第157页。
②　同上书,第155页。
③　同上书,第156页。

的组织,在个人对所有与其相关的对象和情景的反应中发挥一种直接的和有力的影响。①

互文参阅:第七章词条4 霍夫兰的美国陆军研究(p.271)

8 对称理论(Symmetry Theory)

弗里茨·海德关于平衡的概念存在于一个人的头脑中的假设,被社会心理学家西奥多·纽科姆(Theodore Mead Newcomb)所借鉴,并将其应用于两个人之间的传播行为,认为人们企图影响别人,借以维持这种对称的关系。② 与海德关心参与双方个人的内部认知不同,纽科姆将一致理论用于两个人或更多人的传播中。为了区别于平衡理论,纽科姆将自己的理论称为对称理论,即 A-B-X 模式。

纽科姆的模式中涉及两个人之间的关系,即 A 和 B。X 代表 A 与 B 对客体所持的态度。

纽科姆不同于海德之处在于他强调传播。在对 X 的看法上,A 与 B 之间的对称越不足,则 A 通过 X 与 B 进行沟通的可能性就越大;A 越是被 B 所吸引,则 A 就越可能向 B 所持的立场转变,即为了保持态度与关系的一致而需要进行传播。

互文参阅:第二章词条16 纽科姆 A-B-X 模式(p.44)

9 调和理论(Congruity Theory)

查尔斯·E.奥斯古德(Charles E. Osgood)的调和理论是海德平衡理论中的一个特例,虽然它类似于平衡理论,但它特别针对人们对信息来源以及信息来源所主张的事物的态度。

在调和理论中,一个人 P 对信息来源 S 有自己的态度,对客体 O 也有自己的主张;信息来源 S 对客体 O 有某种主张或态度。因此,在以下几种情况下,不调和都会存在:当 P 对来源 S 和客体 O 的态

---

① 〔美〕沃纳·赛佛林、小詹姆斯·坦卡德:《传播理论:起源、方法与应用》,郭镇之等译,北京:华夏出版社2000年版,第176页。
② 同上书,第157页。

度是肯定的,而来源 S 对客体 O 的主张是否定的时候;当 P 对来源 S 与客体 O 的态度分别为肯定和否定,而来源 S 对客体 O 的主张是肯定的时候;当 P 对来源 S 与客体 O 的态度都为否定,而来源 S 对客体 O 的主张是否定的时候。也就是说,一个不平衡的状态要么只有一个否定关系,要么所有的关系都是否定的。

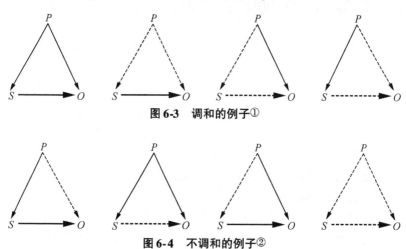

图 6-3　调和的例子①

图 6-4　不调和的例子②

(粗线代表主张;细线代表态度;粗实线代表正向主张,粗虚线代表负向主张;细实线代表正向态度;细虚线代表负向态度)

10　认知不协调理论(Theory of Cognitive Dissonance)/认知一贯性理论(Theory of Cognitive Consistency)

认知不和谐理论由利昂·费斯廷格(Leon Festinger)在20世纪50年代后期提出,是社会心理学史上最为重要的理论之一,又被称为认知一贯性理论。

费斯廷格指出,任何两种认知因素(包括态度、感知、知识和行为)之间必定会形成以下三种关系中的一种:无效关系或称不相关

---

① 〔美〕沃纳·赛佛林、小詹姆斯·坦卡德:《传播理论:起源、方法与应用》,郭镇之等译,北京:华夏出版社2000年版,第159页。
② 同上。

关系;一致的关系或称和谐关系;不一致的关系或称不和谐关系。当一个因素没有按照预期出现在另一个因素之后便产生了不和谐。

这个理论解释了态度和行为之间的联系:不协调意味着不一致。费斯廷格认为任何形式的不一致都是令人不舒服的,如果某事物和另一事物在某人心理上产生不一致的话,他将通过某种方式,努力使得它们一致,所以,个体有使不协调状态降至最低程度并恢复稳定状态的动机。这些"方式"即为"选择性过程",即对那些不一致的内容不予注意、回避或不接触,避不开时则通过选择性理解,以解释、减少其与自己固有观念的冲突。

不和谐的产生往往源于人们所做出的决定。而人们所体验的不和谐的程度取决于以下四个变量:[1]

- 第一个变量是决定的重要性。越难做出的、越是重要的决定,就越可能在决定后产生不和谐(决定后的不和谐)。[2]
- 第二个变量是人们所选择的事物的吸引力。如果其他因素都相同,所选择的事物吸引力越低,不和谐的程度就越高。
- 第三个变量是人们未选择的替代物的吸引力。未选择的替代物在人们心目中的吸引力越高,所体验的不和谐就越严重。
- 第四个变量是替代物之间的相似性。替代物之间的相似或者交叉程度越高,不和谐的程度就越低。

费斯廷格提出消除认知不和谐的方法:

- 寻求能够支持现存态度的信息。
- 直接否认或贬低那些与现存认知相冲突的新信息。
- 通过质疑那些重大的信仰、价值观与规定,以降低整个失调问题的重要性。调整原有的看法或态度。
- 接受失调信息,放弃对这一问题的现有认知。这是态度改变的关键。

互文参阅:第六章词条 17 受众的选择性心理(p.228);第七章词条 5 态度改变的功能取向(p.278);第十章词条 20 利昂·费斯廷格(p.455)

---

[1] 〔美〕斯蒂芬·李特约翰:《人类传播理论》(第七版),史安斌译,北京:清华大学出版社 2004 年版,第 150 页。
[2] 同上书,第 151 页。

11 信息处理理论(Information Processing Theory)

信息处理理论通过对机械论进行类推,描述并解释了我们每个人怎样接受和理解每时每刻来自感觉的信息洪流。①

这一理论把个体看作是一台复杂的计算机,有内置的信息处理能力和信息处理策略。有关人类认知的信息处理的经典思想,是参照现代高速计算机的模式建立的,这种模式包含一系列信息存储结构以及一系列信息处理过程,在这个过程中,信息从一种结构向另一种结构转化。② 这个过程分为感觉、知觉、回忆、思考等步骤。③

由于处理信息的任务大多是复杂的,如果对所有信号都进行有意识的控制,就既不可能有效率也不可能有效果。因此,人们不得不依靠习惯性的信息处理,而且必须把有意识的处理限制在那些至关重要的干扰上。④

互文参阅:第六章词条 17 受众的选择性心理(p.228)

11.1 麦圭尔的信息处理理论

威廉·麦圭尔(William McGuire)提出了信息处理理论,又称传播说服矩阵模式。这一理论的基本观点是,媒介信息若要产生有效的影响,即改变态度,需要一系列的步骤,每个步骤都是下一个步骤的必要前提。这六个基本步骤是:⑤

- 说服性消息必须得到传播。
- 接收者将注意这个消息。
- 接收者将理解这个消息。

---

① 〔美〕斯坦利·巴兰、丹尼斯·戴维斯:《大众传播理论:基础、争鸣与未来》(第三版),曹书乐译,北京:清华大学出版社 2004 年版,第 276 页。

② 〔美〕约翰·费斯克:《关键概念:传播与文化研究辞典》(第二版),李彬译,北京:新华出版社 2004 年版,第 138 页。

③ William McGuire, "Personality and Attitude Change: An Information-processing Theory," in A.C. Greenwald, T.C. Brock & T.M. Ostrom (eds.), *Psychological Foundations of Attitudes*, Academic Press, 1968, pp.171-181.

④ Ibid., p.277.

⑤ 〔美〕沃纳·赛佛林、小詹姆斯·坦卡德:《传播理论:起源、方法与应用》,郭镇之等译,北京:华夏出版社 2000 年版,第 203 页。

- 接收者接受和服膺所陈述的观点。
- 新接受的立场得到维持。
- 期望的行为发生。

麦圭尔假设这些步骤的发生都有一定的概率,因此假如在序列中六个步骤每一步发生的概率是 60%,则六个步骤都发生的概率是 $60\%^6$,即约为 5%(4.6656%)。

麦圭尔注意到,在传播环境中,任何独立的变量都对这六个步骤中的任何一个产生效果。例如,人的聪明程度与"智力"这个变量有关。聪明的人能够比较容易地发现他人观点中的漏洞,也更愿意保持不同于他人的观点,因此,他(她)不太可能全盘接受消息中所传达的态度。但是,越是聪明的人(也与"智力"这个变量有关),越是对外界有较大的兴趣,所以,他(她)会对消息中的观点投入更多的注意力。因此,麦圭尔也指出,对一个阶段的影响是正面的自变量,对另一个阶段的影响则可能是反面的,这种情况很典型。①

互文参阅:第七章词条 8 说服理论的新模式(p.284)

11.2 安德森的信息整合理论(Information Integration Theory)

信息整合理论由诺曼·亨利·安德森(Norman Henry Anderson)提出,用来解释人类如何将不同的信息整合为一个整体。

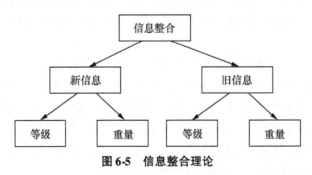

图 6-5 信息整合理论

信息整合理论将态度改变的过程描述为新信息(new informa-

---

① 〔美〕沃纳·赛佛林、小詹姆斯·坦卡德:《传播理论:起源、方法与应用》,郭镇之等译,北京:华夏出版社 2000 年版,第 203—204 页。

tion)和旧信息(old information)结合的过程。旧信息由当前的态度组成,而新信息由说服性消息组成。每一则信息都有两个特征:等级值(scale value)指接收者对那则信息的喜好程度;重量值(weight value)是指那则信息对接收者的重要性或相关性。①

对各则信息的评价可以由个人在处理信息时以几种方式予以结合。这些处理方式包括将等级值与重量值加以平均,也可以用加法总计等级值和重量值。目前,更多的证据是对平均规则的支持。

互文参阅:第七章词条 8 说服理论的新模式(p.284)

11.3 精心的可能性模式(Elaboration Likelihood Model)

精心的可能性模式由理查德·E.佩蒂(Richard E. Petty)与约翰·T.卡西欧皮(John T. Cacioppo)提出,是指人们在处理信息时,采用不同程度的心力的模式。在现代社会中,多数人都遭受到大众媒介的消息轰炸,对一个接收者来说,大量处理这些消息显然是不可能的。通常的情况是,我们选择一些消息仔细检查,而以更简单武断的方式对待其他的消息。

精心的可能性模式认为,对待态度改变有两条路线:②

- 一条是抓住主要问题的路线(the Central Route)。采用抓住主要问题的路线时,接收者积极处理信息,被观点的理性所折服,投入高度的心力。采取这种信息处理方式与三个动力因素有关:个人与信息主题的相关程度、论点的多样性及个人对批判式思维的偏好程度。

- 另一条是考虑枝节问题的路线(the Periphearl Route)。采用为枝节问题所左右的路线时,接收者不运用他们的智力去评价观点,而是更多为枝节线索所左右。这些线索可能包括消息来源的可信度、消息的风格形式、接收者的情绪等。采取这种路线,可能是因为缺乏采取"抓住主要问题的路线"的三个动力因素,也可能是因为个人处理信息的能力不强,或两种可能性都有。

---

① Norman H. Anderson, "Integration Theory and Attitude Change," *Psychological Review*, No.78, 1971, pp.171-199.

② Richard E. Petty, John T. Cacioppo, *Communication and Persuasion: Central and Peripheral Route to Attitude Change*, Springer-Verlag, 1986, pp.5-10.

人们在处理信息时,通常将中心和边缘路线结合起来使用,同时受到这两条路线的影响。即便是在动力和能力都很低下的情况下,人们仍然会多多少少受到那些强势论点的影响;而即便是采用了中心路线来处理信息,人们的态度也会受到一些不具有批判色彩的边缘性因素的影响。①

互文参阅:第七章词条 8 说服理论的新模式(p.284)

11.4 信息处理的概略理论(Schema Theory of Information Processing)

概略是一种认知的结构,它从以往的经验中抽象出对人或事的认识,并且对这些抽象经验加以组织,从而组成概略。概略被用来处理新的信息,并追溯已有的信息。②

在信息的整合过程中,经过编码,接收者将那些重要的事件元素与不重要的细节区分开来。在整个处理过程中,事件的细节不断丢失而变得日益抽象。人们想了解的是一则消息的要点,而不是把整则消息全部记住,倾向于只将来自证据的结论存储起来,将证据丢弃,故储存起来的只是这种提炼后的东西。

这种办法是处理超载信息的一个主要方式。这省去了存储信息细节和背景的麻烦,但是付出的代价是记忆的模糊、细节不能回忆起来以及各种事件无法区分开来。

12 受众心理的特点(Characteristics of Audience Psychology)

受众心理是指影响受众对媒介信息的接触、理解以及评价等等各种心理因素的总和。受众的心理特点主要有:

- 个性化心理。受众在参与传播的过程中,更加强调个性,更加注重自我需要和精神生活的实现与满足;在对媒介信息进行接

---

① 〔美〕斯蒂芬·李特约翰:《人类传播理论》(第七版),史安斌译,北京:清华大学出版社 2004 年版,第 159 页。

② D. A. Graber, *Processing the News*:*How People Tame the Information Tide*(2nd ed.), Longman, 1988, p.28.

触、理解和评判时,更多地依据自我的标准;并且希望主动地参与到传播过程中去,自由地发表自己的个人见解和主张。

- 务实心理。凡是在时空距离和心理距离上同受众接近的信息内容,都容易引起受众情绪情感上的共鸣,引发更多的关注。
- 获益心理。受众带有一定的功利性目的主动地参与传播过程,自觉地维持传播关系,例如为了获得新知识、新经验、能帮助进行决策的信息以及建立或维持有利的人际关系等。
- 新奇心理。内容题材新颖、表现手法不落俗套的传播因为满足了受众的这一心理,而受到受众的喜爱。
- 求真心理。受众希望通过大众传播了解事物的真实情况。

13 使用与满足理论(Uses and Gratifications Theory)

使用与满足理论是媒介研究的一个重要途径,这一理论从受众角度出发,集中关注个人如何使用大众传播媒介、人们使用媒介的方式与他们从中寻求到的满足之间的关系,考察了大众传播给人们带来的心理和行为上的效用。

使用与满足模式假定受众成员有着某些需求或欲望,他们是主动的、目标明确的,他们通过媒介或非媒介满足这些需求或欲望,而被媒介满足的真正需求被称为媒介满足。因此,这一理论认为,受众成员往往接触、理解并记住那些能满足自己的需要或欲望的信息。这些信息可能与他们原有的观点相一致,也可能有悖于固有的观点。

使用与满足理论将受众视为具有辨别力的使用者,将媒介受众而非媒介信息作为效果研究的出发点,[1]即研究的焦点从"媒介对人们作了什么"转向"人们用媒介作了什么"。

互文参阅:第七章词条 17 适度效果(p. 300)

13.1 早期的"使用与满足"研究

13.1.1 对广播使用的研究

哥伦比亚大学广播研究室的赫尔塔·赫索格(Herta Herzog)最

---

[1] 〔美〕斯蒂芬·李特约翰:《人类传播理论》(第七版),史安斌译,北京:清华大学出版社 2004 年版,第 375 页。

早对广播节目的使用形态进行了考察。他在 1944 年通过对广播听众的调查,发现他们具有各不相同的收听动机。

- 对收听知识竞赛广播节目的研究:1944 年,他对一个名为"专家知识竞赛"的广播节目的 11 位爱好者进行了详细的访谈,指出有三种基本心理需求使得人们喜爱知识竞赛节目:
  - 竞争心理需求;
  - 获得新知识的需求;
  - 自我评价的需求。
- 对收听广播肥皂剧的研究:赫索格对 100 名广播肥皂剧的听众进行了长时间的访谈,并对 2500 名听众进行了简短的访谈,发现人们收听肥皂剧的动机是多样化的:①
  - 为了逃避日常生活的烦恼,沉湎于节目中而忘记自己的苦恼。
  - 为了寻求代理参加的幻觉,通过对剧中角色的"认同",体验自己未曾亲身体验过的意境。
  - 把肥皂剧当作日常生活的教科书,从中吸取生活的知识及经验教训等,获得处世经验方面的指导。

这项调查研究既反映了听众动机的多样性,也说明一种节目形式具有多种功能,有些甚至是一般人料想不到的功能。

13.1.2　对印刷媒介使用的研究

对印刷媒介的使用形态最早进行考察的是伯纳德·R.贝雷尔森(Bernard R. Berelson)。

- 对读书动机的研究:贝雷尔森归纳了一些具有普遍性的读书动机:
  - 实用动机:追求书籍的内容对学习、工作和生活的参考和利用价值;
  - 休憩动机:为了解消疲劳、获得休息;
  - 表现动机:通过谈论读书内容以获得他人的称赞或尊敬。
- 有关"失去报纸意味着什么"的研究:贝雷尔森 1949 年所做的"失去报纸意味着什么"的研究,是在纽约八家主要报纸的投递工

---

① Herta Herzog, "What Do We Really Know about Daytime Serial Listeners," in P. F. Lazarsfeld & F. Stanton(eds.) *Radio Research 1942-1943*, Harper & Row, 1944, pp. 3-33.

人罢工的两周里,访问人们对失去报纸的看法。研究总结了人们利用报纸做了什么:①

- 报纸是获得外界消息的信息来源,用于保持与外界的联系。在失去报纸的两个星期里,多数读者被迫寻找其他的新闻来源。
- 报纸是日常生活的工具。有些人看报是想要从报上得到关于时尚、食谱、天气预报的信息以及其他有用的信息,作为他们日常生活的指导。
- 报纸是休憩、消除疲劳的手段。许多人看报纸是为了逃避现实生活中的烦恼、放松自己、娱乐休闲。
- 报纸是社交的手段。很多人读报是因为这是被社会接受的行为,对公共事务有所了解可以增加与人们交谈的话题和内容。
- 报纸是获得社会威信的手段。报纸是知天下事不可或缺的东西,通过讨论或披露从报纸上读来的新闻或新知识,以获得别人的赞誉或尊敬,有助于提高社会声望。
- 读报行为本身就是目的。读报已经成为一种内化的、日常生活中的习惯性行为,是一种消磨时间的好办法。

13.1.3 对电视使用的研究

13.1.3.1 对使用与满足理论的经验测试

詹宁斯·布赖恩(Jennings Bryant)和道尔夫·泽尔曼(Dolf Zillmann)研究了个人的情绪是否会影响其对电视节目的选择。在一项实验中,研究者调查了一些学生选择刺激性和轻松的电视节目的情况,这些学生在有机会选择之前感觉到了压力或无聊。研究发现,感受压力的受试者看轻松节目的数量是感到无聊者的6倍;而感到无聊的受试者选看刺激性节目的数量约是感到压力者的2倍;感到无聊的受试者接触刺激性节目的时间为轻松节目的10倍。

这个研究所得出的结论强烈地支持媒介议题中的选择性接触,并且指出当利用电视舒缓压力和消除无聊时,受试者对所接触的节目的选择是有目的的。

---

① Bernard Berelson, "What Missing the Newspaper Means," in P. F. Lazarsfeld & F. Stanton (eds.) *Radio Research 1942-1943*, Harper & Row, 1944, pp.111-129.

表 6-1 感到无聊和压力时选择刺激性和放松性节目的情况①

节目类型	实验条件	
	厌烦无聊	压力
刺激性	793	441
放松性	74	427
合计	867	868

注：接触时间以秒计算。

互文参阅：第六章词条 13.2 传播的个人功能(p.220)、词条 14 受众期望—价值理论(p.225)、词条积极的电视收看理论(p.243)、词条 24 收视类型(p.246)

13.1.3.2　麦奎尔对电视节目观看情况的研究

1969 年,杰伊·布卢姆勒(Jay G. Blumler)和丹尼斯·麦奎尔(Denis McQuail)等人按照严格的调查分析程序,对新闻、知识竞赛、家庭连续剧、青年冒险电视剧等六种节目的观众进行了调查,发现人们观看电视节目的目的主要为：②

- 娱乐消遣(diversion)：通过电视节目提供的消遣和娱乐来逃避日常生活的压力和负担;
- 人际关系(personal relationships)：通过谈论节目内容融洽家庭关系,建立社交圈,满足人们对生活互动的需求;
- 自我认同(personal identity)：以电视内容为参考框架引起对自身行为的反省,并在此基础上协调自己的观念和行为;
- 监视(surveilance)：获得与自己的生活直接或间接相关的各种信息,及时把握环境的变化。

互文参阅：第六章词条 13.2 传播的个人功能(p.220)、词条 14 受众期望—价值理论(p.225)、词条积极的电视收看理论(p.243)、词条 24 收视类型(p.246)

---

① 〔美〕沃纳·赛佛林、小詹姆斯·坦卡德：《传播理论：起源、方法与应用》,郭镇之等译,北京：华夏出版社 2000 年版,第 327 页。

② Denis McQuail, *McQuail's Mass Communication Theory* (6th Edition), Sage, 2010, p.424.

13.2 传播的个人功能

麦奎尔、布卢姆勒等人从1964年开始,通过对英国电视节目的研究,提出传播媒介的个人功能可以分为以下分类:①

- 转移注意力的功能:逃避例行公事和问题;宣泄情绪。
- 改善人际关系的功能:为社会交往提供谈话资料;媒介替代了同伴。
- 影响个人特征或个人心理的功能:强化或确认价值观;自我了解;发现真实。
- 监视的功能:可以分为警告或提防性监视和工具性监视。提防性监视是媒介通知公众短期的、长期的或慢性的威胁,如飓风、火山爆发、经济危机或军事进攻等;工具性监视是传播在日常生活中有用或有帮助的信息,如影片预告、股票价格、新产品、流行观念、时尚等。

这一方面促进了使用与满足研究的发展;但另一方面,麦奎尔把传播的功能和受众关注传媒的动机看作是一回事,是不妥当的,个人动机只是一种主观的愿望。

互文参阅:第三章词条10 大众传播的功能(p.69);第四章词条24 媒介的功能(p.154);第九章词条20 大众娱乐理论(p.398);第十章词条10 功能分析理论(p.428)

13.3 卡茨的使用与满足研究(Uses and Gratifications Approach)

在20世纪60年代之前,大部分的传播研究都在调查讨论"媒介对人们做了什么?"(What do media do to people?)传播学者伊莱休·卡茨(Elihu Katz)对"使用与满足"的过程的研究,把传播效果研究推向了深入。他建议,应该将这个领域研究的问题改成"人们用媒介做了什么?"(What do people do with media?)卡茨的使用与满足研究的基本方面是:不同的人可以将相同的大众传播消息用于完全不同的目的。

---

① 〔美〕沃纳·赛佛林、小詹姆斯·坦卡德:《传播理论:起源、方法与应用》,郭镇之等译,北京:华夏出版社2000年版,第323页。

卡茨的使用与满足模式指出,具有社会和心理根源的需求,会引起人们对大众媒介或其他信源的期望,这些期望导致媒介披露的不同形式,最后会产生需求满足的效果,以及其他(往往是非有意的)结果。

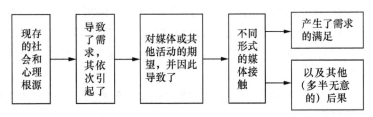

图6-6　卡茨的"使用与满足"模式①

在使用与满足的研究领域,受众行为是核心的概念,这一理论认为大众并不总是被动的,而常常是主动的,是大众传播内容的积极解读者。

互文参阅:第六章词条21.3　主动型受众(p.243)

13.3.1　使用与满足模式的五个因素

卡茨、布卢姆勒和迈克尔·格里维奇(Michael Gurevitch)在《个人对大众传播的利用》(*Utilization of Mass Communication by the Individual*)中描述了使用与满足模式的五个因素,或是五个基本假设:②

- 受众是积极的,带着意图使用媒介。
- 受众选择特定的媒介满足需求,动机和受众本身有关。相应的选择权在受众手中。
- 在满足受众的需要方面,媒介与其他资源相竞争。媒介与受众并不存在于真空中。他们是更庞大的社会的一部分,媒介和受众之间的关系受到环境中的事件的影响。
- 人们对于自己如何使用媒介、兴趣和动机所在,都有足够的自知之明,能够向研究者提供关于如何使用媒介的精确描述。尤其随着录像机、有线电视和因特网等媒介技术的不断扩散,人们被迫

---

① 〔英〕丹尼斯·麦奎尔、〔瑞典〕斯文·温德尔:《大众传播模式论》(第2版),祝建华译,上海:上海译文出版社2008年版,第118页。
② 〔美〕斯坦利·巴兰、丹尼斯·戴维斯:《大众传播理论:基础、争鸣与未来》(第三版),曹书乐译,北京:清华大学出版社2004年版,第264—265页。

对自己怎样使用媒介有更多的清楚认识。
- 人们能够用非常不同的方式使用同样的内容,所以同样的内容能够产生非常不同的后果。

13.3.2 社会情境与媒介使用的关系

卡茨、布卢姆勒和格里维奇在《个人对大众传播的利用》中也提出五种可能的社会情况会导致对媒介的需要和使用:
- 当社会情境造成紧张和冲突时,导致人们通过消费媒介来缓解压力。
- 当社会情境使人们意识到需要关注的问题时,人们便从媒介中搜索相关的信息。
- 当社会情境可能消除现实生活中的机会时,媒介成为替代品和补充品来满足特定的需求。
- 当社会情境导致某种特定的价值观时,人们通过消费相关的媒介内容能够进一步肯定和加强这些价值观。
- 当社会情境期待人们对媒介或媒介内容有一定的熟悉程度时,人们通过使用媒介,以维持自己在某个特定社会群体中的成员地位。

13.3.3 受众的五种需要

卡茨、格里维奇和哈达沙·赫斯(Hadassah Hass)将大众传播媒介看作个人用以联系(或不联系)他人的工具,将与使用大众媒介相关的需求分成五大类:[①]
- 认知的需求:获得信息、知识和理解;
- 情感的需求:情绪的、愉悦的或美感的体验;
- 个人整合的需要:加强可信度、信心、稳固性和身份地位;
- 社会整合的需要:加强与家人、朋友等的接触;
- 舒解压力的需要:逃避和转移注意力。

13.4 罗森格伦的使用与满足模式(Media Gratifications Model)

卡尔·E.罗森格伦(Karl E. Rosengren)同样以受众的需求为起

---

① 〔美〕沃纳·赛佛林、小詹姆斯·坦卡德:《传播理论:起源、方法与应用》,郭镇之等译,北京:华夏出版社2000年版,第324页。

点,提出了他的使用与满足模式。这一模式的基本主张是,人类某些基本的高层次、低层次的需求会与个人内在的、外在的特性有不同的结合,而后在与周围社会的结构,包括媒介结构的相互作用下,又与被感受到的个人问题以及关于这些问题已经找到的解决方法进行不同的结合。当问题与解决方法结合后,就会产生企图寻求满足或解决问题的行为的不同动机,这些动机会导致不同形式的实际的媒介消费和其他行为。这两种行为类型引起不同形式的满足或不满足,并且可能影响个人内在和外在特性的结合,并最终影响社会中的媒介结构和其他社会、政治、文化和经济结构。

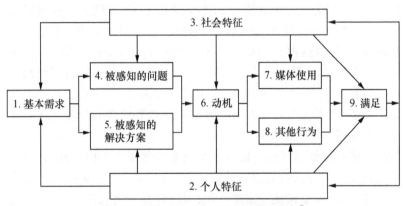

图 6-7　罗森格伦的"使用与满足"模式①

互文参阅:第七章词条 23.4　信息寻求行为等级图(p.323)

13.5　使用与满足理论的四重范畴

研究者把各式各样的使用与满足理论概括为一个四重范畴体系:

● 认知(Cognition)。受众使用媒介的目的包括了解时事资讯、了解一般事情和了解感到好奇的事物。

● 转移注意力(Diversion),以宣泄被压抑的情绪和能量。转移主要通过两种形式:通过接收刺激性的媒介内容,以从无聊或日常生活的常规活动中解脱;通过接收放松性的媒介内容,来逃避日复一日的生存压力和问题等。

---

① 〔英〕丹尼斯·麦奎尔、〔瑞典〕斯文·温德尔:《大众传播模式论》(第 2 版),祝建华译,上海:上海译文出版社 2008 年版,第 118 页。

- 社会效用(Social Utility)。媒介为社会谈话提供了一个共同基础,并且许多人在与其他人谈话时,使用他们读到、看到或听到的东西作为讨论话题,以满足个人与家人、朋友及社会中的其他人交往的需求;另外媒介也有替代同伴的作用。
- 逃避(Withdrawal)。人们使用大众媒介在自己和其他人之间或活动之间制造一道屏障。

13.6 对使用与满足研究的评价

使用与满足研究,使传播学者的关注点从传播者向受众的主动传播,转移到受众对大众媒介的主动使用上来,开创了传播研究的新阶段。"使用与满足"研究从受众角度出发,通过分析受众的媒介接触动机,以及这些接触满足了他们的什么需求,来考察大众传播给人们带来的心理和行为上的效用。研究者们深入探讨了受众使用大众媒介的各种心理动机,对于了解受众的根本需求非常有帮助。"使用与满足"研究把能否满足受众的需求作为衡量传播效果的基本标准,具有重要意义。这有助于纠正大众传播效果论中的"受众绝对被动"的观点,揭示了受众媒介使用形态的多样性,强调了受众需求对传播效果的制约作用,对否定早期"子弹论"或"皮下注射论"的效果观起到了重要作用,对过分强调大众传播无力的"有限效果理论"也是一种有益的矫正。

但是,"使用与满足"研究也有一定的局限性:

- "使用与满足"研究过于强调个人的和心理的因素,行为主义和功能主义的色彩较浓。
- 这一理论忽视了传媒内容的生产和提供,单纯地考察受众的媒介接触这一个人行为,因而不能全面揭示受众与传媒的社会关系,对受众所受到的更广泛的社会影响缺乏充分的考察。
- "使用与满足"研究指出了受众的某些能动性,但仅仅限于对媒介提供的内容进行"有选择地接触"这一范围。根据媒介霸权主义理论的观点,大众媒介的消息倾向于强化统治世界的文化观点,受众很难回避媒介所提供的偏向性解读。[1]

---

[1] 〔美〕沃纳·赛佛林、小詹姆斯·坦卡德:《传播理论:起源、方法与应用》,郭镇之等译,北京:华夏出版社2000年版,第326页。

第六章 受众

互文参阅：第六章词条 5 行为主义心理学(p.202)；第七章词条 2 子弹理论(p.262)、词条 11 间接效果理论(p.287)、词条 12 有限效果理论(p.288)

14 受众期望—价值理论(Expectancy-Value Theory)

菲利普·帕姆格林(Philip Palmgreen)和 J. D. 雷伯恩(J. D. Rayburn Ⅱ)认为早期的"使用与满足"理论缺乏理论上的一致性，为了对这一理论进行拓展和深化，他们将美国信息综合理论家马丁·费什宾(Martin Fishbein)的期望—价值理论延伸到"使用与满足"的研究中，提出了受众的期望—价值理论：由于人们是按照自己的态度来调整自身的行为的，因此受众对大众传播内容某个片段的态度取决于他/她对它的信念和评价，即受众对媒介行为所持的态度是媒介使用过程中的一个重要因素。

也就是说，人们从媒介内容中获得的满足取决于他们对该媒介的态度，即人们相信该媒介内容可能给他们提供什么，以及人们对它的评价。[1] 例如，当人们相信肥皂剧能让自己开心，而自己又希望放松一下时，就会选择通过看肥皂剧满足自己对娱乐的需求；相反，如果人们认为肥皂剧是胡编乱造的，根本就不喜欢这类节目，就会尽量不看。

帕姆格林和雷伯恩提出了受众期望—价值的计算公式：[2]

$$GS_i = \sum_i^n b_i e_i$$

GS_i 表示满足需求的程度；b_i 表示信念，e_i 是评估。人们在任何一个媒介内容片段(例如一个节目、一种节目类型、某一种特别的内容或整个媒介)当中得到的满足程度由上面的公式所决定。随着人们在媒介的某个部分中获得体验，获得的满足感会反过来影响人们的信念，进一步强化受众的收视模式。"期望—价值"模型表述了期望价值与媒介满足之间的关系。

---

[1] 〔美〕斯蒂芬·李特约翰：《人类传播理论》(第七版)，史安斌译，北京：清华大学出版社 2004 年版，第 375—376 页。

[2] 〔英〕丹尼斯·麦奎尔：《受众分析》，刘燕南等译，北京：中国人民大学出版社 2006 年版，第 93 页。

互文参阅:第六章词条13.1.3.2 麦奎尔对电视节目观看情况的研究(p.219)、词条积极的电视收看理论(p.243)、词条24 收视类型(p.246)

15 媒介系统依赖理论(A Dependency Model of Mass-Media Effect)

媒介系统依赖理论指出,一个人越是依赖通过使用媒介来满足需求,媒介在这个人的生活中所扮演的角色就越重要,因此媒介对这个人的影响力也就越大。① 这一理论由桑德拉·保尔-罗凯奇(Sandra Ball-Rokeach)和梅尔文·德福勒(Melvin L. De Fleur)共同提出。与"使用与满足"理论一样,媒介系统依赖理论也认为人们要依赖媒介内容满足某种需求,达到某些目标。而人们对各种媒介的依附程度是不一样的,这是由两个因素决定的:②

- 第一个因素是媒介能够满足人们的需求越多,人们对媒介的依附程度就越高。媒介可以发挥多种功能,如监视或娱乐。就某个特定的人群而言,其中的某些功能要比其他的功能更重要。也就是说,依赖的效果之所以产生,不是因为全能的媒介或者无所不能的资讯,而是由于媒介在特定的社会系统里以特定的方式满足了特定受众的需求。

- 第二个因素是社交能力。当社会发生变革或危机的时候,现存的机制、信念和实践都会受到挑战,这就迫使人们重新评价和选择,因此人们对媒介信息的依附程度就加深。而在社会比较稳定时,人们对媒介的依附程度则降低。例如,在战争期间,人们对新闻节目的依附程度高得令人难以置信。因此,当我们身处的社会变得越来越复杂时,我们不仅在很大程度上需要媒介帮助我们感受意义,帮助我们了解自己应该做出的最佳反应,以及帮助我们放松和应对,而且最终我们主要通过这些媒介来认识这个世界。当我们通过媒介来理解社会时,媒介塑造了我们的期望。

---

① 〔美〕斯坦利·巴兰、丹尼斯·戴维斯:《大众传播理论:基础、争鸣与未来》(第三版),曹书乐译,北京:清华大学出版社2004年版,第315页。
② 〔美〕斯蒂芬·李特约翰:《人类传播理论》(第七版),史安斌译,北京:清华大学出版社2004年版,第376—377页。

这一模式表明,社会结构和媒介系统与受众进行互动,从而产生需求、兴趣和动机,人们对媒介的使用决定了媒介的影响力。因此,这些因素反过来影响人们对媒介和非媒介信源的选择,从而导致不同程度的依附。那些需求更多,因此也更依赖媒介的人将受到最大影响。由于个人依附于媒介的某个部分,因此他们会在认知、情感和行为上受到该部分的影响。所以,媒介是以不同方式、在不同程度上影响着人们。

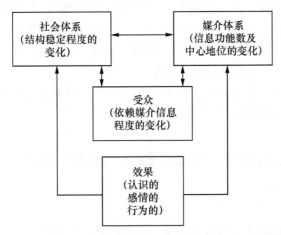

图6-8 社会、大众媒介、受众与效果之间的相互依赖关系①

互文参阅:第二章词条14 德福勒的互动过程模式(p.41);第六章词条26 沙发土豆(p.250)、词条26.5 媒介依存症(p.252)、词条29 媒介素养(p.256);第七章词条18.3 拟态环境(p.303)

16 受众使用大众传播媒介的动机(Audiences' Motivation of Using Mass Media)

结合外国学者的研究和对我国受众的研究结果,受众使用大众传播媒介的动机包括:②

---

① 〔美〕詹宁斯·布莱恩特、苏珊·汤普森:《传媒效果概论》,陆剑南等译,北京:中国传媒大学出版社2006年版,第11页。
② 胡正荣:《传播学总论》,北京:北京广播学院出版社1997年版,第261—263页。

- 获取信息，认识外部世界。人要生存和发展，离不开同外部世界的信息交流，必须对外部世界有所认识和了解，以适应外部世界的发展和变化。其次，由于人有求新、求奇的心理特点，对于外界发生的新事、奇事也有了解的欲望。
- 娱乐消遣，满足精神和情感方面的需要。有调查表明，人们读报是为了获取新闻时事，而收听广播和收看电视除获取新闻外，主要是为了欣赏文艺节目和娱乐。
- 获取知识。人们使用大众传媒，还希望满足某种特殊的心理需要，如从传播内容中寻找与生活的结合点、寻找刺激、转移情感等，还有通过传媒了解信息，从而增加人际交流中的共同语言以及从传播内容中寻找认同感等需要。

通常受众使用媒介都不是被单一动机所驱使，一般以某种动机为主，同时伴随着其他动机的存在。

17 受众的选择性心理（Selective Mechanism of Audience）

受众是信息传播的目的地，可是如果信息在到达目的地之后，并没有得到接受，那么，传播就没有实现信息共享的目的。受众在选择媒介和讯息时有很大的自由度，这就是受众心理上的自我选择过程。

受众的心理选择过程包括四个具体环节：选择性接触、选择性注意、选择性理解和选择性记忆。这四个环节相当于受众心理的四道防线。媒介的信息如果不合己意便会在最外层被拒绝，得不到注意。如果有些信息无法避开，就会对所接触到的信息有选择地注意。如果无法有选择性地只关注符合自己现有态度和意见的信息，那么便可以在解释信息符号时有选择地理解。如果信息突破了这一层，受众便会在最里面的一道防线进行选择，记住那些符合需要的信息而抛弃无用的信息。可见，受众的心理选择过程既有"防卫"又有吸收，而吸收的成分更大一些。

互文参阅：第二章词条 15 马莱茨克模式/大众传播场模式（p.42）；第五章词条 13 符号互动理论（p.180）；第六章词条 7.1

第六章　受众

一致理论(p.208)、词条10　认知不协调理论/认知一贯性理论(p.210)、词条11　信息处理理论(p.212)

17.1　选择性暴露(Selective Exposure)

选择性暴露又称选择性接触,即面对着众多的媒介信息内容,受众成员无法毫无选择地被动地注意所有这些内容并对它们做出反应。而出于认知和谐和自我确认的需要,人们总是愿意将自己暴露给那些他们认为与自己已有态度和兴趣相一致的媒介讯息,并且避开那些与自己固有观念相悖的或自己不感兴趣的信息,即可能带来不协调的讯息。另外,从媒介选择上来看,受众一般选择自己习以为常和喜欢的媒介。①

影响选择性注意的因素主要有:

- 受众原先的态度和立场。
- 信息方面的特征:信息内容同受众的接近程度如何,即信息内容是否同受众有关,是否会对受众产生影响;信息是否具有显著性和对比性;信息是否具有易得性、符合受众的媒介接触习惯;信息的形式是否灵活多变。

这种选择性接触行为更容易在强化他们的原有态度的方向上起作用,而不是导致它的改变。

互文参阅:第四章词条19　媒介选择的或然率(p.146);第六章词条10　认知不协调理论/认知一贯性理论(p.210)

17.2　选择性注意(Selective Attention)

选择性注意是指个人倾向于注意消息中那些与现有态度、信仰或行为非常一致的内容,而避免消息中那些违背现有态度、信仰或行为的内容。②

17.3　选择性理解(Selective Perception)

选择性理解又称选择性解释、选择性认知,不同的人以不同的

---

① 胡正荣:《传播学总论》,北京:北京广播学院出版社1997年版,第267页。
② 〔美〕沃纳·赛佛林、小詹姆斯·坦卡德:《传播理论:起源、方法与应用》,郭镇之等译,北京:华夏出版社2000年版,第79页。

方式对同样的讯息做出解释和反应。人们通常依照某些经验来接受和理解传播内容，或根据自己已有的观念来理解信息，对那些与自己原有观念相反的内容则加以排斥或歪曲，以维持自己已有的观念和立场。因此受众对所接触和感知的大众传媒的信息所给予的意义，并不一定同传播者所给予的意义一致。由于受众的心理、感情、经历、需求以及所处环境等等的不同，不同的受众对同样内容的信息会产生不同的理解，有时甚至是相反的理解。

选择性理解是受众心理选择过程的核心，又称为信息传播的译码过程。理解的程度对于劝服来说是具有决定性的。影响选择性理解的因素有两种：

- 结构因素：指感官刺激在人的神经系统中引起的反应。
- 功能因素：具体体现为人们理解事物时总是把事物组织起来而赋予其意义。这会受到以下一些因素的影响：[1]
  - 需要、动机：只有外界刺激与内在需要相一致时，外界刺激才能起作用，也才能被受众注意和理解。否则，就可能被回避或歪曲。
  - 态度：受众的理解呈现与已有态度一致的趋势。
  - 情绪：不同的情绪状态下人们对同一传播内容的理解不同。
  - 个性：不同个性的人对同一传播内容的理解不同。
  - 文化背景：文化背景塑造着人们对传播内容的观点。
  - 假定：理解是根据已有的假设而来的。

理解(Perception)

理解是指人们解释通过五种感官所获得的感觉资料的过程。[2]

17.4 选择性记忆(Selective Retention)

受众成员对自己所接触、理解的媒介信息，并非能全部长久地印入脑海之中，而是受愿望、需要、态度及其他心理因素的影响，只是有选择地记住一部分内容，其余部分则被忽略。也就是说，人们倾向于记住与他们的"主导参考结构"相同的材料或态度、信仰以及

---

[1] 〔美〕沃纳·赛佛林、小詹姆斯·坦卡德：《传播理论：起源、方法与应用》，郭镇之等译，北京：华夏出版社2000年版，第71—76页。
[2] 同上书，第71页。

行为,而忘记那些与他们的意见不合的资料。

18 解释受众选择性心理的五种理论(Five Theories about Selective Mechanism of Audience)

美国著名传播学研究者梅尔文·德福勒在1975年出版的著作《大众传播理论》(*Theories of Mass Communication*)一书中,把关于受众的理论归结为四种:个人差异论、社会范畴论、社会关系论和文化规范论。这四种理论与1967年 J. A. 巴伦(J. A. Bslen)提出的社会参与论从不同侧面描绘了受众。将它们结合在一起,就能对受众形成一个立体的印象,以解释受众对媒介内容的选择性心理和行为。

互文参阅:第七章词条1.2 影响传播效果的因素(p.259)

18.1 个人差异论(Individual Difference Theory)

个人差异论的理论基础是"刺激—反应"论,是从行为主义心理学派的角度出发对受众加以研究。[①] 这一学派认为,人的心理和性格虽然有遗传的因素,但主要还是后天形成的。每个人的成长环境和社会经历的不同导致了性格的差异。因此,在大众传播学里,并不存在整齐划一、一成不变的受众。受众之间普遍存在的个人差异决定了他们对信息有不同的接受和理解,进而有不同的态度和行为。因此,在大众传播中,同样的信息往往会收到不同的效果。

个体之间的差异主要体现为心理结构上的差异,具体包括两个方面:

- 心理过程:包括认识过程、情感过程和意志过程。
- 个性心理特征:个人在社会化过程中受到家庭、学校、党团等社会环境的影响并形成自身独特的兴趣、习惯、气质等性格和心理特征。

这些决定了人们的观点、立场、态度和行为的不同。

[①] 胡正荣:《传播学总论》,北京:北京广播学院出版社1997年版,第283页。

个人差异论的主要理论贡献,在于提出了选择性注意和选择性理解的观点,指出受众是有着鲜明个性和一定主见的传播主体。

互文参阅:第六章词条5 行为主义心理学(p.202)

18.2 社会范畴论(Social Category Theory)

社会范畴论又称社会分类论,它以社会学为基础,注重各社会群体的特性差异对受众成员的媒介信息接收行为的影响。受众可以根据年龄、性别、种族、文化程度、宗教信仰以及经济收入等人口学意义上的相似而组成不同的社会群体。这些因人口学因素相同或相似而结成的群体,又有着相似的性格和心理结构,在人生观、价值观等方面也有着较为一致的看法。因此,同一类别的成员在传媒的选择、内容的接触甚至对信息的反应上都会有很多统一的地方。

社会范畴论把受众分成不同的群体来加以研究,通过研究把受众划分为不同群体的可变因素与人们的信息接收行为之间的联系,对不同受众群体的有选择性的媒介信息接收行为进行分析,并且设计和制作讯息。

个人差异论注重个人性格和心理上的差异;而社会范畴论则看到了社会群体的特征差异。因此,社会范畴论是对个人差异论的修正与改进。[①]

18.3 社会关系论(Social Relationship Theory)

受众之间错综复杂的社会关系,对受众接触和理解媒介内容有着巨大的影响,社会关系经常既能加强也能削弱媒介的影响。社会关系主要包括人际网络、群体规范和意见领袖等。当个人对媒介内容的选择性决策为家庭、朋友、熟人和其他与他/她有关系的人所改变时,就表明上述的社会影响在产生作用。个人对大众传播媒介的注意形式和反应形式,也反映出他/她的社会关系网络。

社会关系论是保罗・F.拉扎斯菲尔德、伯纳德・H.贝雷尔森和伊莱休・卡茨等人的研究成果,它强调了群体关系在传播活动中的

---

① 胡正荣:《传播学总论》,北京:北京广播学院出版社1997年版,第284页。

影响,认为来自受众所属团体的压力和合力对受众接受信息的态度及行为产生很大的影响,[①]左右受众成员对大众传播信息的反应及对创新事物做出采纳与否的决策。这一理论为大众传播和人际交往提供了一个结合点,而结合的桥梁就是社会关系。

互文参阅:第一章词条拉扎斯菲尔德的总统选举研究(p.9);第七章词条14 两级流动传播(p.290);第十章词条7 哥伦比亚学派(p.425)、词条14.3 保罗·F.拉扎斯菲尔德(p.443)

群体压力理论(Group Pressure Theory)

群体压力理论认为,群体压力能够影响受众对媒介内容的接受,这是一种与社会关系论相关的理论。人们一般都会选择加入与自己意见一致的群体,群体对这些意见的认同会加强个人关于此意见的信心。媒介的信息一旦不合群体的利益和规范,便会受到群体的抵制。在这种情况下,群体成员往往会对这一媒介产生怀疑,固守并加强对原有信念的坚持。这就表现为受众的社会关系对媒介力量的削弱。如果媒体内容与群体规范的冲突并不是特别严重,群体则会对媒介意见另作解释,由于与其原有意见较为接近,所以群体成员也倾向于接受这种解释。这时,媒介的作用也会被减弱。因此,群体压力理论认为,传播媒介要想改变人们固有的意见是非常困难的,除非它与这些人所处群体的意见一致。

互文参阅:第六章词条19 受众的从众行为(p.236)、词条19.1 谢里夫的群体规范实验(p.237)、词条19.2 奥许的群体压力实验(p.238);第十章词条14.2 库尔特·勒温(p.441)

18.4 文化规范论(Culture Norms Theory)

文化规范论认为,大众传播媒介不一定能直接改变受众,但由于受众是在社会文化之中生活的,逐渐就会形成与这种文化相符合的社会观、价值观。因此,大众传播媒介通过有选择地、反复地提供一贯的信息,可以先改变社会文化,从而间接地实现对受众的改变,使受众认识到社会上所赞同或认可的规范、信仰和价值观,并使之成为人们认识事物的一种"参考框架"。人们在传播媒介长期的潜

---

① 胡正荣:《传播学总论》,北京:北京广播学院出版社1997年版,第285—286页。

移默化的影响下,将不知不觉地依据媒介逐步提供的"参考框架"来认识和解释社会现象与事实,阐明自己的观点和主张。以上表明,受众如何处理媒介信息同媒介传播的文化规范有着直接的关系。

文化规范论以传播媒介为出发点,认为大众传播的内容会促使接收对象发生种种变化。这与前三种理论以受众为出发点来探讨媒介与受众之间的关系有所不同。这种理论强调大众传播间接和长期的效果,并且与"议程设置"理论有一定的联系。

互文参阅:第三章词条 6 议程设置(p.61)、词条 7 框架(p.64)。

18.5 社会参与论(Audience Participation Theory)

社会参与论又被称为受众介入论,它起源于美国宪法中有关公民权利的一种受众理论:为了维护受众的表现自由,保障他们参与传播和使用传播媒介的权利,《宪法第一修正案》必须承认公民对传播的参与权。① 美国学者巴伦在 1967 年最早明确地提出了这个问题。

社会参与论认为:大众传播媒介应是公众的讲坛,而不是少数人的传声筒;普通群众和群众群体应该既是信息传播中的受众,也是信息传播中的传播者,他们有权利用大众传媒来反映自己的处境、发表自己的见解或看法;让受众参与传播,正是为了让他们积极接受传播,因为人们对于他们亲身积极参与过程中形成的观点,要比他们被动地从别人那里得到的观点容易接受得多,且不易改变。

受众的社会参与论逐渐地得到了国际社会的承认,联合国国际交流问题研究委员会就曾经在 1980 年编写的《多种声音,一个世界》(Many Voices, One World)中,强调了大众传媒的负责人应该推动受众的社会参与的实现。

互文参阅:第六章词条 21.3 主动型受众(p.243)、词条 23 受众的权利(p.245)。

---

① 胡正荣:《传播学总论》,北京:北京广播学院出版社 1997 年版,第 288 页。

18.6 受众选择的整合模式(Integrated Model of Audience Choice)

受众媒介选择既涉及媒介—个人互动当中的"受众一方",也受到"媒介一方"运行要素的影响,这两个方面并不是独立的,而是在互相引导和互相调节的持续性过程中发挥作用。

"受众方面"的因素包括:[1]

- 年龄、性别、在家庭中的位置、学习和工作环境、收入水平等个人因素以及相关的"生活方式"。
- 社会背景和环境,特别是体现为社会阶级、受教育状况、宗教、文化环境、政治环境、家庭环境、居住的地区或位置。
- 与媒介有关的需求。
- 对于特定的文类、格式或具体的内容的个人品位和偏好。
- 使用休闲时间的基本习惯和在特定的时间里成为受众的可利用性。
- 对可利用的选择和所拥有的信息的数量及种类的意识。受众成员越是主动,他们就越可能对他们的媒介使用进行规划。
- 具体的使用环境。
- 机会在媒介暴露中发挥影响,它的介入使得对受众的选择或受众的构成做出切实解释变得困难。

"媒介方面"的因素包括:[2]

- 媒介系统。偏好和选择会受到(国家的)媒介系统(可使用的媒介的数量、覆盖范围和类型)的构成和不同媒介的特征的影响。
- 媒介供应的结构。这是指在给定的社会中媒介供应的基本模式,它对受众的期望发挥着长期的影响。
- 可利用的内容选择。把特定的体裁和类型在特定的时间和地方提供给潜在受众。
- 媒介宣传。这包括媒介针对自身或某些媒介产品开展的广告和形象塑造活动。

---

[1] Denis McQuail, *McQuail's Mass Communication Theory* (6th Edition), Sage, 2010, pp.427-428.

[2] Ibid., pp.428-429.

- 时机把握和呈现。媒介选择和使用大多会受到根据赢得受众的策略而采用的关于特定的时机把握、时间表、位置、内容和媒介消息规划的战略的影响。

19 受众的从众行为(Herd Behavior of Audience)

从众行为是指作为群体成员的个体放弃自己的意见和态度,采取与大多数人相一致的行为。受众在传播活动中也经常表现出从众的行为,即受众常常无意识地受到一个群体的真实的或臆想的压力的影响,从而按照群体中大多数人的意愿去接受和理解信息。

受众采取从众行为的原因主要有：

- 刺激本身的模棱两可性。当两种刺激物的特性相近或者说刺激本身模棱两可时,人们对自己的判断并不十分相信,需要得到指导,这时往往就要借助于别人的意见或效仿别人的行动,尤其是那些缺乏自信心的人,更容易顺从群体的判断。
- 群体规范的压力。群体规范是群体内统一的、对其成员有约束力的行为准则,它规定着群体成员的行为可以接受或不能容忍的范围。群体成员一旦违背或偏离群体规范,就会被视为越轨者而受到群体的孤立和惩罚,这将对个人主体造成强大的,甚至是难以忍受的心理压力,因此它对个人行为具有很强的制约作用。

影响受众从众行为的因素主要包括群体因素和个体因素:

- 群体因素
  - 群体的规模:从众倾向的强弱往往随着群体规模的增长而增长。所罗门·E.奥许(Solomon E. Asch)的研究表明,从众所必需的最小群体规模,除了受试者外,是三个人。[①]
  - 群体的一致性:一个群体中意见越是一致,它使人从众的力量就越强。
  - 群体凝聚力:群体凝聚力是指群体成员发生作用的所有力量的汇合,[②]具体表现在认同感、归属感、力量感和人际吸引程度等方

[①] 王思斌:《社会学教程》(第二版),北京:北京大学出版社2003年版,第97页。
[②] 〔美〕沃纳·赛佛林、小詹姆斯·坦卡德:《传播理论:起源、方法与应用》,郭镇之等译,北京:华夏出版社2000年版,第219页。

面。群体凝聚力越强的群体,其成员彼此之间的关系就越密切,成员自觉维护群体利益的意愿就越强,由此导致的从众心理和从众行为就愈多。

- 个体因素
  - 个体的地位与能力:个体在社会上或群体中的地位越高、能力越强或在某个问题上越具有专长,就越具有独立性,因此从众心理和行为就越弱。
  - 个体的个性特征:独立性强的人,不易受暗示,倾向于更多地利用内在参照作为信息加工的依据,因而更少地遵从大多数人的观点;独立性差的人则相反。外向型性格的人随和、重视外部世界且容易适应环境的变化;内向型性格的人偏重主观世界,一般较难适应环境的变化。因此,外向型性格的人比内向型性格的人更容易出现从众行为。
  - 个体的性别特征:无论男性还是女性都更趋向于遵从他们不熟悉的项目,而对自己可能了解多一些的项目则表现得较为独立。

互文参阅:第七章词条 19 沉默的螺旋(p.307)

19.1 谢里夫的群体规范(Group Norms)实验

美国社会心理学家穆扎弗·谢里夫(Muzafer Sherif)为了研究规范形成的过程,设计了一个理想的实验环境:自动移动光效果实验。受试者被安排坐在完全黑暗的房间里,然后出现一点很微小且静止的灯光,但由于神经系统对昏暗的灯光有过度补偿,因此受试者常常会看见灯光在移动。这样,实验人员就创造了一个极度含糊的情境,提供了研究群体规范的条件:几乎每个人都看到了灯光的移动,但是由于它实际并没有什么运动,因此,没有人知道它能移动多远。

谢里夫首先将受试者单独安排在一个黑暗的房间里,请他们尽可能说出灯光移动的准确距离。在经过反复实验之后,每个人通常会停留在自己的一套标准上,各自有非常不同的说法。

在第二步实验中,谢里夫将曾经单独在房间里做过实验的受试者安排在同一房间内,对他们一块进行实验,他们彼此可以听见他人估计的距离。在这种环境下,通常会发现,当实验几经重复后,不同的估计值会变得越来越接近。最终,这个群体建立了自己的标准,这个标准通常接近几个人所估计的不同标准的平均值。

在第三步的实验里,谢里夫让那些曾在群体环境中实验过的人,再次分别单独在房间里做进一步的实验。在这种单独的环境里,个人通常还会遵守在群体中参与形成的规范。

谢里夫的实验显示:[1]

- 群体对于个人的主要影响是导致个人在群体中"去个人化"(Deindividuation)的状态出现,也就是个人在群体中失去自我,而将个人与群体融合为一体。
- 在那些暧昧不明的领域里,群体对人们的态度具有极大的影响力,人们依靠别人的指导。
- 它同时显示,群体的影响能够超越群体的存在,出现在没有群体的环境中。

互文参阅:第四章词条 15.2 Phi 现象(p.117);第六章词条群体压力理论(p.233);第十章词条 14.2 库尔特·勒温(p.441);第十一章词条 19 实验法(p.493)

19.2 奥许的群体压力(Group Pressure)实验

美国社会心理学家奥许设计了测量群体压力的实验环境:研究者给受试者两张卡片:一张卡片上有一条线;另一张卡片上有三条不同长度的线,分别标明 1、2、3。对受试者的要求是,找出三条线的卡片中哪条线的长度与另一张卡片上的那一条线等长,然后说出线的代号。总共有 12 套不同的卡片。这是一个相当容易理解的工作,在没有群体压力的情况下,人们可以做得很好。

在实验的这一阶段,奥许让 8 个受试者组成一组,参加判断线条长度的工作。其实,这 8 个人中只有一个是真正的受试者,其他的人则是配合实验者。研究者告诉后者,在做出一两次正确答案后,他们便开始给出一致的错误答案。受试者可以听到,所有其他的人都给出相同的唯一答案,虽然这个答案是他感觉错误的。这时,受试者会放弃自己的正确判断,而转向与其他人一致的错误答案。奥许

---

[1] 〔美〕沃纳·赛佛林、小詹姆斯·坦卡德:《传播理论:起源、方法与应用》,郭镇之等译,北京:华夏出版社 2000 年版,第 214—215 页。

采取几种方式改进他的实验：①

- 给予不正确判断的小组人数从 1 到 15 人不等。在这里，得到的发现是，当在 3 人小组中给出一致意见时，就像在较大的群体中一样，实际产生了屈从于错误答案的错误。
- 他让受试者之外的另一个人也给予了正确的答案，结果只需一个人始终支持，这种情形便足以消灭大部分的群体压力。
- 他试图在线条长度上制造较大的物理差异，这种差异大到足以使人不再容易受到错误判断的影响而屈服于群体压力。但是，有些人还是屈服于群体的压力。

与谢里夫对不确定情况下群体规范的研究不同，奥许调查了在相当明朗的环境中，群体压力所起的作用。他的研究表明：有些人情愿追随群体的意见，即使这种意见与他们从自身感觉得来的信息相互抵触。谢里夫和奥许的研究实验显示，即使是在以前人们从未彼此见过的偶然群体中，群体意见仍会发挥很大影响。基本群体（如家庭或工作群体）中的群体力量看来可能更大。

互文参阅：第六章群体压力理论（p.233）；第十章词条 14.2 库尔特·勒温（p.441）；第十一章词条 19 实验法（p.493）

20 受众的逆反心理（Antagonistic Psychology of Audience）

逆反心理就是指人们对某种观点、立场或结论等具有抵触情绪，进行反方向的思维，表示怀疑和不信任，并进而得出与原结论相反的结论，表现出相反的行为。在信息传播中，受众在逆反心理的作用下，对于传播者极力提倡的观念反而加以反对，而对传播者所批评或禁止的东西却加以赞赏和接受。受众的逆反心理具体表现为：

- 强化原有态度：当受众原有的态度非常坚定，传播者所传播的观念或态度又与受众原有的态度尖锐对立时，受众对传播的内容

---

① 〔美〕沃纳·赛佛林、小詹姆斯·坦卡德：《传播理论：起源、方法与应用》，郭镇之等译，北京：华夏出版社 2000 年版，第 215—216 页。

将产生十分强烈的对立甚至抵制情绪,认为传播者的观点很不可信。

- 做出逆向选择:受众在逆反心理的作用下往往会对传播的内容和观点反着听、反着看、反着想、反着做。
- 贬损传播者:受众会对传播者予以贬损或攻击。

导致受众产生逆反心理的原因来自传播者方面和受众自身。

- 传播者方面的原因:
  - 信息内容虚假失实。
  - 信息内容以偏概全。
  - 信息内容过度浮夸。
  - 传播方式不当。
- 受众方面的原因:
  - 对"宣传"反感:人们通常认为宣传就是运用象征符号来控制人们的态度和意见,是不公正和不客观的。当受众认为所传播的信息是在进行宣传,就会由对宣传的反感而滋生出对信息传播的逆反心理。
  - 已有的习惯、经验和观点:受众在接收所传播的信息内容时,如果信息内容同内在标准相抵触,或者虽不抵触但令人怀疑,就会对信息内容产生逆反心理。

21 关于受众的观念的演变(The Evolvement of Viewpoints about Audience)

受众观念的演变大致经历了被动的受众→顽固的受众→主动的受众→受众细分化这样四个阶段。在这个过程中,人们逐渐认识到,受众对媒介的使用和对传播内容的接受是一个积极主动的过程。受众一方面具有自主性和选择性;另一方面则受到一系列主客观因素的制约,如受众所处的社会环境、受众接触媒介的程度等。

21.1 被动的受众(Passive Audience)

被动的受众理论(或称为魔弹论)认为,传播的信息如同发出的子弹,而正巧接触大众传播的所有受众,就像被射中的靶子应声倒下。这些消息都有很强的、或多或少普遍的效果,人们极易受到攻击。①

这一受众观点认为,受众是被动的,无力自觉抵制媒介的操纵。② 无论他们处于何种社会地位,受到多高程度的教育,都无法对讯息进行筛选和判断,理性形同虚设,宣传的子弹会穿过他们的思想防线,改变他们的想法和行动。

这种观念流行于 20 世纪 20 年代,是对行为主义理论和弗洛伊德学说的结合,当时的战争宣传效果似乎成为这一理论的有力论证。宣传家们通过对宣传魔弹的精心控制,使受众本能地把正面的情绪,如忠诚和崇拜与自己的国家联系在一起,而把负面的情绪,如惧怕和憎恶与敌人联系在一起。宣传家认为普通民众根本没有力量抵抗这种影响。

互文参阅:第六章词条 5 行为主义心理学(p.202);第七章词条 2 子弹理论(p.262)、词条 2.3 弗洛伊德学说(p.264)

"火星人入侵地球"事件(Radio Broadcast of War of the Worlds)③

发生于 1938 年 10 月 30 日的"火星人入侵地球"事件,是为验证被动的受众理论而被引用得最频繁的论据之一。研究广播的力量的批评家把这个事件作为论证魔弹理论的有力证据。

哥伦比亚广播公司(CBS)在那天晚上播放了根据英国科幻小说家赫伯特·G.威尔斯(Herbert G. Wells)的科幻小说《世界大战》(The War of the Worlds)改编的广播剧《火星人入侵地球》:人们发现了一架宇宙飞船,它已经在新泽西着陆,飞船里面正走出一些奇怪的生物⋯⋯广播剧运用了逼真的音响效果,被一个名为奥森·威尔斯(Orson Welles)的演员和他所在的水银剧团(Mercury Theater Group)演播得绘声绘色。

按照惯例,广播剧播出 10 分钟之后会播放一段音乐休息一下,

---

① 〔美〕威尔伯·施拉姆、威廉·波特:《传播学概论》,陈亮、李启、周立方译,北京:新华出版社 1984 年版,第 172 页。
② 胡正荣:《传播学总论》,北京:北京广播学院出版社 1997 年版,第 298 页。
③ 〔美〕希伦·A.洛厄里、梅尔文·L.德弗勒:《大众传播效果研究的里程碑》(第三版),刘海龙等译,北京:中国人民大学出版社 2009 年版,第 36—41 页。

但是,当天的音乐被"突发新闻"取代了:一个天文学家(由奥森·威尔斯扮演)证实,可以观测到火星上有几个很显眼的爆炸产生的"白色炽热气团"。播音员还以记者的口吻描述说,他看见了火星人正从一个太空船里爬出来。当时的世界正笼罩在第二次世界大战的阴影里,而《火星人入侵地球》所用的手法——急促的、喘着气的报道,同一个月前报道"慕尼黑危机"(the Munich Crisis)时的方式一模一样。

这引起了人们的极度恐慌,有的人用湿毛巾捂住脸冲出房门,以防止吸入火星人的"毒气",有的人藏在地窖里,有的人在枪中装满子弹……好几个城市出现了恐慌,那些靠近捏造的飞船着陆地点的城市尤为如此。

据普林斯顿大学(Princeton University)事后调查,整个国家约有170万人相信这个节目是新闻广播,约有120万人产生了严重恐慌,要马上逃难。实际上,广播剧播出时,在开始和结尾都声明说这只是一个改编自小说的科幻故事,在演播过程中,哥伦比亚广播公司还曾四次插入声明。然而,谁也没有料到,该节目会对听众产生如此巨大的影响。这个闹剧的主要参与者威尔斯后来通过新闻媒体向全国公众道了歉。

互文参阅:第七章词条11.2 "火星人入侵"事件的另一个视角(p.287)

21.2 顽固的受众(Obstinate Audience)

顽固的受众理论认为,传播对象是"固执的",他们拒绝倒下。雷蒙德·鲍尔(Raymond Bauer)在1964年发表了题为《固执的传播对象》("The Obstinate Audience")的论文,其中指出,传播的讯息并不像枪弹,它们不是射向接收者的,而是放置在接收者可以爱怎么处理就怎么处理的地方。[①] 接收者也不仅仅是靶子,而是这一过程中的平等的伙伴。[②] 虽然某些讯息可能说服某些人,但在这个过程中没有什么自然而然的事。这一观点引发了学者对使用与满足理论的研究。传播理论家约瑟夫·克拉珀(J. T. Klapper)也认为,大

[①] 胡正荣:《传播学总论》,北京:北京广播学院出版社1997年版,第298页。
[②] 李彬:《传播学引论》(增补版),北京:新华出版社2003年版,第232—233页。

众传播的总体效果是态度强化,而不是态度改变。

21.3 主动型受众(Active Audience)

主动型受众(积极的受众)理论主要关注人们对媒介做了什么,属于受众中心(audience-centered)理论。① 这一理论认为,受众对媒介的使用是受自己的需求和目的所推动的,对传播过程的积极参与可能会推动、限制和影响所得到的满足和效果。② 在积极地选择媒介和传播内容后,受众还积极地为内容添加意义、构建新的意义来服务于自己的意图,而不只是听从讯息制造者和传播者的意向。

积极的受众具有五项特征:③

- 选择性(selectivity):积极的受众在媒介使用上具有较强的选择性;
- 实用性(utilitarianism):积极的受众运用媒介满足某种特定的需求或达到某种特定的目的;
- 意图性(intentionality):积极的受众有目的地使用媒介内容;
- 参与性(involvement):积极的受众主动参与、思考和使用媒介内容;
- 不受外界影响的特性(impervious to influence):积极的受众不容易被媒介说服,受众积极躲避着特定类型的媒介的影响。

互文参阅:第六章词条13 使用与满足理论(p.216);词条18.5 社会参与论(p.234)

积极的电视收看理论

积极的电视收看理论是关于电视消费的观点,认为主动的观众寻求节目以满足他们的心理和社会需求,④假定观众的理解能引起注意,从而导致收视有效果或没有效果。媒介的消费者将某种东西带进了收看的情境中,当他们消费节目内容时,对正在收看的内容

---

① 〔美〕斯坦利·巴兰、丹尼斯·戴维斯:《大众传播理论:基础、争鸣与未来》(第三版),曹书乐译,北京:清华大学出版社2004年版,第253页。
② Denis McQuail, *McQuail's Mass Communication Theory* (6th Edition), Sage, 2010, p.548.
③ Ibid., pp.414-416.
④ 〔美〕沃纳·赛佛林、小詹姆斯·坦卡德:《传播理论:起源、方法与应用》,郭镇之等译,北京:华夏出版社2000年版,第327页。

做了判断。也就是说,观众在总体上是积极地、自觉地去理解电视中的内容的,而不是被动地接收。①

积极的电视收看理论认为理解引起注意,这与"反应理论"认为注意力引起理解,从而导致观看效果的说法正好相反。

互文参阅:第六章词条 13 使用与满足理论(p.216)、词条 13.1.3.1 对使用与满足理论的经验测试(p.218)、词条 13.1.3.2 麦奎尔对电视节目观看情况的研究(p.219)、词条 13.2 传播的个人功能(p.220)、词条 14 受众期望—价值理论(p.225)、词条 24 收视类型(p.246)

21.4 受众细分(Audience Segmentation)

将群体概念用于大众传播的一种方法是通过受众细分或受众分割来实现的,即将受众根据其人口、心理和行为等方面的特征,分为许多小的群体,传播者针对不同的受众群体确定不同的传播策略。

受众细分反映了大众传播从以传播者为中心真正转向以受众为中心,大众传媒也开始根据受众进行定位。

受众细分最初是广告者发明的,被称为市场分割(Market Segmentation),现在被应用于广告、公共关系、营销(包括市场营销和社会营销等)等领域。②

互文参阅:第八章词条 5.3 市场细分(p.361)

22 受众的价值(Value of Audience)

受众的价值体现为以下几点:③

● 大众传播中的受众是处于不断变化中的,没有一成不变的受众,即便是针对某种传播媒介而言,也是如此。因此,只有经过对受

---

① 〔美〕斯坦利·巴兰、丹尼斯·戴维斯:《大众传播理论:基础、争鸣与未来》(第三版),曹书乐译,北京:清华大学出版社 2004 年版,第 197 页。
② 〔美〕沃纳·赛佛林、小詹姆斯·坦卡德:《传播理论:起源、方法与应用》,郭镇之等译,北京:华夏出版社 2000 年版,第 223 页。
③ 胡正荣:《传播学总论》,北京:北京广播学院出版社 1997 年版,第 289 页。

众详细的分析研究,才能生产出特点鲜明、针对性强的节目,才容易赢得受众。

● 大众传播中的受众是各不相同的,但是那些有共同的经历、受同样社会关系影响的受众对相同传播内容的反应类似。他们选择性地接收、解释和记忆大体相同的内容。一定社会关系中受众的相互影响,将会引起一系列思想、观念、态度、行为等方面的变化。

● 大众媒介的传播内容会对受众造成一定影响,会加强现有的社会规范并创造一些新的社会风气,还有可能促使社会"一体化"。

● 受众不是被动的信息接收者,而是积极的大众传播的参与者。受众希望能够通过大众传播媒介发表自己的见解和主张,希望能与传播者共同分享信息。受众决定着传播活动的基本方向。因此,离开受众,传播者研究、效果研究、媒介研究均无法立足。

23 受众的权利(Rights of Audience)

联合国教科文组织1980年编写的《多种声音,一个世界》(Many Voices, One World),根据联合国《世界人权宣言》(The Universal Declaration of Human Rights)的有关规定,阐述了受众的主要权利:

● 知情权(the Right to Know),即通过传播获知信息的权利。受众有权得到或寻求与自身相关或作为社会成员希望得到的信息情报。同时,国家和传播媒介应为公民享有这项权利提供法律和实际业务方面的保障,方便信息向受众的流动。①

● 传播权(the Right to Communicate),即使用传媒进行交流的权利。受众在接收信息的同时,有权利传播信息,如借助媒介来发表意见、表演节目、传递信息、展示作品、点播节目等。②

● 讨论权(the Right to Discuss),即受众有权利通过有效渠道及时表达意见,这也是受众享有社会民主权利的表现。③ 传播应成为自由开放的答复、做出反应和进行争论的过程。

● 隐私权(the Right to Be Alone),即当受众受到新闻的侵害时

---

① 胡正荣:《传播学总论》,北京:北京广播学院出版社1997年版,第275页。
② 同上书,第275—276页。
③ 同上书,第276页。

有要求补偿的权利。

● 接近权(the Right of Access to Mass Media),即一般社会成员利用传播媒介阐述观点、发表言论以及开展各种社会和文化活动的权利。接近权是传播权的引申,强调传媒具有向受众开放的义务和责任。传播机构应该公平对待受众享有、使用媒介及服务的权利,并依法保护受众作为著作者所享有的权利。

互文参阅:第五章词条 22 可获得性(p.191)

24 收视类型(Style of Viewing)

随着有线电视的普及,电视观众有了更多的选择,新科技使他们在收视过程中更具有主动性,以下概念介绍了主动的收视行为。

互文参阅:第六章词条 13 使用与满足理论(p.216)、词条 13.1.3.1 对使用与满足理论的经验测试(p.218)、词条 13.1.3.2 麦奎尔对电视节目观看情况的研究(p.219)、词条 13.2 传播的个人功能(p.220)、词条 14 受众期望—价值理论(p.225)、词条积极的电视收看理论(p.243)

24.1 频道扫描策略(Scanning)

在有线电视的观众打开电视机的时候,约有一半时间,他们已经想好了要看的电视节目,另一半时间是在看电视的同时借助遥控器选择节目。观众使用各自不同的扫描策略来决定要看什么节目。这些策略的不同在于扫描是否是:[1]
- 自动的:按顺序从一个频道自动转到下一个;
- 或是受控制的:按照某些预定目标,从一个挑选的频道换到另一个挑选的频道;
- 精心的:搜索所有的或大部分的频道;
- 或是局限的:只限于一定数目的频道;
- 殚精竭虑的:在找到最佳的选择前对所有的频道进行搜索;

---

[1] 〔美〕沃纳·赛佛林、小詹姆斯·坦卡德:《传播理论:起源、方法与应用》,郭镇之等译,北京:华夏出版社 2000 年版,第 328 页。

- 或是从一而终的:在首先选定后便不动了。

24.2　频道冲浪(Surfing)

频道冲浪又称放牧(Grazing)或频道跳跃(Hopping),是电视观众的习惯行为:他们普遍在所有的电视频道之间冲浪,而很少长时间地停留在某个频道上,尤其是在电视广告时间或节目乏味时。

24.3　频道逗留时间(Tuning Duration)

频道逗留时间是观众在用遥控器转换到另一个频道之前的平均时间长度。随着数字电视系统频道容量的大幅度增加,观众的频道逗留时间必定缩短,频繁换台的概率大大增加。

观众无常性(Viewer Volatility)

观众无常性是指观众平均看不到半分钟就换台的情形。这种情况也随着可接收频道的大大增加而越来越普遍。频道逗留时间在不断地缩短。

24.4　闪频(Zapping)

闪频又称放牧,是指观众为了躲避广告或乏味的节目而快速浏览所有的频道,寻找"更绿的牧场"的做法。①

24.5　观众收看流程理论(Audience Flow Theory)

观众收看流程理论指出,如果观众喜爱某个频道的节目,在收看节目之后,常常会被动地停留在那个频道上,等待收看下一个节目,即所谓的情绪继承效果。如果下一个节目正好属于同一节目类型,这种效果就会增强。

成功的节目编排就是将目标观众感兴趣的节目编排在一起,从而吸引一批固定的观众,使他们不会因为节目的变换而更换频道。但是,这种规则并不适合于电视频道上的"冲浪者"以及具有较高分辨力的观众。

---

① 〔美〕约瑟夫·R.多米尼克:《大众传播动力学:数字时代的媒介》(第七版),蔡骐译,北京:中国人民大学出版社2004年版,第329页。

25 媒介暴力可能产生的效果（Possible Effects of Media Violence）

25.1 刺激理论（Stimulation Theory）

媒介暴力的刺激理论指出，收看暴力节目与攻击行为之间具有联系，观看暴力场面实际上会使个人日后的行为更加具有暴力性质，即观看较多暴力内容的人比观看较少暴力内容的人在行为上更具有攻击性。这一点无论在实验研究，还是跟踪研究中都得到了证实。

25.1.1 模仿假说（Imitation Hypothesis/Modeling Hypothesis）

模仿是对观察到的行为的直接再现。

模仿假说认为人们从电视上学得侵犯行为，然后再到外面去照样模仿。① 也就是说，媒介受众能获得行为的符号表征，这些"图像"向他们提供信息，他们之后的行为就基于这些信息。媒介中的人物（模型、榜样）只要通过屏幕的描绘就会影响人们的行为，受众不需要强化或奖励便能对模型进行模仿。

模仿假说属于社会认知理论（学习），目前被普遍认为是最有用的理解媒介暴力对个人影响的理论。

互文参阅：第六章词条 5.2 学习理论/社会学习理论（p.204）；第十章词条 12.5 加布利埃尔·塔尔德（p.431）

25.1.2 免除抑制假说（Disinhibition Hypothesis）

免除抑制假说与模仿假说略有不同，这一理论认为电视降低了人们对侵犯他人的行为的抑制。电视暴力可能教导了一种普遍的规范，即暴力是一种与他人交往时可以被接受的方式。②

沃尔特斯·托马斯（Walters Thomas）和卢埃林·托马斯（Llewellyn Thomas）的实验为免除抑制假说提供了有力的证据。在他们的实验中，比起看过部分非暴力影片的受试者，看过暴力影片的受试

---

① 〔美〕沃纳·赛佛林、小詹姆斯·坦卡德：《传播理论：起源、方法与应用》，郭镇之等译，北京：华夏出版社 2000 年版，第 302 页。
② 同上。

者更可能增加对他人的冲动行为,但是受试者的侵犯形式与影片所描述的有所不同。

25.1.3 触发效果假说(Facilitating Effects)

媒介暴力的触发效果的关键词是引动(priming),即通过一个联系过程发挥作用。该假说认为人们在观看暴力影像时可能有几件事情会同时发生:媒介暴力可能会引动与敌意相关的思想,媒介暴力会导致人们相信在某种情况下攻击行为是正当有益的,媒介暴力还会引发促使人们的行为更具暴力性的行动倾向。①

25.2 宣泄理论(Catharsis Hypothesis)

宣泄理论又被称作净化作用假说,认为通过观看经由媒介传递的暴力内容可以满足或减少人们内心的暴力冲动。因而通过观看电视暴力,可以降低实际的侵犯行为概率,即观看暴力场面,事实上可以宣泄观看者本身的攻击性情绪。②

宣泄假说与刺激假说的争论是最早出现在大众媒介效果研究中的争论之一。虽然一些研究显示,一定的媒介暴力内容能够减少观看者随后的暴力倾向,但是实际上,这并非因为暴力倾向由此得以宣泄,而更可能的是,观众了解到在一定情况下诉诸暴力是不合适的。到目前为止,在调查电视暴力效果的数以百计的研究中,只有少数支持净化作用假说,绝大多数支持两种刺激暴力的假说——模仿假说和免除抑制假说,③即观看媒介暴力往往刺激了观看者的攻击行为。

25.3 班图拉的波波娃娃实验(The Bobo Doll Studies)

心理学家艾伯特·班图拉(Albert Bandura)和他的助手们在20世纪60年代进行的一系列实验表明,电视和电影可能教授了攻击性行为。

在一项典型的观察学习的实验中,班图拉分别就现实中的、电

---

① 〔美〕格兰·斯帕克斯:《媒介效果研究概论》(第二版),何朝阳、王希华译,北京:北京大学出版社2008年版,第87页。

② 同上书,第85页。

③ 〔美〕沃纳·赛佛林、小詹姆斯·坦卡德:《传播理论:起源、方法与应用》,郭镇之等译,北京:华夏出版社2000年版,第302页。

影和卡通片中的成人榜样对儿童行为的影响进行了研究。在这三个场合中,儿童看到一个女性成人榜样对一个大橡皮娃娃(名叫波波娃娃[Bobo Doll])分别进行四种不同的攻击性行为。结果发现,当孩子们被置于一个与他们刚刚看到的场景类似的玩耍情境时,他们会模仿看到过的动作,比起那些没有看过影片的孩子来说,他们对可怜的波波娃娃施以了更具暴力性质的袭击。

在另一项实验中,班图拉将4岁至6岁的儿童分成两组。儿童在电影中看到一个成年男子演示四种不同的攻击性行为。但在影片快结束时,一组儿童看到的是这个成人榜样受到另一个成人的奖励;而另一组儿童看到的是这个成人榜样受到惩罚。接下来,就让儿童进入相似的场景中,电影里榜样的攻击性行为所导致的结果(奖励或惩罚),是儿童是否自发地模仿这种行为的决定因素。也就是说,看到榜样受奖励的那一组儿童,比看到榜样受惩罚的另一组儿童,表现出更多的攻击性行为。

为了回答第二组实验所带来的问题——看到榜样受奖励的儿童是否比看到榜样受惩罚的儿童习得更多的攻击性行为,班图拉在这两组儿童看完电影回到游戏室时,以提供糖果作为奖励,要求儿童尽可能地回想起榜样的行为,并付诸行动。结果表明,这两组儿童在模仿攻击性行为方面没有任何差异,即都能同样精确地显示出榜样的四种攻击性行为的顺序。这说明,榜样无论得到惩罚还是奖励,儿童都习得了同样的行为,只不过没有同样地表现出来而已。

互文参阅:第六章词条5.2 学习理论/社会学习理论(p.204)

26 沙发土豆(Couchpotato)

"沙发土豆"这个词描述了电视对人们生活方式的影响,指的是那些拿着遥控器,蜷在沙发上,跟着电视节目转的人。这些将闲暇时间完全用于消费大众媒介的人,将自己的思想、感情、喜怒哀乐都与媒介内容完全相连接,他们的思想和观念,乃至行为方式都源于电视,极端自我内化,心理封闭,无法应付现实世界的种种变化。当人们过多地依赖于媒介带来的间接交流之后,人际间的社会交往、互动便会逐渐减少,与社会、群体会逐渐疏远、陌生。

互文参阅：第五章词条 1.5.3 信息爆炸（p.165）；第七章词条 18.3 拟态环境（p.303）；第九章词条 20 大众娱乐理论（p.398）

26.1　鼠标土豆（Mousepotato）

随着网络时代的出现和电子计算机的普及，在"沙发土豆"的基础上发展出"鼠标土豆"一词，体现了网络对社会个体的影响以及鼠标对个体的控制力。具体体现为：过多沉溺于网上交流的人忽视与自己身边的人的交流；因为过分依赖网络，而失去对现实生活的兴趣；出现网络成瘾症，长时间使用网络以获得心理满足或通过上网来逃避现实，从而导致个体对于社会规范的意识减弱，与现实社会疏远，生活与工作能力下降，人际交流能力萎缩，甚至产生严重的精神障碍。

上网瘾（Internet Addiction）

上网瘾是指一个人花费过多的时间上网、无法控制其对因特网的使用，并且忽略社会职责而滥用时间上网的状态。计算机助长了沉湎于消遣的逃避主义，染上上网瘾的人花费大量的时间和金钱从事电脑聊天、电脑游戏、电脑购物等活动。

26.2　容器人

日本学者中野牧在《现代人的信息行为》中提出了"容器人"这个概念，是指那些将闲暇时间完全用于大众媒介，将自己的思想、感情、喜怒哀乐完全与媒介相连的人，其思想、观念乃至行为都源于电视，极端封闭，无法应付世界的种种变化。[1]

"容器人"注重自我意志的自由，却非常容易受大众传播媒介的影响。"容器人"这个概念强调了电视等大众传播媒介对个人社会化和人格形成过程的影响。

互文参阅：第六章词条 3.2 大众传播的社会化机制（p.201）；第七章词条 18.8 类社会关系（p.307）；第九章词条 19 媒介与社会化（p.394）、词条 22 作茧效应（p.400）

---

[1]　胡正荣：《传播学总论》，北京：北京广播学院出版社 1997 年版，第 160 页。

26.3　单向度人(One-Dimensional Man)

法兰克福学派左翼主要代表人物赫伯特·马尔库塞(Herbert Marcuse)在其著作《单向度的人：发达工业社会意识形态研究》(*One-Dimentional Man: Studies in the Ideology of Advanced Industrial Society*)中提出"单向度人"(又译"单面人")的概念，是指发达工业社会已蜕变成一种"单面的社会"，活动在其中的只是具有"单面思维"的"单面人"。"单向度人"只知道物质享受而丧失了精神追求，只有物欲而没有灵魂，只屈从现实而不能批判现实，即纯然地接受现实，盲目地肯定现实，将自身完全融入现实中。①

互文参阅：第十章词条 2.3 批判学派的主要取向(p.413)

26.4　成瘾性媒介使用(Media Use as Addiction)

成瘾性媒介使用是指一种有害的过度使用媒介的情况，从而导致成瘾、与现实脱节、封闭自我、减少社会接触和偏离教育的后果。②

26.5　媒介依存症(Media Interdependency)

媒介依存症是现代人的一种社会病理现象，其特点是：过度沉迷于媒介接触而不能自拔，对媒介使用有很强的依赖性；价值和行为选择等一切行动必须从媒介中寻找依据；满足于与媒介中的虚拟社会互动而回避现实的社会互动；忽略应履行的社会义务；社会性格孤独、自闭、与社会隔离等。③

"沙发土豆"、"电视人"、"容器人"、"鼠标土豆"和"上网瘾(Internet Addiction)"等现象都是媒介依存症的表现。

互文参阅：第六章词条 3.2 大众传播的社会化机制(p.201)、词条 15 媒介系统依赖理论(p.226)、词条 29 媒介素养(p.256)；第七章词条 18 教养理论(p.301)、词条 18.3 拟态环境(p.303)、

---

① 李彬：《传播学引论》(增补版)，北京：新华出版社 2003 年版，第 334 页。
② Denis McQuail, *McQuail's Mass Communication Theory* (6th Edition), Sage, 2010, p.406.
③ Ibid., pp.430-431.

词条 18.8 类社会关系(p.307);第九章词条 19 媒介与社会化(p.394)

26.6 他律性欲望主义

"他律性欲望主义"由日本学者佐藤毅(Takeshi Sato)提出,用以批评电视媒介对社会价值和消费文化产生的负面影响。"他律性欲望主义"是指电视本身是人们欲望追求的对象,与此同时这种媒介又唤起和引发了人们新的欲望,因为电视通过鲜明的色彩、影像和丰富的情境,将充满诱惑的商品世界展现在人们面前,直接刺激着人们对这些商品的欲望。

当电视引起了人们的占有欲望和享受欲望时,社会中不同阶层和收入的人群在追求奢侈化上表现出一致性;人们过度追求享受。

26.6.1 物化(Reification)

"物化"这一概念由乔治·卢卡奇(Georg Lukacs)在 1922 年写的《历史和阶级意识》(History and Class Consciousness)中提出。他认为,物化是生活在资本主义社会中的每个人必然面对的现实,资本主义生产关系将人与人的社会变成了物与物的社会,人(劳动者和生产者)自己的劳动成了相对于其本身来说客观和对立的东西。它最集中的表现就是商品拜物教,具体体现为:

- 在资本主义社会的商品经济中人和人的关系已明显表现为物和物的关系,人们只注重对商品的崇尚和追求,目光愈来愈短浅。
- 由于资本主义社会分工和商品交换的作用,人们愈来愈重视与自己切身相关的利益,而放弃了对整个社会的总体观察。
- 生产劳动所产生的商品反过来控制了劳动者,生产者已经不能控制社会的生产关系,而是产品形成过程中的一个机械的组成部分。

"物化"现象不仅表现在经济方面,在资本主义的所有领域中都存在,包括人的思想领域,也形成一种所谓的"物化意识"。

26.6.2 异化(Alienation)

"异化"是个体与其社会生活的核心方面逐渐疏离的过程,其间他们被无法控制的"异化"力量所掌控,①主要指人的物质生产与精神生产和所生产的产品脱离了人类,成为异己力量,并反过来统治人类的一种社会现象。异化产生的主要根源是私有制,最终根源是社会分工固定化。在异化过程中,人丧失了能动性,人的个性不能全面发展,只能片面甚至畸形地发展。

马克思的异化理论更多地看到了生产过程的异化,而没有分析在当今时代已同样被异化的消费过程,即人们为所消费的商品所操纵。

26.6.3 消费者主权论(Consumer Sovereignty)

消费者主权论在传播学中又可以称为"受众主权论"。传统学派把消费者主权奉为王牌,消除"媒介控制"这一重要命题,主张由于获取利润是媒介的首要目的,因此对于生产"信息"这种商品的大众传播企业来说,消费信息的"受众"拥有"至高无上的主权"。为此,传播企业实现其企业目的的关键在于正确地确定目标市场的需要和欲望,并且比竞争对手更有效、更有利地将本公司的产品与服务传送给目标市场,以满足消费者的需求。

但是,批判学派从媒介的收入绝大部分来自于广告,而非来自于一般受众这一基本事实出发,认为对传播内容起决定作用的是广告主的意志,而所谓受众主权形同虚设。

互文参阅: 第十章词条 2.3 批判学派的主要取向(p.413)

27 亲社会行为(Prosocial Behavior)

亲社会行为被定义为能让社会满意,并对他人或社会上大多数人有某种益处的行为。② 这些行为包括分享、合作、培养自制能力以及助人为乐等。

大多数早期关于大众传播效果的研究,关注媒介的负面的或是反社会的效果,但是在 20 世纪 60 年代末期,大概是受到公共电视节

---

① 〔美〕约翰·费斯克:《关键概念:传播与文化研究辞典》(第二版),李彬译,北京:新华出版社 2004 年版,第 7 页。

② J. Philipe Rushton, "Television and Prosocial Behavior," *Television and Behavior*, 1982, Vol.2, p.249.

目《芝麻街》的影响,研究者开始用学习理论研究电视节目可能的积极作用。按照这一理论,观看的电视节目内容不同,会产生截然相反的效果。电视向观众提供了获得更多观察、学习经验的途径。①

互文参阅:第七章词条 26 媒介的社会离心与向心效果(p.329)

《芝麻街》(*Sesame Street*)

《芝麻街》是 1969 年 10 月 10 日在美国国家教育电视台(National Educational Television)首次播出,并于当年底转到公共电视台(Public Broadcasting Service)播出的一套著名的、寓教于乐的幼儿教育电视节目,也是人们尝试通过大众媒介为生活困难的人们提供信息的一个范例。

《芝麻街》综合运用了木偶、动画和真人表演等各种表现手法向儿童教授基础阅读、算术、颜色、字母和数字等基本知识,有时还教一些基本的生活常识。通过新奇的节目模式,加上信息和娱乐的内容,《芝麻街》吸引了众多儿童观众,并促使他们经常收看。它是迄今为止获得艾美奖(Emmy Awards)奖项最多的一个儿童节目,也是寓教于乐式儿童电视节目的开山鼻祖。

在首映七年后,《芝麻街》成为风靡全球的节目,在全世界 40 多个国家长期播放。这个节目适合各个不同民族和具有不同宗教信仰的儿童,角色形象和蔼可亲而且深受观众喜爱,关注儿童的教育、价值观和社会道德问题。因此,它一直得到来自批评家、父母、教师和孩子们的好评。《芝麻街》的贡献不仅在于它影响的观众数量的庞大,更在于它对儿童电视节目的创新和革命,同时它也证明电视传播并不总是带来负面的效果。

但就具体传播效果而言,研究发现,家长的文化程度越高,家庭收看《芝麻街》的频率就越高。这一数据的隐含意义在于,在不同经济收入或文化层次的群体之间试图通过《芝麻街》缩小知识沟是极为困难的;而且数据也表明,即使收看的节目完全一样,家庭富裕的

---

① 〔美〕希伦·A. 洛厄里、梅尔文·L. 德弗勒:《大众传播效果研究的里程碑》(第三版),刘海龙等译,北京:中国人民大学出版社 2009 年版,第 226 页。

孩子从《芝麻街》中获得的益处也多于家境贫困的孩子。①

互文参阅：第六章词条5.2 学习理论/社会学习理论(p.204)；第七章词条23 知识沟假说(p.319)

28　粉丝(Fandom)

粉丝是指由媒介名人所激发产生的极度迷恋并参与明星的各种活动及其个人生活的现象或采取此类行为的人群。粉丝所追捧或迷恋的明星主要是音乐、影视界的大众流行明星。这个概念通常意味着无理性以及脱离现实，甚至狂热。② 最普通的"粉丝"可能只是受到某一媒介的吸引，而最强烈的形态则可能牵扯到高度的情感投入以及围绕某个媒介人物而产生的活动。③

粉丝最可能是集体活动的，能够产生一种具有强烈的吸引力的共同意识的感觉，并且粉丝往往是自发产生的。④

互文参阅：第九章词条20 大众娱乐理论(p.398)、词条21 大众社会(p.399)、词条27 文化商品化(p.404)。

29　媒介素养(Media Literacy)

媒介素养是指人们获取、分析、衡量和传播媒介中的讯息的能力。⑤ 不同的媒介以不同的方式延伸着我们的感官，许多不同形态的媒介正在崛起，因此，要确保媒介发挥正向功能，最好的方法就是增强人们使用媒介的能力，即媒介素养。

大众传播学者阿特·西尔弗布拉特(Art Silverblatt)认为媒介素

---

① 〔美〕沃纳·赛佛林、小詹姆斯·坦卡德：《传播理论：起源、方法与应用》，郭镇之等译，北京：华夏出版社2000年版，第278—279页。
② Denis McQuail, *McQuail's Mass Communication Theory* (6th Edition), Sage, 2010, p.556.
③ Ibid., p.442.
④ Ibid., pp.442-443.
⑤ 〔美〕斯坦利·巴兰、丹尼斯·戴维斯：《大众传播理论：基础、争鸣与未来》(第三版)，曹书乐译，北京：清华大学出版社2004年版，第367页。

养是可以而且是必须提高的技能。他指出,传统上对媒介素养的定义仅限于印刷品,认为只要认识字母、学会阅读就可以了,而现在的媒介包括印刷品、电影、摄影、广播和电视,因此他拓展了媒介素养的定义,给出了媒介素养的五要素:[1]

- 意识到媒介对于个人以及社会的影响;
- 了解大众传播过程;
- 形成分析及讨论媒介讯息的策略;
- 意识到媒介的内容是为当今文化以及我们自身提供认知的"文本";
- 培养对媒介内容更深程度的享受、理解和欣赏。

传播学者詹姆斯·波特(James W. Potter)在其著作《媒介素养》(*Media Literacy*)中,描绘了媒介素养的几个基本准则:[2]

- 媒介素养是一个连续统一的整体,而不是一个分类条件,总有进步的空间;
- 媒介素养需要得到发展,我们必须积极地开发这些潜能;
- 媒介素养是多维度的,我们通过四个维度与媒介中的讯息互动。这四个维度分别是:
  - 认知领域,指智力活动及思考;
  - 情感领域,指感情的维度;
  - 审美领域,指从艺术角度享受、理解及欣赏媒介内容的能力;
  - 道德领域,指推断信息中的价值观的能力。
- 提高媒介素养的目的是让我们对解读拥有更多控制权。

互文参阅:第五章词条 1.5.3 信息爆炸(p.165);第六章词条 3.2 大众传播的社会化机制(p.201)、词条 15 媒介系统依赖理论(p.226)、词条 26 沙发土豆(p.250)、词条 26.5 媒介依存症(p.252);第七章词条 18.3 拟态环境(p.303);第九章词条 19 媒介与社会化(p.394);第十章词条 13.1 约翰·杜威(p.434)

---

[1] Art Silverblatt, *Media Literacy: Keys to Interpreting Media Messages*, Praeger, 1995, pp. 2-3.
[2] James W. Potter, Media Literacy, Sage, 1998, pp. 6-9.

第七章 ■ 传播效果

1 传播效果(Communication Effects)

传播效果是指传播者发出的信息经媒介传至受众而引起受众思想观念、行为方式等的变化。①

传播效果研究在传播学研究中占有极为重要的地位,到目前为止,关于传播理论的大部分研究都是效果问题。传播效果是指传播出去的信息受到了关注、留下了记忆、改变了态度、导致了个人的或社会的某种行为的变化。传播效果有两层含义:

● 一是以传播者为中心,从微观角度来解释,指带有说服动机的传播行为在受众个体或群体身上引起了认知、情感、态度和行为等方面的变化,通常以传播者的目的是否达到作为判断是否产生效果的标准。

● 二是从宏观角度来解释,指传播活动,尤其是报刊、广播、电视等大众传播媒介的活动对受众和社会、文化所产生的一切影响和结果的总和,无论这些影响是有意的还是无意的,直接的还是间接的,显现的还是潜在的。这种传播效果通常表现为一种长期的、潜在的综合效果。

---

① 胡正荣:《传播学总论》,北京:北京广播学院出版社1997年版,第295页。

1.1 传播效果的四个层面

传播效果包括认知的、情感的、态度的和行为的四个层面。

- 认知层面:受传者对讯息的表层反应,它表现为对信息的接受与分享。认知性的反应具有原始性、直感性、差异性。
- 情感层面:情感效果是受传者对讯息的深层反应,是对讯息内容进行带有感情色彩的分析、判断和取舍。情感性的反应具有自主性、理智性和目的性。
- 态度层面:态度是建立在认识的基础上,由具体的情感刺激所形成的一种习惯性反应。传播的态度效果通常表现为变否定的态度为肯定的态度,变消极的态度为积极的态度,或是培养与维系肯定的、积极的、正确的态度。
- 行为层面:行为效果是受传者接受讯息后在行为上发生的变化。行为效果一般有三种形态,即对抗行为的消除、合作行为的引起,以及这两种行为的相互转化。

传播效果在这四个层面的深入是一个逐步深化、层层累积的社会过程。这四个层面既适用于具体的微观层面,也适用于宏观的社会层面。

大众传播的社会效果

大众传播的社会效果反映在三个层面上:

- 环境认知效果。在现代社会里,我们对周围世界的知觉与印象在很大程度上依赖于大众传播媒介。大众传播制约着我们观察社会和世界的视野。
- 价值形成与维护效果。大众传媒可以通过舆论引导形成新的规范和价值,又可以通过舆论监督来维护既有的规范和价值。
- 社会行为示范效果。大众传媒通过向社会提示具体的行为范例或行为模式来直接、间接地影响人们的行动。

1.2 影响传播效果的因素

影响传播效果的外部因素包括:

- 先验观念:人们头脑里固有的对世界的印象和形成的观点;
- 团体规范、组织关系:人们会深刻地受到所属群体的影响;
- 受众个人差异;

- 社会类型。

影响传播效果的内在因素包括：
- 传播的信息来源；
- 传播的媒介；
- 传播的态度、方式、技巧；
- 传播的内容。

互文参阅：第六章词条 18 解释受众选择性心理的五种理论（p.231）

1.3 大众传播效果的分类

传播效果具有立体性，具体体现为五级传播效果：

- 正面效果和负面效果：正面效果是指大众传播对受众产生了积极的影响和作用；负面效果则是指在受众那里产生了不良的、消极的影响。
- 显性效果和隐性效果：显性效果是指从受众的情感、态度、行为或其他表现中可以明显地感觉、观察到的效果；隐性效果是指潜藏、隐匿在受众的头脑中，经过不断累积、深化和发展才逐步显示出来的效果。
- 直接效果和间接效果：直接效果是指大众传播直接作用于受众而产生的影响和后果；间接效果是由直接效果引申出来的效果。
- 即时性效果和延时性效果：即时性效果是指受众接受传播者发送的讯息后，在很短的时间内就做出反应；延时性效果是指受众接受讯息后要经过一段时间的思考、选择、判断，才在某种程度上根据传播者的意图做出反应。
- 暂时性效果与持久性效果：暂时性效果是指大众传播的效果持续的时间比较短；持久性效果则是指大众传播的效果和影响是深远的、长期的。

1.4 时间与意图组合的传播效果类型（Effects can be located on two dimensions: Time Span and Intentionality）

英国学者彼得·戈尔丁（Peter Golding）以时间（短期的与长期的）和意图（预期的与非预期的）两个要素相组合，将大众传播和效

果分为四种类型:

- 短期的预期效果:包括个人反应和对媒体集中宣传报道活动的反应(集合反应)两种。
  - 个人反应是指特定信息在个人身上引起的认知、态度和行动的变化。
  - 集合反应则是指对一家或多家媒介为达成特定目标而开展的说服性宣传活动,而产生的预期中的群体反应。
- 短期的非预期效果:包括个人的自发反应和集合的自发反应。
  - 个人的自发反应是指个人接触特定信息后所发生的、与传播者意图无直接关系的模仿或学习行为。这些行为可能是有利于社会的,也可能是反社会的。
  - 集合的自发反应指的是社会上许多人在同一信息的刺激和影响下产生的反应。
- 长期的预期效果:指针对就某一主题或某项事业进行的长期信息传播所产生的,与传播者意图相符的累积效果,如推广与普及、知识传播。

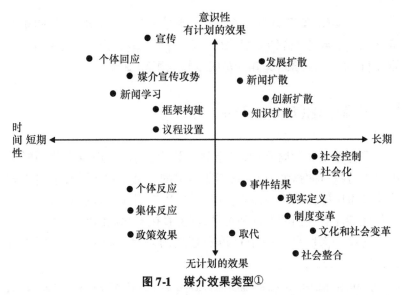

图7-1　媒介效果类型①

---

① Denis McQuail, *McQuail's Mass Communication Theory* (6th Edition), Sage, 2010, p.466.

- 长期的非预期效果：指整个传播事业日常的、持久的传播活动所产生的综合效果或客观结果，如社会化、社会控制与社会变革。

他指出：预期的短期效果可能被认为是"有意识偏见"；非预期的短期效果会被认为是"无意识偏见"；预期的长期效果表示"政策"；而非预期的长期效果是"意识形态"。①

1.5 传播功能(Function)与传播效果(Effect)的区别

大众传播的功能与大众传播的效果两者之间既有联系，也有区别，区别体现在以下方面：②

- 研究角度不同：传播的功能是从宏观角度来考察；效果是从微观角度来研究具体信息对受众的心理、态度、行为所产生的影响。
- 研究对象不同：传播的功能是以传播媒介及其内容作为研究对象的，即研究的客体是大众传播本身；而传播的效果所研究的客体是传播后引起的受众在认知、行动等方面的变化。

对大众传播功能的研究和认识有助于我们了解传播所取得的效果。

互文参阅：第三章词条 10 大众传播的功能(p.69)；第四章词条 24.2 经典的媒介四功能论(p.155)；第六章词条 13 使用与满足理论(p.216)、词条 15 媒介系统依赖理论(p.226)

2 子弹理论(Bullet Theory)

子弹理论又称魔弹论、皮下注射论等，其核心观点是传播媒介拥有不可抵抗的强大力量，它们所传递的信息作用于受传者身上就像子弹击中躯体或药剂注入皮肤一样，可以引起直接速效的反应；③它们能够左右人们的态度和意见，甚至直接支配他们的行为。

对第一次世界大战中宣传心理战的效果、欧洲国家的广告客

---

① Denis McQuail, *McQuail's Mass Communication Theory* (6th Edition), Sage, 2010, p.465.
② 胡正荣：《传播学总论》，北京：北京广播学院出版社 1997 年版，第 162 页。
③ 〔美〕威尔伯·施拉姆、威廉·波特：《传播学概论》，陈亮、李启、周立方译，北京：新华出版社 1984 年版，第 172 页。

户、内战时期的独裁国家以及俄国新革命制度对媒介的利用等的研究,似乎都证实了媒介是万能的,可以随心所欲地影响受众,从而产生巨大的传播效果。在两次世界大战之间的几十年内,大众传媒如报刊、电影、广播等迅速发展并普及,对人们的日常生活产生了巨大的冲击,人们普遍认为大众传播具有惊人的强大效果,传播研究者认为大众媒介具有"魔弹式"的威力。

20世纪20年代,弗洛伊德学说和行为主义理论的结合,以及当时在西方盛行的本能心理学和大众社会理论是子弹论产生的理论背景。

关于子弹论的研究大都是建立在观察基础上的,并未经过严密的科学调查与验证。这种理论过分夸大了大众媒介的影响力,忽视了受众对大众传播的自主权。此外,这一理论还忽视了影响传播效果的各种社会因素。传播效果与当时当地的社会环境、媒介环境、群体心态、政治经济及文化背景密切相关,不能把传播效果放到"真空"中去考察。

互文参阅:第一章词条拉扎斯菲尔德的总统选举研究(p.9);第六章词条5 行为主义心理学(p.202)、词条13 使用与满足理论(p.216)、词条21.1 被动的受众(p.240)、词条"火星人入侵地球"事件(p.241)

2.1 本能心理学(Instinct Psychology)

本能心理学的基本观点是,人的行为如同动物的遗传本能反应一样,是受"刺激—反应"机制主导的,施以某种特定的刺激就必然会引起某种特定的反应。

2.2 大众社会理论(Mass Society Theory)

大众社会理论是在奥古斯特·孔德(Augste Comte)、赫伯特·斯宾塞(Herbert Spencer)的社会有机体思想和马克斯·韦伯(Max Weber)等人有关工业化社会理论的基础上形成的。这是一种关于西方工业社会的视角,认为媒介是具有负面影响力的角色。他们认为,大众社会中的个人,在心理上陷于孤立,对媒介的依赖性很强,因而导致媒介对社会的影响力很大;媒介通过对毫无防备的"普通人"的影响,破坏着社会秩序,是一种腐化堕落的影响力。

大众社会理论最根本的论点是,媒介对传统的社会秩序起到破坏作用,为了避免破坏,必须采取办法恢复旧有的社会秩序,或者建立起新的社会秩序。①

大众社会理论过于夸大了媒介破坏社会秩序的能力,却没考虑到媒介的最终威力还是取决于受众对它们的选择。

互文参阅:第六章词条"火星人入侵地球"事件(p.241);第七章词条12 有限效果理论(p.288);第十章词条10 功能分析理论(p.428)、词条12.6 马克斯·韦伯(p.432)、词条13.1 约翰·杜威(p.434)

2.3 弗洛伊德学说(Freudianism)

西格蒙德·弗洛伊德(Sigmund Freud)将人格划分为三个部分:本我(Id)、自我(Ego)和超我(Superego):

- 本我是人格结构中最原始、最隐秘的部分,其基本成分是人类的基本需求和冲动,特别是性冲动。本我受本能驱动,遵循快乐原则。
- 个体必须接受现实的限制,学会在现实中获得需求的满足。于是,这服从现实的一部分即从本我中分离出来,成为自我。自我遵循的原则是现实原则。它在本我、超我和现实环境之间起着调节作用。
- 超我是从自我中分离出来的,是人格结构中的最高部分。它是个体接受社会道德规范的教养而后逐渐形成的,服从社会的道德要求,在整个人格结构中居于管制地位,对人格的其他部分进行审查和监控。它遵循的是完美原则。

弗洛伊德认为,人类的行为是个体的本我、自我、超我互相斗争的产物,②人类的行动通常取决于人格中的阴暗面,即自私自利的本我,人格的发展在很大程度上是受无意识驱动的。

宣传理论家用弗洛伊德的理论来对媒介的影响力进行非常悲

---

① 〔美〕斯坦利·巴兰、丹尼斯·戴维斯:《大众传播理论:基础、争鸣与未来》(第三版),曹书乐译,北京:清华大学出版社2004年版,第13页。
② 同上书,第78页。

观的解释。行为主义和弗洛伊德理论常常被结合在一起形成新的理论。这些理论认为大众缺乏理性的自我调控能力,他们极易受到媒介的操纵;①媒介形成的刺激和本我一起触发行动,对此自我和超我却无力阻拦,无论他们处于何种社会地位,无论他们所受的教育有多少,宣传的魔弹都会穿透他们的思想防线,改变他们的想法和行动;随后,自我只能将自己不能控制的行动加以合理化,并因此产生罪恶感。

互文参阅:第六章词条5 行为主义心理学(p.202)

3 宣传(Propaganda)

哈罗德·D.拉斯韦尔在其经典著作《世界大战中的宣传技巧》(*Propaganda Technique in World War I*)中,第一次试图给宣传下定义:"它仅指以重要的符号,或者,更具体一点但欠准确地说,就是以消息、谣言、报道、图片和其他种种社会传播的方式来控制意见的做法。"②

宣传——propaganda,源自拉丁文"to sow",最初是一个中性的词,意思是"散布或宣传一种思想"。在1913年版的《不列颠百科全书》中,尚未出现propaganda这一词条。直到1914年第一次世界大战爆发前,propaganda这个拉丁文词汇还不是一个大众用语。在一战中"宣传"一词开始流行,并且首次出现在政府机构名称中。战时宣传的种种实践,使西方人从此普遍认为,以控制人的心灵为目的的宣传,对于战争成败和社会稳定具有举足轻重的影响,因而对于可能与专制相联系的宣传产生了一种恐惧心理。因此,在第一次世界大战以后,"宣传"往往被赋予一种否定性的含义,宣传信息被认为是"不诚实的、操纵性的和洗脑子的"。③

战争结束以后,英国和美国各界人士开始从各个角度回顾和反

---

① 〔美〕斯坦利·巴兰、丹尼斯·戴维斯:《大众传播理论:基础、争鸣与未来》(第三版),曹书乐译,北京:清华大学出版社2004年版,第79页。
② Harold D. Lasswell, *Propaganda Technique in the World War*, Peter Smith, 1927, p.9.
③ 〔美〕沃纳·赛佛林、小詹姆斯·坦卡德:《传播理论:起源、方法与应用》,郭镇之等译,北京:华夏出版社2000年版,第106—109页。

思这场史无前例的宣传运动。一些参与战时宣传的新闻记者著文揭露战时宣传中歪曲事实、夸大敌方暴行等内幕,并对自己丧失新闻道德的行为表示忏悔。从此,西方公众对"宣传"一词开始有了负面的语感。它使得人们对于现代传播技术与公众控制之间的关系有了新的认识,在此之前,竞争的双方从来没有如此依赖宣传运动,人们也从来没有如此强烈地意识到政府对他们的控制。

今天,在许多西方人眼里,宣传常常与党派私利、偏见等相联系,因而"宣传"一词被弃而不用,取而代之的是"广告"、"公关"等词。在拉斯韦尔的研究中被称为宣传的东西在今天被称为大众传播,第二次世界大战之后,"宣传"这个词也逐渐地淡出了传播学研究领域。①

互文参阅:第八章词条 3 广告(p.339)、词条 4 公共关系(p.352)

3.1 《世界大战中的宣传技巧》(*Propaganda Technique in World War I*)

美国著名政治学家拉斯韦尔在 1927 年出版了博士论文《世界大战中的宣传技巧》,全面地分析了第一次世界大战中的宣传策略及其效果,并且开创了传播研究的先河。

拉斯韦尔宣传分析的基础是与欧洲国家的官员的访谈、对档案材料的使用和关于宣传信息的定性的内容分析。与同时代的许多人不同,拉斯韦尔对于战争期间各交战方所进行的广泛宣传运动的研究,主要是从技巧的角度着手的,并没有对其进行伦理或道德方面的评判,这就奠定了与当时欧洲和美国社会学、政治学等社会科学一脉相承的传播学经验学派的研究立场——从经验事实出发,采取价值中立态度,运用经验材料来对社会现象或社会行为进行实证考察。② 因此,《世界大战中的宣传技巧》代表了一种严格的学术成就。

---

① 〔美〕E. M. 罗杰斯:《传播学史:一种传记式的方法》,殷晓蓉译,上海:上海译文出版社 2005 年版,第 189 页。
② 同上书,第 186 页。

这本书揭示了发生冲突的双方都采用的宣传技术的性质,主要内容包括主要概念的定义(尤其是对"宣传"的定义)、宣传策略的分类、限制或促进诸如此类的宣传策略的效果的阐述等,拉斯韦尔想从中"发展出一个关于国际战争宣传如何能够成功实施的精确理论"。书中指出,宣传试图"改变其他人的观点,以便推进人们自己的事业或损害与之相对立的人",是一种控制舆论的方法。因此,它与说服工作有着紧密的关系。说服和宣传都是有意图的传播,由一个信源所进行,以改变受众成员的态度。

拉斯韦尔认为宣传的目的和最显著的作用体现在四个方面:①
- 如何激发起人们对敌人的仇恨;
- 如何维系与盟国的友谊;
- 如何与中立国保持良好的关系,而且尽可能与其达成合作;
- 如何瓦解敌方斗志。

拉斯韦尔的调查研究结果令他对人类第一场世界大战战争宣传的广度感到讶异,他写道:"国际战争宣传在上一次战争中扩大到了如此令人震惊的范围……没有哪个政府奢望赢得战争,除非有团结一致的国家作后盾;没有哪个政府能够享有一个团结一致的后盾,除非它能控制国民的头脑。"因此,他将宣传视为集中体现现代政治的现代战争中不可分割的组成部分之一。"过去的这次大战的历史表明,现代战争必须在三条战线上展开:军事战线、经济战线和宣传战线。经济封锁扼制敌人,宣传迷惑敌人,军事力量给予敌人最后一击。"②

互文参阅:第十章词条 1 经验学派(p.408)、词条实证主义(p.409)、词条 14.1 哈罗德·D.拉斯韦尔(p.439);第十一章词条 7.1 传播学研究方法体系(p.468)、词条 20 内容分析法(p.496)

---

① 〔美〕沃纳·赛佛林、小詹姆斯·坦卡德:《传播理论:起源、方法与应用》,郭镇之等译,北京:华夏出版社 2000 年版,第 107—108 页。
② 〔美〕哈罗德·D.拉斯韦尔:《世界大战中的宣传技巧》,张洁、田青译,展江校,北京:中国人民大学出版社 2003 年版,第 22 页。

3.2 说服(Persuasion)

拉斯韦尔指出,"说服"和"宣传"都是有意图的传播,由一个信源所进行,以改变受众的态度。真正有效的说服具有三个特征:态度改变、行为改变和持久的改变。心理学家罗杰·布朗(Roger Brown)试图在宣传与说服之间进行区别,他对说服的定义是:设计操纵符号以促使别人产生某种行为。[1] 拉斯韦尔和布朗对"说服"与"宣传"在两个方面作了区分:[2]

- 如果说服行为对说服者本身有益,而不符合被说服者的最大利益,这种说服努力就是"宣传"。因此,广告、公共关系和政治竞选运动是宣传。
- 说服往往被认为是面对面的、人际间的传播;而宣传是借助于大众媒体的说服,它的目标是群体受众。宣传往往是单向的,而说服经常被认为是一个人际间的过程,因此,更加具有互动性,尽管它在意图上是单向的。简言之,宣传是大众化的说服工作。

因此,断定一种说服行为是不是宣传,并没有绝对的衡量标准。就所使用的技巧而言,说服与宣传如出一辙。

3.3 《宣传的完美艺术》(The Fine Art of Propaganda)

《宣传的完美艺术》是宣传分析研究领域的另一部知名出版物,由阿尔弗雷德·李(Alfred M. Lee)和伊丽莎白·李(Elizabeth B. Lee)共同编写。这本书提供了七种常用的宣传设计技巧,这些技巧简单易记,便于传授。七种宣传技巧分别是:

- 辱骂法
- 光辉泛化法
- 转移法
- 证词法
- 平民百姓法
- 洗牌作弊法
- 乐队花车法

---

[1] Roger Brown, *Words and Things*, Free Press, 1958, p.229.
[2] Ibid., p.300.

3.3.1 辱骂法(Name Calling)

辱骂法是给某一思想贴上一个不好的标签,使我们不用证据就拒绝和谴责这种思想。辱骂法在比较广告中被使用,更普遍地是被运用在政治和其他领域的公开演讲中。①

3.3.2 光辉泛化法(Glittering Generality)

光辉泛化法,又称晕轮效应,是将某事物与好字眼联系在一起,借好事物的光,使我们不加证实而接受或赞同另一类事物。② 比如产品的名称都会使用好字眼。光辉泛化法在广告和政治宣传中使用极其普遍,因此人们很难注意到它。

互文参阅:第七章词条4.3.1 信源的可信性效果(p.277)、词条4.3.3 高可信度来源的有效性(p.278)

3.3.3 转移法(Transfer)

转移法是指将某种权威、约束力、令人尊敬或崇拜的事物的威信转移到其他事物上,使后者更易被接受。③ 转移法通过联系过程起作用,通过联系而欣赏,传播者的目标是将一种观念、产品或某项事业与人们赞赏的东西联系起来。转移法在政治和商业上都有广泛的用途。

有时,转移法也可以借助两个人在一起的场面实现,将一个人的魅力转移到另一个人身上。

3.3.4 证词法(Testimonial)

证词法利用某些令人尊敬或讨厌的人说出的话,来加强对某人、某事、某产品的定义效果。④ 证词法在广告和政治宣传中是一种很常用的技巧。通常,在证词法中,证词的信源的可信度越高,效果越好。这就是为什么要利用名人或有代表性的人来做广告。

互文参阅:第七章词条4.3.1 信源的可信性效果(p.277)、词条4.3.3 高可信度来源的有效性(p.278)

---

① A. M. Lee & E. B. Lee, *The Fine Art of Propaganda: A Study of Father Coughlin's Speeches*, Harcourt, Brace and Company, 1939, p.26.
② Ibid., p.47.
③ Ibid., p.69.
④ Ibid., p.74.

3.3.5 平民百姓法(Plain Folks)

平民百姓法是以平民百姓自居,企图在平易近人的氛围中让受众相信其观点的正确,同时指出这些观点是广大普通百姓的想法,[①]每个人接受起来都应该没有障碍。平民百姓法被用于政治宣传和商业产品的广告中。

3.3.6 洗牌作弊法(Card Stacking)

洗牌作弊法是对所采用的陈述方法加以选择,通过事实或谎言,清晰或模糊、合法或不合法的论述,对利于己的观点做尽可能好的说明,对不利于己的观点则尽可能说不好,[②]突出一面之词。

洗牌作弊法选择支持某种立场的论点和证据,而忽视不支持这种立场的论点和证据。所选择的证据可能是对的,也可能是错的。当论点正确的时候,这种技巧可能十分奏效,但还有一些同样正确的论点可能被忽略,因为此时很难察觉那些论点。

除了在商业广告中运用洗牌作弊法,政府的"新闻控制"行为——选择那些于己有利的新闻传达给受众,也运用了这一宣传策略。

3.3.7 乐队花车法(Band Wagon)

乐队花车法传递的信息是:"每个人——至少我们所有的人——都正在做它",[③]即号召受众随大流。宣传者用这种方法告诉受众社会团体中的大多数都接受某观点,以此说服之,使他们跟随大家"跳上乐队花车"(Jump on the band wagon)。如政府宣传中树立榜样、战争中树立英雄形象等做法,在商业广告中同样会用到。

3.4 新闻的客观性(Objectivity)

新闻界推崇新闻内容的客观性:[④]
- 将事实和观点分开;
- 参考其他权威材料来确认新闻陈述;
- 对争论双方进行平衡报道,使双方均有机会向受众提供充分的信息。

---

① A. M. Lee & E. B. Lee, *The Fine Art of Propaganda:A Study of Father Coughlin's Speeches*, Harcourt, Brace and Company, 1939, p.92.
② Ibid., p.95.
③ Ibid., p.105.
④ B. McNair, *The Sociology of Journalism*, Arnold,1998,p.68.

新闻界认为这样做就可以呈现无偏差(Bias)的陈述。所谓无偏差包含了公平性、公正性和精确性等观念。① 美国新闻界认为,客观性与宣传是格格不入的。

互文参阅:第八章词条 2.3 新闻准则(p.333)

3.5 三色宣传

3.5.1 白色宣传(White Propaganda)

白色宣传是通过一个信任度良好的信息渠道发布的,只强调正面的信息,公开表明信息来源,并刻意抑制有害的信息和想法。其目的是分散别人对有疑问的事情的注意力。②

3.5.2 黑色宣传(Black Propaganda)

黑色宣传是别有用心地、策略性地传播谎言,③是隐瞒信息来源的宣传或暗地传播的小道消息。

3.5.3 灰色宣传(Gray Propaganda)

灰色宣传是传播可能错误或可能正确的信息或想法,在宣传中既不费力去确定信息的确切性,也不说明信息来源。④

4 霍夫兰的美国陆军研究(Hovland's Study on U.S. Army)

在第二次世界大战前夕的恐慌时期,由著名实验心理学家卡尔·I.霍夫兰(Carl I. Hovland)主持的、由美国陆军部信息和教育局研究处(Information and Education Division of the War Department)实施的对美国陆军的研究,是开创先河的说服研究。当时的美国政府以前所未有的力度支持有关通过说服传播来改变认识、态度和行为

---

① 〔英〕鲍勃·富兰克林:《新闻学关键概念》,诸葛蔚东等译,北京:北京大学出版社 2008 年版,第 233 页。
② 〔美〕斯坦利·巴兰、丹尼斯·戴维斯:《大众传播理论:基础、争鸣与未来》(第三版),曹书乐译,北京:清华大学出版社 2004 年版,第 73 页。
③ 同上书,第 74 页。
④ 〔美〕沃纳·赛佛林、小詹姆斯·坦卡德:《传播理论:起源、方法与应用》,郭镇之等译,北京:华夏出版社 2000 年版,第 176—177 页。

的社会影响的研究。对于说服,当时众所周知的名称是"态度改变"。

在第二次世界大战期间,美军开始以前所未有的规模使用电影或其他大众传播形式进行宣传。这些材料大部分用于训练美国的战士和鼓舞他们的士气。这些影片通过运用动画、图表以及历史资料,揭露并控诉了敌人的罪行,赞颂了美军将士的英勇献身精神。这些影片被设计为激励性的内容,用来训练和引导美国士兵。而霍夫兰和他的同事们则要评估影片是否改变了美国战士对战争的认识和态度。①

研究采用了两种形式:
- 对现有的电影进行评估;
- 对采用不同方法拍摄或制作的同一内容的影片或消息进行对比研究。

研究者认为通过第二种形式的研究,才能得出态度改变的一般原则。霍夫兰对态度改变和说服效果的研究采用的是控制实验方法,对各种变量进行了小心的控制,以观察它们的效果。

这项对说服问题的研究由于其卓越的开创性和影响力——最重大的结果之一是开创了传播学科研究领域,被誉为"当代研究态度改变最重要的起源"。

互文参阅:第十章词条 14.4 卡尔·I.霍夫兰(p.445);第十一章词条 16 问卷(p.484)、词条 17 访谈法(p.487)、词条 19 实验法(p.493)

4.1 说服研究

说服研究研究的是说服如何产生态度改变的效果。

20世纪以来,人们对说服与态度改变之间的关系开始了系统的研究,尽管对这个问题的思考似乎一直伴随着人类的历史。说服是通过接收他人的信息产生态度的改变。在民主社会中,说服是生活的一部分,因为在这样的社会里,最可靠的控制手段可能便是对人

---

① 〔美〕斯坦利·巴兰、丹尼斯·戴维斯:《大众传播理论:基础、争鸣与未来》(第三版),曹书乐译,北京:清华大学出版社2004年版,第74页。

们态度的影响。①

互文参阅：第六章词条态度(p.208)

4.2 说服技巧与说服效果

4.2.1 单方面的消息(One-Side Messages)和正反两方面的消息(Two-Side Messages)

单方面消息(也称"一面提示")是指在消息中,仅向说服的对象提示自己一方的观点或于己有利的判断材料;而正反两方面消息(也称"两面提示"),指在消息中也提示对立一方的观点或不利于自己的材料。一面提示能够对己方观点作集中阐述,简洁易懂,但会使说服对象产生心理抵抗。"两面提示"给人一种"公平"感,但理解难度增加,容易造成为对方做宣传的后果。

当同样的消息以这两种不同的方法来制作时,说服的效果是不同的:②

- 当加入最初意见(接收消息者赞成或反对的态度)这个变量进行分析时发现,单方面消息对最初赞成该消息者最有效,强化了他们原有的态度。正反两方面消息则对最初反对该消息者最有效,改变了他们的态度,使之转向传播者所希望的态度。

- 当加入教育程度这个变量进行分析时发现:单方面消息对受教育程度较低的人最有效,而正反两方面消息对受教育程度较高的人最有效。

可见,最有效的消息表现形式是根据受众的特点而定的,这一结果说明了态度改变的复杂性——消息中的变量有时与其他变量相互起作用。

4.2.2 免疫效果(Immunization)

免疫效果可以依赖滋养(Supportive Treatment),也可以通过预防接种(Inoculation)而获得。

丹尼斯·麦奎尔和得米特瑞奥斯·帕帕乔吉斯(Demetrios Papageorgis)指出,大部分人持有相对没有经过挑战的信念,而这些信

---

① 〔美〕沃纳·赛佛林、小詹姆斯·坦卡德:《传播理论:起源、方法与应用》,郭镇之等译,北京:华夏出版社2000年版,第175页。
② 同上书,第178—180页。

念在受到攻击时经常轻易地就被动摇了,因为人们不习惯于保卫它们。这如同假设一个人在无菌的环境中长大,突然被暴露于有细菌的环境中,这个人的身体便很容易被感染,因为这个人还没有获得任何抵抗力。

这种人要获得抵抗力,可以依靠滋养——良好的饮食、运动锻炼和休息等;也可以经过预防接种,即有计划地接触处于微弱状态下的细菌环境,从而刺激个体抵抗力的发展。在医学界,就产生的抵抗力效果而言,预防接种的方法比滋养更为有效。"免疫"这个词既适合于滋养的方法,又适用于预防接种的方法。麦奎尔和帕帕乔吉斯开展的一系列实验,也证明了这一医学理论,发现通过事先滋养和事先接种,能够使人们在其信念受到攻击时,不轻易地发生动摇,因为人们具有了一定的免疫能力。

所谓事先滋养,就是事先对一个人的基本信念给予支持的观点;事先接种是先将当事人暴露在微弱的、能刺激抵抗力形成的、攻击其基本信念的反面观点中。[①]

4.2.2.1 预防接种理论(Inoculation Theory)

与医学上发生的情况类似,麦奎尔和帕帕乔吉斯发现事先免疫比事先滋养能更好地成为支持信念的途径,这一理论借用医学上的名词被称为预防接种理论。

之所以出现这种效果,是因为当人们接收了对基本信仰的攻击和对这些攻击的反驳后,可以发展出一种普遍的免疫力,使基本信念即使遭到不同方式的攻击,也不可能改变。其原因有两个:[②]

- 一是有了第一次攻击被反驳的经验,此后再遭受攻击时,攻击材料的可信度会因之前被反驳而降低。
- 二是事先将攻击暴露出来,可以使人们知道他们所持的信念的确有弱点,从而推动他们去发展更多的支持观点。

因此,接种计划的推行者不必担心后来人们可能遭受的对其信念的所有攻击,而可以放心地让免疫力去发挥预防作用了。

预防接种理论也指出,在接收免疫信息期间,主动参与不如被

---

① 〔美〕沃纳·赛佛林、小詹姆斯·坦卡德:《传播理论:起源、方法与应用》,郭镇之等译,北京:华夏出版社2000年版,第190—191页。

② 同上书,第191页。

动参与对后来的说服产生的免疫效果明显。这是因为受试者并不习惯于积极参与保卫他们基本信念的活动,因而不可能做好,而且主动参与可能干扰了人们接收展示给他们的任何免疫材料。

4.2.2.2 "两面提示"的免疫效果

在正反两方面的消息中,由于包含着对两种相反观点的说明,因此"两面提示"就像事先接种牛痘疫苗一样,能够使人在以后遇到对立观点宣传时具有普遍较强的抵抗力。

4.2.3 "明示结论"或"寓观点于材料之中"

明示结论使观点鲜明,受众易于理解,但易引起受众的反感;不作明确结论,则给受众一种"自己得到结论"的感觉,但容易使传播内容的主旨隐晦,增加理解的困难。在说服过程中,采用明示结论还是寓观点于材料之中的说服方式,会获得不同的态度改变效果:

- 在论题和论旨比较复杂的场合,明示结论比不下结论效果要好;
- 在说服对象的文化水平和理解能力较低的场合,应该明示结论;
- 寓观点于材料之中,由说服对象自己得出结论的方法,用于论题简单、明确或对象水平较高、有能力充分理解论旨的场合较佳。

4.2.4 诉诸恐惧(Fear Appeals)

诉诸恐惧会产生警钟效果,因此对态度改变产生效果。学习理论预测,引起的恐惧感如果很强,就会增强改变态度的效果,因为它会产生激励作用,引起更多的注意和理解,接受传播建议的动机因而也将增加。按照强化理论的说法,学习和实践这些建议的过程应变成与减少恐惧和焦虑相结合的过程。①

4.2.4.1 倒 U 形状的曲线(Inverted U-shaped Curve)

欧文·L.贾尼斯(Irving L. Janis)指出,诉诸恐惧和态度改变之间的关系是曲线状(Curvilinear)的:一则消息中或高或低程度的恐惧都将导致少量的态度改变;而中等程度恐惧的消息将导致最大量的态度改变。② 倒 U 形状的曲线很多年来一直是诉诸恐惧和态度改变之间关系的主导观点。

---

① 〔美〕沃纳·赛佛林、小詹姆斯·坦卡德:《传播理论:起源、方法与应用》,郭镇之等译,北京:华夏出版社 2000 年版,第 185 页。
② 同上书,第 187 页。

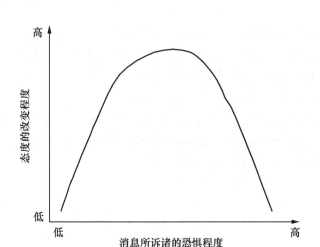

图 7-2 倒 U 形状的曲线

4.2.4.2 保护动机理论(Protection Motivation Theory)

对说服中恐惧因素的作用看法不同的一种理论取向是保护动机理论,是由罗纳德·W.罗杰斯(Ronald W. Rogers)提出来的,描述了当受众接受诉诸恐惧的消息时,如何发展出能够影响其适应性的行为。罗杰斯建立了一个模式,总结了在诉诸恐惧的活动中的三个关键因素:

- 对所描绘的事件的有害性加以夸大;
- 暗示那种事情可能发生;
- 所建议的对策具有有效性。

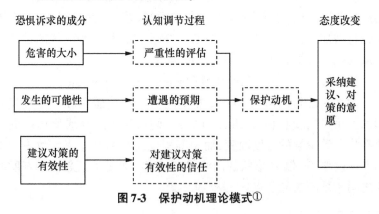

图 7-3 保护动机理论模式①

---

① 〔美〕沃纳·赛佛林、小詹姆斯·坦卡德:《传播理论:起源、方法与应用》,郭镇之等译,北京:华夏出版社 2000 年版,第 188 页。

他指出,其中每个因素均带有认知判断的过程,而且这种认知判断的过程决定了后来态度改变量的多寡。也就是说,当受众在接受一则诉诸恐惧的消息时,他们会在心中盘算这一消息的分量,如果他们不相信所描绘的危害性和可怕性,或认为事件不太可能发生,或认为所建议的措施用来对付威胁不恰当,那么,态度改变便不大可能发生。

罗杰斯称他的模式为保护动机理论,即态度改变是受众在接收消息的过程中由认知判断所激发起来的那部分保护动机的功能。

4.2.5 诉诸感情或诉诸理性

"诉诸理性"与"诉诸感情"这两种诉求法是指在说服性传播活动中,用什么样的方式"打动"传播对象。"诉诸理性"是冷静地摆事实、讲道理;"诉诸感情"是通过营造某种气氛或使用感情色彩强烈的言辞来感染对方。

这两种方法的有效性因人、因事、因时而异,有些问题只能靠"诉诸理性"的方法来解决,有些问题采取"诉诸感情"的方法可能更有效。在现实生活中,完全将这两种诉求分开是很罕见的,更多的情况是同时使用情感诉求和逻辑诉求,以达到更好的效果。①

4.3 说服主体与说服效果

4.3.1 信源的可信性效果(Credibility of Source)

尽管传播者决定着传播信息的内容,但是从说服效果的角度来看,即便是同一内容的信息,出自不同的传播者,人们对它的接受程度也是不一样的。人们首先要根据传播者本身的可信性对信息的真伪和价值做出判断。可信性包含两个要素:一是传播者的信誉(Trustworthness),二是专业权威性(Expertness)。

一般来说,信源的可信度越高,其说服效果越强;可信度越低,说服效果越弱。也就是说,高可信度来源(High-Credibility Source)的信息比低可信度来源(Low-Credibility Source)的信息说服效果强。

---

① 〔美〕威尔伯·施拉姆、威廉·波特:《传播学概论》,陈亮、李启、周立方译,北京:新华出版社1984年版,第214—215页。

因此,增强说服效果的前提之一就是树立良好的形象、争取受众的信任。

4.3.2 休眠效果(Sleeper Effect)

休眠效果,又称睡眠者效果,是指由可信性带来的说服效果并不是一成不变的。随着时间的推移,高可信度信源的说服效果会出现衰减,而低可信度信源的说服效果则有上升的趋势。这不是由于受试者忘记了消息的来源,而是低可信度信源发出的信息,由于信源可信性的负影响,其内容本身的说服力不能得以马上发挥,处于一种"睡眠"状态。但是经过一段时间,可信性的负影响减弱或消失——消息来源与观点具有分离的倾向,[1]因此内容本身的说服力开始发挥作用。

这一理论说明,信源的可信性对信息的短期效果具有极为重要的影响,但从长期效果来说,最终起决定作用的是内容本身的说服力。

4.3.3 高可信度来源的有效性

高可信度来源对于态度的改变是有效的,但是如果它与过多的消息相结合,即支持过多的东西,其有效性则会降低。[2] 如明星代言过多的广告,其说服力就会明显下降。

互文参阅:第七章词条 3.3.2 光辉泛化法(p.269)、词条 3.3.4 证词法(p.269)

5 态度改变的功能取向(Functional Approach to Attitude Change)

研究态度改变的两种主要理论取向,一个是学习理论取向(Learning Theory Approach),另一个是一致理论取向(Consistency Theory Approach),主要与利昂·费斯廷格(Leon Festinger)、西奥

---

[1] [美]沃纳·赛佛林、小詹姆斯·坦卡德:《传播理论:起源、方法与应用》,郭镇之等译,北京:华夏出版社 2000 年版,第 183 页。

[2] 同上书,第 184 页。

多·纽科姆(Theodore Mead Newcomb)、弗里茨·海德(Fritz Heider)和查尔斯·E.奥斯古德(Charles E. Osgood)等人的理论相联系。为了调和这两种态度改变研究,丹尼尔·卡茨(Daniel Katz)和他的同事发展研究出态度改变的功能取向。

卡茨主张,对态度的形成与改变,都必须从态度服务于人格需要的功能这一角度来理解。由于这些功能不同,所以态度改变的条件和技巧也不同。功能取向理论的关键论点是:同样的态度可能基于不同人心中不同的动机,只有了解与这种态度相关的心理需求,才有可能预测态度什么时候、以什么方式改变。

卡茨确认了态度能服务于人格需要的四种功能:①

- 工具性的、协调适用的、功利主义的功能。人们之所以会持有某种态度,是因为人们极力争取从外部环境中得到最高的奖赏,并将对自己不利的惩罚降到最低程度。

- 自我防卫的心理功能。人们之所以持某种态度,是因为人们要保护自己免受伤害。这种伤害可能来自他们自己不认可的冲动,也可能来自自己对外部威胁力量的认知。

- 表达价值观的功能。人们之所以持某种态度,是因为这些态度能正面表达他们的中心价值或向自己认为同属一类的人做正面的表达。

- 认知的功能。人们之所以持有某些态度,是因为它能满足人们对知识的欲望或使世界呈现出某种结构与意义,否则这个世界将是无序的。很多宗教信仰具有这样的功能,分享文化准则的其他态度也是一样。

因此,如果不了解态度的服务功能,而试图改变态度,便会导致相反的效果。下表总结了与功能类型有关的态度形成、激发和改变的决定条件:

---

① 〔美〕沃纳·赛佛林、小詹姆斯·坦卡德:《传播理论:起源、方法与应用》,郭镇之等译,北京:华夏出版社2000年版,第192—193页。

表 7-1　态度改变的功能取向①

功能	起因和动力	激发条件	改变条件
调节	满足态度客体需求的功用 最大限度地扩大外部奖励，减少惩罚	1. 需求的激活 2. 突出与满足需求相关的隐含线索	1. 需求被剥夺 2. 新需求及新层次的欲望产生 3. 奖励和惩罚转变 4. 强调满足需求的新方法和较好的途径
自我防卫	对内部冲突和外部危险的防护	1. 施加危险 2. 诉诸憎恨和被抑制的冲动 3. 挫折感增加 4. 采用独断的暗示	1. 消除威胁 2. 发泄情绪 3. 增进对自我的认识
价值观表达	保护自我个性 提高受欢迎的自我形象 自我表达和自我决策	1. 突出与价值观相关的隐含线索 2. 追求自我形象再确立的个体愿望 3. 威胁自我概念的模棱两可性	1. 在一定程度上对自我的不满意 2. 对自我增加适当的新态度 3. 对各方面环境支持的控制破坏了旧的价值观
知识	对理解的需求 对有意义的认知组织方法的需求 对一致性和清晰性的需求	重建与旧问题相关的以及旧问题本身的隐含线索	1. 因新信息出现和环境变化产生的模糊性 2. 关于问题的更多有意义的信息

互文参阅：第六章词条 5 行为主义心理学（p.202）、词条 6 认知心理学（p.206）、词条 7 平衡理论（p.207）、词条 8 对称理论（p.209）、词条 9 调和理论（p.209）、词条 10 认知不协调理论/认知一贯性理论（p.210）

---

① 〔美〕沃纳·赛佛林、小詹姆斯·坦卡德：《传播理论：起源、方法与应用》，郭镇之等译，北京：华夏出版社 2000 年版，第 193 页。

6　态度的经典条件作用理论(Attitude Established by Classical Conditioning)

卡罗林·K. 斯塔茨(Carolyn K. Staats)和亚瑟·W. 斯塔茨(Arthur W. Staats)将经典的条件作用(Classical Conditioning)应用于态度的学习。他们指出,在我们每天的日常生活经历中,某些字总是同时配以某些情感经验,当看到或听到这些字时,会产生正面或反面的情感。根据经典的条件作用,情感的刺激可以被视为无条件的刺激,诱导出情绪的反应。[①]

而当一个字产生的刺激有计划地伴随着此种无条件刺激时,这个字就会成为一种有条件的刺激,并且也会引起情绪的反应。也就是说,当人们在接受一些无意义音节时,会同时接受其他的刺激。当对这些无意义音节进行评价时,那些接受正面刺激的人对无意义音节显示出正面的评价,而那些接受反面刺激的人显示出反面的评价。因此,伴随这些无意义音节的任何一个或正面或反面的意义,均可成为条件,影响受试者的态度朝着正向或反向前进。斯塔茨认为,态度不过是这种建立在经典的条件作用上的对一个字的情感意义。

斯塔茨的研究为某些宣传技巧提供了理论性的解释。例如,光辉泛化法,便是试图将字或概念与道德性的字眼联系在一起,以产生条件作用;又如诽谤,它企图给人或思想贴上坏的标签。

互文参阅: 第六章词条 5.1 经典条件反射(p.203)

7　说服的技巧(Persuasion Techniques)

通常用于说服的有四种重要的技巧:采用图像、诉诸幽默、诉诸性感和重复。这些技巧有其适用性,也有被误用的可能性。

[①] 〔美〕沃纳·赛佛林、小詹姆斯·坦卡德:《传播理论:起源、方法与应用》,郭镇之等译,北京:华夏出版社 2000 年版,第 196 页。

7.1　采用图像(Use of Pictures)

在传播中,特别是在广告中,常见的技巧是采用图像伴随文本消息的声音的方法。图像能增强消息的说服力,是因为:①

- 图像有助于吸引人们注意消息;
- 图像增进人们对消息内容的学习;
- 图像引起的正面情感反应可以转移到消息的其他方面。

图像的采用是否能产生所期待的说服效果,需要细致地检查图像的一些特点和个人在接收图像消息时的认知状态,其中关键的是:图像与使用它的说服消息的相关性;以及人们的认知状态,即个人在消息处理过程中的投入水平。研究发现,当接收者投入的注意力较少的时候,不相关的图像会对态度改变产生最大冲击力;而当接收者投入的注意力较多的时候,相关的图像会对态度改变产生最大冲击力。

7.2　诉诸幽默(Appeal to Humor)

在传播中,诉诸幽默是一种很受欢迎的技巧。关于幽默影响说服效果的研究指出,幽默对传播的低层次效果比高层次效果更有效。也就是说,幽默对吸引注意力、产生对传播者的喜爱心情等方面,比造成态度或行为改变更有效。②

学习理论主张,幽默可能提供强化作用,因而导向更大的态度改变。分心理论取向则预测:幽默具有一种能令人分心的作用,可能导致较少的态度改变;或者幽默通过阻止相反观点的说服作用,而使分心导致较大的态度改变。

7.3　诉诸性感(Appeal to Sex)

在消息中运用诉诸性感的手段进行说服至少能产生三个方面的冲击力:③

---

①　〔美〕沃纳·赛佛林、小詹姆斯·坦卡德:《传播理论:起源、方法与应用》,郭镇之等译,北京:华夏出版社2000年版,第198页。
②　同上。
③　同上书,第200页。

- 性感材料可以增加对消息的注意,而注意是态度改变的必要条件。
- 性感材料可以引起冲动,而在冲动条件下产生的愉悦感觉可以转移到消息所推荐的产品上去,导致态度改变。
- 通过消息中的产品、机构或所推荐的方法与性感刺激的联系,它们可以变得性感化,或带有性感因素。这种性感因素可以使产品、机构和方法更易于为人所接受。

学习理论主张,诉诸性感能够通过强化作用产生更大的态度改变;但分心理论取向则预测,性感模特也可能分散了观众的注意力,忽略了广告中表现产品或公司名称的那部分内容。

7.4 重复(Repetition)

重复传播消息是各种传播,尤其是广告常用的说服技巧,这是因为:[①]

- 首先,不是所有的受众都在同一时间看广告;在印刷媒介方面,也不是所有的读者都可以看到有广告的某一期印刷品。
- 重复消息的另一个好处是,它可能提醒受众记住获取消息的某种高可信度来源,这样就可以防止霍夫兰和韦斯所发现的睡眠效果现象,即经过一段时间后,高可信度来源所导致的态度改变的效果徒然减弱。
- 重复的消息还可能有助于态度的学习和对字词所含情感意义的学习,因为这两种刺激反复地联系,是造成学习条件的要素之一。
- 重复也有助于受众记住消息本身。研究显示,如果广告不持续播放,很快就会被忘记。

但是,重复太多也会产生传播者不希望看到的效果。重复与传播效果呈曲线关系,在适度的重复下达到最强的效果,但在高度重复下效果则将减弱。研究人员还发现,无论消息被重复多少次,都会增加与消息主题无关的想法。

互文参阅:第七章词条 4.3.2 休眠效果(p.278)

---

① 〔美〕沃纳·赛佛林、小詹姆斯·坦卡德:《传播理论:起源、方法与应用》,郭镇之等译,北京:华夏出版社 2000 年版,第 201—202 页。

8 说服理论的新模式(New Models of Persuasion)

说服理论的新模式强调了说服是一个过程。三个主要的过程模式是威廉·麦圭尔(William McGuire)的信息处理论(Information Processing Theory)、诺曼·H.安德森(Norman H. Anderson)的信息整合论(Information Integration Theory)和理查德·E.佩蒂(Richard E. Petty)与约翰·T.卡西欧皮(John T. Cacioppo)的精心的可能性模式(Elaboration Likelihood Model)。

说服理论的新模式有下列共同的特征:[1]
- 它们将态度的改变,或说服,表现为一个过程,这些过程分成几个阶段,并且说服作用经过一段时间才发生。
- 它们都强调认知的作用,或信息处理的作用。
- 与更早的理论对说服和态度改变的理解不同,它们将接收者视为信息处理的代表,赋予他们更加积极的角色作用。

互文参阅:第六章词条11.1 麦圭尔的信息处理理论(p.212)、词条11.2 安德森的信息整合理论(p.213)、词条11.3 精心的可能性模式(p.214)

9 卡特赖特的劝服原则(Cartwright's Principles of Mass Persuasion)

多温·卡特赖特(Dorwin Cartwright)指出,态度是主体对客体的一种有内在结构的稳定的心理准备状态,因此态度由认知因素、情感因素和行为倾向三种成分组成。改变态度就是从认知、情感和行为倾向的结合上进行改变。

在20世纪40年代美国第二次世界大战期间的战争公债推销活动中,卡特赖特研究了传播效果,并在《说服大众的一些原则:美国战时债券销售研究中的发现》("Some Principles of Mass Persuasion:

---

[1] 〔美〕沃纳·赛佛林、小詹姆斯·坦卡德:《传播理论:起源、方法与应用》,郭镇之等译,北京:华夏出版社2000年版,第203页。

Selected Findings of Research on the Sale of United States War Bonds")一文中总结了一整套劝服公众的技巧和方法,被称为卡特赖特原则。其主要内容是:①

- 传播者的信息必须引人注目,所传递的信息必须有特点,必须进入人们的感官,以引起受众的注意。卡特赖特认为信息到达对方的感官是劝服传播的第一步。
- 信息进入人们的感官以后,必须使人们的感知结果转变为一种认识,使信息成为受传者认知结构的一部分。
- 要让受传者认识到该信息同他们的切身利益是一致的,而且被劝服的行为是达到他们原有某一目标的途径,也就是说让人们在感情上接受。
- 使人们采取行动的途径简便、具体、直接。

卡特赖特原则本身是有缺陷的,它忽视了环境和社会因素对于受众的影响,但作为理论模式的提出和具体实践的运用,仍然是有重要意义的。

10 莱平格尔的说服模式(Lerbinger's Persuasive Communication)

奥托·莱平格尔(Otto Lerbinger)在其著作《说服性传播设计》(*Designs for Persuasive Communication*)中提出了关于说服的五组设计模式,这使卡尔·I.霍夫兰等人所提出的、产生于实验室之中的理论有可能运用于实际。这五组设计模式均以不同的态度改变理论为基础,而且说服的整体设计又是在态度改变这一大背景下展开的。所以,莱平格尔又可以说是此前说服理论的集大成者。

- 刺激—反应设计。这一设计试图在刺激与反应之间建立联系,以使刺激到达目标对象后产生反应。这一设计的假设是,当所传递的信息同受众的原有态度趋于一致时,刺激将影响人的行为。刺激的表现形式多种多样,有直观的和暗示性的。

---

① 〔美〕威尔伯·施拉姆、威廉·波特:《传播学概论》,陈亮、李启、周立方译,北京:新华出版社1984年版,第208—210页。

- 激发动机设计。这一设计假设人类的任何行为,都是为了满足某种需要而产生的。信息交流作为一种人类行为也同样是为了满足某种需要。因此激发动机设计包括两个步骤:首先是通过各种手段去发现受众的动机与需要;然后,以信息或其他手段激发起这种动机与需要。莱平格尔提出了人的五种需要,即生理的需要、安全保障的需要、社交的需要、获得尊重的需要和自我实现的需要。这五种需要的排列顺序是由低级到高级的,而人对需要的满足过程也是从低级到高级的。传播者的一个重要任务,就是要发现受众的需要,特别是那些尚未满足的需要,这样才能保证信息传播产生理想的效果。

- 认知性设计。这一设计假定人是有理性的,不会盲目地接受传播者所传递的任何信息,而以自己固有的价值观念对信息进行评价,决定取舍。因此,传播者要使受众自愿接受自己所传递的信息,就必须以事实、信息和逻辑推理为基础,"让事实本身来说话",而不应单纯地强调自己的观点或立场。道理产生于事实之中,只是处于一种隐蔽状态而已。认知性设计就是要让受众接受事实,自己去领悟其中所包含的道理。它是传播者有目的的传播同受众对信息的主动获取这两种需要的巧妙统一,是传播者改变受众态度的愿望和受众希望实现认知一致的心理的统一。

- 社会性设计。这一设计是把受众作为一个群体成员来看待。一般情况下,人都有从众心理,以保持自己在群体中的地位,而不愿轻易违背群体的意志。当群体中多数成员达成某种共识,形成了集体意见后,少数意见不同者为了维持自己同群体的关系,会自愿或被迫放弃自己原有的观点与态度,达到与群体的和谐。

- 性格设计。这一设计指出在说服受众时,应该考虑受众自身的性格需要,因为性格需要往往决定着意见与态度的形成。

互文参阅:第六章词条 13 使用与满足理论(p.216)、词条 18 解释受众选择性心理的五种理论(p.231)、词条 19 受众的从众行为(p.236)、词条 20 受众的逆反心理(p.239);第七章词条 4 霍夫兰的美国陆军研究(p.271)、词条 5 态度改变的功能取向(p.278)

11 间接效果理论(Indirect Effects Theory)

间接效果理论认为,媒介的确看起来有某种效果,但这种效果是通过社会的其他部分"过滤"了的,例如通过社会团体中的朋友关系。[①] 因此,大多数人受到其他人的影响远大于受到媒介的影响;每个社会团体的舆论领袖和社会的各个层级都对引导和稳定政治负有责任。只有极少数人具有那些对媒介的直接控制无力抵抗的心理特质。因此,媒介相对那些更强有力的插入变量(如人们的个体和群体成员身份)而言,在塑造民意方面是无力的。当媒介效果确实出现时,它也是有限的、孤立的。[②]

间接效果理论是从拉扎斯菲尔德的研究工作中发展出来的对媒介的新视角,他与他的同事开创性地使用了精确的调查来量度媒介对于人们的思考和行动的影响。

与间接效果理论密切相关的另一个概念是"有限效果理论"。这两个概念重新概括了媒介的社会角色。

互文参阅:第六章词条 13 使用与满足理论(p.216);第七章词条 12 有限效果理论(p.288)、词条 14 两级流动传播(p.290)

11.1 直接影响假说(Direct Effects Assumption)

子弹论属于媒介的直接影响假说,即媒介的内容和媒介本身都对受众产生直接影响。[③]

互文参阅:第七章词条 2 子弹理论(p.262)

11.2 "火星人入侵"事件的另一个视角

尽管许多观察家将"火星人入侵"事件看作子弹论的确凿证据,但是普林斯顿大学以哈德利·坎特里尔(Hadley Cantril)为代表的

---

① 〔美〕威尔伯·施拉姆、威廉·波特:《传播学概论》,陈亮、李启、周立方译,北京:新华出版社1984年版,第138页。
② 同上。
③ 〔美〕斯坦利·巴兰、丹尼斯·戴维斯:《大众传播理论:基础、争鸣与未来》(第三版),曹书乐译,北京:清华大学出版社2004年版,第52页。

社会研究者却从对这一事件以及其他现象的研究中,逐渐扭转了关于媒介如何影响社会的看法。

在解释为什么威尔斯的广播会有如此巨大的影响的时候,他们的研究发现,许多人在仅仅听到最开头的关于入侵的报道片段后,就不加验证地相信这则假新闻和其中对冒牌专家的采访,不再继续收听以了解事态的发展,而开始草率地行动。由于那个时候便携式和车载收音机还都不普及,以致人们无法在离开家后继续收听广播。这则假报道又通过口头在邻里之间传播,从他人那里听到入侵消息的人通常不会打开收音机进行印证,也开始恐慌起来。

但是,调查也发现仍有大部分人未卷入威尔斯的这个恶作剧中。正是这些人抱有的批判质疑的能力,让他们去检查广播的可信度,于是他们很容易发现这则新闻是假的。只有那些刚开始收听而且只收听了几分钟广播的人才轻易地被弄得六神无主。研究者的结论是,这种人拥有某种或某些使得他们成为媒介影响力的易感人群的心理特质,这些特质包括:情绪上的安全感缺乏、恐惧症人格、自信缺乏、宿命论。因此,媒介的影响力并不是普遍、直接的,而只是对一些人有影响。①

互文参阅:第六章词条"火星人入侵地球"事件(p.241)

12 有限效果理论(Limited Effects Theory)

拉扎斯菲尔德通过精确的调查来度量媒介对于人们如何思考和行动的影响。这些调查所提供的确凿证据证明,媒介很少有力地、直接地影响个人,其效果可谓相当有限,仅仅能影响少许人,或对人们的思想和行为产生相当微不足道的影响。1960 年,约瑟夫·克拉珀(Joseph Klapper)提出的"最弱效果观点"(Minimal Effect Position),即有限效果理论认为,大众传播一般不能成为产生受众效果必要的和充足的原因,媒介仅拥有极小或有限的效果,因为那些效果被某种中介或插入变量减弱了,媒介最为常见的作用实际上是

---

① 〔美〕斯坦利·巴兰、丹尼斯·戴维斯:《大众传播理论:基础、争鸣与未来》(第三版),曹书乐译,北京:清华大学出版社 2004 年版,第 126 页。

加强人们已有的态度和倾向。① 因此,媒介对社会现状起到强化而不是威胁的作用。大众传播效果有限的观点有时也被作为"最弱后果定律"(the Law of Minimal Consequences)。

有限效果理论对媒介的社会角色进行了重新概括,具体如下:②
- 媒介极少直接地影响个人,而是通过一连串中介因素和影响来起作用。
- 大众媒介有时的确能起到改变现状的作用,但必须至少满足下列条件之一:中介因素未起作用,媒介直接产生效果;通常起强化作用的中介因素发生功能转化,成为促进变革的因素。
- 当媒介效果确实出现的时候,它们是有限的、孤立的。只有很少数人会被影响——通常是那些不知何故被切断了别人对其影响的人,或是那些被社会危机破坏了对团体长期忠诚的人。
- 无论大众传播是辅助动因或直接动因,其所产生的效果都受到很多因素的影响,包括媒介的、传播本身的和传播情境的因素等。

因此,持有限效果理论的人,不再像大众社会理论者那样惧怕媒介成为政治压迫和操纵的工具,而是认为媒介对公众的影响是有限的——甚至连政府为防止媒体操纵力量的规范调节都被认为是不必要的。

互文参阅:第五章词条 8 信息流理论/信息扩散理论(p.172);第六章词条 13 使用与满足理论(p.216);第七章词条 2.2 大众社会理论(p.263)、词条 11 间接效果理论(p.287)、词条 14 两级流动传播(p.290);第十章词条 14.3 保罗·F.拉扎斯菲尔德(p.443)

13 德福勒心理动力学模式(De Fleur's Psychodynamic Model)

梅尔文·L.德福勒(Melvin L. De Fleur)发现,受众对于媒介并不是完全被动的,在一定情况下,他们对于媒介的信息是有选择的,

---

① 〔美〕斯坦利·巴兰、丹尼斯·戴维斯:《大众传播理论:基础、争鸣与未来》(第三版),曹书乐译,北京:清华大学出版社 2004 年版,第 15 页。
② 〔美〕威尔伯·施拉姆、威廉·波特:《传播学概论》,陈亮、李启、周立译,北京:新华出版社 1984 年版,第 194 页。

要经过一定的心理过程,而这也证明了媒介的作用是有限的。他提出了心理动力模式。

德福勒心理动力模式为传播的两级流动理论提供了重要的启发,即心理是信息与行为的中介变项。

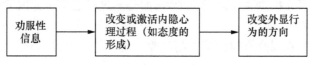

图7-4　德福勒心理动力模式①

14　两级流动传播(Two-step Flow of Communication)

哥伦比亚大学应用社会研究所(Columbia's Bureau of Applied Social Research)计划通过对选民的定期访问,调查大众媒介对政治活动的影响,但是研究人员发现,在影响选民方面,人际接触的影响似乎不仅比大众媒介更经常,而且更有效。

也就是说,来自大众传播的消息和影响并不是直接"流"向一般受众,而是首先抵达意见领袖这个中间环节;接着,意见领袖将其所见所闻传递给"人口中不太活跃的那一部分"。② 这一过程被称作两级流动传播,即大众传播→意见领袖→一般受众。第一个阶段主要是信息传达的过程,第二个阶段则主要是人际影响的扩散。它使人们

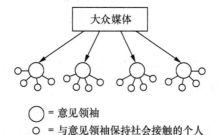

图7-5　两级传播模式③

---

①　[英]丹尼斯·麦奎尔、[瑞典]斯文·温德尔:《大众传播模式论》(第2版),祝建华译,上海:上海译文出版社2008年版,第55页。
②　同上书,第56页。
③　同上书,第57页。

认识到大众媒介渠道和人际传播渠道在人们获取信息和决策(态度形成和转变以及具体的行动)过程中的不同角色和作用。

两级流动传播理论为今天大量的推广传播和市场理论以及相应的推广活动奠定了基础。

互文参阅:第三章词条 4 把关人(守门人)(p.54);第五章词条 8 信息流理论/信息扩散理论(p.172);第十章词条 7 哥伦比亚学派(p.425)、词条 14.3 保罗·F.拉扎斯菲尔德(p.443)

14.1 《人民的选择》(*The People's Choice*)

《人民的选择》是保罗·F.拉扎斯菲尔德、伯纳德·H.贝雷尔森和黑索·高德特(Hazal Gaudet)在 1940 年美国总统大选期间,围绕大众传播的竞选宣传对选民投票意向的影响所做的一项实证调查的研究报告。

拉扎斯菲尔德所领导的哥伦比亚大学应用社会研究所通过对选民的定期访问,研究在整个竞选活动中,哪些因素最大程度地影响了选民的投票决定,以调查大众媒介对政治活动的影响。由于当时大众传播媒介的子弹论在传播研究者当中非常盛行,因此,研究想要证明的是大众媒介在影响选民方面的强大力量。

拉扎斯菲尔德将注意力集中于投票决定的变化上,他区分出这样几种选民的类型:①

● 早期决定者(early deciders):在 1940 年 5 月调查开始,就选定了一名候选人且在整个竞选期间不再改变主意。

● 犹豫不决者(wavers):选择了一名候选人,但并未最终决定或又转向另一名候选人,但最终仍投票给他们的最初选择。

● 转变意见者(party changers):选择了一名候选人但最后投票给他的对手。

● 逐渐明朗者(crystallizers):5 月的时候尚未选择某位候选人,但到 11 月投票时做出了决定。

通过对数据的分析,研究人员发现,媒介并没有在"逐渐成形者"、"犹豫不决者"或"转变意见者"的选择过程中扮演重要角色,

---

① 〔美〕希伦·A.洛厄里、梅尔文·L.德弗勒:《大众传播效果研究的里程碑》(第三版),刘海龙等译,北京:中国人民大学出版社 2009 年版,第 51—54 页。

尤其是后两类人对媒介的使用低于平均水平。人们的投票行为是和他们最亲近的人一样的,而不是和广播演说或报纸社论告知他们的一样。拉扎斯菲尔德认为大众媒介最重要的影响是强化已经做出的投票决定。媒介仅仅为人们选择他们已经支持的候选人提供更多的理由。研究中几乎没有找到关于媒介让人们转变意见的证据。

因此,《人民的选择》指出,在总统选举中选民政治倾向的改变,很少直接受大众传媒的影响,人们之间直接的面对面交流(人际影响)似乎对其政治态度的形成和转变更为关键。通常有关的信息和想法,都是首先从某一个信息源(如某一个候选人)通过大众媒介达到所谓的"意见领袖"那里;然后再通过意见领袖把信息传播到普通民众那里。由此,研究者提出"意见领袖"的概念和"两级传播理论"。①

互文参阅:第一章词条拉扎斯菲尔德的总统选举研究(p.9);第十章词条 7 哥伦比亚学派(p.425)、词条 14.3 保罗·F. 拉扎斯菲尔德(p.443)

14.2 意见(舆论)领袖(Opinion Leader)

在人们做出决定的过程中,有一些对他们施加个人影响的人物,被称为意见领袖,也称舆论领袖。在两级流动传播中,意见领袖是指那些传递信息给舆论追随者的人。意见领袖比舆论追随者更多地接触媒介,因此意见领袖的作用是通过一切合适的媒介将本群体与社会环境的相关部分连接起来。②

拉扎斯菲尔德所主持的研究发现,早期决定者可能是媒介的重度使用者,他们在媒介使用上更富有经验,持有成熟的政治观点并明智且批判性地使用媒介,而且他们能够倾听并评估对立方的演说。他们并未因此被改变,反而在实际上获得了有助于他们给别人建议的信息,让别人也更难被改变。这些媒介重度使用者扮演了把

---

① 〔美〕E. M. 罗杰斯:《传播学史:一种传记式的方法》,殷晓蓉译,上海:上海译文出版社 2005 年版,第 252—253 页。

② Elihu Katz, "The Two-Step Flow of Communication: An Up-to-Date Report of an Hypothesis," *Political Opinion Quarterly*, 21(1), 1957, p.63.

关人的角色——审查筛选信息,并仅仅传递那些有助于他人共享其观点的信息。他们的建议被其他人,被那些更不关心政治的选民所探寻和追随。拉扎斯菲尔德使用术语"舆论领袖"来指称这些人。

舆论领袖具有这样几个方面的特点:①
- 舆论领袖存在于社会的各个层面。
- 舆论领袖影响那些和他们相似的人,而不是在社会秩序中高于或低于他们的人,他们的影响力的流动更趋向于水平而不是垂直。
- 舆论领袖在许多个人特征方面与舆论追随者不同:他们更多地使用媒介,更多地接触与其影响范围相关的媒介;他们在社交方面更活跃,经常与其他群体交往或参加各种会议。

互文参阅:第二章词条15 马莱茨克模式/大众传播场模式(p.42);第三章词条4 把关人(守门人)(p.54)

14.3 追随者(Follower)

舆论追随者是指在两级流动传播中,那些从舆论领袖那里接受信息或求助于舆论领袖以获得建议的人。

14.4 舆论领袖与追随者的区别

研究者归纳出舆论领袖不同于追随者的几点要素:②
- 价值观的人格化体现(这个人是谁)。这样的人所持的价值观和人格特性决定了其影响力,具有影响力的人是许多追随者学习效仿的榜样。被影响的人都仰慕他/她,并期盼尽可能与其一样。
- 能力(这个人的知识)。舆论领袖在其具备领导资格的领域里必须被公认为是见多识广的或称职能干的人。那些对自己所谈问题一无所知的人,其意见是很难受到关注的。
- 可利用的社会关系(这个人所知道的人)。如果一个人与群体之外有较多的社会联系,因而相应地能给群体成员提供有益的信息和意见,那这个人就非常适合做舆论领袖。

---

① 〔美〕沃纳·赛佛林、小詹姆斯·坦卡德:《传播理论:起源、方法与应用》,郭镇之等译,北京:华夏出版社2000年版,第228—229页。

② 同上书,第231页。

15 创新的扩散(Diffusion of Innovations)

"创新的扩散"由艾弗瑞特·M. 罗杰斯(Everett M. Rogers)在《创新的扩散》(Diffusion of Innovations)一书中提出,是对社会进程中创新成果(新的观念、实践和事物等)是怎样为人知晓并在社会系统中得到推广的研究。这一理论是从研究传播媒介、农业推广和新药传播等三个不同的途径发展而来的。

在创新的传播扩散中,两级传播模型具有重要的意义。受众对创新成果的采用要经历以下几个阶段:认知、说服、决策、使用和确认。在两级传播模式的诠释下,大众传播在人们的认知阶段具有重要作用;而在说服和决策阶段,人际传播的影响更显著。因此,尽管在技术传播过程中,受众既处于信息传播的覆盖中,也处于人际传播的扩散网络中,但两者对于受众采用新技术的影响是不同的。

两级流动传播模式主要研究个人如何接受消息并且传递给他人,而创新扩散研究则集中关注采用或拒绝一个创新的最后那个阶段。[1]

互文参阅:第五章词条信息扩散理论(p.172);第七章词条16 新闻的散布(p.299);第十章词条12.5 加布利埃尔·塔尔德(p.431)。

15.1 散布研究(Diffusion Research)

散布研究是对社会进程中创新(新的观念、实践、事物等)成果是怎样为人知晓并在社会系统中得到推广的研究,[2]其研究所得为信息扩散理论(Information Diffusion Theory)。

15.2 多级传播模式(Multistep Flow Model)

拉扎斯菲尔德等人对投票选举的研究发现,媒介的效果取决于人际传播,因此提出了"两级流动传播"理论。之后,其他学者的研

---

[1] 〔美〕沃纳·赛佛林、小詹姆斯·坦卡德:《传播理论:起源、方法与应用》,郭镇之等译,北京:华夏出版社2000年版,第233—234页。
[2] 同上。

究又表明,信息的扩散并非简单的"两级"过程,而是"多级"的。在媒介和接收者之间的信息传递次数是个变量。① 进而两级流动传播模式逐渐发展为一个多级传播模式,并被经常运用到创新扩散研究中,以指出创新扩散所经历的多个阶段。

15.3 创新(Innovation)

罗杰斯对创新的定义是:一种被个人或其他采纳单位视为新颖的观念、实践或事物。他列举了一项创新应具备的五个特征,它们决定着一项创新被采用率的高低:②
- 相对优越性:一项创新优于它所取代的旧观念的程度。
- 兼容性:一项创新与现有价值观、以往的经验、预期采用者的需求共存的程度。
- 复杂性:一项创新被理解和运用的难度。
- 可试验性:一项创新在有限基础上可被试验的程度。
- 可观察性:创新结果能为他人看见的程度。

一般来说,有较多的相对优越性、兼容性、可试验性、可观察性和较少的复杂性的创新,将比其他创新更快地为人们所采用。

15.4 创新的决定过程

罗杰斯分析了创新的扩散过程,他认为这个过程不是单一方向的传播活动,而是传播过程中参与者的信息交换。由于创新就意味着改变现有的方法和观念,创新会给人带来不确定感,因此需要一定过程,这个过程包含五个阶段:③
- 了解阶段(awareness):接触新技术、新事物,但知之甚少。
- 兴趣阶段(interest):发生兴趣,并寻求更多的信息。
- 评估阶段(evaluation):联系自身需求,考虑是否采纳。
- 试验阶段(trial):体验是否适合自己的情况。
- 采纳阶段(adoption):决定在大范围内实施。

---

① 〔美〕斯蒂芬·李特约翰:《人类传播理论》(第七版),史安斌译,北京:清华大学出版社 2004 年版,第 364 页。

② 〔美〕沃纳·赛佛林、小詹姆斯·坦卡德:《传播理论:起源、方法与应用》,郭镇之等译,北京:华夏出版社 2000 年版,第 235 页。

③ Everett M. Rogers, *Diffusion of Innovation* (3rd ed.), Free Press, 1983, pp.80-85.

15.5 创新扩散中的异质性(Heterophily)

在创新推广中,信源—接收者之间往往有高度的异质性,因为新概念通常来自迥异于接收者的人物。异质性就是指多对相互交往的人在属性上的差异程度。而两级流动传播中,意见(舆论)领袖与其追随者在许多属性方面都明显相同,具有同质性(Homophily),即在信仰、价值观、受教育程度和社会地位等方面相似。因此,创新扩散要获得良好的传播效果,就要解决由异质性带来的一些特殊问题。① 例如,为了克服这样的障碍,变革推动者常常起用地方意见领袖来协助某项创新的采用,或阻止有害创新的散布。

15.6 创新的传播渠道(Communication Channels)

创新扩散中的传播渠道有人际的,也有大众媒介的,不同的渠道扮演着不同的角色。大众媒介渠道可以迅速抵达广大受众,传播信息并改变立场不稳的态度。人际渠道则可以实现信息的双向交流,而且在解决接收者对信息抵制或冷漠的问题上比大众媒介更为奏效。人际渠道的信源可以补充信息,或澄清要点,也许还能跨越心理和社会的障碍,比如借助选择性接触、注意、理解、记忆以及群体规范、价值观等。

信息来源既可以是本地的,也可以是外地甚至全球的。外地传播渠道来自所调查的社会系统之外;本地传播渠道则来自所调查的社会系统内部。

在创新扩散的过程中,大众媒介渠道和外地渠道在获知阶段相对来说更为重要,而人际渠道和本地渠道在劝服阶段更为有力。相对来说,大众媒介渠道和外地渠道比起人际渠道和本地渠道来,对早期采用者比对晚期采用者更为重要。②

15.7 创新采用者的类型

罗杰斯把创新的采用者分为五类,以区分对创新的采用率不同

---

① 〔美〕沃纳·赛佛林、小詹姆斯·坦卡德:《传播理论:起源、方法与应用》,郭镇之等译,北京:华夏出版社2000年版,第235页。

② Everett M. Rogers, *Diffusion of Innovation* (3rd ed.), Free Press, 1983, pp. 197-200.

的个人或其他决策单位。这五类采用者和他们的特点是:①
- 创新者:大胆,热衷于尝试新观念,比其他同事有更多的见识和更为广泛的社会关系。
- 早期采用者:地位受人尊敬,通常是社会系统内部最高层次的意见领袖。他们对创新的采用甚至早于得到大量信息之前。
- 早期众多跟进者:深思熟虑,但很少居于意见领袖的地位。
- 后期众多跟进者:疑虑较多,之所以采用创新通常是由于经济压力或社会关系不断增加的压力。
- 滞后者:因循守旧,局限于地方观念,大多比较闭塞,参考资料是以往的经验。

15.8 创新扩散传播的"S"形曲线(S-curve)

创新扩散的传播过程是呈"S"形曲线的:开始接受创新的人很少,扩散的进程很慢;当采纳创新的人数增加到一个临界点(critical mass)时,扩散的进程会突然加快,曲线呈迅速上升趋势;而在接近于最大饱和点时再次慢下来。② 采纳创新者的数量随时间而呈现出S形的变化轨迹。

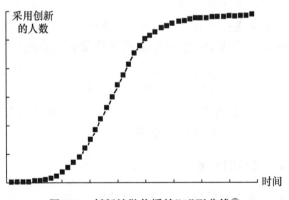

图 7-6 创新扩散传播的"S"形曲线③

---

① 〔美〕沃纳·赛佛林、小詹姆斯·坦卡德:《传播理论:起源、方法与应用》,郭镇之等译,北京:华夏出版社 2000 年版,第 236 页。
② 〔英〕丹尼斯·麦奎尔、〔瑞典〕斯文·温德尔:《大众传播模式论》(第 2 版),祝建华译,上海:上海译文出版社 2008 年版,第 68—70 页。
③ 改编自〔美〕威尔伯·施拉姆、威廉·波特:《传播学概论》,陈亮、李启、周立方译,北京:新华出版社 1984 年版,第 217 页。

早期采用者是愿意率先使用新技术、新产品等新事物并甘愿为之承担风险的那部分人。他们通过人际传播的方式劝说别人采用某项新技术。早期采用者不仅能够接受新产品初期的局限性,还经常通过口头传播,使各群体的意见领袖们相信并且采用新产品。之后,意见领袖们又向处在他们人际传播范围中的受众施加影响,使其接受新产品。

互文参阅:第十章词条 12.5 加布利埃尔·塔尔德(p.431)

15.9 变革推动者(Change Agent)

变革推动者又称变革代表。在信息扩散理论中,变革代表是一种职业人士,他们试图朝他们认为有利的方向促使人们采用决定;在创新扩散中,变革代表在评估和试验阶段扮演着关键角色,他们能影响早期采用者和舆论领袖。①

变革代表可能是创新产品的推销员和销售者、新药物的推介人员、发展中国家的技术援助人员,以及那些工作上需要把各个不同社会阶层联系起来的人。在创新的评估和试验中,变革代表的角色对于广告和公关公司显得很重要。

地方意见领袖(Local Opinion Leaders)

由于变革代表通常有着更好的教育背景和社会地位,这些都使他们异于其影响对象,因此,为了克服这样的障碍,变革代表经常需要从本地人那里获得帮助,即通过起用地方意见领袖来协助某项创新的散布,或者阻止有害创新的采用。地方意见领袖与变革代表要竭力影响的人有更多的共同之处。②

15.10 创新的后果

创新的后果就是采用或拒绝一项创新后,给个人或社会系统带来的变化。罗杰斯列举了三种后果:③

---

① 〔美〕斯坦利·巴兰、丹尼斯·戴维斯:《大众传播理论:基础、争鸣与未来》(第三版),曹书乐译,北京:清华大学出版社 2004 年版,第 168 页。

② 〔美〕沃纳·赛佛林、小詹姆斯·坦卡德:《传播理论:起源、方法与应用》,郭镇之等译,北京:华夏出版社 2000 年版,第 237 页。

③ 同上书,第 236 页。

- 满意的和不满意的后果:这取决于创新效果在社会系统内是建设性的还是破坏性的。
- 直接的和间接的后果:这取决于个人或社会系统的变迁是对创新的一种直接回应,还是创新的直接后果产生的二级结果。
- 预料之中的和预料之外的后果:这取决于变迁是否能得到社会系统成员的公认以及是否符合众人的期望。

无论创新的用意是何等善良,并非所有的创新都会产生满意的后果。有时一项创新即使可能会带来满意的后果,但对于社会系统的影响则完全可能是有害的。

16 新闻的散布(Diffusion of News)

扩散研究的一个分支领域是新闻散布。德福勒总结了新闻散布的特点:[①]

- 不断进化的媒介技术引起人们获知有关重大事件第一手信息的方式的变化。电视成为被引述频率最高的信源,广播次之。对大多数人来说,报纸成为晚些时候更具体情节的提供者。在有些情况下,口头传播仍然重要,口口相传(Word of Mouth)仍然是获知重大新闻事件的一个重要途径。
- 绝大多数人是直接从媒介而非他人那里获知大部分新闻的。
- 对新闻来源的最初接触和新闻信息的稍后散布,其方式会依一天当中的不同钟点而改变:在不同的时间,人们会利用不同的媒介或人际关系。
- 无论第一信源是哪一种,与众多人利害攸关的新闻事件比那些不煽情的一般事件在人群中传播得更快,也更广。这一普遍现象涉及报道的新闻价值。
- 个人的差异和社会的分类均会影响人们对某项新闻报道的兴趣,也会影响人们对从中获得信息的社会网络的兴趣。不同的人运用不同的方式获知同一件事情。

口口相传仍然是获知重大新闻的一个重要途径,但真正紧迫的

---

① Melvin L. De Fleur, "Diffusing Information," *Society*, 25(2), 1987, pp.80-81.

新闻会在各种人群中广泛传播,而不再遵循两级流动传播的路径。因此,大众媒介与人际传播的结合是说服人们采纳创新的最有效的途径。

互文参阅:第七章词条 15 创新的扩散(p.294)

17 适度效果(Moderate Effects)

适度效果模式认为,重要的媒介效果可以作为观众或读者的意愿的直接后果而长期存在。人们可以利用媒介达到特定的目的,如通过媒介获取信息以及获得有意义的经验。而且,采用适度效果视角的理论家克服了旧的有限效果理论的关键缺陷,能够解释或预测媒介在文化变迁中扮演的角色。因此,大众传播的效果比有限效果要强,大众传播具有在魔弹论与有限效果论之间的适度效果。

适度效果理论的出现反映了 20 世纪 60 年代以来,研究者为了拓宽研究领域,走出狭窄的有限效果论,在效果研究方面的转向,具体包括以下几个方面的转变:

● 效果研究从以传播者为中心转向以受众为中心。由于研究结果表明媒介在劝服方面收效甚微,因此研究的核心问题从"媒介对受众干了些什么"转为"受众如何处置媒介",所形成的典型模式是"使用—满足"模式。[1]

● 效果研究从对"态度改变"的研究转向对认知变化的研究。[2]这与 20 世纪 50 年代认知心理学向占据研究主导地位的行为主义心理学的挑战密切相关。行为主义强调刺激—反应模式,内刺激的强化及伴随的奖惩等因素对行为塑造与态度改变产生影响,在这一模式中人被看作是被塑造的对象。而认知心理学则把人看成问题的解决者而非被塑造的客体,它关注的是人们头脑中世界的表象及表象的塑造。"议程设置理论"、"知识沟理论"的提出就体现了这种转变。

● 效果研究的"心理动力模式"被"文化规范模式"取代。心理动力模式关注短期的、与个体有关的、直接的效果,文化规范模式则

---

[1] 〔美〕威尔伯·施拉姆、威廉·波特:《传播学概论》,陈亮、李启、周立方译,北京:新华出版社 1984 年版,第 229—230 页。
[2] 胡正荣:《传播学总论》,北京:北京广播学院出版社 1997 年版,第 303 页。

关注长期的、无计划的、间接的、集体的而非个体的效果。"培养分析"、"第三者效果研究"等，都突出了传播的综合、长期和宏观的社会效果，强调了传媒的有力影响。

互文参阅：第六章词条 5 行为主义心理学(p.202)、词条 6 认知心理学(p.206)、词条 13 使用与满足理论(p.216)；第七章词条 18 教养理论(p.301)、词条 20 第三者效果(p.311)

18 教养理论(Cultivation Theory)

教养理论，又称涵化理论、教化理论或培养理论等，这一理论的研究始于 20 世纪 60 年代后期，由传播学家乔治·格伯纳(George Gerbner)主持。他通过分析暴力片与社会犯罪之间的关系以及暴力内容对人们认识社会现实的影响，来探讨大众传播在形成社会共识方面的作用。他主要使用两种研究方法：内容分析法和实地调查法。内容分析法用于决定电视节目中一些信息出现的频率，实地调查法用于询问电视观众对现实世界的观念和信仰。

这一基本假设是：长时间收看电视的人，其对社会现实的看法更加接近于电视所呈现的景象，而非真实情况。也就是说，即电视通过长时间潜移默化的影响，"培养"了电视观众的"现实观"与"社会观"，并且人们基于这样的"现实"对自己的日常生活做出判断。[①]

教养理论论述关于媒介在社会中所扮演的角色的宏观问题，是对大众传播与文化之间关系的研究的代表理论。文化的变化是一个循序渐进的过程，"培养"理论正是从这一点切入。通过"教养分析"，可以很清楚地了解到传媒环境在改变人性、影响价值观及建构文化方面的重要性，揭示了大众传播在文化变化方面所起的长期的、潜移默化的作用。

互文参阅：第五章词条 3.2 大众传播的社会化机制(p.201)、词条 5.2 学习理论/社会学习理论(p.204)；第九章词条 19 媒介与社会化(p.394)、词条 19.1 早期窗户(p.395)、词条 19.2《童年的

---

① 〔美〕斯坦利·巴兰、丹尼斯·戴维斯：《大众传播理论：基础、争鸣与未来》(第三版)，曹书乐译，北京：清华大学出版社 2004 年版，第 317 页。

消逝》(p.396);第十一章词条18 观察法(p.490)、词条20 内容分析法(p.496)

18.1　文化指标研究(Cultural Indicator)

传播学者乔治·格伯纳和他的同事在1972年开始"文化指标"的研究,这是对电视节目的安排和儿童及成人被电视"培育"之后对社会现实的认识进行定期分析的研究项目,[1]该研究共分为三个部分:传媒体系制作过程分析(Institutional Process Analysis)、传媒讯息系统分析(Message System Analysis)及教养分析(Cultivation Analysis),分别研究了传媒的拥有权、传媒与其他社会制度的关系、影响传媒制作的因素、传媒讯息的内容及意识形态、传媒讯息在培养价值观上的影响力,以及针对传媒影响力的公共政策等。

文化指标研究显示,电视在塑造社会文化方面,扮演着十分重要的角色,尽管这种影响可能无法用精确的科学方法来测量,或是它不可避免地与其他文化因素纠缠在一起。[2]

18.2　冷酷世界症候群(Mean World Syndrome)

根据教养分析的研究结果,格伯纳提出了"冷酷世界症候群",又称"卑鄙世界症候群"的概念。这一概念揭示了这样的现象:长时间观看暴力电视节目的人,会变得没有安全感,会更倾向于将世界看成一个卑鄙之境,[3]最重要的是对暴力及暴力的受害人渐渐失去敏感和同情心;而且因为看惯了暴力,所以要看更激烈的暴力才觉得刺激。于是在长期的电视暴力浸淫之下,这些人就变得自私、冷酷、缺乏同情心及爱心、难于与人愉快地共处。这个概念特别强调了某些重复的负面传媒信息会令人变得麻木。

互文参阅:第九章词条19.1 早期窗户(p.395)、词条19.2《童年的消逝》(p.396)

---

[1] George Gerbner, Larry Gross, "Living with Television: The Violence Profile," *Journal of Communication*, 26(2), 1976, p.174.

[2] 〔美〕斯坦利·巴兰、丹尼斯·戴维斯:《大众传播理论:基础、争鸣与未来》(第三版),曹书乐译,北京:清华大学出版社2004年版,第320—321页。

[3] 同上书,第323页。

冷酷世界指数(Mean World Index)

冷酷世界指数是指在教养分析中的一项结果,即提出关于犯罪和暴力的发生率的一系列问题,然后根据对这些问题的回答区分看电视少的人和看电视多的人。其中重要的三个问题是:①

- 你相信大多数人都只关心自己吗?
- 你是否认为在和别人打交道的时候再小心都不为过?
- 你相信大多数人在有机会的时候都会利用你吗?

看电视多的人对于这三个问题有高度的认同。

18.3 拟态环境(Pseudo-Environment)

沃尔特·李普曼(Walter Lippmann)在1922年出版的《公共舆论》(*Public Opinion*)一书中提出,人们所面对的世界有两个:现实世界和由大众传媒所创造的拟态环境,或称仿真环境。拟态环境有两个重要的特点:

- 拟态环境不是现实环境"镜子式"的摹写。
- 拟态环境并非与现实环境完全割裂,而是以现实环境为原始蓝本。

现代社会的人们生活在媒介的包围中,因而更是生活在媒介创造的虚拟环境中。李普曼指出,在大多数情况下,人们并不直接了解其所生活于其中的环境,而是对媒介所创造的拟态环境做出反应。真实环境太大、太复杂、太短暂,难以直接体验,因而人们倾向于对被再造的、简化了的环境做出反应。②

互文参阅:第六章词条15 媒介系统依赖理论(p.226)、词条26 沙发土豆(p.250)、词条26.2 容器人(p.251)、词条26.5 媒介依存症(p.252);第九章词条19 媒介与社会化(p.394)

18.3.1 三种意义上的"真实"(Reality)

现代社会大众传播极为发达,人们的行为与三种意义上的"真

---

① 〔美〕斯坦利·巴兰、丹尼斯·戴维斯:《大众传播理论:基础、争鸣与未来》(第三版),曹书乐译,北京:清华大学出版社2004年版,第323页。
② Walter Lippmann, *Public Opinion*, Macmillan, 1922, pp.4-22.

实"发生着密切的联系:①
- 客观真实:实际存在、不以人的意志为转移的事物。
- 符号真实:也叫象征性真实或拟态环境,是对客观外界的任何形式的符号式表达,包括艺术、文学及媒介内容。这种真实通常是由传播媒介经过有选择地加工后所象征或表现的。
- 主观真实:由个人在客观真实和符号真实的基础上认识形成的真实。这种认识在很大程度上是以媒介所构建的"符号真实"为中介的,也就是受众从媒介上理解的"现实"。媒介提供的现实,是真实生活经验的"膨胀",不等于客观现实,因此,经由这样的中介形成的真实,不可能是对客观现实"镜子式"的反映,而是产生了一定的偏移。

格伯纳等人也认为,大众媒介向人们提示的社会生活景象只是一种"象征性真实",但由于人们往往不加怀疑就接受了这些媒介内容,所以这种"象征性真实"对人们认识和理解现实世界发挥着巨大的影响。由于大众传媒的某些倾向性,人们心中描绘的"主观真实"与实际存在的客观真实之间出现很大的偏差。同时,这种影响并不是在短期内以明显的方式形成的,而是要经过一个长期的、潜移默化的"培养"的过程。在现实生活中,人们是根据"主观真实"指导自己的行为的。因此,媒介具有的"象征性真实"会影响到人们的日常行为,从而带来严重的社会后果。

18.3.2 《公共舆论》(Public Opinion)

沃尔特·李普曼是美国专栏作家和新闻记者,他在第一次世界大战结束后,考察了国内政治形势和新闻业概况,于1922年撰写了一部有影响力的著作《公共舆论》。这本书首次对美国报业进行分析,内容涉及报业运作、报业经济基础、新闻审查、报纸与电影内容中刻板印象的应用等。他关心报纸的影响力,尤其是报纸作为宣传工具在舆论形成中的重要作用,这也是第一次世界大战时期相关领域的主要议题。在探讨舆论的过程中,李普曼把舆论的形成和大众传媒联系在一起,揭示了舆论的形成和作用机制与大众传播的联系。

---

① 〔美〕沃纳·赛佛林、小詹姆斯·坦卡德:《传播理论:起源、方法与应用》,郭镇之等译,北京:华夏出版社2000年版,第310页。

    李普曼也关注这样一个事实,即人们对世界的认识受"我们头脑中的图像"(the pictures in our head)以及媒介所传播的"拟态环境"所浸染的事实的影响,由此,他提出的许多问题,为今后的传播研究打开了大门,如:

- 他所提出的"脑海图景"开启了日后的"议程设置"研究,艾弗瑞特·M.罗杰斯(Everett M. Rogers)将李普曼视作"议程设置"理论的开创者。
- 关于"刻板成见"的论述引起了后来的学者对大众传播宏观社会效果的关注。
- "局外人"与"局内人"的概念是后来"被动的受众观"理论的先导。

《公共舆论》自1922年问世以后,受到了美国和其他资本主义国家新闻学界和政治学界的极大推崇,至今仍保持着在这个领域的经典性地位,被认为是美国媒介研究的奠基之作。

互文参阅: 第三章词条6 议程设置(p.61);第六章词条21.1 被动的受众(p.240);第七章词条19.3 舆论(p.310);第十章词条19 沃尔特·李普曼(p.453)

18.4 主流化(Mainstreaming)

在媒介研究领域,主流化是一种趋同效果,是指产生于不同社会团体的大量看电视的人群,他们的意见趋同,[1]而他们之间通常由人口和社会因素所造成的对现实认知的差异被抹平了。也就是说,在教化分析中发现,明显由文化与社会因素造成的差异,在看电视较多的人中间有消失的趋势。这是因为,特别是对于看电视多的受众而言,电视中的符号垄断并主导着关于世界的信息和观念的来源,最终人们头脑中的主观真实被符号真实所内化,两者进而趋于一致。这是一种更接近于电视上的现实而非客观现实的文化主导现实。[2]例如,高收入和低收入的大量看电视者均认为,犯罪是个相

---

[1] 〔美〕沃纳·赛佛林、小詹姆斯·坦卡德:《传播理论:起源、方法与应用》,郭镇之等译,北京:华夏出版社2000年版,第293页。

[2] 〔美〕斯坦利·巴兰、丹尼斯·戴维斯:《大众传播理论:基础、争鸣与未来》(第三版),曹书乐译,北京:清华大学出版社2004年版,第323页。

当严重的社会问题。

主流化是实现培养的途径之一。

18.5　共鸣(Resonance)

共鸣产生于某些特定群体,由于他们的现实生活经历与电视世界中的情景相吻合,因此教养效果非常突出,这些人在实质上得到的培养是"双剂量效应",他们与电视里表现的主张能够形成高度共鸣。[①] 例如,较之少量看电视者,男性与女性中的大量看电视者一致认为,犯罪是一个非常严重的社会问题。但最赞同这个看法的是大量看电视者中的女性,因为她们特别容易成为罪犯攻击的对象,因此与电视中呈现的高犯罪世界产生了"共鸣"。

共鸣是实现培养的另外一条途径。

区分:本词条中的"共鸣"与第七章词条19.2 "大众传播对民意产生巨大效果的原因"中的"共鸣性"(p.309)

18.6　电视的3B(3Bs of Television)

教养理论的创始人格伯纳提出了电视的3B,即电视:[②]
- 模糊(Blur)了人们看待世界时对传统的区分,复杂的生产和大规模、非人格化的企业取代了人性化的家庭及小型社区。
- 将现实混合(Blend)于电视的主流文化中。
- 使这种主流文化屈服(Bend)于电视及其资助者的机构利益。

18.7　暴力指数(Violence Index)

电视暴力指数是一项年度内容分析所得的结果,是从电视网的黄金时段内容中抽一个星期的节目作为样本,统计其中出现的暴力频次、强度和类型,以反映节目中究竟展示了多少暴力。[③]

[①] 〔美〕斯坦利·巴兰、丹尼斯·戴维斯:《大众传播理论:基础、争鸣与未来》(第三版),曹书乐译,北京:清华大学出版社2004年版,第323页。

[②] 同上书,第324页。

[③] 同上书,第318页。

18.8 类社会关系(Parasocial Relationship)

大量观看电视节目的年轻人,会表现出与媒介所刻画的信念与感觉保持一致的情形。类社会关系是指,在大量收视的过程中,受众成员产生了与媒介人物具有亲属及朋友关系的感觉的一种情形,并且在受众、虚构角色或者媒介人士之间发生人际的假性互动。①

互文参阅:第六章词条 15 媒介系统依赖理论(p.226)、词条 26 沙发土豆(p.250)、词条 26.1 鼠标土豆(p.251)、词条 26.2 容器人(p.251)、词条 26.5 媒介依存症(p.252)

19 沉默的螺旋(The Spiral of Silence)

沉默的螺旋指出了这样的现象:和媒介中主流观点持相反意见的人由于害怕被排斥而保持沉默。

德国社会学家伊丽莎白·内尔—纽曼(Elisabeth Noelle-Neumann)在 1973 年提出了"沉默的螺旋"理论。其基本思想是,为了防止因孤立而受到社会惩罚,个人在表明自己的观点之前要对周围的意见环境进行观察。当发现自己属于"多数"或者"优势"意见时,倾向于积极大胆地表明自己的观点;当发现自己属于"少数"或者"劣势"意见时,一般人会由于环境压力而转向"沉默"或者附和多数人的优势意见。

现代传播技术的发展,使得信息的传播几乎无处不在,人们观察环境中的意见分布,主要依据是大众传播媒介,他们通常认为大众传播媒介呈现的意见就代表了多数人的想法。公众在公开表达意见时常采用媒介上不断重复的词汇和观点;反之,与大众传媒不一致的观点,公众一般不予公开表达。在"劣势意见的沉默"和"优势意见的大声疾呼"的螺旋式扩展过程中,社会生活中占压倒优势的"多数意见"——舆论产生了。

"沉默的螺旋"理论是传播效果理论重新回归到强大效果论的

---

① Denis McQuail, *McQuail's Mass Communication Theory* (6th Edition), Sage, 2010, p.565.

代表理论之一。纽曼的关注点不是微观层面上普通人如何感知公共议程,而是宏观层面上普通人对公共议程的感知所带来的长期后果。①

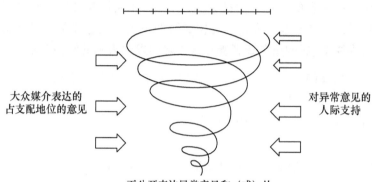

图7-7 沉默的螺旋②

大众传媒所表达的异常意见和对异常意见的人际支持逐渐减少,合并形成了沉默的螺旋,其中从异常意见转向优势意见的人数或不愿表达异常意见的人数日益增加。

互文参阅:第六章词条19 受众的从众行为(p.236);第七章词条24 强大效果模式(p.326)

19.1 "沉默的螺旋"理论的关键概念

"沉默的螺旋"的理论基础主要来源于心理学、大众传播学和社会学,涉及三个关键概念:害怕孤立、意见气候、准感官统计。

- "害怕孤立":从心理学角度来看,引发人类社会行为的最强烈的动力之一就是"不被孤立",个人会因为害怕孤立而改变自己的行动。
- "意见气候":自己所处的环境中的意见分布状况,包括现有意见和未来可能出现的意见。"意见气候"的主要来源有两个:所处

---

① 〔美〕斯坦利·巴兰、丹尼斯·戴维斯:《大众传播理论:基础、争鸣与未来》(第三版),曹书乐译,北京:清华大学出版社2004年版,第311页。
② 〔美〕沃纳·赛佛林、小詹姆斯·坦卡德:《传播理论:起源、方法与应用》,郭镇之等译,北京:华夏出版社2000年版,第298页。

环境中的群体意见和大众传播。

- "准感官统计"：每个人都具有"准感官统计"的能力,这种能力能够判断"意见气候"的状况,判断什么样的行为和观点能被他们所处的环境认同或不被认同,什么样的意见和行为正在得到强化或弱化。

在具有争议的议题上,人们对民意的散布形成印象,他们试图判断,自己的意见是否与大多数人一致,然后他们判断民意是否会朝赞同他们的意见的方向改变。如果他们觉得自己站在少数人的意见这一边,他们会倾向于对该议题保持沉默。如果他们觉得舆论与他们的意见逐渐远去,他们也会倾向于对该议题保持沉默。他们越是保持沉默,则其他的人便越是觉得某种特定的看法不具有代表性,而他们便越会继续保持沉默。①

19.2　大众传播对民意产生巨大效果的原因

纽曼认为,大众传播媒介在影响公众意见方面确实有很强的效果,但是,由于过去研究的局限性,这些效果一直被弱化了,或未能被测试出来。她指出,大众传播的三个特质——累积性、普遍性以及共鸣性——综合在一起,便产生了对民意的巨大效果。②

- 累积性:同类信息的传达活动在时间上具有持续性和重复性,而产生累积性。
- 普遍性:媒介信息的抵达范围具有空前的广泛性。在这种状况下,被有限效果理论所强调的受众对信息的"选择性接触"机制就难以发挥作用。
- 共鸣性:多数传媒报道的内容具有高度的类似性。共鸣是指对一个事件或一个议题的一致反映,它可能发展出一致性,而且这种一致性通常是由不同的报纸、杂志、电视和其他媒介的报道共享的。共鸣的效果是克服选择性注意,因为人们不能选择其他的任何消息,并且它能造成这样的印象,即大部分人看待议题的方式与媒介表现议题的方式是一样的。

---

① 〔美〕沃纳·赛佛林、小詹姆斯·坦卡德:《传播理论:起源、方法与应用》,郭镇之等译,北京:华夏出版社 2000 年版,第 298 页。
② 同上。

互文参阅：第六章词条 17.1 选择性暴露（p.229）
区分：本词条中的"共鸣性"与第七章词条 18.5 共鸣（p.306）

19.3　舆论（Public Opinion）

舆论是社会或社会群体中对近期发生的、为人们所普遍关心的某一有争议的社会问题的共同意见；是公众中主流群体的集体观点。这一部分群体通常是指民意调查所测量出来的大多数。①

纽曼认为"沉默的螺旋"是在舆论生成中起重要作用的一个因素。她在 1993 年出版的著作《沉默的螺旋：公共舆论——我们的社会皮肤》（*The Spiral of Silence：Public Opinion—Our Social Skin*）中，将舆论定义为"我们的社会皮肤"，这包括两重含义：②

- 舆论是个人感知社会"意见气候"的变化、调整自己适应环境的行为的"皮肤"；
- 舆论又在维持社会整合方面起着重要作用，就像作为"容器"的皮肤一样，防止由于意见过度分裂而引起社会解体。

19.4　参照群体理论（Reference Group Theory）

参照群体理论指出，根据沉默的螺旋理论的预测，当媒介报道暗示对事件的某种看法正在取得优势地位时，与之持相反观点的人大多会保持沉默或转向优势意见，以避免被孤立。但是，如果某人与大众媒介相反的劣势观点得到了来自于最亲近的家庭成员和朋友的支持时，那么他/她就不会在言论上有所退缩，不怕被孤立。家庭成员和朋友是人们的参照群体，提供重要的支持。也就是说，参照群体越是活跃，沉默的螺旋扩散的空间就越小，因为少数意见会受到参照群体的支持。③ 因此，在参照群体理论适用的情况之外，沉

---

① Denis McQuail, *McQuail's Mass Communication Theory* (6th Edition), Sage, 2010, p.568.
② 〔德〕伊丽莎白·诺尔-诺依曼：《沉默的螺旋》，董璐译，北京：北京大学出版社 2013 年版，第 58—64 页。
③ Denis McQuail, *McQuail's Mass Communication Theory* (6th Edition), Sage, 2010, p.520.

默的螺旋理论才可以做出有效的预言。①

参照群体(Reference Group)

参照群体是指个体在心理上所从属的群体。个体以其参照群体的价值和规范为评价自身和他人的基准,并将它作为自己的社会观和价值观的依据。一个人的参照群体与他在行政上、组织上或地位上所从属的群体可以是相同的,也可以是不同的。

对于个体来说,参照群体有两个基本的作用:

- 规范作用:参照群体在个体内化价值规范、形成社会态度的过程中具有重要的影响。
- 比较作用:参照群体往往是个体对自我和他人进行评价时所采用的比较性标准。

20 第三者效果(The Third-person Effect)

菲力普斯·戴维森(Philips Davison)在1983年提出了与沉默的螺旋相关的第三者效果理论。他认为,人们倾向于夸大大众媒介中的消息对其他人的态度和行为的影响。第三者效果的基本思想是:特定的消息对自己没有什么影响,但是其他人很可能受到很大影响。②

第三者效果假设可以分为两个部分:

- 一个与感受有关的假设提出,人们认为大众传播的消息对其他人会比对自己有更大的效果。
- 另一个假设与效果有关,因为有了这样的感受,人们会采取各种行动。这些行动就形成了消息原本要产生的效果——虽然是不那么直接的效果。

对第三者效果的一个有趣的发现是,人们其实比自己认为的要更容易受大众媒介的影响。第三者效果假设认为,人们觉得其他人比自己更容易受大众媒介的影响,但是,某些情况下,是他们可能对

---

① 〔美〕斯坦利·巴兰、丹尼斯·戴维斯:《大众传播理论:基础、争鸣与未来》(第三版),曹书乐译,北京:清华大学出版社2004年版,第248页。

② Denis McQuail, *McQuail's Mass Communication Theory* (6th Edition), Sage, 2010, p.520.

自己产生了错觉,低估了消息对他们的影响。①

21 媒介霸权理论(Media Hegemony Theory)

媒介霸权理论的观点认为,社会中统治阶级的意识形态成为整个社会的统治思想。大众媒介被视为受社会统治阶级控制并帮助统治阶级控制其他人的工具。媒介霸权理论主张,媒介满足了占统治地位的意识形态的要求。

美国学者指出,在新闻报道中至少有三个方面可以证明媒介霸权的存在:②

- 新闻记者的社会化包括充满了统治阶级意识形态的报道指南、例行工作规则和导向。
- 新闻记者倾向于报道保守的和维持现状的话题和消息。
- 新闻记者倾向于表现亲美国的报道和对他国,特别是第三世界国家的负面报道。

互文参阅:第四章词条9.3 掏粪者(p.98);第九章词条9 对媒介的非正式控制(p.387)、词条15 潜网(p.391)、词条17 新闻的偏差(p.392)

媒介入侵理论(Media Intrusion Theory)

媒介入侵理论是由丹尼斯·戴维(Dennis Davis)在研究政治传播时提出的理论,是关于媒介入侵并掌控政治甚至颠覆政治的观点。③

这一理论指出,当许多人待在家里看电视而不参加当地团体活动,因此政治精英无法依靠本地的团体来支持他/她的时候,政治精英就被迫接受政治顾问的建议,利用媒介呼唤人们的支持。因此,精英们必须用很多时间募集资金,将这些资金用在各种竞选传播活动上。为了吸引冷漠的观众的注意,政治报道总是过于个人化、过于戏剧化,而且过于片段化。而媒介更愿意鼓励观众成为政治的看

---

① 〔美〕沃纳·赛佛林、小詹姆斯·坦卡德:《传播理论:起源、方法与应用》,郭镇之等译,北京:华夏出版社2000年版,第300页。
② 同上书,第301页。
③ 〔美〕斯坦利·巴兰、丹尼斯·戴维斯:《大众传播理论:基础、争鸣与未来》(第三版),曹书乐译,北京:清华大学出版社2004年版,第332页。

客,当政治明星们比赛时坐在一旁观看。①

政党的衰落被认为是由于对加入政党和投票的热情的衰退,而这些政治变化与电视成为主要新闻媒介是同步的。

22 议程设置的效果(Effects of Agenda-setting)

互文参阅:第三章词条 6 议程设置(p.61)

22.1 有关"水门事件"(Watergate Scandal)报道的研究

美国学者库尔特·兰(Kurt Lang)和格拉迪斯·E. 兰(Gladys E. Lang)曾经对"水门事件"期间报纸报道与民意之间的关系作过研究。他们对这一时期的报纸内容进行了仔细的分析,发现报纸突出报道了某些事件,并且从一开始就把水门事件定性为党派之争,而后又定义为是政治腐败的表现;报道语言也在不断改变:水门事件最初被定位为"恶作剧"(Caper),这个词沿用了数月之久,试图将事件淡化,后来改用"丑闻"(Scandal)一词。通过对大众的调查,发现媒介的这些手段在受众那里都收到了不同程度的效果,导致公众对这一事件重要性的看法也随着媒介的报道力度和措辞的不断加强而增强:从最初的不注意,到之后将它作为头号新闻。②

这种受众调查与媒介内容分析相结合的研究方法,把传受双方各自的倾向很好地联系了起来,因而可以有效地对二者之间的关系进行分析,从而验证媒介是否确实设置了受众的议程。

22.2 影响议程设置效果的因素

22.2.1 机制(Mechanisms)对议程设置效果的影响

媒介并不是将社会中发生的议题和事件原封不动地简单传递,而是在某种程度上使其与真实生活不能很好地对应。媒介会通过一些机制来影响公众对某一议题关注的程度,也就是说,媒介通过

---

① 〔美〕斯坦利·巴兰、丹尼斯·戴维斯:《大众传播理论:基础、争鸣与未来》(第三版),曹书乐译,北京:清华大学出版社 2004 年版,第 332—333 页。

② Gladys E. Lang, Kurt Lang, *The Battle for Public Opinion: The President, the Press, and the Polls during Watergate*, Columbia University Press, 1983, pp. 20-47.

一些机制使事件的实际重要性与公众的关注程度不匹配。主要的五种机制包括：①

- 媒介顺应事件的流程。当事件的形式维持不变的时候，所有的事件都被认为"只不过多了些相同的事情"，因而就不被当作新闻，也不容易成为公众的议题。
- 过度报道重要但罕见的事情，使公众投入极大的关注。
- 对总体上不具有新闻价值的事件选择报道其有新闻价值的部分，也使公众投入很多关注。
- 伪事件或制造出的具有新闻价值的事件，也使某些议题进入媒介议程。
- 事件的总结报道，或按具有新闻价值事件的报道方式来描述无新闻价值的事件，也吸引了公众的关注。

22.2.2 影响媒介内容的因素

研究者总结了五种影响媒介内容的因素。这五种因素中，既有来自媒介从业人员、代表最微观层次的影响因素，也有来自意识形态、代表最宏观层次的影响因素。它们组成了"影响因素的等级结构"，其中意识形态处于结构的最顶端，其影响力通过各个层次向下渗透。②

- 意识形态的影响。意识形态体现的是一种宏观层次的社会形象。包罗万象的意识形态可以以多种多样的方式影响媒介内容。
- 来自媒介机构之外的组织对媒介内容的影响。这类影响来自利益集团、政府、法规等。
- 媒介组织方式对内容的影响。媒介机构有许多目标，其中谋利就是多数媒介共有的目标之一。媒介组织的这种目标可以通过各种方式影响媒介的内容。
- 来自媒介日常工作惯例的影响。大众媒介时时受到传播者日常实践的影响，包括截稿时间及其他时间限制、出版物的版面要求、新闻报道的写作结构、新闻价值、客观原则以及记者对官方信源的依赖等。

---

① 〔美〕沃纳·赛佛林、小詹姆斯·坦卡德：《传播理论：起源、方法与应用》，郭镇之等译，北京：华夏出版社2000年版，第263页。
② 同上书，第264页。

- 来自媒介工作者个人的影响。这类影响包括传播业者自身的特性、个人和职业的背景、个人态度和职业角色等。

互文参阅：第九章词条 11 方针手册(p.389)、词条 12 印刷媒介的组织方针(p.390)

22.2.3 受众属性对议程设置效果的影响

由于受众拥有自身的自主性、社会性,因此在接触媒介内容时,在各个层面都会有所选择,这使得受众的属性对议程设置的效果也有着显著的影响。这些属性主要包括:

- 受众对各种议题的经验程度:经验越是间接,受媒介的影响越大,议程设置的效果越是显著。
- 受众对媒介信息的接触量:接触量越大,受媒介影响越大。①
- 人际传播的频度:人际传播的频度根据具体的情况不同,对媒介的议程设置效果有"抑制"和"强化"两种作用。
- 受众的阶层属性:媒介的议程设置对知识水平高、政治关心程度高的人影响较小。

导向需求(Need for Orientation)

当信息与个人的相关性越大,而且事物的不确定程度越高时,人们对导向的需求就越大,因此受媒介议程设置效果的影响就越大。

22.2.4 不同媒介的议程设置功能

报纸对较长期的议题的"重要性顺序排列"影响大,产生的是持续时间长的效果(longer-lasting effect)。广播、电视的"热点化效果"突出,提供谈话议题,有很强的短期效果(short-term effect)。②

22.3 议程偏颇(Bias by Agenda)

议程偏颇是指媒介对议题进行的突出报道,实际上反映了它对一种特定思想喜爱与否的态度。③ 例如,保守主义经常指控说,电视网虽然报道自由主义的话很少,但是新闻报道的某些话题中隐含的

---

① 〔美〕沃纳·赛佛林、小詹姆斯·坦卡德:《传播理论:起源、方法与应用》,郭镇之等译,北京:华夏出版社 2000 年版,第 261 页。
② 同上书,第 260 页。
③ 同上书,第 258 页。

自由主义的观点很多,这些报道要么使保守主义者看起来很差,要么使自由主义事业显得很好。

互文参阅:第九章词条 9 对媒介的非正式控制(p.387)、词条 11 方针手册(p.389)、词条 12 印刷媒介的组织方针(p.390)、词条 15 潜网(p.391)、词条 17 新闻的偏差(p.392)、词条 18 新闻和编辑政策(p.393)

22.4 铺垫作用(Priming)

铺垫作用就是指媒介专注某些问题而忽略其他问题,从而改变选民对候选人的评估标准。①

美国政治传播学家仙托·艾英戈(Shanto Iyengar)和他的同事的研究显示,在看过总统在某一问题上的施政表现的报道后,受试者对总统的总体评价与对总统在这一问题上的表现的评估之间有较大的相关性。因此,总统若希望获得较高的总体评价,就可以在发表施政报告时,将重点放在其表现突出的问题上;选民会对总统在这些问题上的表现做出较高评价,而忽略施政报告中没有谈到的某些问题——可能正是总统表现不佳的地方。这样选民对总统的总体评价也会比较高。也就是说,电视新闻报道或其他媒介为选民设定了评估总统的评价标准,这个过程就是铺垫作用。

艾英戈区分了议程设置和铺垫两种效果,前者反映了对人们在认识议题的重要性时的影响,而后者是指在做判断评估时,新闻报道对人们思考具体事件的重要性的影响。②

22.5 议题的强制性接触(Obtrusiveness)和非强制性接触(Unobtrusiveness)

强制性接触的议题是指公众能够直接亲身体验的议题;而公众不能够直接亲身体验的议题就是非强制性接触议题。对于非强制性接触的议题,公众的直接经验越少,他们为获取该方面的信息就

---

① 〔美〕沃纳·赛佛林、小詹姆斯·坦卡德:《传播理论:起源、方法与应用》,郭镇之等译,北京:华夏出版社 2000 年版,第 253 页。

② Shanto Iyengar, *Is Anyone Responsible? How Television Frames Political Issues*, University of Chicago Press, 1999, p.113.

越是被迫依赖新闻媒介。①

哈罗德·G.朱克（Harold G. Zucker）的研究发现，就非强制性接触议题而言，往往是先由新闻媒介进行集中报道，然后该议题在民意测验中的重要程度才得以提升。但是，对于强制性接触议题，新闻媒介的集中报道没有出现在该议题被公众重视之前，相反，媒介的报道与公众的重视似乎是同时的。他的研究说明，对非强制性接触议题的报道可能会产生议程设置的效果，而对强制性接触议题的报道可能没有议程设置的效果。因此，他认为，强制性接触议题是个重要概念，应该补充到议程设置的假设当中。

互文参阅：第七章词条14 两级流动传播(p.290)

22.6 抽象议题（Abstract Issues）和具体议题（Concrete Issues）

艾琳·雅各德（Aileen Yagade）和大卫·多齐尔（David M. Dozier）将抽象度定义为一个议题难以被理解或感受的程度。② 抽象议题是公众难以理解或感受的议题。

他们发现，由于受众理解抽象议题总是要困难些，因此减少了议程设置效果的产生。对于具体议题而言，媒介与公众议程之间存在着显著关系，即具体议题更容易产生议程设置的效果；对于抽象议题，媒介往往不具备为公众设置议程的能力。③

这是一个值得注意的成果，因为对于公众来说，非常重要的议题可能也是非常抽象的议题。

22.7 时滞问题（Time Lag）

时滞问题指出了这样的现象：虽然媒介可以左右公众对议题重要程度的感知，但是媒介对公众的影响从发生到产生效果需要一段时间。也就是说，一则新闻从媒介议程转向公众议程，存在一个必然的时间差。根据杰拉德·斯通（Gerald Stone）和麦克斯韦·E.麦

---

① 〔美〕沃纳·赛佛林、小詹姆斯·坦卡德：《传播理论：起源、方法与应用》，郭镇之等译，北京：华夏出版社2000年版，第256页。
② 同上书，第257页。
③ 同上书，第257—258页。

克姆斯(Maxwell E. McCombs)的研究,这段时间大致是二到六个月。这是因为,对不同问题的新闻报道可能需要不同长度的时间,以积累足够的声势,并吸引公众的注意力。①

时滞问题对于媒介实务人员来说非常重要,因为当他们了解到一个议题进入公众意识需要多少时间,就能更好地规划自己的工作。

22.8 议程建构(Agenda Building)

议程建构理论是对议程设置的拓展,比最初的议程设置要复杂得多。议程建构是指在公共领域中,媒介、政府和公民彼此之间相互影响的全部过程。② 这一概念认为,一个问题从新闻报道到成为公众的议程需要一段时间,并要经历数个步骤。这个概念提出了一个媒介构造议程的方式。具体来说,议程建构可以细分为六个步骤:③

● 报纸突出报道某些事件或活动,并使其引人注目。

● 不同种类的议程需要不同种类、不同分量的新闻报道,才能吸引人们的注意。例如,水门事件是非强制接触议题,因此它需要广泛的报道以吸引公众的注意。

● 对处于关注焦点的事件或活动必须加以"构造"或给予一定范围的意义,从而使人们便于理解。水门事件从大选活动一开始就被定性为党派之争,这就使人难以从另一不同性质的构造角度——比如政治腐败的表征——来理解。

● 媒介使用的语言也能影响人们对一个议题重要程度的感受。水门事件从最初被定位为"恶作剧"(Caper),到后来改用"丑闻"(Scandal)一词,这一事件的重要程度才因此提高。

● 媒介把已成为人们关注焦点的事件或活动与政治图景中易于辨认的次级象征联系起来。人们在对某一议题采取立场时,需要一定的认识基础。比如,在水门事件中,当该事件与诸如"找出事实

---

① 〔美〕沃纳·赛佛林、小詹姆斯·坦卡德:《传播理论:起源、方法与应用》,郭镇之等译,北京:华夏出版社2000年版,第259页。

② 〔美〕斯坦利·巴兰、丹尼斯·戴维斯:《大众传播理论:基础、争鸣与未来》(第三版),曹书乐译,北京:清华大学出版社2004年版,第309页。

③ 〔美〕沃纳·赛佛林、小詹姆斯·坦卡德:《传播理论:起源、方法与应用》,郭镇之等译,北京:华夏出版社2000年版,第261页。

真相的必要"、"对政府的信心"等次级象征联系在一起时,媒介的报道就可以帮助人们确立立场了。

● 当知名且可信的人开始讨论一个议题的时候,议程建构的速度会加快。

23 知识沟假说(Knowledge-gap Hypothesis)

"知识沟"假说最早出现在1970年,由菲利普·J.蒂奇纳(Phillip J. Tichenor)、乔治·A.多诺霍(George A. Donohue)和克拉丽斯·N.奥里恩(Clarice N. Olien)在一篇名为《大众传播流动和知识差别的增长》("Mass Media Flow and Differential Growth in Knowledge")的论文中提出。这个概念是指在获得更多信息和获得更少信息的人群之间的系统性差异。[①] 他们指出,随着大众传播媒介向社会传播的信息日益增多,社会经济状况较好的人将比社会经济状况较差的人以更快的速度获得这类信息。因此大众传播媒介传送的信息越多,这两类人之间的知识沟将呈现扩大而非缩小的趋势。

知识沟假说在操作上可以按以下两种方式来表述:[②]

● 在一段时间内,当媒介已对某个话题做过大量宣传之后,文化程度较高的人会比文化程度较低的人以更快的速度吸取该话题的知识。

● 在特定的时间里,较之未被大量宣传的话题,在媒介大量宣传的话题上,人们所获得的知识与受教育程度应该有更高的相关。

关于这个假说有一个事例。美国政府为回应社会上要求教育机会平等的呼声,在20世纪60年代拍摄了电视教育节目《芝麻街》,目的是为那些家庭贫困的儿童提供学前启蒙教育的机会,缩小贫富儿童学前教育的差距。这个教育节目播出后,尽管对贫富儿童所产生的教育效果都非常良好,但是经过调查后却发现,富裕儿童对节目的收视率要远高于贫困儿童,而其教育效果也要好于贫困儿童。

下图表示了知识沟假说,图中整个象限从左到右代表时间的推

---

① 〔美〕沃纳·赛佛林、小詹姆斯·坦卡德:《传播理论:起源、方法与应用》,郭镇之等译,北京:华夏出版社2000年版,第304页。
② 同上书,第274页。

移和信息的输入。该假说预计,由于信息不断输入,因而社会经济状况好的或差的人均能增长知识,但是社会经济状况好的人将获得更多的知识。这就意味着,穷人与富人之间的相对知识沟将会扩大。在人人都感兴趣的领域,如公共事务和科技新闻领域,知识沟特别容易出现;而在某些基于兴趣的特定领域,例如体育和园艺领域,知识沟出现的可能性就较小。

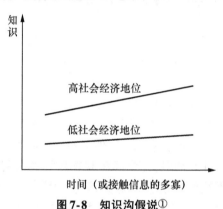

图7-8 知识沟假说①

互文参阅:第二章词条12 丹斯螺旋模式(p.39);第六章词条《芝麻街》(p.255)

23.1 导致知识沟产生的因素

可能导致知识沟产生的因素主要有五个:②

- 传播技能的差异。社会经济状况好的人和社会经济状况差的人在传播技能上是有区别的,他们的文化程度通常存在差异,而人们基本的信息处理工作如阅读、理解、记忆等均需要靠教育打下基础。

- 已有的信息量的差异。社会经济状况好的人和社会经济状况差的人,在现存的信息数量或先前获得的背景知识等方面也存在着差异。社会经济状况好的人基于所受的教育,可能对某个问题早有了解,或者也可能通过以往的媒介接触而对此有更深入的了解。

---

① 〔美〕沃纳·赛佛林、小詹姆斯·坦卡德:《传播理论:起源、方法与应用》,郭镇之等译,北京:华夏出版社2000年版,第274页。
② 同上书,第276页。

- 社交范围的差异。社会经济状况好的人可能有更多的相关社会联系,也就是说,这类人可能与同样了解公共事务和科技新闻的人有交往,并且可能与他们就此类问题展开过讨论。
- 选择性接触、接受和记忆的机制所发挥的作用。社会经济状况较差的人可能找不到与他们的价值观和态度相协调的涉及公共事物或科技新闻的信息,于是他们就可能对此类信息兴趣索然。
- 大众媒介的差异。大众媒介系统自身的本性就是为了较高社会阶层的人而用的。印刷媒介上的许多公共事务和科技新闻以及印刷媒介本身就是以较高社会阶层的人的兴趣和口味为取向的。

23.2　缩小知识沟的条件

缩小甚至消除知识沟的两个重要条件是:

- 一个议题引起社会关切的程度是一个重要变量。如果高度引起社会关注,知识沟就有希望缩小甚至消除,具体地说:[1]
  - 在多元化的社区里,由于存在各色各样的信源,因而知识沟有扩大的趋向;而在同质性的社区里,人们获得信息的渠道虽然不正式但相同,因此,知识沟扩大的可能性较小。
  - 当人们感到在某个地方议题上存在着冲突时,人们会因为更关心这个议题,而且更容易搜索相关信息,而使对该议题的知识沟有可能缩小。
  - 当一个问题对本地的人们有迅捷而强烈的影响时,知识沟就容易缩小。
- 个人动机是寻求信息的一个重要因素,当寻求信息的动机非常强烈的时候,知识沟就会缩小而非扩大。[2]

23.3　信息沟理论(Information Divide)

那坦·卡茨曼(Natan Katzman)从新传播技术发展的角度出发,在知识沟理论的基础上,提出了"信息沟"理论,试图回答信息社会的现实问题,即如何防止和解决信息社会中的"信息富有者"(Infor-

---

[1]〔美〕沃纳·赛佛林、小詹姆斯·坦卡德:《传播理论:起源、方法与应用》,郭镇之等译,北京:华夏出版社2000年版,第280页。
[2] 同上书,第281页。

mation Rich)和"信息贫困者"(Information Poor)的两极分化,以及由此带来的新的社会矛盾。这一理论的主要观点有:①

- 新传播技术的应用必然会使整个社会的信息流量和信息接触量都有所增大,对每个社会成员来说都是如此。
- 但是,并不是每个社会成员都能够均等地获得新技术应用所带来的利益。现有信息水准较高且获取信息能力较强的人,能够比信息水准较低或获取信息能力较弱的人获得更多的信息,这是因为:
  - 那些活跃地参加传播活动、信息积蓄量大的社会群体,能更早地接触传播新技术。
  - 接触和使用新媒介技术和传播内容需要具备相关的知识,而现有获取信息能力较弱的人可能并不具备。
  - 采用传播新技术需要一定的经济条件和其他相关资源,而现实社会中,人们的经济条件是不同的,资源的分配是不均等的。
  - 受众现有信息水准的程度与他们采用新媒介技术的积极性成正比,这一主观因素也决定了社会经济地位高者处于有利地位。
- 电脑等机器处理和积蓄信息的能力要比人的能力强大得多,信息富裕阶层通过早期使用、熟练使用这些先进的信息传媒,能够比其他人拥有更大的信息优势。
- 在社会信息化过程中,新的媒介技术会不断出现,升级换代的周期越来越短,因而"信息沟"的发展趋势可能是,"旧的"信息沟还未填平,而"新的"信息沟又出现了。这种情况在新媒介的使用过程中尤其明显。

"知识沟"理论和"信息沟"理论都应用于新媒介的普及研究和社会的发展研究。"信息沟"理论主要是研究人们在新媒介的普及过程中,是否能够获得均等的机会,以及出现不平等的原因,并主要关注来自发达国家的开发援助给受援国带来的新的不公平,以及信息社会的规划和建设,能否和怎样给不同阶层带来较为平等的传播机会。

---

① Natan Katzman, "The Impact of Communication Technology: Promises and Prospects," *Journal of Communication* 24(4), 1974, pp.47-58.

数字鸿沟(Digital Divide)

数字鸿沟出现在全球数字化进程中,指不同国家、地区、行业、企业、人群之间由于对信息、网络技术应用程度的不同以及创新能力的差别造成的各种不平等的问题。这种新的不平等源自对数字传播设备的大规模的投资能力的不均衡、对高级基础设施和较娴熟的传播技巧的依赖。[①] 数字鸿沟的具体表现有:

- 依赖性的自由:对于一个社会来说,其技术化程度越高,它对技术的依赖性就越强,技术权力成为越来越突出的人类主体性的制约因素。
- 教育的非人格化:网络是今天数量和容量最大的信息载体,无限扩大了我们学习和认知的可能性,但人类思维的训练因为机器思维的不断简化而导致思维能力的停滞甚至下降。
- 被算计的安全:使用者的经济安全、信息安全和隐私权在缺少监控的情况下,受到威胁。
- 社会分化的新标志:掌握网络传播的技术需要知识能力和经济能力,因此导致或强化了不平等的现象。
- 富者愈富贫者愈贫:网络传播将扩大各国之间的贫富差距,穷国并不能无偿地提取并利用富国耗巨资才获得的成果信息,而只能从网络上得到大量过时甚至虚假的信息。

互文参阅:第五章词条 1.5.3 信息爆炸(p.165);第九章词条 26 文化帝国主义(p.402)

23.4 信息寻求行为等级图(Hierarchy of Information-Seeking Behavior)

汤姆·韦尔(Tom Weir)效仿亚伯拉罕·H. 马斯洛(Abraham H. Maslow)的需求等级结构,提出了信息寻求等级图:一个人在等级中的位置决定着他/她寻求信息的行为,只有在一个层次的信息需求得到满足后,人们才会致力于寻求更高层次的信息。当指向人们的某类信息在某些个人自己的需求等级位置看来无关紧要时,知识沟就出现了。

[①] Denis McQuail, *McQuail's Mass Communication Theory* (6th Edition), Sage, 2010, p.555.

马斯洛的需求等级结构(Need-Hierarchy Theory)

马斯洛指出,人有一系列复杂的需要,按其优先次序可以排成梯式的层次,从下到上依次是生理需求、安全需求、社交需求、尊重需求和自我实现需求:

- 生理需求:对食物、水、空气和住房等的需求。
- 安全需求:对人身安全、生活稳定以及免遭痛苦、威胁或疾病等的需求。

图7-9　信息寻求行为等级图①

- 社交需求:对友谊、爱情以及归属关系的需求。
- 尊重需求:对成就感、自我价值、他人对自己的认可与尊重的追求。
- 自我实现需求:对自我实现、发挥潜能的追求。

一般来说,只有在较低层次的需求得到满足之后,较高层次的需求才会有足够的活力驱动行为。人们总是优先满足生理需求,而自我实现的需求则是最难以满足的。

23.5　上限效果理论(Ceiling Effect)

由詹姆士·S.艾蒂玛(James S. Ettema)和杰拉德·F.克莱因

---

① 〔美〕沃纳·赛佛林、小詹姆斯·坦卡德:《传播理论:起源、方法与应用》,郭镇之等译,北京:华夏出版社2000年版,第285页。

(Gerald F. Kline)在1977年所提出的"上限效果"理论(或"天花板效果"理论),是与"知识沟"理论相反的观点。这一理论的基本观点是,个人对特定知识的追求并不是无止境的,在达到某一"上限"(饱和点)后,知识量的增加就会减速乃至停下来。社会经济地位高者获得知识的速度快,其"上限"到来得就早;而那些经济地位低者虽然知识增加的速度慢,但随着时间的推移,最终也能在"上限"上赶上前者。①

因此,上限效果理论认为,由于大众传媒的信息传播活动的作用,社会的知识沟一开始呈现出扩大的趋势,但最终还是会缩小,这是因为三个"上限"的制约:②

● 信息源的性质所决定的"上限"。大众传媒传播的知识只是某一范围、领域,某种程度上的"一般"知识,并非是"高、精、尖"的知识。无论处于什么经济地位的受众,都不可能从大众传媒中获得超过这个范围、领域及程度的知识。

● 受众本身具有的"上限"。在大众传媒的受众中,那些社会经济地位高的人,在感觉到自己的某种知识已经充足的时候,就会自动减慢或停止对这方面知识的追求。

● 现有的知识已经达到"上限"。如果受众个人的知识已经多于大众传媒所传播的内容,他们便不会再通过大众传播去寻求知识。

其他学者一方面承认上限效果假设在大众传媒的受众对特定知识的追求与获取过程中是存在的,另一方面也指出了这一理论的不足:

● 受众是否有追求知识的"上限"。虽然受众个人在一定时期、一定范围和领域内追求与获取某一特定知识时会出现"饱和",这些知识的增加会出现停顿,但是他们会在这时开始对下一个新领域的知识的追求与获取,这就必然会增加他们的知识总量。

● 知识是否有"上限"。知识是在不断更新、逐渐老化的,那些社会经济地位低的人,在追求与获取知识方面即使在后来某个时候到达了社会经济地位高的人的"上限",但由于时境的变化,他们获取的知识的实际价值会大打折扣。因此,那种认为通过大众传播的

---

① 〔英〕丹尼斯·麦奎尔、〔瑞典〕斯文·温德尔:《大众传播模式论》(第2版),祝建华译,上海:上海译文出版社2008年版,第109—110页。

② 郭庆光:《传播学教程》,北京:中国人民大学出版社1999年版,第232页。

"知识平均化"效果可以消除社会"知沟"、实现普遍社会平等的观点是不成熟的。

23.6 文化资本(Cultural Capital)

这个概念由皮埃尔·布尔迪厄(Pierre Bourdieu)提出,用以说明资本主义社会的文化实践、价值及语言特征的不平等分布。如同可以用不同的社会阶级与群体所占据的经济资本的不同来解释他们占据的物质权力的差异一样,他们也应被认为拥有相应的不平等的文化资料和象征权力。[①]

24 强大效果模式(Powerful-effect Model)

强大效果模式的中心思想就是,如果根据传播理论的原则审慎地筹划节目或传播活动,大众传播就能发挥强大的影响。例如,在一段时间内重复某个讯息比单一讯息有效;认定并瞄准某些受众将更有效果等。也就是说,强大的效果并不是那么普遍或容易产生的,只有在正确的环境中使用正确的传播技巧,才可能产生。[②] 与"魔弹论"相比,强大效果理论认为大众传播是一个相当复杂的现象,该取向所设置的各种情况都充满了影响媒介效果的中介性因素。[③]

强大效果模式最初是由伊丽莎白·内尔—纽曼(Elisabeth Noelle-Neumann)在她的《回归强大的大众媒介概念》("Return to the Concept of Powerful Mass Media")一文中提出的。她的沉默的螺旋理论可能适合强大效果模式。

互文参阅:第七章词条2 子弹理论(p.262)、词条19 沉默的螺旋(p.307)

---

① 〔美〕约翰·费斯克:《关键概念:传播与文化研究辞典》(第二版),李彬译,北京:新华出版社2004年版,第67页。
② 〔美〕沃纳·赛佛林、小詹姆斯·坦卡德:《传播理论:起源、方法与应用》,郭镇之等译,北京:华夏出版社2000年版,第308—309页。
③ 〔美〕斯蒂芬·李特约翰:《人类传播理论》(第七版),史安斌译,北京:清华大学出版社2004年版,第374页。

25 大众传播效果研究的发展阶段(The Development of the Studies on Mass Communication Effects)

传播学体系中有关传播效果的研究几乎是与传播学自身的发展同步的,从 20 世纪初开始到现在,大体上经历了四个发展阶段:

● 媒介万能论:代表理论是子弹理论,认为大众传播有相当强大的效果,这是关于大众传播最早和最简单的概念。过了一段时间之后,这个概念被有限效果理论所替代。

● 有限效果论:认为大众传播一般不能成为产生传播效果必要的和充足的原因,而更可能处于各种因素和影响中,并通过这些因素和影响起作用,这一观点也被称为最小后果定律。

● 适度效果模式:接下来的研究认为,有限效果理论可能矫枉过正,大众传播的效果比有限效果要大,这些研究包括对知识沟、议程设置和电视暴力效果的研究。这是效果研究的转折,主要表现为:

■ 效果研究从以传播者为中心转为以受众为中心,从以往研究考虑的核心问题"媒介对受众干了些什么"转变为"受众如何处置媒介"。[①]

■ 关注对象从"态度改变"转为认知的变化,这与 20 世纪 50 年代认知心理学的发展关系密切。行为主义强调刺激—反应模式,在这一模式中人被看作是被塑造的对象。而认知心理学则把人看成问题的解决者而非被塑造的客体,它关注的是人们头脑中世界的表象及表象的塑造。[②]

■ 研究视角从"心理动力模式"转向"文化规范模式"。心理动力模式关注短期的、与个体有关的、直接的效果,而文化规范理论则关注长期的、无计划的、间接的、集体的而非个体的效果。

● 重新认识媒介的力量:一些研究显示,大众传播具有相当强大的效果,因此提出强大效果模式,回归强大效果论。强大效果模式比子弹理论显得更谨慎。强大的效果并不是那么普遍或容易产生的,只有在正确的环境中使用正确的传播技巧才可能产生。

---

① 胡正荣:《传播学总论》,北京:北京广播学院出版社 1997 年版,第 303 页。
② 〔美〕沃纳·赛佛林、小詹姆斯·坦卡德:《传播理论:起源、方法与应用》,郭镇之等译,北京:华夏出版社 2000 年版,第 249 页。

有关传播效果的理论,可以用以时间为轴的图来表示每一个理论盛行的时间和对于媒介效果强弱的认识。

互文参阅:第六章词条5 行为主义心理学(p.202)、词条6 认知心理学(p.206)、词条18.4 文化规范论(p.233);第七章词条2 子弹理论(p.262)、词条11 间接效果理论(p.287)、词条12 有限效果理论(p.288)、词条17 适度效果(p.300)、词条24 强大效果模式(p.326)

25.1 对效果研究的评价

综合各种效果研究,学者们对各种效果理论和研究工作的评价主要集中于两点:

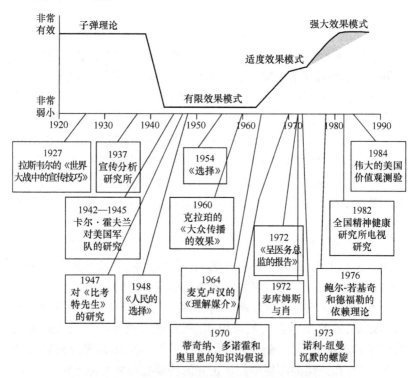

图7-10 各种理论主张的大众传播的不同效果①

---

① 〔美〕沃纳·赛佛林、小詹姆斯·坦卡德,《传播理论:起源、方法与应用》,郭镇之等译,北京:华夏出版社2000年版,第309页。

- 要全面地评估大众传播的效果,只有采取科学的方法将传播过程的各种构成要素及其相互作用加以充分的研究。大众传播效果的强弱终究是一个难以测定的可变量。传播学研究者只能从当时的社会历史条件出发,对大众传播效果进行历史性的评估。
- 大部分传播媒介的效果都不可能普遍发生,而是取决于其他的变量。假设的真实性因环境的差异而不同,因而研究者应将研究的发现置于它所产生的环境中。

25.2 效果研究的普遍结论

对大众传播效果的研究得出了有关大众传播影响力的几条结论:①
- 大众传播对个人的影响主要体现在对个人社会化的影响上。
- 大众传播影响了公众对现实问题及其重要性的认识。
- 大众传播影响了社会群体的观念和文化,并促进各种群体的融合。
- 大众传播能促进社会变革和产生新文化形式。它帮助传统社会实现现代化,并形成了大众文化。

26 媒介的社会离心与向心效果(Dispersal vs. Integration)

媒介对社会的影响可以趋于分散化(dispersal)和碎片化(fragmentation),也可以为文化和社会的融合(integration)与团结(unity)服务,以增进社会控制。离心效果的主要动力来自大众媒介的私有化和孤立化趋势;向心效果则是来自同质化的、为社会大众所认同的中央媒介所散布和加固的共同文化和集体意识。具体而言,在下述特定的条件下,其中的某些倾向更容易出现:②
- 自由和变化:当大众媒介的渠道扩张并且内容丰富、多元时,大众媒介会促成自由社会形态的形成。它代表了技术、民主政体和

---

① 胡正荣:《传播学总论》,北京:北京广播学院出版社1997年版,第316—319页。
② 〔英〕丹尼斯·麦奎尔、〔瑞典〕斯文·温德尔:《大众传播模式论》(第2版),祝建华译,上海:上海译文出版社2008年版,第113—114页。

自由市场可以提供的理想化社会。
- 融合：当主权国家对自己的媒介系统实行强有力的控制，并拥有建立深刻的文化认同的历史条件时，就可能存在融合这种社会形态。
- 一盘散沙：催生这一形态的媒介和社会条件通常包括软弱的国家主权、国际媒介系统的渗透、高度的媒介商业化和社会私有化。
- 支配：相关的条件包括高度的媒介兼并（media concentration）、国家控制下的系统中央化、强势媒介垄断、相对缺乏多元化。

互文参阅：第六章词条27 亲社会行为（p.254）；第八章词条7.4 媒介集团（p.374）；第九章词条26 文化帝国主义（p.402）、词条27 文化商品化（p.404）

第八章 ■ 传播的应用

1 传播研究(Communication Research)

传播学是一门社会科学,旨在理解人类如何创制、交换和解读信息,因此,对传播的研究要将科学与人文研究结合起来。有关传播学的产生请参见第二章词条 1.2 "传播学的发展背景";关于传播学的研究对象,请参见同一章词条 1.3 "传播学的研究对象";对于传播学用于研究传播的研究原则和研究方法请参见第十一章的全部内容。

互文参阅:第二章词条 1 传播学(p.19);第十一章词条 2 传播研究的分类(p.461)、词条 5 传播学研究方法的特点(p.466)、词条 6 传播学研究的基本观点(p.467)

2 新闻采集与报道(News Gathering and Report)

2.1 新闻(News)

新闻是对新近发生的事实的报道,经由各种媒介来传递。新闻在形式与格式上有很大差别,并且具有跨文化的差异,但其基本特性为即时性、相关性和可信赖性。①

2.2 新闻价值(News Values)

新闻价值是指应用于新闻组织中的采写与编辑的准则,用于决定是否采用某一特定主题的新闻。② 新闻价值是由传统、技术、组织方针以及日益重要的经济因素决定的,大多数记者认为有报道价值的事件都具有一些共同的特征:③

- 时效性(Timeliness):新闻是新的。时效性是强调事件发生时间的新闻价值。
- 接近性(Proximity):新闻发生在身边。接近性是以新闻事件的发生地点为基础的新闻价值。
- 显著性(Prominence):一个人越重要,他/她作为新闻来源的价值就越大。显著性是强调卷入事件中的人的重要性的新闻价值。
- 重要性(Consequence):会影响大多数人的事件有其内在的新闻价值。重要性是强调新闻报道的重要性或重大性的新闻价值。
- 人情味(Human Interest):人情味是强调新闻报道情感上的奇异的、不寻常的或振奋人心的特性的新闻价值。

在实际的新闻采集和报道中,除了这五种传统的新闻价值元素外,经济因素也起了重要作用。例如,进行有些报道的花费要比其他报道更大,因此,可能不进行采访和报道;也可能在花费了大笔钱跟踪报道某一事件后,发现它尽管不具备新闻价值,但是也会继续报道。传媒机构的运作大多受到盈亏平衡线的普遍影响。因而,新闻价值是新闻报道的价值,而不是事件本身的价值。④

---

① Denis McQuail, *McQuail's Mass Communication Theory* (6th Edition), Sage, 2010, p.564.
② Ibid.
③ 〔美〕约瑟夫·R.多米尼克:《大众传播动力学:数字时代的媒介》(第七版),蔡骐译,北京:中国人民大学出版社2004年版,第407页。
④ 〔美〕约翰·费斯克:《关键概念:传播与文化研究辞典》(第二版),李彬译,北京:新华出版社2004年版,第185页。

2.3　新闻准则(Journalistic Codes)

新闻准则中最基本的原则有:[1]
- 真实性的准则(Truthfulness)。
- 明晰性的准则(Clarity)。
- 保护公共权益的准则(Defence of the public's rights)。
- 形成舆论的责任(Responsibility in forming public opinion)。
- 尊重消息来源的完整性(Respecting the integrity of the sources)。

互文参阅:第四章词条9.3 掏粪者(p.98);第七章词条3.4 新闻的客观性(p.270);第九章词条9 对媒介的非正式控制(p.387)

2.4　新闻与报道的种类

从新闻题材,即新闻报道的内容或报道对象来说,可以将新闻区分为以下几种:
- 硬新闻
- 软新闻或特写
- 调查性报道

2.4.1　硬新闻(Hard News)

硬新闻是题材较为严肃,着重于思想性、指导性和知识性的政治、经济、科技新闻,是对于很多人来说具有重要性的及时报道。[2] 硬新闻由几个基本事实组成:人物、事件、时间、地点和方式。硬新闻通常是占据了报纸或杂志前面部分以及广播或电视新闻主要时段的重要报道。

报道硬新闻有一套标准方法:在印刷媒介中和在线报道中是按照传统的倒金字塔形式;在广播媒介中,遵循的是正方模式。

互文参阅:第四章词条8.7 倒金字塔形式(p.95)

---

[1] Denis McQuail, *McQuail's Mass Communication Theory* (6th Edition), Sage, 2010, pp.172-175.

[2] 〔英〕鲍勃·富兰克林:《新闻学关键概念》,诸葛蔚东等译,北京:北京大学出版社2008年版,第126页。

正方模式

正方模式用于广播媒介(广播和电视)的报道中。因为要更多地考虑限定的时间、声音以及图像,因此整个报道中各部分的信息含量都差不多,那些出现在报纸报道最后几段不特别重要的事实在广播媒介中可能会被删去。广播媒介中的新闻报道同时有"硬"导语和"软"导语。前者包含了最重要的信息,是该报道的基本事实;后者是用来吸引受众的注意力的,可能不传递太多的信息。结语是报道中的最后几句话,可以用于将主要观点个人化,引出另一事实,或讨论进一步的发展。①

2.4.2 软新闻(Soft News)

软新闻是能够让受众感兴趣的社会新闻,如社会花边新闻、娱乐新闻、体育新闻、服务性新闻等,能够引起人们的好奇心、同情心、怀疑或惊讶,是以人情味作为其新闻价值的特写。②

特写的报道手法多种多样:特写很少遵循倒金字塔模式,而是经常将主要观点留到最后;或是按照时间顺序;或是采取一问一答的形式等。

2.4.3 调查性报道(Investigative Reports)

调查性报道是通过采用非常规的信息收集方法,挖掘出对民众重要的事件的关键信息的新闻报道。这种新闻报道需要大量的时间与金钱,因此它的篇幅比一般的印刷或广播新闻要大。③

文字调查性报道一般被当作系列文章刊登;广播调查性报道多放在纪录片或新闻杂志节目中。

调查式新闻也经常会面临诽谤投诉的风险。④

互文参阅:第九章词条 1 第一修正案(p.378)、词条 3 诽谤(p.379)

2.4.4 记者(Reporter):专题记者和普通记者

记者是指搜集材料、发表新闻(如新闻报道或特稿)的新闻从业

---

① 〔美〕约瑟夫·R.多米尼克:《大众传播动力学:数字时代的媒介》(第七版),蔡骐译,北京:中国人民大学出版社 2004 年版,第 411 页。
② 同上。
③ 同上书,第 412 页。
④ 〔英〕鲍勃·富兰克林:《新闻学关键概念》,诸葛蔚东等译,北京:北京大学出版社 2008 年版,第 159 页。

人员。①

根据对报道对象的分工,可以将记者分为两种类型:专题记者是报道某一固定领域的一些主题、具有特殊专长的专家型记者;普通记者则是有什么任务就报道什么。

2.5 编辑方针(Editorial Policies)

编辑方针是印刷媒介决定新闻、出版机构特性和风格的准则,是新闻和出版机构的立场、观点和方法的体现。它对组织报道、制作稿件、选择稿件、文字格调、版式处理方法等具有决定性影响。

互文参阅:第三章词条11.2 大众传媒自身的控制(p.73);第九章词条9 对媒介的非正式控制(p.387)、词条12 印刷媒介的组织方针(p.390)、词条15 潜网(p.391)、词条18 新闻和编辑政策(p.393)

2.6 印刷新闻与广播电视新闻的异同

广播电视新闻、印刷新闻在新闻的报道内容与报道方式上的区别是由这两种媒介的特性所决定的:②

- 印刷新闻与在线新闻都是在空间中组织安排;广播电视新闻则是在时间中组织安排。在印刷媒介中与在线报道中,遵循的是传统的倒金字塔形式;在广播电视媒介中,遵循的是正方模式。
- 因此,报纸或网站能够比典型的广播电视拥有更多的报道,对任何一篇报道也能够提供更多的细节。
- 印刷与在线新闻比广播电视新闻更有持久性。一个读者可以回过头来,反复多次重读那些复杂难懂的段落,直到理解了为止。广播电视新闻则没有这种优越性。广播电视新闻稿写出来,是要通过唯一一次的播出使观众理解其内容。这就意味着那些错综复杂的报道有时候很难在电子媒介上展示出来。
- 电视新闻具有视觉方面的优势,因此在两个同样重要的(或

---

① 〔英〕鲍勃·富兰克林:《新闻学关键概念》,诸葛蔚东等译,北京:北京大学出版社2008年版,第309页。

② 〔美〕约瑟夫·R.多米尼克:《大众传播动力学:数字时代的媒介》(第七版),蔡骐译,北京:中国人民大学出版社2004年版,第419—423页。

者重要度不同的)事件之间,电视新闻机构会选择报道能够提供更好的图片的事件。

● 广播电视新闻的语言风格完全不同:广播电视新闻更加非正式化、口语化与简短;此外,它还要补充同期声(新闻人物的声音)或录像带片段。

● 广播电视媒介的新闻记者,尤其是在电视新闻中,其外貌与性格是报道过程的一个重要组成部分。这种情况与印刷和在线新闻业截然相反,在后者那里,记者相对来说是匿名的,可能只是标题下一个可以确认的署名而已。因此,在广播电视媒介中会出现这样的现象:有些受众与记者及主持人之间产生了一种类似私人的关系或共鸣的感觉,著名的节目主持人有时具有舆论领袖的功能。

虽然印刷、在线与广播电视新闻之间存在着显著的区别,但它们也有许多相似之处,即所有的记者都共享着同样的基本准则与新闻道德原则——真实的准则、准确的准则、平衡的准则和客观的准则,并且记者必须保持他们在受众中的可信度。

2.7 在线新闻(Online News)

在线新闻是以因特网为刊载媒介的新闻,因为媒介的特殊性,与广播电视新闻、印刷新闻相比,有其自身的独特性:[1]

● 从受众的角度来看:

■ 因特网意味着新闻来源数量的增加。综合新闻网站之外的符合特定兴趣的专业网站的增加,意味着受众可以获得针对性更强的在线新闻。

■ 受众可以定制在线新闻。有的网站能够记住用户喜欢的新闻类型,并在个人排列中精选出相应的报道。

■ 在线新闻网站有储存功能,因此为用户提供了查找有关主题信息的更方便的机会。

■ 用户能够通过网络迅速给予记者或新闻机构反馈,或者与其他读者进行讨论。

● 从报道者的角度来看:

---

[1] 〔美〕多米尼克·R.约瑟夫:《大众传播动力学:数字时代的媒介》(第七版),蔡骐译,北京:中国人民大学出版社2004年版,第423—428页。

- 因特网是继电话之后使用最方便的报道工具。
- 强大的网络搜索功能为记者获得信息提供了便利。
- 在线新闻记者可以将相关话题的报道通过超文本链接整合起来。
- 由于在线报道是互动的,因此能够迅速获得受众的反馈,也需要及时回应受众所关心的问题。
- 由于很多个人也能从事在线报道,因此出现了因特网中"谁是记者"这样的问题。在线新闻的把关问题也不同于传统媒介。由于新闻受众往往难以区分网络中真实合理的新闻与网络上的谣言,因此在线新闻的可信性受到了很大质疑。

2.8 摄影报道(Photo Journalism)

摄影报道是文字从属于新闻报道中的照片的新闻报道,是用图片来报道重要信息的方式。

摄影报道的出现和普及改变了新闻本身的定义,使新闻日益变成那些可以展示的东西,并且创造了一个公共的图像库。[①] 大多数报纸编辑一直坚持认为,一幅静止的图片,尤其是黑白图片,对于煽动读者有巨大的作用。[②]

2.9 公共新闻(Civic Journalism)

公共新闻是美国新闻界在20世纪90年代提出的新闻理念,指积极地让受众参与报道重要公民事件的新闻实践。这是美国媒体为改变当时民众普遍对政治丧失兴趣,对媒体不信任、不关注,媒体与大众疏离的情况而做的努力。

公共新闻也是一种提倡报纸除了报道新闻,还应该努力去帮助社区解决问题并鼓励人们参与政治进程的哲学。[③] 但是,也有记者认为这种哲学超越了新闻业既定的原则。尽管存在着这些争论,公

[①] 〔美〕多米尼克·R. 约瑟夫:《大众传播动力学:数字时代的媒介》(第七版),蔡骐译,北京:中国人民大学出版社2004年版,第71页。

[②] 〔英〕鲍勃·富兰克林:《新闻学关键概念》,诸葛蔚东等译,北京:北京大学出版社2008年版,第250—251页。

[③] Denis McQuail, *McQuail's Mass Communication Theory* (6th Edition), Sage, 2010, p.568.

共新闻业仍然发挥着积极的影响：首先，它促使报纸不是简单地把它们的读者视为消费者，而是视为能够行动的公民。其次，它也促成了对新闻业在社会中的角色的一个再考察。

2.10　通讯社（Wire Services/News Agency）

通讯社是指在一国或世界各地采集、撰写和播发新闻，供报纸、期刊、广播电台、电视台、政府机构和其他用户采用的组织，①人们接收到的很多自己所在的当地社区外的新闻是来自通讯社的。通讯社的核心业务是提供新闻信息服务，但随着时间的推移，其服务对象已经从原来的媒体用户扩展到了非媒体用户，例如为企业或私人提供信息和数据。

通讯社一般分为国际通讯社和国内通讯社，也有的在一家通讯社内分国际部和国内部。

通讯社的通信员分布在不同的地区，他们采访地方新闻事件，然后发给地方通讯社的负责人；该负责人在判断这则报道有足够的新闻价值之后，将它发到省（州）分社；省（州）分社的负责人决定是否再上发，以纳入全国电讯系统中。因此，对于那些不能负担在全国各地派驻人员的报纸或广播电视台来说，通讯社就是它们的眼睛和耳朵。因而，通讯社也扮演着议程设置的角色。② 但是，一些实力强大的媒介集团也能够提供没有被通讯社所报道的补充新闻报道。

2.11　卫星新闻采集技术（Satellite News Gathering，SNG）

卫星新闻采集技术在 20 世纪 80 年代投入使用，记者坐在装备了卫星上传设备的转播车里，可以到世界任何地方采访并发回实况报道。卫星转播车将采集到的图像和声音上传给通信卫星，通信卫星将这些信号传给广播电视网，供它们在新闻节目中使用。电视台与电视台之间也建立了卫星连接，可以交换新闻素材和节目。

---

①　〔英〕鲍勃·富兰克林：《新闻学关键概念》，诸葛蔚东等译，北京：北京大学出版社 2008 年版，第 216—217 页。

②　Oliver Boyd-Barrett, *The International News Agencies*, Sage, 1980, p.19.

3 广告(Advertising)

广告是由可识别的出资人通过各种媒介进行的,有关商品(产品、服务和观念)的,通常是有偿的、有组织的、综合的和劝服性的非人员信息传播活动。也就是说,广告的核心内容是:[1]

- 广告必须有可识别的"广告主",广告主在一定程度上控制着广告活动,负责广告的真实性,并履行广告中做出的承诺。
- 广告通过一定的媒介进行传播,广告所凭借的媒介既有传统的媒介,也有手机等新兴媒介。
- 广告所传播的既有有形产品的信息,也包括关于服务和概念的信息。
- 广告,通常指商业广告,是有偿的,这是广告与新闻、公告的区别。
- 广告由一系列有组织的活动构成,广告作品的发布只是广告活动的一个组成部分。
- 广告是非人员的信息传播活动,这是广告与人员销售的最大区别,广告是借助媒介与消费者进行沟通的。
- 广告是劝服性的信息传播活动,是个人或组织为了达到一定的目的而发布的。

广告具有一定的争议性,其主要原因有:广告的接收者一般都不想要广告;广告带有宣传的特点,以及欺骗和操纵的嫌疑;广告会导致媒介与受众之间关系的扭曲;广告的内容是程式化的,而且可能造成误导;广告的出现影响了其他非广告的内容。[2]

互文参阅:第四章词条9.5 直投杂志(p.99);第八章词条5 营销(p.360)

---

[1] 丁俊杰、康瑾:《现代广告通论》(第二版),北京:中国传媒大学出版社2007年版,第3—4页。

[2] Denis McQuail, *McQuail's Mass Communication Theory* (6th Edition), Sage, 2010, p.548.

3.1 广告的四种基本功能

广告在社会中履行四种基本功能:[1]

- 首先,广告具有促进销售的功能。它通过帮助那些供应产品或服务的公司销售它们的产品来实现其市场功能。
- 其次,广告传递信息。人们通过广告认识了新的产品和服务,或是原有产品与服务的改进。
- 再次,广告具有经济功能。通过做广告使新的竞争者得以步入商业舞台。反过来,竞争又会促进产品的改进并能导致价格的降低。
- 最后,广告发挥一定的社会功能。广告生动地展示在一个社会中可获得的物质和文化机会,从而有助于发展生产力和提高人们的生活水平。

3.2 广告的分类

3.2.1 根据目标受众进行分类

广告的基本受众是消费者和企业。[2]

- 消费者广告(Consumer Advertising),广告目标是购买商品或服务用于个人消费的人。日常生活中所接触的广告大多是这个类型的。
- 企业广告(Business-to-Business Advertising),也叫行业广告或商业广告,目标是那些为企业购买产品的厂家、中间商或专业人员。

3.2.2 根据传播范围进行分类

广告根据传播的地域范围可以分为:

- 国际广告(International Advertising):指在多个国家进行的广告活动,宣传被全球使用的产品和服务。根据对其的不同运作方式又可以分为:
  - 标准化的国际广告:认为广告主应该关注全球消费者的相似

---

[1] 〔美〕约瑟夫·R. 多米尼克:《大众传播动力学:数字时代的媒介》(第七版),蔡骐译,北京:中国人民大学出版社2004年版,第460—461页。

[2] 同上书,第461页。

点,因此国际广告的设计完全基于共性,而不必在乎地域间的差异。
- 适应性或本地化的国际广告:认为广告主应该认真对待国家之间的差异,并且在广告中体现出来。
- 折中的国际广告:将以上两种方法结合使用,决定哪些因素保持一致性,哪些体现差异。
- 全国性广告(National Advertising):指在同一个国家的多个不同地区所做的广告。它们的主要目标是提升知名度、树立品牌形象。
- 地方性广告(Local Advertising):指针对一个特定的市场内的广告。地方性广告强调价格、可获得性、地理位置以及营业时间等信息。

3.2.3 根据媒介进行分类

根据所使用的媒介,广告可以分为以下几种:
- 报纸广告
- 杂志广告
- 广播广告
- 电视广告
- 户外广告
- 网络广告
- 直接邮递广告
- 交通工具广告
- 电影广告
- POP(售点)广告
- 比赛项目广告等

3.2.4 根据目的进行分类

根据目的的不同,广告可以分为:
- 产品广告:这些广告是为了宣传独特的产品或服务,以提高产品的知名度,促进产品的销售。
- 形象广告:这类广告试图提升公司的形象或影响公众对某一事件的看法。

根据所涉及的需求的不同,广告可以分为:①
- 基本需求广告(Primary Demand Ads):把促销某一特定的产品类别而非某一特定品牌作为其目的,从而增强消费者对一般产品和服务的需求。
- 选择性需求广告(Selective Demand Ads):被单个的公司用于销售它们特定的品牌,目的是突出某个具体品牌相对于竞争对手的优势。

3.2.5 根据作用进行分类

根据作用的不同,广告可以分为:②
- 直接作用广告(Direct Action Ads),也叫直接反应广告(Direct Response Ads):通常包括免费电话号码、优惠券、电子邮件地址或一些类似的能使广告客户马上见到成效的手段。这类产品通常是消费者所熟悉的,无须在销售点上做详细咨询,通常价格也不会高。
- 间接作用广告(Indirect Action Ads),也叫延时反应广告(Delayed Response Ads):通过长期的作用以树立公司的形象和增强消费者的意识。

3.2.6 根据产品的生命周期进行分类

根据产品的生命周期的不同,广告可以分为:
- 告知性广告:这是新产品刚刚进入市场时,为了告知消费者产品的主要功效而做的广告。
- 竞争性广告:这是当产品进入成长期后,产品的销售量和利润迅速增长,竞争对手较多,企业为了占领市场、加强产品影响而做的广告。
- 提示性广告:也叫维持性广告,是当产品处于成熟期,企业通过简单的广告加强消费者的记忆,以维持现有市场为特点的广告。
- 铺垫性广告:这是为广告产品的更新换代产品打基础的广告。

3.2.7 根据效果进行分类

根据效果的不同,广告可以分为:

---

① 〔美〕约瑟夫·R.多米尼克:《大众传播动力学:数字时代的媒介》(第七版),蔡骐译,北京:中国人民大学出版社2004年版,第462页。
② 同上。

- 知名广告:消费者对产品产生认知的广告;
- 理解广告:消费者理解产品的性能和内容的广告;
- 确信广告:打动产品的需求者,使他们有足够的理由购买产品的广告;
- 行动广告:在店铺或零售环节直接向消费者宣传,促使人们购买产品的广告。

3.2.8 根据诉求进行分类

根据诉求的不同,广告可以分为:
- 感性诉求广告:广告主要采取感性的说服方法,强调广告的人性化,使消费者对广告产品产生积极的感情和态度。
- 理性诉求广告:指广告采取理性的说服方法,有理有据地直接论证产品的优点和长处,让消费者自己判断。

3.3 广告活动(Campaign)

广告活动(或称宣传攻势)是指在指定时间内出现在许多媒体上的、强调同一个主题的大量广告。

具体而言,广告活动是指借助大众媒介予以统筹和实施的一种组织性与协调性的说服过程,[1]代表着某些主张、人物、机构或主题,其目的是影响民意、行为、态度等。宣传攻势的主要形式有广告、公关、政治宣传、募捐等。宣传攻势往往直接诉诸社会认同这一目的。[2]

典型的广告活动包括六个基本阶段:[3]
- 选择营销策略;
- 挑选主要的诉求或主题;
- 将主题转发给不同的媒介;
- 制作广告;
- 购买位置和时间;

---

[1] 〔美〕约翰·费斯克:《关键概念:传播与文化研究辞典》(第二版),李彬译,北京:新华出版社2004年版,第32页。

[2] Denis McQuail, *McQuail's Mass Communication Theory* (6th Edition), Sage, 2010, p.550.

[3] 〔美〕约瑟夫·R.多米尼克:《大众传播动力学:数字时代的媒介》(第七版),蔡骐译,北京:中国人民大学出版社2004年版,第477页。

- 执行并评价此次活动。

互文参阅：第七章词条3 宣传(p.265)；第八章词条4 公共关系(p.352)、词条6.4 广告调查(p.369)。

3.4 广告主体(Main Body of Advertising)

广告主体又称广告组织,是广告产业的组成部分,主要包括广告主、广告代理公司、广告媒介。① 在一条广告讯息传达给消费者之前,要经过这三个元素的互动运作。三个主体之间相互协作、相互影响,同时也相互制约,三者之间是分工合作的关系。

3.4.1 广告主(Advertiser)

广告主又称广告客户,是为了推销商品或服务,自行或者委托他人设计、制作和发布广告的法人、其他经济组织或个人。广告主负责给广告代理公司提供市场及商品资料,监督广告公司的运作过程以及验收广告成品。

3.4.2 广告代理公司(Advertising Agency)

广告代理公司,又称广告公司,是站在广告主的立场上,负责整个广告活动的策划与执行,并根据这个方案购买媒介、实施广告活动的机构,是广告主与广告媒介之间的沟通桥梁。广告代理公司在收到广告主的委托后,准备广告计划,选择广告媒体,安排媒介排期或位置,所有决策或方案必须经过广告主的认可。

3.4.2.1 广告代理公司的类型

根据服务功能和经营范围的不同,广告代理公司可以分为综合广告代理服务公司、创作专业公司和媒介购买服务公司三大类。

3.4.2.1.1 综合广告代理服务公司(Full-Service Agency)

综合广告代理服务公司即全面服务型公司,它们具备提供与传播和推广有关的各方面服务的能力,向广告主提供广告和非广告范围的整体服务,具体包括:②

- 帮助或协助广告主制定广告规划,在市场调查的基础上,提

---

① 〔美〕约瑟夫·R.多米尼克:《大众传播动力学:数字时代的媒介》(第七版),蔡骐译,北京:中国人民大学出版社2004年版,第466页。
② 丁俊杰、康瑾:《现代广告通论》(第二版),北京:中国传媒大学出版社2007年版,第125—126页。

出广告目标、广告战略、广告预算的建议,供广告主选择、确认。
- 根据广告代理合同实施广告战略,运用专业知识、技能和手法,将广告主的意愿表达出来,即创作、设计和制作广告。
- 根据代理合同的约定,与广告媒体签订广告发布合同,保证广告在特定的媒体、特定的时间或版面发布。
- 提供市场调查服务。
- 监督广告发布是否符合发布合同的约定,测定广告效果,向广告主反馈市场信息。
- 为广告主的产品和包装设计、营销和企业形象提供服务。

3.4.2.1.2 创作专业公司(Creative Boutique)

创作专业公司是专业的(非全套服务型的)广告代理公司,是专门负责广告实际创作的机构,它的业务集中在为客户开发出具有高度创意的广告讯息上。

通常,一家使用创作专业公司的广告主,还必须雇用另外一家广告代理公司来完成与广告有关的规划、购买以及管理的职责,[①]即媒介购买服务公司。

3.4.2.1.3 媒介购买服务公司(Media Buying Service)

媒介购买服务公司是专业的(非全套服务型的)广告代理公司,专门负责购买媒介的时段或版面,并把它转卖给广告主和广告代理公司,[②]并对媒介进行监测以保证广告确实得到播放。

3.4.2.2 代理费(Commission)

代理费通常以三种方式出现:
- 媒体佣金(Media Commission):大众媒介按广告代理公司购买的时间和位置给予广告代理公司15%的佣金。[③] 也就是说,如果广告费用为1000元,那么广告代理公司将1000元转交给媒介公司后,媒介公司(如电视台)返还其150元作为佣金。
- 激励制(Incentive System):也被称为广告公司代理费制,即广告代理公司的报酬以广告产品的销售或其他一些业绩为统计

---

① 〔美〕约瑟夫·R. 多米尼克:《大众传播动力学:数字时代的媒介》(第七版),蔡骐译,北京:中国人民大学出版社2004年版,第470页。
② 同上。
③ 同上书,第482页。

基础,①广告客户按业绩向广告代理公司付费。
- 酬金制(Fee System):即固定费用制,指广告公司的收入来源于从广告主那里获得的酬金,可以是固定的,也可以是双方商定的。

3.4.3 广告媒介(Advertising Media)

广告媒介负责广告的刊播工作并提供媒体数据。广告媒介可以分为两类:
- 标准媒介(Measured Media):指电视、广播、报纸、杂志、因特网、户外媒体等,这些媒介可以被较为准确地测量。
- 非标准媒介(Unmeasured Media):包括直邮、促销、联合广告、优惠券、目录和特别活动等,这类媒介不容易被系统地进行跟踪。

由于标准媒介能够更有效地传递讯息,而非标准媒介对引发行动更有效,因此开展广告活动时,应该科学地将媒介进行组合。

选择广告媒介

选择广告媒介需要考虑的因素主要有:
- 媒介的特性以及为广告创作带来的局限性。
- 媒介所涉及的范围:有多少人能获得这条讯息?
- 频率:这条讯息多久被接收一次?
- 选择性:这个媒介是否确实到达了可能的顾客?
- 效率:达到一定数量的费用是多少,即千人成本是多少?②

互文参阅:第八章词条3.11 千人成本(p.348)

3.5 广告代理制(Advertisement Agent)

广告代理制是国际上通用的广告经营体制,在广告活动中,广告客户(广告主)、广告公司(广告代理公司)和广告媒介之间明确分工:广告客户委托广告公司实施广告宣传计划;广告媒介通过广告公司承揽广告刊播业务;广告公司处于中间地位,为广告客户和广告媒介双向提供服务,起主导作用。广告代理制的实质是广告公司对广告媒介和广告主的双向代理。

---

① 〔美〕约瑟夫·R.多米尼克:《大众传播动力学:数字时代的媒介》(第七版),蔡骐译,北京:中国人民大学出版社2004年版,第483页。
② 同上书,第471页。

广告代理制是衡量一个国家的广告业是否走向成熟的主要标志之一,其重要作用体现为:[1]
- 广告代理制适应了广告业中专业化分工发展的需要,促进了广告专业水平的提高。
- 广告代理制强调了专业广告公司在广告活动中的主导作用,使其能超越不同媒介的特点。
- 广告代理制可以消除企业广告缺乏整体计划、效果不好的弊端。
- 广告代理制有利于广告业参与国际广告竞争。

3.6 4A广告公司(4A Advertising Agency)

4A是对American Association of Advertising Agencies的缩写,即美国广告代理协会,这个协会是20世纪初由美国各大著名广告公司协商成立的组织。4A协会对成员公司有很严格的标准,其成员公司,即4A广告公司都是规模较大的综合性跨国广告代理公司。

3.7 独特销售主张(Unique Selling Proposition, USP)

独特销售主张由著名的广告人罗瑟·瑞夫斯(Rosser Reeves)在20世纪40年代提出,其含义为:
- 广告必须向消费者明确表述一个消费主张。
- 这一主张必须独特,或是其他同类产品宣传不曾提出或表现过。
- 这一主张必须对消费者具有巨大的吸引力。

这一理论被广告界广泛地运用。

3.8 定位(Positioning)

定位是指在广告中,在不对产品进行任何改变的情况下,通过强调产品或服务的独特卖点,使之与竞争对手区别开来,从而适应

---

[1] 丁俊杰、康瑾:《现代广告通论》(第二版),北京:中国传媒大学出版社2007年版,第150—151页。

于某个市场或部分市场。① 定位的重点在于对潜在的消费者心理施加影响,使其产生一种符合广告主期望的印象。

3.9　目标受众(Target Audience)

目标受众指在广告中,产品或服务对其具有吸引力的那部分人口,②包括已经购买该产品或服务的消费者、潜在的消费者,以及分销渠道成员、舆论领袖或其他可以影响购买决策的人。

通过构成调查能够界定广告的目标受众、确定目标市场、确定受众面貌,以尽可能多地发现目标受众是如何生活的——他们在想些什么,他们的态度如何,他们是怎样决定购买的。

3.10　文案(Copy)

广告文案是以语词进行广告信息内容表现的形式。广告文案分为广义的广告文案和狭义的广告文案:

- 广义的广告文案是用广告语言、形象和其他因素,对既定的广告主题、广告创意所进行的具体表现,包括对标题、正文、口号的撰写和对广告形象的选择搭配。
- 狭义的广告文案则指表现广告信息的言语和文字部分,包括标题、正文、口号。

广告文案应该对五个方面的问题进行有效的说明:

- 创意目标:广告主希望目标受众在接触了讯息后如何思考、感觉和反应。
- 目标受众:广告直接面对的个体属于哪些人群?
- 主要利益:如果希望消费者购买广告中的商品,这个商品与竞争对手的产品相比优势在哪里?
- 风格:讯息创意采用什么方式传递?
- 讯息创意说明:对广告内容的说服和说明方式。

3.11　千人成本(Cost Per Thousand,CPT)

广告主通常根据受众调查结果来推算花费多少资金才能使目

---

① 〔美〕约瑟夫·R.多米尼克:《大众传播动力学:数字时代的媒介》(第七版),蔡骐译,北京:中国人民大学出版社2004年版,第477页。
② 同上书,第462页。

标受众了解到自己的商品信息。广告费用的直接效益,通常用千人(户)成本来表示,即广告到达1000个潜在消费者的费用:

$$千人成本 = \frac{广告费}{广告实际受众的人数或户数} \times 1000$$

广告主的基本目的是用最少的广告投入达到尽可能多的潜在受众。

互文参阅:第四章词条13.1 收听率(p.104)、词条14.10 收视率(p.113)

3.11.1 开机率(Homes Using TV,HUT)

开机率的高低根据季节、一天中的时段、地理区域以及重大事件的发生等而有所不同;另外电视与广播的开机程度之间有一定的互补性,即电视开机率最低时,广播开机率则较高,反之亦然。其公式如下:

$$开机率 = \frac{在一天中特定时间开机的户数或人数}{拥有电视机或收音机的可得户数或人数} \times 100\%$$

3.11.2 节目受众占有率/受众份额(Audience Share)

节目受众占有率,又称受众份额,它的计算公式是:

$$节目受众占有率 = \frac{收看(听)某个节目的户数或人数}{正在收看电视或收听广播的户数或人数} \times 100\%$$

值得注意的是,在受众份额中,当时没有开机的家庭或个人不在计算之内,因此计算公式的分母是"正在收看电视或收听广播的户数或人数";这一点与收听/视率的分母不同,后者是"市场中的总人数"或"市场中有电视机的户数或家庭"。

互文参阅:第四章词条13.1 收听率(p.104)、词条14.10 收视率(p.113)

3.11.3 受众分布率(Audience Distribution)

受众分布率的计算公式是:

$$受众分布率 = \frac{接触该媒体的受众人数}{媒体覆盖范围内的人口总数} \times 100\%$$

3.11.4 受众接触媒介兼容率

一个地区的受众接触媒介的兼容率是测定该地区多种媒介是否均衡发展的指标。兼容率高说明多种媒介发展比较均衡;兼容率

低,说明多种媒介之间的发展不平衡。其公式是:

$$受众接触媒介兼容率 = \frac{该地区受众中接触多种媒体的人数}{某地区受众总数} \times 100\%$$

3.11.5 受众喜爱率

受众喜爱率的公式是:

$$受众喜爱率 = \frac{最喜欢该媒介(节目)的受众人数}{接触某媒介(节目)的受众人数} \times 100\%$$

3.11.6 边际效率(Marginal Efficiency)

边际效率是用来测量广告效果的常用方法。广告效果的边际测定指测定广告费的边际追加部分(边际广告费)与销售额的边际增加部分(边际销售额)之比。公式是:

$$边际效率 = \frac{广告费的追加部分}{销售额的增加部分} \times 100\%$$

3.12 网络广告(Online Ads)

随着网络的普及和网络用户规模的扩大,以及网络表现手段的多样化,网络广告成为企业进行整合营销传播的组成部分。比较常见的网络广告包括横幅广告、按钮广告、关键词广告、赞助、电子邮件广告、文字链接广告和插播广告等。

网络广告的特点与因特网的特性密切关联,主要体现在四点上:

- 互动性的信息传播:网络传播打破了传统大众传播媒介的单向传播模式。
- 有针对性的广告投放:广告信息能够直接到达特定的目标受众。
- 精确测量的广告效果:根据含有广告的页面被打开的次数以及广告被点击的次数,广告主能够评估广告效果。
- 多样的广告形式:网络广告运用多媒体技术,使文字、图片、声音和视频作用于多种感官。

3.12.1 网络广告效果测量

3.12.1.1 广告印象(Impression)

广告印象用于对网络广告的效果测量,指含有某个广告的页面被打开的次数。

3.12.1.2 广告点击(Click)

广告点击也被用来测量广告的效果,即当浏览者对广告内容产生兴趣并希望了解更多内容的时候,就会点击进入相关链接。

广告点击率(Click through Rating, CTR)

点击率是衡量一个网页上的广告究竟被多少人点进去的一个关键的商业指标。点击广告后点进者通常会被带到广告主的网站。点击率以广告点击的数量与广告浏览量(广告浏览仅指广告放在页面上可被人看到)的百分比来计算。点击率在1%,便被认为是效果好的,5%则为非常好。点击率是广告主投放广告及付费的主要依据。①

$$广告点击率 = \frac{广告点击次数}{广告浏览量} \times 100\%$$

3.12.2 网络广告形式

3.12.2.1 横幅广告(Banner Ads)

横幅广告是网络广告最早采用的,也是最常用的形式,它们是出现在网页顶端、底部或两边的旗帜,②又称旗帜广告。它是横跨网页的矩形公告牌,当用户点击这些横幅的时候,通常可以链接到广告主的网站。它的优点主要有:

- 通常放在网页的顶端,既能引起浏览者的注意,又不会影响阅读,比较容易被接受。
- 形式比较规范,几乎所有的网站都能放置这样的广告。
- 通过高级技术能够实现动画和互动的效果。

3.12.2.2 按钮广告(Button Ads)

按钮广告是一种小型的横幅,从外观看像一个图标,浏览者通过点击按钮进入广告主的网站。因为按钮广告占的空间比较小,因此价格比横幅广告便宜。

3.12.2.3 关键词广告(Keyword Ads)

关键词广告多用在搜索引擎中,当用户利用搜索引擎查找某一关键词时,与该关键词内容相关的产品广告就出现在搜索结果页面

---

① 〔美〕罗兰·德·沃尔克:《网络新闻导论》,彭兰译,北京:中国人民大学出版社2003年版,第182页。

② 〔美〕约瑟夫·R.多米尼克:《大众传播动力学:数字时代的媒介》(第七版),蔡骐译,北京:中国人民大学出版社2004年版,第473页。

上。由于用户搜索时有较强的目的性,因此关键词广告很容易帮广告主找到真正的潜在目标消费者。广告主只有在用户点击进入广告主的链接时,才需要付费给搜索引擎网站。当多个广告主同时希望购买一个关键词时,需要通过竞价的形式决定。

3.12.2.4 赞助广告(Sponsor Ads)

广告主在对网站的专题内容进行赞助时,作为回报,网站为企业提供展示的机会,具体方式包括横幅广告、冠名等,也会采取增值组合的方式将广告主的品牌同网站的内容结合起来。

3.12.2.5 电子邮件广告(E-mail Ads)

电子邮件广告有两种类型:
- 在电子邮箱界面加载广告内容:网络服务供应商向用户提供免费电子邮箱,作为补偿,在用户的电子邮箱界面插入一定的广告内容,其形式可以是横幅的,也可能是按钮或文字的。
- 邮件列表广告:广告主向提供邮件服务的网站购买邮寄名录,然后将电子广告邮件发给名单上的用户。

3.12.2.6 文字链接广告(Text-link Ads)

文字链接广告通常在页面的显著位置,以文字的形式出现,用户点击文字进入链接的网站。

3.12.2.7 插播广告(Institutional Ads)

插播广告是用户进入某一个网页时同时出现的广告内容,其形式多样,包括弹出式窗口(Pop-up Window)、飞出式屏幕(Splash Screen)等。

4 公共关系(Public Relations, PR)

世界公共关系大会(The World Assembly of Public Relations)对公共关系的定义是:公共关系是一门艺术和社会科学,用于分析趋势、预见后果,与组织者商讨、计划并实施有益于组织和公众利益的行动方案。

因此公共关系至少包括三个方面的功能:①

---

① 〔美〕约瑟夫·R. 多米尼克:《大众传播动力学:数字时代的媒介》(第七版),蔡骐译,北京:中国人民大学出版社2004年版,第436—437页。

- 公共关系涉及处理舆论问题。一方面,公关人员试图朝有利于组织的方向去影响舆论。简言之,公关活动被用来恢复对组织有利的舆论。另一方面,公共关系部门的功能也在于从公众那里收集信息,并向高级管理层解释与管理决策有关的信息。
- 公共关系与传播有关。公共关系是组织与公众之间的传播管理,公关人员的功能是向与组织有关的各种各样的公众解释组织的行动。公共关系传播是双向传播,公关人员必须密切注意公众的想法和感觉。
- 公共关系是一种管理功能。它旨在帮助组织确立自己的目标并适应不断变化的环境。

公共关系也是新闻媒介的一个信息来源,会通过一些方式影响新闻。[1]

互文参阅:第一章词条 11 公共传播(p.15)

4.1 传媒炒作(Press Agentry)

传媒炒作是一个会和公共关系混淆的概念。传媒炒作通过举办活动或规划事业,吸引媒介或公众对一个人、一个产品、一个组织或一项事业的注意。虽然传媒炒作在一些公关活动中也很有用,但是公共关系包括的领域更为广阔,并且涉及的也远不止吸引注意力。

网络推手(Web Hyber)

网络推手又称网络推客、网络策划师,是一种借助网络媒介(例如新闻网站、论坛、博客、社交媒介、搜索引擎、视频网站等)及传统的大众媒介,经过策划,有步骤地作秀、宣传、引导舆论、制造轰动,从而推动特定的对象(包括普通人、企业、品牌、产品或事件)迅速出名的新兴职业。

网络推手的特点是通晓网络操作规则和受众心理,并且掌握着大量的信息、媒介和人脉资源。网络推手的基本操作程序是:(1) 确定推动对象(例如有争议的人或事件、企业产品),并全面分析推动对象的特点;(2) 确定推动策略,通常是请知名的网络写手发表能引

---

[1] Denis McQuail, *McQuail's Mass Communication Theory* (6th Edition), Sage, 2010, p.568.

起争议的文章,或者是迎合大众的猎奇心理,甚至不惜制造负面新闻,以吸引网民关注并参与讨论;(3)联络网站编辑、论坛版主制作专题,在大型网站上推广,并且吸引传统媒介跟进;(4)从所推对象的名声中获益,例如广告代言费、出场费、产品销量等。

网络推手目前已经从小团体运行的模式向专业的推广模式发展,有大量广告公司、公关公司加入这个行业。

网络推手的做法和其所制造的"新闻事件"一直被广泛地争议和质疑。

互文参阅:第四章词条 17.11 搜索引擎(p.138)、词条 17.12 社交媒介(p.139);第八章词条 4.10 在线公共关系(p.359)

4.2 公开宣传(Publicity)

公开宣传也是一个容易与公共关系混淆的概念。公开宣传指在大众媒介上发表新闻报道,是公共关系过程中的一种工具,但是不等同于公共关系。例如,一个公司完全可能开展广泛的宣传,但却有很坏的公共关系。而且,公开宣传主要是单项的传播,而公共关系是双向的。①

4.3 广告与公共关系

广告和公共关系之间有相似性,即两者都是试图去说服,并且两者都涉及使用大众媒介。但是它们之间也有三点基本的区别:②

- 广告是一种营销功能,而公共关系是一种管理功能。
- 广告通常使用大众媒介与机器辅助传播设备,而公共关系除了借助这些媒介之外,还涉及面对面的人际传播。
- 广告通常是有人出资的,而公共关系信息以特写、新闻报道、社论的形式出现,涉及的时间和空间并不付费。

广告和公共关系因为这些异同往往共同运作、相辅相成。许多广告,尤其是企业广告,都用来帮助拓展公关计划。

---

① 〔美〕约瑟夫·R.多米尼克:《大众传播动力学:数字时代的媒介》(第七版),蔡骐译,北京:中国人民大学出版社 2004 年版,第 436 页。
② 同上。

4.4 公共关系的重要性

公共关系在 20 世纪后半叶得到极大的发展,其重要性体现为:[1]

- 越来越多的公司认识到为公众服务的社会责任,而公共关系部门的任务就是寻找履行这种责任的方法。
- 许多公司和政府机构通过公共关系部门与它们的顾客和客户进行更多的交流,以呼应保护消费者的潮流。
- 通过专门的部门,日益复杂的现代企业和政府才能将信息尽快地、以统一的口径传递给公众。
- 人口增长速度的不断加快,伴随着专业化和工作流动性的增强,使得公司必须聘请公共关系方面的专家,向组织解释公众的需求。

4.5 公共关系传播

公共关系传播是组织通过报纸、广播、电视、网络等大众传播媒介,辅之以人际传播的手段,向其内部及外部公众传递有关组织各方面信息的过程。这个定义包括三个方面的内容:

- 公共关系传播的主体是各种组织,包括政府、社会团体、企业公司等,不是专门的信息传播机构。
- 公共关系传播的客体由两部分组成:一部分是组织内部公众;另一部分是组织外部公众。
- 公共关系传播以大众传播媒介作为主要手段,以人际传播作为辅助手段。

公共关系传播是信息交流的过程,也是社会组织开展公共关系工作的重要手段。社会组织是公共关系工作的主体,公众是公共关系工作的客体,传播就是二者之间相互联系的纽带和桥梁。组织与公众的沟通,在很大程度上依靠信息传播;组织与公众之间的误解,也往往是由于信息不畅造成的。因此,一个社会组织不但要有明确的目标、符合公众利益的政策和措施,还要充分利用传播手段开展公关活动,赢

---

[1] 〔美〕约瑟夫·R.多米尼克:《大众传播动力学:数字时代的媒介》(第七版),蔡骐译,北京:中国人民大学出版社 2004 年版,第 440 页。

得公众的好感和舆论的支持,获得良好的经济效益和社会效益。

4.6 公众(Public)

在公共关系的语境中,公众是公共关系所服务的各种各样的受众,是公共关系活动的客体。公众可以分为内部公众和外部公众。内部公众包括组织的雇员、管理者、工会和股东。外部公众包括消费者、政府、销售商、供货商、社区成员以及大众媒体。公共关系把所有这些公众联系起来。①

普遍意义上的公众是指一个社会或地区中普通的自由公民群体,它的内涵受到民主理论的强烈影响,因为自由和平等通常在民主社会才能获得。民主社会真正的公众具有自由地联系、交谈、组织以及表达自己对所有话题的观点的权利。②

4.7 公关公司(PR Company)

公关公司是代理组织的公共关系业务的专业公司,为所代理的组织提供广泛的服务,其中包括给管理层出谋划策、准备年度报告、负责新闻发布和其他形式的媒体报道、监督雇员,以及管理促销与特殊事件、筹措资金、游说、处理社区关系和写发言稿等。③

组织可以采用设置内部部门或聘请公关公司的方式开展公共关系活动。外部代理机构能够给客户比内部部门更多的服务,而且能够客观地观察组织;另外,受人尊敬的公关公司的客户也能为组织带来一定的声望。但是,外部代理机构的费用昂贵,而且它们要花时间了解客户的内部工作情况,并且它们的涉入可能会引起客户机构职员的不满。

公关公司收取费用的方式大致有两种:以完成的特定项目赚取与客户事先商定的费用;每月向客户收取聘用金。④

---

① 〔美〕约瑟夫·R.多米尼克:《大众传播动力学:数字时代的媒介》(第七版),蔡骐译,北京:中国人民大学出版社2004年版,第437页。
② Denis McQuail, *McQuail's Mass Communication Theory* (6th Edition), Sage, 2010, p.567.
③ 〔美〕约瑟夫·R.多米尼克:《大众传播动力学:数字时代的媒介》(第七版),蔡骐译,北京:中国人民大学出版社2004年版,第442页。
④ 同上书,第451页。

4.8 公关活动的程序

处理公关问题需要妥善的计划、良好的组织和行之有效的公关程序。典型的公共关系活动涉及四个主要步骤：[1]

- 信息收集：收集相关数据是公共关系活动的第一个阶段。信息来自企业的档案、行业杂志、公共记录、参考书以及私人联系信件、给公司与咨询委员会的信件、人事报告等。如果需要更正式的研究方法，也可以聘请专门的调查机构帮助收集数据。
- 策划：包括确定目标，考虑可选择的方法，评估每种方法的成本、风险和收益。
- 沟通：一些常见的通过大众媒介发布信息的方法包括：文字新闻稿、电视新闻稿、新闻资料、照片、付费广告、电影、录像带、记者招待会等。人际传播的渠道包括：出版物、小册子、传真、信件、公告、海报、电子邮件、网络互动、布告牌或户外广告牌。在更为个人的层面上还包括公众会议、演讲、示范、策划活动、接待日以及巡回展示等。
- 评估：这是为测量一个广告或一个公共关系活动的影响所做的调查。简单的检测方法是考察公共关系活动所产生的覆盖面，如所发表的新闻稿的篇数、所进行的演讲、电视广播新闻中所提到的次数；复杂的测量包括对受众的分析，如通过问卷调查、典型对象调查、读者兴趣研究等进行的分析。

4.9 公共关系的领域

公共关系是在各种不同的背景下实施的，不同领域的公共关系实践也会有所不同。公共关系实践的主要领域有：[2]

- 商业：公共关系通过给消费者灌输对该公司的积极态度来帮助销售。公共关系也帮助改善雇员与管理者的关系，并充当公司和政府管理人员之间的桥梁。最后，所有的企业必须坐落在某一地点，而公共关系部门要保证该公司成为其社区中的一个好成员。

---

[1] 〔美〕约瑟夫·R.多米尼克：《大众传播动力学：数字时代的媒介》（第七版），蔡骐译，北京：中国人民大学出版社2004年版，第447—450页。

[2] 同上书，第443—445页。

- 政府与政治：许多政府机构聘请公共关系专家来帮助其向公众解释他们的活动，并协助新闻媒介报道不同的机构。这些专家又把公众的观点反馈给政府机构。
- 教育：在初等教育和高等教育中都存在公共关系人事工作。在小学与中学的实践中，最引人注目的方面是促进受教育者和父母之间的沟通。在许多学校体系里，公关人员还要处理与学校董事会、地区与地方和国家的立法机构以及新闻媒介之间的关系。学院与大学层面的公共关系的重点则集中在资金募集、立法机关关系、社区关系，以及与教职工及学生之间的内部关系等方面，这些都是大多数院校的公共关系部门所关注的对象。
- 医院：医院的公关人员必须与之打交道的一些人是病人、病人家属、消费者、国家保险委员会、医生、护士以及其他工作人员。医疗行业中的医疗保健收费、公众对医疗业的期待，以及维护良好的医患关系，是医院中的公共关系部门需要处理的问题。
- 非营利性组织：非营利性组织公共关系的最大目标是募集资金。其他的目标还包括鼓励志愿者的参与、告诉捐赠者所募集的资金的去向，以及与这类组织所服务的人合作。
- 专业人员协会：专业人员协会的公关人员除了给协会成员提供新闻和信息外，公关人员的其他职责还包括招收新成员、策划全国性会议、影响政府决策，以及配合新闻媒介工作。
- 娱乐和体育：为这类客户工作的公共关系人员有两大主要任务：使客户得到正面的媒介报道和让客户免于负面的宣传。许多体育和娱乐项目也进行与之相关的公共关系活动。
- 国际公共关系：国际公共关系专家可以为本国企业在其他国家进行的生意提供有关当地风俗、语言问题、文化难点以及法律困境方面的帮助与信息。
- 投资者关系：这一领域需要为公司建立良好的形象并让股东们感到满意。公开招股公司既要传播正面信息，也要传播负面信息，对于一般的金融团体与特定的股东，这些信息可能会对其股票价格造成影响。为了有效地进行运作，投资者关系专家必须了解财经新闻以及诸如年报、季报、年度大会这些用来与股东进行沟通的不同渠道的运作情况。
- 政治：政治竞选活动中公共关系的重要性伴随着每一次选举

在不断增加。树立良好的个人形象、恰当正确地对事件进行阐释，以及对其他候选人的指责做出回应，都是政治公共关系专家的工作的一部分。

- 危机处理：在危机中，公众试图寻找更多的信息，被卷入危机的组织则要受到媒介与公众更为严格的审查，因为危机处理不善会造成长期的负面影响，甚至使一个公司瘫痪。处理危机的公共关系专家通常建议他们的客户实现三个目标：终止危机、控制损失，以及恢复信誉。

4.9.1 政治公关（Spin）

政治公关是指为某一政治事件设计观察视角、含义和解释的活动。[1] 具体可以包括三个步骤：用巧妙的语言进行包装；不断地重复；对对手进行反驳和攻击，强化自己一方的解释。政治公关通常涉及制定或驱使媒体设定新闻议程。[2]

4.9.2 高级幕僚（Spin Doctor）

高级幕僚又称新闻资讯包装师，是指以管理或传播（尤其是代表政客利益的）观点为工作的人。[3] 他们的工作会造成新闻操纵，因而这个概念带有强烈的贬义色彩，暗示强加在信息上的误导性，或其意图在于误导人们。

高级幕僚不仅管理新闻议程，而且操纵新闻议程。[4]

4.10 在线公共关系（Online PR）

利用因特网开展公共关系活动开辟了组织与公众沟通的新渠道，增加了公关的新视角，其特点体现在以下方面：[5]

- 因特网使公关部门向媒体发布公共关系信息的渠道更加通畅。电子邮件和在线服务拓展了传统的发布新闻稿的渠道。组织

---

[1]〔英〕鲍勃·富兰克林：《新闻学关键概念》，诸葛蔚东等译，北京：北京大学出版社2008年版，第332页。

[2] 同上书，第333页。

[3] Denis McQuail, *McQuail's Mass Communication Theory* (6th Edition), Sage, 2010, p.571.

[4]〔英〕鲍勃·富兰克林：《新闻学关键概念》，诸葛蔚东等译，北京：北京大学出版社2008年版，第335页。

[5]〔美〕约瑟夫·R.多米尼克：《大众传播动力学：数字时代的媒介》（第七版），蔡骐译，北京：中国人民大学出版社2004年版，第451—453页。

也可以建立自己的网站作为专门的传播渠道。
- 因特网为公共关系人员提供了大量的资源,如照片、人员名单、会议信息、调查结果等。
- 公共关系专业人员可以通过雇用专门浏览网页的公司,以发现对各种主题的报道,并对媒体进行追踪。
- 网络开辟了公司内部的交流渠道,内容包括员工通信、工作指南、内部图书馆、培训指导等。

但是,因为人们可以很方便地在网络上发布信息,因此因特网会被不道德的人利用,发表损害组织的不正确的信息,可能会为组织造成很大损失。因此公共关系人员需要严格监控网络,对这类事件做出快速反应。

5 营销(Marketing)

美国市场营销协会(American Marketing Association)将市场营销定义为:对创意、商品及服务的设计、定价、宣传以及销售进行策划和执行的过程;通过交换这些创意、商品或服务,来满足个人或组织的需要。因此,营销活动的主要特点有:①

- 市场营销贯穿于企业经营活动全过程,是综合性的经营管理过程。
- 市场营销的目的是通过消费者满意而使企业获得经济利润,并且得以发展;因此,市场营销是以目标市场为出发点,根据消费者的需要展开企业的经营活动。
- 市场营销采取整合性的经营手段,全面规划企业的经营活动,并有计划地、相互协作地开展企业各个部门的工作。

互文参阅:第八章词条 3 广告(p.339)

5.1 营销与广告

广告是整个营销过程的一部分。广告连同个人推销、促销和公

---

① 董璐:《媒体营销:数字时代的传媒动力学》,北京:北京大学出版社 2009 年版,第 114—115 页。

共关系,都是总的营销过程的一部分。广告是营销中的一个重要元素,但并不是唯一的元素。

5.2 营销与销售

销售是一种比较被动的行为,是以工厂生产的产品为出发点,运用各种手段,将产品贩卖出去,目的是让企业获得利润,在这个过程中顾客大多是完全匿名的。①

营销是一种主动的行为,营销行为在产品生产出来之前就开始了。② 首先要确定目标市场、了解市场规模、收集并分析顾客的需求以及他们的偏好和购买习惯、划分细分市场;这些信息都将反馈给企业的研究开发部门、生产部门,以便在产品设计、性能和包装方面最完美地适应目标市场的需求;同时营销部门也利用这些数据设计销售渠道、分销和促销计划(顾客是否可以方便地获得)、宣传方案(是否符合顾客的心理要求、是否便于顾客了解产品)和服务措施(是否能使顾客满意),以满足顾客的需求。营销贯穿于企业的全部经营活动,从产品生产之前开始,延续到产品销售出去,通过整合营销从各个角度兼顾顾客的要求,以便实现买方满意、卖方获得利润这样的双赢局面。③

5.3 市场细分(Market Segment)

市场细分是一个按照消费者的欲望与需求、购买行为及购买习惯的差异,把某种特定产品的总体市场划分为若干个具有共同特征的消费者群体市场(子市场)的过程。④ 划分市场的方法概括起来有两大类:⑤

- 按照消费者固有的特征进行市场细分,这种分类方式包括:

---

① 董璐:《媒体营销:数字时代的传媒动力学》,北京:北京大学出版社2009年版,第114页。

② Theodore Levitt, "Marketing Myopia," *Harvard Business Review*, July-August, 1960, pp. 45-60.

③ 董璐:《媒体营销:数字时代的传媒动力学》,北京:北京大学出版社2009年版,第114页。

④ 同上书,第117页。

⑤ 丁俊杰、康瑾:《现代广告通论》(第二版),北京:中国传媒大学出版社2007年版,第197页。

- 人口统计细分：根据人口统计的特征，如性别、年龄、受教育程度、职业、收入、民族、婚姻、家庭状况等可量化的因素进行划分。
- 地理细分：根据地域进行划分，因为不同国家、不同地区的人在需求、观念和购买能力上都有差别。
- 心理细分：根据消费者的态度、兴趣、价值观、生活方式以及个性等特征进行市场划分。心理细分虽然比较复杂，但是能够更充分地挖掘细分市场的特征。

● 按照消费者消费某类产品时的行为特征进行市场细分，具体包括：
- 购买时机：根据消费者在什么时候产生需求、发生购买行为来划分市场。
- 追求的利益：根据消费者希望通过消费某种产品所获得的利益来划分。
- 使用者比率：根据消费者对产品使用量的大小，可以把他们分为轻度使用者、中度使用者和重度使用者。
- 使用者经验状况：根据消费者的使用经验可以把他们分为经常使用者、首次使用者、潜在使用者、曾经使用者和未使用者。

互文参阅：第六章词条 21.4 受众细分 (p.244)

5.4 品牌 (Brand)

根据美国市场营销协会的定义，品牌是指名称、专有名词、标记、标志、设计或者上述的综合，用于识别一个销售商的产品或服务，并且使它同其竞争的商品、服务区分开来。[①] 也就是说，品牌是标识，表示产品或服务与生产者的从属关系，并将产品或服务与其他竞争者相区别。[②]

5.4.1 品牌的类型

品牌可以分为独立品牌 (Individual Brand) 和家族品牌 (Family Brand)：

[①] 董璐：《媒体营销：数字时代的传媒动力学》，北京：北京大学出版社 2009 年版，第 283 页。

[②] 丁俊杰、康瑾：《现代广告通论》（第二版），北京：中国传媒大学出版社 2007 年版，第 205 页。

- 独立品牌是生产商为自己的每一种产品确定一个品牌。每个品牌针对特定的目标市场,并拥有自己独特的个性和形象。
- 家族品牌是在同一品牌下推销不同的产品,增加这些产品的关联性。

全国性品牌(National Brand)和私家品牌(Private Brand):
- 全国性品牌是由生产商所有,并在全国范围内推广的品牌,又称厂家品牌或生产商品牌。
- 私家品牌又叫自有品牌,是经销商从生产商那里买来没有品牌的产品,然后冠以商家的品牌出售给消费者。

联合品牌(Co-Brand)和特许品牌(Franchise Brand):
- 联合品牌是分属不同企业的两个或多个品牌进行合作的形式,这些品牌在消费者心目中具有较高的认知度,而它们各自的品牌名称保留在联合品牌中,其中每个品牌的持有人都希望另一品牌能够强化消费者的品牌偏好或购买意愿。
- 特许品牌:一些不知名的企业会出巨资获得使用另一家知名企业的品牌的权利,往往这两家企业不同属一个行业。

5.4.2 品牌的作用

品牌的作用体现在消费者和企业两个方面:[①]
- 品牌对消费者的作用:
  - 标识产品的来源;
  - 将生产商的承诺和责任联系在一起;
  - 简化购买决策过程;
  - 减少购买风险;
  - 具有象征意义。
- 品牌对企业的作用:
  - 充当生产商与消费者建立联系的桥梁;
  - 帮助企业获得消费者的忠诚和信任;
  - 品牌是赋予产品独特性的方法;
  - 使产品得到合法保护;
  - 使产品具有竞争优势;

---

① 丁俊杰、康瑾:《现代广告通论》(第二版),北京:中国传媒大学出版社 2007 年版,第 207—208 页。

- 是企业重要的无形资产。

5.4.3 品牌资产(Brand Equity)

品牌资产指品牌客户、渠道成员和母公司等方面采取的一系列的联合行动,能使该品牌产品获得比没有取得品牌名称时更大的销售量和更多的利益,还能使该品牌在竞争中获得更强劲、更稳定、更特殊的优势。品牌资产是对品牌认知度的综合评价,包括该品牌所有产品和服务的相对质量、销售业绩以及顾客对其所持有的忠诚度、满意度和尊重程度等。

5.4.4 品牌忠诚度(Brand Loyalty)

当顾客对某一品牌具有好感时,他们将有规律地获得这种品牌的产品和服务。这是企业所期望的结果——消费者能将其品牌定为第一选择,并视之为朋友。

5.5 4P营销组合(4P Marketing-Mix)

4P营销组合元素为:①
- 产品(Product)
- 价格(Price)
- 渠道(Place)
- 促销(Promotion)

企业通过对营销中的可控因素进行有机组合,以实现满足市场需求的预期目标。一次成功和完整的市场营销活动,意味着以适当的价格、适当的渠道和适当的促销手段,将适当的产品和服务投放到特定的市场。

5.6 4C营销组合(4C Marketing-Mix)

随着市场竞争更加激烈,人们发现4P理论存在两大缺陷:一是营销活动着重于企业内部,对营销过程中的外部不可控变量考虑较少,难以适应市场变化;二是随着产品、价格、渠道和促销等手段在企业间相互模仿,在实际运用中很难起到出奇制胜的作用。4C营销组合在这样的背景下被提出,它以消费者需求为导向,重新设定了

---

① 董璐:《媒体营销:数字时代的传媒动力学》,北京:北京大学出版社2009年版,第117页。

市场营销组合的四个基本要素:①
- 消费者(Consumer)
- 成本(Cost)
- 便利(Convenience)
- 沟通(Communication)

它强调企业首先应该把追求顾客满意放在第一位,其次是努力降低顾客的购买成本,然后要充分注意到顾客购买过程中的便利性,而不是从企业的角度来决定销售渠道策略,最后还应以消费者为中心实施有效的营销沟通。

与产品导向的 4P 理论相比,4C 理论有了很大的进步和发展,它重视顾客导向,以追求顾客满意为目标。4P 营销组合是以产品为导向,而 4C 手段是以顾客为导向。

5.7　4R 营销组合(4R Marketing-Mix)

由于信息流动越来越便捷,因此消费者拥有更大的主动权,对产品的质量和价格都提出了更严格的要求。因此,营销的任务不仅是吸引顾客,完成销售,使企业获得利润,更重要的是通过使顾客满意,从而维系住顾客。在这样的背景下,4R 营销理论被提出。4R 营销组合包括:②

- 关系(Relationship):指企业与顾客之间应建立长期而稳定的朋友关系,从实现销售转变为实现对顾客的责任与承诺,促使顾客再次购买,并维持顾客忠诚。
- 节省 (Retrenchment):指企业主动去接近消费者,为消费者节省时间和购买成本,使顾客的购买活动更加便利。
- 关联(Relevancy):指把企业的品牌资产直接与主要的购买动机相联系,以赢得长期而稳定的市场。
- 回报(Retribution):指企业将所追求的市场回报,作为企业进一步发展和与市场建立、保持关系的基础。

这是有效建立品牌资产策略的四个组成部分,目的是以关系营

---

① 董璐:《媒体营销:数字时代的传媒动力学》,北京:北京大学出版社 2009 年版,第 119—120 页。
② 同上书,第 120—121 页。

销为核心,重在建立顾客忠诚。

5.8 整合营销传播(Integrated Marketing Communication, IMC)

整合营销传播是把品牌等与企业的所有接触点作为信息传达的渠道,以直接开拓消费者的购买行为为目标,从消费者的角度出发,运用所有的手段进行有力的传播的过程。① 整合营销传播的哲学是"传播即营销",即不仅所有的营销传播要素(推销、广告、公共关系)在传达信息,而且与产品有关的所有行动,包括产品本身、从业人员的态度、服务、分销政策、定价等,都向消费者传递各种信息。所以,所有这些要素都与传播密切相关,单独实施某一传播活动就得不到协同效果。

整合营销传播强调:
- 以消费者为核心;
- 以数据库为基础,消费者的各种资料都存于其中;
- 以建立消费者和品牌之间的关系为目的;
- 以"一种声音"为内在支持点。如果经过不同渠道传递的信息相互矛盾,则信息会被消费者忽视或误读;
- 以各种传播媒介的整合运用为手段。

数据库营销(Database Marketing)

数据库营销是指针对那些已将姓名、收入等信息录入数据库的受试者进行研究,并将研究结果作为营销活动的依据。

6 市场调查(Market Research)

6.1 社会调查(Social Survey)

社会调查是营销调查和受众调查的共同起源。社会调查于18世纪中叶以后在欧美等国家逐步发展起来,到20世纪40年代才逐渐完善,具备了现代科学形式。实证主义为早期的社会调查提供了

---

① 丁俊杰、康瑾:《现代广告通论》(第二版),北京:中国传媒大学出版社 2007 年版,第 22 页。

理论基础和指导思想。

传统的社会调查主要有三种类型:[1]
- 用于社会统计方面的调查,主要服务于政府和政治目的;
- 为了解决某些社会问题而进行的调查;
- 学者为了学术研究所进行的调查,这些调查既可以是社会问题领域的,也可以是其他更为专门的调查。

进入20世纪后,应用社会学的中心从欧洲转向美国,美国的社会调查逐渐得到发展,其中最突出的是应用性的营销调查和受众调查。

互文参阅:第十章词条12.1 奥古斯特·孔德和实证主义(p.429);第十一章词条7.1 传播学研究方法体系(p.468)

6.2 受众调查(Audience Survey)

受众调查早期以舆论调查和民意测验的形式出现,主要服务于政治领域。在大众传播媒介迅速发展后,受众调查开始更加注重媒介传播效果和媒介受众。

受众调查是为了解大众传播活动中,受众接收传播内容的状态、反应以及基本状况、观点而进行的征询受众意见的活动,包括对受众的兴趣、爱好、生活习惯以及他们对大众传播媒介的反应的调查。针对电子媒介的受众调查最主要的和经常性的工作就是收听/收视率调查,以及节目覆盖率、受众构成等调查;针对印刷媒介的受众调查包括发行量、传阅率、满意度、受众构成等方面的调查。[2]

互文参阅:第四章词条8.2 阅读率(p.92)、词条8.3 发行量(p.92)、词条9.2 媒介指标调查公司(p.98)、词条13.1 收听率(p.104)、词条14.10 收视率(p.113);第八章词条3.11.1 开机率(p.349)、词条3.11.2 节目受众占有率/受众份额(p.349)、词条3.11.3 受众分布率(p.349)、词条3.11.4 受众接触媒介兼容率(p.349)、词条3.11.5 受众喜爱率(p.350)

---

[1] 丁俊杰、康瑾:《现代广告通论》(第二版),北京:中国传媒大学出版社2007年版,第229页。
[2] 同上。

6.3 营销调查(Marketing Research)

营销调查也叫市场调查,是营销者通过讯息与消费者、顾客和公众联系的一种职能。这些讯息用于识别和定义营销的问题和机遇,制定、完善和评估营销活动,监测营销绩效,改进对营销过程的理解。营销调查决定解决问题所需要的信息、设计信息收集方法、管理和实施数据收集过程、分析结果、就研究结论及其意义进行沟通。也就是说:①

- 营销调查的目的主要有两个:了解有关市场和市场营销的事实真相;并为制定营销决策提供依据。
- 营销调查的对象是与市场和市场营销有关的各种问题,它的功能包括:协助识别消费者的需求;帮助企业了解竞争环境;协助进行市场细分;为新产品提供信息;为企业制定营销战略提供必要信息;帮助管理者评估营销策划的效果;评估广告效果。因此,具体的调查研究对象涉及消费者、生产者和经营者,以及相关企业和广告媒体等。
- 营销调查的原则是必须遵循客观性和科学性,采用科学的方法设计方案、收集和分析数据,对待事实和研究结果保持客观的态度。
- 营销调查的结果是经过科学方法处理分析后的基础性数据和资料,可以用各种形式的调研报告公布。

营销调查基本可以分为两类:②

- 问题识别调查:这是为了识别存在的营销问题而进行的调查,包括市场潜力调查、市场占有率调查、企业或品牌形象调查以及市场特征分析、销售分析和商业趋势预测等。这类调查提供有关营销环境的信息,帮助企业诊断问题。
- 问题对策调查:在发现问题或机会时,要进行问题对策调查,其结果用于营销决策。问题对策调查包括市场细分调查、产品调查、定价调查、促销和分销调查。

---

① 丁俊杰、康瑾:《现代广告通论》(第二版),北京:中国传媒大学出版社2007年版,第230—231页。
② 同上书,第231—232页。

6.4 广告调查(Advertising Survey)

广告调查是系统地收集和分析信息的活动,以为广告决策提供所需要的相关信息,帮助广告公司制定或评估广告战略,并对广告效果做出评价。因此,广告调查分为四种类型:①

- 广告战略调查,也叫构成调查:通过这类调查,可以明确广告活动所针对的目标市场、目标受众的特征、市场竞争状况、品牌在市场中的形象等。广告战略调查解决广告"对谁说"、"说什么"的问题。
- 广告创意调查:广告创意人员邀请目标市场的消费者,在双方的互动与交谈中寻找诉求要点和表达方式。广告创意调查解决广告"说什么"和"如何说"的问题。
- 广告媒介调查:通过这类调查,掌握受众的媒介使用习惯、媒介种类、具体的媒介载体、媒介的版面和时间、媒介价格、版面与时间单位、媒介排期标准等。广告媒介调查解决"在哪说"的问题。
- 广告效果调查可以分为:
  - 事前测定:在广告计划实施前,对广告作品和媒介组合进行评价,并预测广告效果。事前测定决定了受众是否能真正理解这些广告。这种测试旨在防止可能存在的歧义,或被忽略了的隐含意义。
  - 事中测定:这是对从广告正式发布到广告活动结束之间的广告效果的测量,考察在实际活动期间或之后广告本身是怎样运行的。
  - 事后测定:在广告活动全部结束后的总体评价。

广告效果调查决定广告"效果如何"。

互文参阅:第八章词条3 广告(p.339)

6.5 公关调查(PR Survey)

6.5.1 环境监测(Environmental Monitoring)

环境监测也叫边界扫描,指公共关系人员观察那些可能为某一组织带来巨大影响的舆论走向和社会动态。环境监测包括两个

---

① 丁俊杰、康瑾:《现代广告通论》(第二版),北京:中国传媒大学出版社2007年版,第232—233页。

阶段：
- 第一个阶段是"预警"阶段，在这个阶段主要是进行系统的内容分析，分析的对象是可能对新发展有所预示的出版物，以试图确定正在出现的公关议题。
- 第二个阶段是跟踪舆论的主要议题。

互文参阅：第十一章词条 20　内容分析法（p.496）

6.5.2　公关稽核（Public Relations Audits）

公关稽核是对一个组织的公共关系状况进行全面的考察。这种研究用于对公司的内部威望（员工的感受）和外部名望（顾客、股东、社区领袖等对组织的态度）进行测量。公关稽核包括两个步骤：①

- 第一步是分类列出那些对组织来说最为重要的内部和外部群体，也就是确定组织的主要利益方。这些人物可以是消费者、员工、投资者、管理人员以及公众。对这类人物的分析通常通过对各部门中的主要管理人员进行人际访谈来完成，或通过对公司的外部传播资料进行内容分析来完成。
- 第二步是确定公司在这些受众心目中的形象。

互文参阅：第十一章词条 17　访谈法（p.487）、词条 20　内容分析法（p.496）

6.5.3　传播稽核（Communications Audits）②

传播稽核比公关稽核的目标要窄一些，所关注的不是组织的整个公关计划，而是组织所采用的传播手段的内部和外部含义。这种稽核主要是通过读者调查和易读性研究展开的。

读者调查是用来测量读过某一出版物并记住了其中某些讯息的人数。研究结果会被用来改进出版物的内容、外观和发行方法。

易读性研究可以帮助公司确定，它们针对员工的出版物和通信稿在阅读时的难易程度到底如何。

传播稽核也会对组织内部的传播渠道进行分析。

---

① 〔美〕罗杰·D.维曼、约瑟夫·R.多米尼克：《大众媒介研究导论》（第七版），金兼斌等译，北京：清华大学出版社 2005 年版，第 426 页。
② 同上书，第 427 页。

互文参阅：第五章词条 21 易读性(p.189)

6.5.4 社会稽核(Social Audits)

社会稽核是小规模的环境监测项目,用来测量组织的社会表现,以考察组织履行社会责任的情况如何。这种稽核可以为公司所资助的社会活动,如环境保护、儿童教育等,提供反馈信息。①

6.5.5 媒介稽核(Media Audits)

媒介稽核是针对记者、编辑以及其他一些媒介人员进行调查,请他们说出自己的报道偏好,以及他们对于公关客户的看法。②

6.5.6 效果分析(Output Analysis)

效果是某一公关项目或公关活动所产生的短期或即刻的效果。

效果分析是测量某一组织将自己呈现给他人时所取得的效果如何,以及该组织所获得的曝光数量或注意力的多寡。效果分析可以对所选定的媒介上所出现的相关报道或相关文章的总数进行测量;也可以对文章的基调进行测量;还可能涉及一些媒介以外的公关活动,比如白皮书、参加专门性公关活动的人员数量等。③

6.6 媒介调查和审计机构(Media Survey and Monitoring Organisation)

媒介调查机构和审计机构分别通过提供各种有关媒介的调查数据、审核媒介所提供的各种数据,以保护广告主、广告公司不受媒介的假发行量、假收视率的欺骗,同时也保证媒介处于一个公平的环境中。这类机构的另一个作用是对媒介进行制约,即限制媒介力量的盲目发挥。④

7 媒体经济学(Media Economics)

媒体经济学,又称为媒介经济学,是自 20 世纪 70 年代以来发展起来的一个新兴学科。媒体经济学特别阐述了各种大众媒介在市

---

① 〔美〕罗杰·D.维曼、约瑟夫·R.多米尼克:《大众媒介研究导论》(第七版),金兼斌等译,北京:清华大学出版社 2005 年版,第 427 页。
② 同上书,第 429 页。
③ 同上书,第 430 页。
④ 胡正荣:《传播学总论》,北京:北京广播学院出版社 1997 年版,第 346 页。

场运行中所遵循的经济学原理,并解释了应用中的经济学问题,研究了传媒实体通过利用各种有限的资源(如频道、纸张、节目、信息、时间、受众的注意力等),如何满足公众、广告业和社会对信息和娱乐等方面的需求。这其中包括媒介产品的生产、传递、推广和销售等环节,也包括传媒实体在市场中的运营和管理所涉及的各方面问题。

媒介经济学关注经济和金融力量如何影响社会中的媒体和传媒企业,以媒介和媒介企业的行为和运行方式作为主要研究对象,并揭示传媒在经济和社会发展中所扮演的角色。[①] 同时,在探讨大众媒介与经济现象的各种关系时,媒体经济学也特别关注由于传媒产品与普通物质产品的不同,以及传媒企业与普通企业的差异所带来的影响与制约。因此,媒体经济学既是传媒实体运营的指导,也是制定传媒业政策的基础,同时也是学术研究的对象。

7.1 媒介经济的特殊性质

媒介经济与其他商业类型相比具有独特的性质:[②]
- 媒介经济是典型的混合体或具有多面性的经济。媒介经济通常在两个市场中运营:一方面把产品出售给消费者;另一方面把消费者的注意力销售给广告商。
- 媒介经济的成本结构的特征是劳动力密集型和高昂的固定成本。
- 具有高度的不确定性和产品的独特性。不确定性是针对消费者评价而言的。
- 尽管媒体产品有一定的标准,但总体而言媒体产品必须不断地推陈出新。
- 传媒企业更倾向于兼并集中,这可能是因为垄断带来的优势在这个领域体现得更为显著。
- 媒介领域的进入门槛很高,需要庞大的资金来源做支持,这

---

① 〔美〕阿兰·B.阿尔瓦兰等:《传媒经济与管理学导论》,崔保国、杭敏、徐佳等译,北京:清华大学出版社 2010 年版,第 22 页。

② 〔英〕丹尼斯·麦奎尔:《麦奎尔大众传播理论》(第五版),崔保国、李琨译,北京:清华大学出版社 2010 年版,第 187 页。

主要是因为固定成本和初始成本很高。
- 传媒企业相比其他行业的企业更要担负起服务于公共利益的社会责任。

互文参阅：第九章词条9 对媒介的非正式控制(p.387)

7.2 媒介经营与管理(Media Management)

媒介经营与管理，是媒体经济学的一个重要分支。媒介经营与管理主要研究报纸、杂志、电视、广播、图书、音像、网络、电影等传媒产业如何策划和开发媒介产品；如何给媒介产品定价和推广销售；如何计算和控制媒体企业的成本；如何评估与度量媒体从业人员的业绩；如何进行最佳资源配置并获得媒体利润的最大化，以及如何掌控媒介权力；如何进行媒体企业并购和实施集团化管理等。

7.3 媒介产业(Media Industry)

媒介产业是指从事内容制作与传播活动的企业总和，至少包括通信产业、计算机产业和大众传播媒介等三大类别，因此媒介产业不仅包含报社、电视台、广播电台、出版社、杂志社、电影公司，也有有线电视台、卫星电视公司、计算机公司、公关广告公司、音像出版公司、信息媒介技术设备制造公司等等。

媒介产业按结构可分为两大部门：
- 制作部门：主要负责对消息、舆论和娱乐节目的编制工作；
- 传播部门：负责将经过编制的节目传播出去。

媒介产业化是大众传媒发展在经济上的一个重要标志。在大多数国家的经济中，媒介产业从设备、就业、资本需求等诸多方面来说都是一个庞大而重要的产业。

信息产业(Information Industry)

媒介产业是整个信息产业中的一个支柱产业，此外，信息产业还包含信息设备制造、信息技术性服务、信息流通性服务等其他相关产业。

信息产业一般指以信息为资源，以信息技术为基础，进行信息资源的研究、开发和应用，以及对信息进行收集、生产、处理、传递、存储和经营活动，为经济发展及社会进步提供有效的综合性的生产和经营活动的行业。

在工业发达国家,通常把信息当作社会生产力发展和国民经济发展的重要资源,因此信息产业也成为核心的新兴产业,被称为第四产业。

互文参阅:第五章词条2 信息化(p.166)、词条3 信息社会(p.166)

7.4 媒介集团(Media Conglomerates)

企业集团是复合企业,是指通过合作、参股、控股、兼并或者收购的方式来吸收和合并其他行业的企业。一些大型的媒介组织为了稳固和加强自己在市场上的主导权,通过兼并运动来吞掉其他媒介组织,从而发展成巨大的媒介集团。

媒介集团大多是业务多元化的大型集团公司,同时拥有报纸、杂志、图书出版公司、民意调查组织、广播电视台、有线电视系统、广播电视网等。① 媒介产业集团由于其对资源和市场的集中控制,因此在经营上具有优势,具体体现为:

- 资本雄厚:世界上较有影响的媒介产业集团通常都以资本作为主要的运作手段。
- 内容丰富:内容是传媒的核心资源和竞争力。内容资源也可以作为一种资本来加以运营,通过内容资源可以控制甚至收购别的媒介。
- 具有多元化的经营策略:媒介集团实施的是跨地区、跨国境、跨行业的经营策略,其人力资源结构、市场拓展策略以及资本调动运营等都是在国际背景下横跨几个相关甚至是不相关的行业进行的。另外,媒介集团年收入中通常只有一部分来自媒介经营,其他的大部分来自其他行业领域的经营收益。②

由于信息全球化和世界市场一体化,媒介集团纷纷在重要的信息市场投入巨额资金,力图控制该市场,使得全球范围内的媒介生产日益集中(concentration),绝大部分的信息都为少数几家大型媒介

---

① 〔美〕沃纳·赛佛林、小詹姆斯·坦卡德:《传播理论:起源、方法与应用》,郭镇之等译,北京:华夏出版社2000年版,第386页。
② 同上。

集团所控制。因此,媒介集团在当今世界是一个非常活跃的因素。

互文参阅:第一章词条9 全球传播(p.14);第四章词条26 媒介全球化(p.158);第九章词条25 文化霸权(p.401)、词条26 文化帝国主义(p.402)

7.5 广播电视所有制形式(Radio and Television Ownership)

广播电视所有制形式又称电子媒体体制。一个国家的广播电视所有制形式是由这个国家的地理环境、社会历史、政治经济制度、国际政治以及文化传统等因素所决定的。世界上的广播电视所有制主要有三种不同的结构:①

- 广播电视媒体由国家的信息和广播电视部门管理。这种所有制类型的作用是动员群众达到某个目标,例如国家建设。这类体制的特点是管理严格,而且普遍存在着由国家实施的官方审查制度或非官方的媒体自我审查制度。在财政上一方面由国家财政拨款支持,或以另一种形式给予支持,例如广告上的倾斜政策,也有个人和企业的捐赠。在节目安排上,首先强调意识形态,宣传国家政策,娱乐性节目不是整个节目编排的重点。

- 广播电视媒体由政府公司或政府特许的公司经营管理。这种体制注重电子媒体的教育和信息传播功能。在管理方面,根据相应的法律和法规进行。经济来源主要为向受众收取收听/收视费,还有个人和企业的捐赠。节目是综合性的,包括信息、教育和娱乐。英国广播公司(BBC)、加拿大广播公司(CBC)、美国公共广播系统(PBS)属于这种所有制形式。

- 广播电视媒体由私营公司经营和管理,其目标以赢利为主,也有传递文化、传播信息等功能。收入主要通过销售广告时段来实现。节目以娱乐为主。

大多数国家都采用了这三种体制中的一种或几种,而且不同体制之间也相互有影响。

---

① Joseph R. Dominick, Fritz Messere, Barry L. Sherman,张海鹰:《电子媒体导论》,上海:复旦大学出版社2006年版,第236—240页。

表 8-1　广播电视所有制形式①

所有权＼特征	政府机构	政府公司	私营公司
目标	动员	教育和文化传播	赢利
监管	严格	一般	弱
经济来源	政府	收视费/政府补贴/广告	广告
节目	意识形态/文化	文化/教育/娱乐	娱乐

互文参阅：第三章词条 8　报刊的四种理论(p.65)、词条 9　媒介的三种模式(p.68)、词条 11　传播控制(p.72)、词条 12　大众传播的体制(p.74)；第九章词条 9　对媒介的非正式控制(p.387)

8　文化产业(Cultural Industries)/意识工业(Consciousness Industries)

文化产业是指大规模生产制造文化产品的社会机构、组织和实践活动,它具有标准化、理性化和商业化的特征。

媒介技术的可使用性和媒介内容的标准化,促进了文化产业的出现,即用工业技术复制和传播精神产品或文化艺术作品,典型而又成功的代表是好莱坞的大片。文化产业的特点是以付出最小的传播努力与能力,维持信息社会的存在。

这个概念意味着个人意识不再是属于个人的先在或最自然的属性,而是社会化产物,源于意义形成的社会化与组织化资源之中。一个时代的意识来自特定的制度与实践,因而文化产业或意识工业除了包括大众传播媒介,也包括教育、宗教等制度。②

根据我国国家统计局的《文化及相关产业分类》标准,文化产业的核心层是以新闻出版、广播影视、文化艺术为主的行业;文化产业的外围层包括以网络、旅游、休闲娱乐、经纪代理、广告会展等为主

---

① Joseph R. Dominick, Fritz Messere, Barry L. Sherman,张海鹰:《电子媒体导论》,上海:复旦大学出版社 2006 年版,第 239 页。
② 同上。

的新兴文化服务业；文化产业的相关层是以文化用品、设备及相关文化产品生产和销售为主的行业。

互文参阅：第十章词条2.3 批判学派的主要取向(p.413)

8.1 文化生产(Cultural Production)

文化生产是指感觉、意义或意识的社会化生产，是文化商品的工业化生产。所生产出来的文化产品具有制度化和社会化特征，而不再源于个体的丰富的灵感和想象。①

互文参阅：第九章词条27 文化商品化(p.404)

8.2 文化创意产业(Cultural and Creative Industries)

文化创意产业是指通过个体创造力、技巧及才能，通过知识产权的生成与利用，有潜力创造财富和就业机会的产业，是具有自主知识产权的创意性内容密集型产业。创意产业的特征是：

- 来自创造力和智力财产，因此又被称作智力财产产业。
- 来自技术、经济和文化的交融，因此又被称为内容密集型产业。
- 为创意人群发展创造力提供了根本的文化环境，因此有时与文化产业概念交叉。

文化创意产业包括广告、建筑、美术、古董交易、手工艺、设计、时尚、电影、电子游戏、音乐、表演艺术、出版、软件，以及电视、广播等诸多业务领域。

---

① 〔美〕约翰·费斯克：《关键概念：传播与文化研究辞典》(第二版)，李彬译，北京：新华出版社2004年版，第68页。

第九章 媒介法规与伦理

1 第一修正案(First Amendment)

美国宪法第一修正案于1791年12月15日被批准,是美国新闻自由的法律根据。它规定:"国会不得制定关于下列事项的法律:确立国教或禁止信教自由;剥夺言论自由或出版自由;或剥夺人民和平集会和向政府请愿申冤的权利。"美国宪法第一修正案的目的是保证公众的言论、新闻、集会和宗教信仰的自由。

有关言论与出版自由的五种观点

美国社会对于第一修正案中语句的精确含义和解释一直有争议,对于言论和出版自由的看法也随着时代的变化和学术的发展而有不同,其中有五种有代表性的观点:

- 绝对主义理论:认为言论和出版绝对不应受到政府的任何干涉。
- 特殊平衡理论:言论和出版自由只是美国人民享有的众多项有价值的人权中的两个,因此当这两种权利与其他权利有冲突时,需要法庭根据具体情况进行取舍。也就是说,言论和出版自由是在每个案例的语境下单独定义的。

- 优先平衡理论:在言论和出版自由与其他权利之间进行权衡时,首先要保障这两项权利。
- 米克尔约翰理论:言论和出版自由不是一个抽象的理念,而是美国人走向成功的自我统治的手段。美国哲学家亚历山大·米克尔约翰(Alexander Meiklejohn)将言论分为公言论和私言论:公言论就是与统治事务有关、代表人们参与自治过程的言论;私言论是与统治事务、自治过程无关的言论。前者受到第一修正案的保护;后者受到第五修正案的保护(没有人能够剥夺他人的生命、自由、财产,除非有正当的法律程序)。
- 接近理论:大众传媒是公众的园地,每个人都应有权在日报、周报、电台或电视台上表达自己的观点。

互文参阅:第八章词条 2.4.3 调查性报道(p.334)

2 信息自由法案(Freedom of Information Act)

美国国会于 1966 年通过《信息自由法案》,赋予公民知晓联邦政府所做的事情的权利,只有少数事情例外。该法案指出:每一个联邦政府分支执行机构都必须公布能够让公民接触到其信息的方法;如果信息被不恰当地封锁,法院可以强制该机构披露民众想知道的信息。有九个领域享有豁免权,其信息可以不向公众公布,如司法部门的调查档案以及油井地图等。①

3 诽谤(Defamation)

诽谤是指通过传播假消息而使他人名誉受损的行为。

言论自由的权利和新闻自由的权利有时会与个人维护自身名誉的权利相冲突,若要判定大众媒体对某人进行了诽谤,这个人就

---

① 〔美〕约瑟夫·R.多米尼克:《大众传播动力学:数字时代的媒介》(第七版),蔡骐译,北京:中国人民大学出版社 2004 年版,第 507 页。

需要证实五点:①
- 他/她的名誉确实被破坏,并因此受到伤害。
- 他/她已经被人们指认,哪怕不一定是指名道姓。
- 诽谤性言论已经被发表。
- 媒介有过失。
- 在大多数情况下,发表或广播的内容失实。

3.1 对诽谤诉讼的辩护

对诽谤诉讼的辩护包括三种方式:②
- 第一种是事实。如果能够证明所报道的内容属实,就不存在诽谤。
- 第二种是特权。公众的知情权优先于个人维护名誉的权利。司法程序、逮捕批准书、立法程序等属于享有特权的情况。如果一个记者公正报道了这些事件,即便内容中包含某个诽谤性的言论,也不会导致诽谤诉讼。
- 第三种是公正的评论和批评。任何一个受到公众注意的人或处于公众关注中心的人,都要接受公正的批评。这一辩护方式只适用于观点与批评,而不是对于事实的曲解。

3.2 诽谤的几种形式

诽谤通常表现为以下几种形式:③
- 文字诽谤(Libel):意在损害一个人的好名誉或好名声,或贬损一个人应有的尊严以及善意的破坏性文字。通常,如果一个破坏名誉的言论得到传播,也被视为文字诽谤。文字诽谤通常被认为更有害,比散布谣言会得到更严厉的处罚。
- 谣言(Slander):意在损害一个人的好名誉或好名声,或贬损一个人应有的尊严以及善意的口头性诽谤。
- 自身诽谤(Libel per Se):通过运用本身具有诽谤、诋毁意义

---

① 〔美〕约瑟夫·R.多米尼克:《大众传播动力学:数字时代的媒介》(第七版),蔡骐译,北京:中国人民大学出版社 2004 年版,第 508 页。
② 同上书,第 510 页。
③ 同上书,第 508 页。

的词语形成不正确的文字指控,也就构成了诽谤。例如,说某个人是"贼",自然就构成了诽谤。

- 有因诽谤(Libel per Quod):某些词语本身没有诽谤的含义,但是在特定场合使用也构成诽谤。例如,报道说看到素食协会主席在吃牛排。

4 隐私权(Rights to Privacy)

隐私权又称个人秘密权、生活秘密权。所谓隐私或生活秘密,是指公民个人生活中不愿为他人知悉的秘密,包括个人私生活中的事实、日记、信件、财产状况等。大众媒介侵犯某人的隐私权有四种不同的方式:①

- 侵扰了某人的独处或隐居。这通常发生在记者错误地使用麦克风、监视摄像机以及其他形式的窃听窃拍设备来记录某人的私人活动时。
- 未经允许发布私人信息。
- 以错误的角度报道某些人或使人们对他们产生错误的印象,这也涉及失实问题。
- 将某人的名字与形象在没有经过本人同意的情况下用于商业目的。

4.1 侵犯隐私与诽谤

侵犯隐私和诽谤是一个出版物常常同时招致的两种类型的起诉,两者之间的主要差别是:②

- 诽谤罪与保护一个人的名誉有关;而隐私权保护的是一个人思想与情绪的安宁。
- 诽谤涉及发布虚假信息;而侵犯隐私是因为暴露了事实而引起的。

---

① 〔美〕约瑟夫·R. 多米尼克:《大众传播动力学:数字时代的媒介》(第七版),蔡骐译,北京:中国人民大学出版社2004年版,第514—515页。
② 同上书,第514页。

4.2 侵入(Trespass)

侵入是指没有经过许可擅自进入别人的领地,这是与侵犯隐私密切关联的概念。① 在新闻报道方面,新闻记者在寻求一些可以提升公众兴趣的新闻时,在大多数情况下不具备侵入的特权。因此,即便获得执法部门官员的许可,但没有获得主人的许可而进入私人家中的记者,也会遭到侵入起诉;或在持搜查许可证进行搜查时,即便有执法官员的许可,新闻媒介也不能陪同司法人员进入某个私人家中。

5 保护新闻来源(Protecting the Source of Information)

记者如果被迫公开新闻的秘密来源,会使这些新闻来源变得枯竭,公众的知情权会受到损害,②也有悖于新闻自由的法律条款,因此按照一些国家的新闻保障法的规定,记者有保护消息来源方面的特别权利。只有当法院调查时,调查与所寻找的信息之间有明显的联系,对于信息来源的需要至关重要时,即该信息与被告是否被判有罪或无罪直接相关,或与减刑与减轻判决有关时,记者的这一项特权才做出让步。

保护新闻来源也包括保护那些可能泄露新闻来源的笔记和记录。因此,相关法律规定如想要获得记者所持的记录,必须有法院的传票。③ 但是,在一些特殊情况下,政府在没有经过记者本人知晓或同意的情况下对这些记录进行检查是合法的。

记者保护新闻来源和记录的特权不是绝对的,而是根据具体的案例来确定的。因此,当记者向新闻提供者保证新闻来源不会被泄露的时候,要考虑到这一点。④

---

① 〔美〕约瑟夫·R.多米尼克:《大众传播动力学:数字时代的媒介》(第七版),蔡骐译,北京:中国人民大学出版社2004年版,第515页。
② 同上书,第497页。
③ 同上书,第500页。
④ 同上书,第500—501页。

5.1 新闻保障法(Shield Laws)

新闻保障法是确定记者在保护消息来源方面的权利的立法。这一法律赋予记者拒绝透露新闻来源或为此出庭作证的权利。①

互文参阅:第四章词条 23 第四权力(p.153)

5.2 不公开(Off the Record)

不公开是指新闻来源坚持将其与记者的关系保密,具体要求可能为以下三种情况中的一种:②

- 信息可以被使用,但不能说明由谁所提供;
- 信息可以被使用,但前提是记者不将他/她指认为提供者,而是能够找到其他人证实该信息,并将其指认为信息来源;
- 不希望信息被公开发表,但愿意让其引导记者的调查,或帮助记者避免做出错误的报道。

6 版权(Copyright)

版权保护了作者的作品不被不公正地盗用。版权实质上是指对作者所出版的作品的所有权的承认,这个概念是随着印刷术的普及而出现的。③ 受版权法保护的对象会在版权法中进行界定,通常是文学、戏剧、音乐作品、电影、广播电视节目和音像产品等,而一个想法、一个新闻事件或一项发现没有版权。版权保护期通常是版权作品之作者的有生之年和其去世后的若干时间。版权作品的拥有者能复制、出售、展示或表演这一作品。

版权保护法还规定,人们可以公正地使用受版权保护的资料而不受处罚,这些活动包括教学、研究、新闻报道与批评。在确认是否

---

① 〔美〕约瑟夫·R.多米尼克:《大众传播动力学:数字时代的媒介》(第七版),蔡骐译,北京:中国人民大学出版社 2004 年版,第 499 页。
② 〔英〕鲍勃·富兰克林:《新闻学关键概念》,诸葛蔚东等译,北京:北京大学出版社 2008 年版,第 235 页。
③ Denis McQuail, *McQuail's Mass Communication Theory* (6th Edition), Sage, 2010, p.553.

是公正使用时,要考虑以下因素:①
- 使用的目的:是为了牟利还是为了非营利性的教育。
- 受版权保护的作品的性质。
- 复制的数量与受版权保护的作品整体之间的比例。对于一部有版权的作品,其他人可以本着"公平使用"的原则,有限度地使用其中的部分材料。
- 使用行为对受版权保护的作品的潜在市场价值的影响。

根据版权法,一部作品如果被公开演出,演出者或演出单位必须向版权所有者支付特许使用权费;同样,一部作品在电台或电视台播出,也是公开演出,应该由播出机构支付特许使用权费,而广大受众则不必直接为版权支付任何费用。

版权法总在寻求一种平衡,即保护作品创作者从劳动中获益的私人利益,和确保公众获得丰富、全面而非部分的信息、观点和思想的公众利益之间的平衡。② 版权保护法也适用于互联网世界,但是由于电子出版和再版的特殊性,使得版权(或更广泛意义上的知识产权)问题变得更加复杂。互联网改变了出版的本质,开启了一个更广阔且更富于争议的领域。③

互文参阅:第四章词条 10.2 电子图书(p.101)、词条 16.9 Napster(p.125)

7 淫秽与色情(Obscenity and Pornography)

淫秽或色情内容是指媒介内容中包含关于显在的性主题和情形的描述或表现。这种内容超出了公众接受的一般限度,会被认为能造成冒犯或伤害(尤其是对于妇女和儿童)。一般认为色情内容

---

① 〔美〕约瑟夫·R.多米尼克:《大众传播动力学:数字时代的媒介》(第七版),蔡骐译,北京:中国人民大学出版社 2004 年版,第 518 页。
② 〔美〕罗兰·德·沃尔克:《网络新闻导论》,彭兰译,北京:中国人民大学出版社 2003 年版,第 164 页。
③ Denis McQuail, *McQuail's Mass Communication Theory* (6th Edition), Sage, 2010, p.553.

的目的是激发性欲。①

淫秽和色情内容不在言论和出版自由保护的范围内,不同的司法机构判定色情内容的标准不尽相同,通常包括以下原则:②

- 以目前的社区标准,一般人是否认为该作品就总体而言会挑起性欲。
- 该作品是否以一种公然冒犯的方式刻画与描写了某种被当地法律明令禁止的性行为。
- 整部作品是否缺少严肃的文学、艺术、政治和科学价值。

一些国家规定了在某一时段内禁止播放淫秽与色情或其他下流的内容(例如,美国规定的时段是从早上6点到晚上10点之间),这一方面是保护孩子不受下流内容的侵扰,另一方面也是保证成人的权利。

7.1 《希克林准则》(Hicklin Rule)

《希克林准则》是19世纪60年代在美国被确立的、一种长期存在的判断淫秽的标准。如果一本书或其他作品中包含了一些独立成文、不需要依靠对上下文的理解,就会使最易受影响的人的思想堕落或腐化的段落,那么整个这部作品就是淫秽的。③

7.2 《儿童电视法案》(Children's Television Act)

美国国会通过的《儿童电视法案》要求电视台提供用来满足1岁至16岁儿童的教育及娱乐需求的节目。该法案还将儿童节目中的商业广告时间限制在周末每小时10.5分钟之内、工作日每小时12分钟之内。这一时间限制适用于广播电台和有线电视台,违反这些标准会被处以罚款。④

---

① Denis McQuail, *McQuail's Mass Communication Theory* (6th Edition), Sage, 2010, p.566.
② 〔美〕约瑟夫·R.多米尼克:《大众传播动力学:数字时代的媒介》(第七版),蔡骐译,北京:中国人民大学出版社2004年版,第520页。
③ 同上书,第519页。
④ 同上书,第524页。

8 《1996 年电信法案》(Telecommunications Act of 1996)

《1996 年电信法案》是一个重要的涵盖各项传播法规的总体法案,是美国国会为了应对媒介和信息公路的发展而导致的管理问题,所进行的影响广播、有线电视及电话产业的美国通信法的大修订。电信法案包括影响传统的广播电台、电视台、有线电视公司以及电话公司的各种条款。这一法案的核心条款包括:①

- 取消一个人或一个机构所能拥有的广播电台数量的限制。
- 取消对可以拥有的电视台数量的限制,只要这些电视台在全国拥有电视的家庭中的覆盖率不超过 35%。
- 将广播电台和电视台许可证的期限延长至 8 年。
- 允许电话公司进入有线电视业务领域。
- 允许有线电视公司进入电话业务领域。
- 放开许多有线电视系统的价格限制。
- 要求新生产的电视机具有电子编码评级技术,即 V 芯片,过滤不需要的节目。
- 命令电视产业提供一个针对暴力、性以及其他下流内容的自动评级系统。

V 芯片(V-Chip)

V 芯片是安装在电视机中,限制接收暴力或令人不快的内容的一种装置。②《1996 年电信法案》规定,13 英寸以上的电视机,必须内装能够接收节目等级讯号的"V 芯片"。

与 V 芯片配套的是节目分级系统,该系统可以对节目中的性、暴力和猥亵的内容进行识别。电视节目在发送时,分级信息以电子编码的方式同时发送,在节目开始的时候出现在电视屏幕上,家长可以通过操作 V 芯片屏蔽他们认为不适宜孩子观看的节目。

---

① 〔美〕约瑟夫·R.多米尼克:《大众传播动力学:数字时代的媒介》(第七版),蔡骐译,北京:中国人民大学出版社 2004 年版,第 526 页。
② 同上书,第 659 页。

互文参阅：第九章词条 13 美国电影协会评级系统(p.390)

9 对媒介的非正式控制(Informal Controls of Media)

在大众媒介的日常运营中,很多情况下,有些事情的应"做"与否并没有明确的法律条文的规定,因此需要媒介的非正式控制。媒介的非正式控制主要包括道德规范、行为准则、内部控制和外部压力这几种形式:①

- 个人道德规范

在很多情况下,关于什么应该还是不应该包含在传播内容中,或者什么事应该还是不应该做,必须做出一些个人的道德决定。

- 行为准则:对这些准则的遵守大多是自愿的,而非凭借强制程序。
  - 美国印刷媒介的职业记者新闻协会(SPJ)规定了新闻道德的四项准则,包括:寻求真相并对它进行报道;将危害最小化;独立行动,记者不受公众知情权之外的任何利益义务的影响;有责任心。②
  - 在广播新闻领域也有一个包括 11 部分的准则,覆盖了从法庭摄像到侵犯隐私权等所有方面。
  - 电影业有一定的电影评级系统。
  - 广告业也有要求广告协会成员自愿遵守的准则。
- 内部控制
  - 在大多数报纸、电视、广播和电影组织中,都有些文字形式的方针陈述,如运营方针、编辑方针等;
  - 自我批评,例如通过新闻评论对媒介行为定期进行批评,还可以借助意见调查员;
  - 在广告方面有自我控制的专业机构。
- 外部压力
  - 经济压力:对于商业媒介来说,控制什么内容被制作和传播,

---

① 〔美〕约瑟夫·R.多米尼克:《大众传播动力学:数字时代的媒介》(第七版),蔡骐译,北京:中国人民大学出版社 2004 年版,第 535—564 页。
② 同上书,第 547 页。

收入的损失是要考虑的一个重要因素。经济压力主要来自广告客户、媒介自身的业务方针、行业的总体经济结构和消费者集团。

- 新闻工作理事会:新闻工作理事会是一个独立的机构,其职能是监督媒介的日常行为。
- 教育:道德规范以及职业精神是传播教育的一项内容,对媒介起着非正式控制的作用。

互文参阅:第三章词条 8 报刊的四种理论(p.65)、词条 9 媒介的三种模式(p.68)、词条 12 大众传播的体制(p.74)、词条 13 大众媒介的监管(p.77);第四章词条 9.3 掏粪者(p.98);第五章词条 26 影响媒介内容的因素(p.196);第七章词条 21 媒介霸权理论(p.312);第八章词条 2.3 新闻准则(p.333)、词条 2.5 编辑方针(p.335)、词条 7.5 广播电视所有制形式(p.375);第九章词条 11 方针手册(p.389)、词条 12 印刷媒介的组织方针(p.390)、词条 14 意见调查员(p.391)、词条 15 潜网(p.391)、词条 18 新闻和编辑政策(p.393)

新闻伦理(Ethic of Journalism)

新闻伦理是指那些成文或不成文的伦理准则,用来规定记者们该如何避免伤害他人或给他人带来痛苦。这些准则可能涉及诸多方面,例如收集信息、决定出版内容及应对投诉等。每家新闻机构都有独特的不成文的伦理规范。新闻伦理也会受到民族文化的影响。①

10 新闻传播的个人道德规范(Personal Moral Philosophies)

道德规范是行为准则和道德原则,指引我们在一个场合中以正确的或是最好的方式来行动。有五种道德原则与从事大众传播职业的人密切相关:②

---

① 〔英〕鲍勃·富兰克林:《新闻学关键概念》,诸葛蔚东等译,北京:北京大学出版社 2008 年版,第 96—97 页。

② 〔美〕约瑟夫·R.多米尼克:《大众传播动力学:数字时代的媒介》(第七版),蔡骐译,北京:中国人民大学出版社 2004 年版,第 536—540 页。

- 中庸之道原则(Golden Mean):在道德困境中,恰当的行为方式在于做得太多与做得太少之间。在传播实践中,中庸之道原则是指在受众知晓与不煽动受众以确保公共安全之间谋求平衡。
- 绝对命令原则(Categorical Imperatives):其基本概念是,对于一个人来说正确的东西,对于所有的人都是正确的,因此人们应该按照普遍适用的原则来行事,而没有例外,正确的就是正确的,不论结果如何。将这一原则应用于大众传播领域中,是指在新闻传播中,任何方式的欺骗都是错误的,都应该加以避免。
- 功利原则(Utility):功利被定义为最多数人的最大利益。功利原则是指,我们通过考虑对于整个社会来说产生好坏结果之间的最佳比率,来判断什么是对或什么是错。功利主义提供了一个评价道德选择的清晰方法:计算因我们的每一个选择可能导致的所有结果,包括好的和坏的,然后选择一个能使价值最大化、损失最小化的方式。因此,大众媒体需要考虑,传播某一内容所产生的好处要大于其所产生的危害。
- 无知之幕(Veil of Ignorance):它与公正有关,是指在每个人都受到没有社会差异的对待时,正义才会出现,因此工作做得同样好的每一个人都应该得到同样的报酬,而没有角色或社会地位的差别。因此,大众媒介从业者应该对所有的受众一视同仁,私人朋友也不能从内幕消息中获得好处。
- 自我决断原则(Self-Determination):指人具有独立于任何以及所有环境的绝对价值,而不能仅仅被看作是达成某个目标的工具,他们的自我决断权利不应该被侵犯。同样,任何人也不能允许自己被当作别人实现目标的手段。因此,大众传媒也应该拒绝被其他人或组织利用。

互文参阅:第九章词条9 对媒介的非正式控制(p.387)

11 方针手册(Policy Book)

方针手册是广播电视经营单位的方针陈述。美国的许多电视台和电台都有方针手册,上面列举了经营的哲学与标准,并确认哪些做法应该鼓励以及哪些做法应该禁止。①

互文参阅：第九章词条 18 新闻和编辑政策（p.393）

12　印刷媒介的组织方针（Organizational Policies）

报纸与杂志有两种不同形式的方针陈述：②
- 运营方针（Operating Policies）：用于报纸或杂志常规运营中出现的日常问题与情形。
- 编辑方针（Editorial Policies）：报纸与杂志为了在某个问题上说服公众，或为了实现特定目标而遵循的指导方针。

互文参阅：第八章词条 2.5 编辑方针（p.335）

13　美国电影协会评级系统（MPAA Rating System）

美国电影协会评级系统是电影业进行自我管理的一种重要方式。在美国电影协会（Motion Picture Association of America）、全国影院所有者协会（National Association of Theater Owners）与美国独立电影进口商与发行商组织（Independent Film Importers and Distributors of America）的支持下，通过美国电影协会评级系统将电影分为五种类型：③
- G：对所有观众都适合。
- PG：建议家长指导。
- PG-13：一些内容可能不适合 13 岁以下的儿童。
- R：除非有家长陪同或成人的指导，否则只有 17 岁以上的人才能观看。
- NC-17：17 岁以下的儿童禁止观看。

互文参阅：第九章 V 芯片（p.386）

---

① 〔美〕约瑟夫·R.多米尼克：《大众传播动力学：数字时代的媒介》（第七版），蔡骐译，北京：中国人民大学出版社 2004 年版，第 654 页。
② 同上书，第 554—555 页。
③ 同上书，第 550 页。

14 意见调查员(Ombudsperson)

意见调查员是在媒介机构中被指派来处理受众投诉的人。① 一方面,他们要对媒介机构内部的诚信问题负责,对员工的工作起到监督作用,对员工的行为进行一般性的批评;另一方面,他们又是媒体与受众沟通的重要桥梁。这样,在传统的读者(观众、听众)来信之外,受众还可通过电话或电子邮件等方式与调查员进行沟通,并借助他们把重要问题及时向上反映,以促成解决。

互文参阅:第九章词条9 对媒介的非正式控制(p.387)

15 潜网(Social Control in the Newsroom)

任何处于特定社会环境中的传播媒介都担负着社会控制的职能,而这类控制往往是一种潜移默化、不易察觉的过程。② 潜网这个概念就形象地概括了这样的过程。

美国学者沃伦·布里德(Warren Breed)在论文《新闻编辑部的社会控制:功能分析》("Social Control in the Newsroom: A Functional Analysis")中提出"潜网"的概念。他指出,在报社内部始终存在着一个十分微妙,又十分强劲的网络。这个网络一方面确保媒介组织的传播意图得以顺利贯彻;另一方面防止新来的从业人员对既定的行规的干扰。因此,刚踏入新闻界的年轻记者通过预测其上司希望他做什么和怎样做以获得奖励、避免惩罚,并且通过遵守编辑方针、按照同事的模式进行日常写作和参加内部的各种会议等间接的方式,变得同老记者一样服从媒介组织的规范,将自己逐渐融入那张潜网。③ 媒介组织内的潜网,是更大范围的社会控制的折射。

---

① 〔美〕约瑟夫·R. 多米尼克:《大众传播动力学:数字时代的媒介》(第七版),蔡骐译,北京:中国人民大学出版社2004年版,第557页。
② 李彬:《传播学引论》(增补版),北京:新华出版社2003年版,第175页。
③ Warren Breed, "Social Control in the Newsroom: A Functional Analysis," *Social Forces*, 33(4), May, 1955, pp.326-333.

互文参阅：第三章词条 4 把关人（守门人）(p.54)、词条 12 大众传播的体制(p.74)；第五章词条 26 影响媒介内容的因素(p.196)；第七章词条22.3 议程偏颇(p.315)；第八章词条 2.5 编辑方针(p.335)；第九章词条 9 对媒介的非正式控制(p.387)、词条 18 新闻和编辑政策(p.393)

16　普利策奖（Pulitzer Prizes）

普利策奖也被称为普利策新闻奖，是在新闻业专业化的过程中，1917 年根据美国报业巨头约瑟夫·普利策（Joseph Pulitzer）的遗愿设立的职业奖项，现在已经成为全球新闻界的一项最高荣誉奖。普利策倡导新闻自由的理念，坚持揭露社会的不公现象，坚持揭露美国政府有失检点的行为，并力主培养职业新闻工作者。

普利策奖在每年的春季，由哥伦比亚大学的普利策奖评选委员会的 14 名会员评定，同年 5 月由哥伦比亚大学校长正式颁发。普利策奖是一种多项奖，分为两大类——新闻奖和创作奖。

新闻奖的获奖者可以是任何国籍，但是获奖条目必须在美国周报（或日报）上发表；这一类的奖项包括普利策普通新闻报道奖、普利策调查性报道奖、普利策专业性新闻奖、普利策特写摄影奖等 14 项。

创作奖的获奖者除历史奖（作品必须是关于美国历史的）之外必须是美国公民。这一类的奖项包括普利策小说奖、普利策戏剧奖、普利策历史奖、普利策传记奖、普利策诗歌奖、普利策非小说类作品奖、普利策音乐奖等 7 项。

17　新闻的偏差（News Bias）

这个概念是指任何偏离正确、中立、平衡与公正无私等准则的新闻报道倾向。新闻的偏差通常可以分为有意的偏差和无意的偏差。前者产生的原因主要是媒介或消息来源的党派关系、立场和宣传的需要。后者产生的原因则是新闻处理过程中的组织和常规因素。① 兰斯·贝内特(Lance Bennett)总结出四种当代新闻生产实践使新闻内容扭曲或产生新闻偏差的方式：

- 新闻个人化：大多数人更善于和个人打交道，而不是和群体或机构打交道，所以大多数新闻报道围绕个人展开。
- 新闻戏剧化：和所有媒介商品一样，新闻也需要引人入胜的包装。达到这种目的的一个主要手段就是戏剧化，即以类似讲故事的方式重新包装、叙述新闻，以实现起伏跌宕的效果。
- 新闻片断化：一般来说，报纸和广播电视上的新闻都是由简短的事件摘要组成的。事件被孤立开来单独对待，以并置的方式呈现给大家。这种做法可能符合"均衡"的准则，但是却无法帮助读者获取新闻的意义。
- 新闻"正常"化：在利润等财务指标的影响下，商业目标和商人，而不是记者成为报业的主导。媒体中增加了更多"有趣"的元素——如更好的图片，更有吸引力的版面设计，更多有关娱乐等方面的特写；而不是对新近发生的事实的报道，或是评论。这使新闻失去了时效性等特征，而变成对"正常"或"理想"生活的呈现。

互文参阅：第三章词条同化(p.54)；第四章词条9.3 掏粪者(p.98)；第七章词条21 媒介霸权理论(p.312)、词条22.3 议程偏颇(p.315)；第八章词条2.5 编辑方针(p.335)；第九章词条15 潜网(p.391)

18 新闻和编辑政策(News and Editorial Policy)

新闻和编辑政策是指体现在社论、新闻专栏、新闻标题中的取向。这种倾斜并不意味着推托搪塞，而通常是省略、有差别的选择和带有偏好的安排。每家传媒机构都有自己的新闻和编辑政策，但是这样的政策是隐蔽的，并且要避免因被指责在新闻报道中有倾向

---

① Denis McQuail, *McQuail's Mass Communication Theory* (6th Edition), Sage, 2010, p.549.

而陷入窘境。①

因此,新进入传媒机构的记者不会被告知机构的新闻和编辑政策,而是要以间接的方式掌握这些政策。这包括通过研究媒介产品,学习识别其特色;对新进者作品的编辑也是一种指导,告诉他们哪些做法可以接受,哪些不可以;会议、内部谈话还有其他信息渠道也是一种学习的途径。由于有了规范,年轻的新闻从业人员很快就学会了所在传媒机构的操作方法,掌握了新闻和编辑政策。②

互文参阅:第三章词条 11.2 大众传媒自身的控制(p.73);第五章词条 26 影响媒介内容的因素(p.196);第七章词条 22.3 议程偏颇(p.315);第九章词条 11 方针手册(p.389)、词条 15 潜网(p.391)

19 媒介与社会化(Media and Socialization)

大众媒介支配着人们的日常交流活动,对我们中的大多数人而言,媒介是我们体验、学习周围世界的方方面面的主要方式。即使我们不直接从媒介中获取信息,而是从别人那里得到信息,别人也往往是通过媒介来认识世界的。因此,媒介尤其是电视,对人的社会化产生了很大影响,主要体现在以下方面:③

- 媒介是主要的信息来源:媒介尤其是电视媒介,对于多个年龄群的受众而言都是众多主题的主要信息来源。
- 媒介塑造态度、认知与信念:电视能够影响年轻人对于某些事物的态度。对于这些事物,环境没有提供第一手的经验或可选择的信息来源。
- 媒介制造刻板印象:传媒世界经常表现一些与现实不符的情形,制造了人们对犯罪、法律实施、性别角色、职业、处理问题的方式等问题的刻板印象。媒介既能够影响刻板印象的形成,也具有改变

---

① 〔美〕沃纳·赛佛林、小詹姆斯·坦卡德:《传播理论:起源、方法与应用》,郭镇之等译,北京:华夏出版社 2000 年版,第 361 页。
② 同上书,第 362—363 页。
③ 〔美〕约瑟夫·R.多米尼克:《大众传播动力学:数字时代的媒介》(第七版),蔡骐译,北京:中国人民大学出版社 2004 年版,第 600—603 页。

刻板印象的力量。

媒介在社会化的过程中既产生直接影响,又产生间接影响,而所产生的间接影响是很难确认的,尤其是当媒介与其他社会化机制共同发挥作用,以及当人际渠道的重要性在形成态度和观点方面超过了媒介渠道时。

总之,媒介(尤其是电视)在人们的社会化过程中已经成为一个重要因素。

互文参阅:第五章词条刻板印象(p.186);第六章词条3.2 大众传播的社会化机制(p.201)、词条15 媒介系统依赖理论(p.226)、词条26 沙发土豆(p.250)、词条26.1 鼠标土豆(p.251)、词条26.2 容器人(p.251)、词条26.5 媒介依存症(p.252)、词条29 媒介素养(p.256);第七章词条18 教养理论(p.301)、词条18.3 拟态环境(p.303);第九章词条21 大众社会(p.399)、词条27 文化商品化(p.404)

19.1　早期窗户(Early Window)

这是指电视是一扇早期窗户,它让儿童在有能力和世界发生互动之前先看到了世界:①

- 电视把儿童当作了"小大人",允许低龄儿童在成人的交往中"在场"。电视把儿童强行推入一个复杂的成人世界,刺激儿童询问那些他们在没有电视时不可能已经听到或看到的行为和话语的意义。

- 电视扫除了曾经区别对待不同年龄和不同阅读能力的人、使之进入不同社会情境的障碍。电视把成年人几个世纪以来一直试图隐瞒儿童的话题和行为暴露给了儿童。

- 电视中的广告也对儿童的社会化产生不同的影响:儿童是易受影响的观众,更容易被电视技巧所蒙骗,这些技术使得产品比实际情况看起来更诱人。而且,长期接触电视广告对于儿童作为未来

---

① 〔美〕斯坦利·巴兰、丹尼斯·戴维斯:《大众传播理论:基础、争鸣与未来》(第三版),曹书乐译,北京:清华大学出版社2004年版,第199页。

消费者的社会化有负面影响。①

互文参阅：第五章词条 3.2 大众传播的社会化机制（p.201）；第七章词条 18 教养理论（p.301）

19.2 《童年的消逝》(The Disappearance of Childhood)

《童年的消逝》是世界著名媒体文化研究者和批评家尼尔·波兹曼（Neil Postman）的一本著名的批判主义学术书籍。在书中，波兹曼指出，印刷机的发明使原来把持在僧侣教士、抄书匠手中的秘密流传入平民百姓之中。成人因为有识字能力，所以能够获得各种知识；而儿童则需要到学校学习文字、语法，并在成人认为适当的时候，以适当的形式获取知识。因此，识字能力便成为区分成人和儿童的最强有力的分水岭，印刷媒介在儿童和成人之间强加了一些分界线。也就是说，童年这个概念是从印刷时代开始的，是个相对近代的发明。

但是，后工业化时代的文化正驱使我们倒退到一个与蒙昧的中世纪没有多少差别的时代。在文字（字母）出现以前，儿童与成人都是依靠同一种传播媒介——口口相传来获取知识。而现在阅读的界线在电视的猛烈攻击下变得越来越模糊：电视把成人的性秘密和暴力问题转变为娱乐；电视媒介敞开了成人小心保守的秘密，如性、疾病、死亡等等，将儿童不曾提出的问题的答案一股脑地灌输给他们；电视把对新闻和广告的理解程度定位在 10 岁孩子的智力水平上。儿童不再需要长期的识字训练就能够与成人一起分享来自电视的信息，因此，如今的儿童早早就沾染上了成人的悲观怀疑、漠然和傲慢的习气。最后的结果就是，两者之间的文化鸿沟被填上了，于是，童年便消逝了。

互文参阅：第七章词条 18 教养理论（p.301）、词条 18.2 冷酷世界症候群（p.302）、第九章词条 27 文化商品化（p.404）

19.3 《娱乐至死》(Amusing Ourselves to Death)

《娱乐至死》是尼尔·波兹曼另一本著名的批判主义学术书籍，

---

① 〔美〕约瑟夫·R.多米尼克：《大众传播动力学：数字时代的媒介》（第七版），蔡骐译，北京：中国人民大学出版社 2004 年版，第 1609 页。

是对20世纪后半叶美国文化中最重大变化的探究和哀悼。这本书阐述了传播媒介是如何对文化产生影响,而我们的文化又是如何向着浅薄无知堕落的。

波兹曼通过对美国印刷媒介和电视媒介社会中人的思维及行为方式的历史的比较研究,得出结论:人们所崇拜的工业技术使他们丧失了思考能力,因而失去了自由。波兹曼指出,随着印刷术时代渐渐没落,而电视时代蒸蒸日上,电视改变了公众话语的内容和意义;政治、宗教、教育和任何其他公共事务领域的内容,都不可避免地被电视的表达方式重新定义。

在儿童与成人合一成为"电视观众"的文化里,"一切公众话语都日渐以娱乐的方式出现,并成为一种文化精神。我们的政治、宗教、新闻、体育、教育和商业都心甘情愿地成为娱乐的附庸,而且毫无怨言,甚至无声无息,其结果是我们成了一个娱乐至死的物种"①。

互文参阅:第四章词条21.4 媒介即讯息论(p.151);第九章词条27 文化商品化(p.404)

19.4 《技术垄断——文化向技术投降》(Technopoly: The Surrender of Culture to Technology)

《技术垄断——文化向技术投降》也是尼尔·波兹曼的著作,它与《童年的消逝》和《娱乐至死》共同构成波兹曼著名的媒介批评三部曲。

波兹曼的媒介批评三部曲都是在探讨技术对人类社会、文化和心理的影响,而《技术垄断》更加体现了他将科学技术与传播问题相联系的独特视角。

所谓"技术垄断"被定义成这样一种社会状态,在其中人们相信"即使效率并非人类劳动和思想的唯一目标,它至少是劳动和思想的首要目标;技术方面的精打细算总是胜过人的主观评判……公民的事务最好是由专家来指导或管理"②。

---

① 〔美〕尼尔·波兹曼:《娱乐至死》,章艳译,桂林:广西师范大学出版社2004年版,第4页。
② 〔美〕尼尔·波斯曼:《技术垄断:文化向技术投降》,何道宽译,北京:北京大学出版社2007年版,第30页。

波兹曼不否认技术对人类发展的贡献,他认为类技术的发展可分为三个阶段:工具使用、技术统治和技术垄断三个阶段;而人类文化大约也分为相应的三种类型:

- 工具使用文化:从古代到中世纪,技术服务并从属于社会和文化。这是波兹曼认为最令人满意的文化。
- 技术统治文化:从16世纪开始直到今天,技术向文化发起攻击,试图取而代之,但还不能撼动文化。这是大致可以接受的文化。
- 技术垄断文化:波兹曼指出,在人类文化最终进入集权化的技术统治——技术垄断阶段的时候,技术导致信息泛滥成灾失去控制,以往的信息控制机制,如学校、家庭、宗教、政党、国家和法庭,失去效用。最后技术从根本上动摇了传统世界观,对人类文化构成了严重的伤害与威胁。

波兹曼在书中提到,现在的美国到处都是技术狂热者,他们看不到技术的弱点,这是危险的,因为技术狂热者希望有更多的技术,从而带来更多的信息。但是,技术的发展不可能只带来正面的效果,随着可获得信息的数量的不断增长,信息就成为一种垃圾,它们不但无法回答人类的许多最根本的问题,而且在处理日常生活中的问题上也无法提供任何有用的指导。

20 大众娱乐理论(Mass Entertainment Theory)

大众娱乐理论认为电视以及其他大众媒介因为使普通人得到放松或得到娱乐而实现了重要的社会功能。[①]

哈罗德·门德尔松(Harold Mendelsohn)在1966年的著作《大众娱乐》(*Mass Entertainment*)中考察了电视娱乐在美国社会中的角色,回顾了各种针对大众娱乐的大众社会批评观点,并否定了其中的一些观点,认为媒介的影响被广泛地误解了。门德尔松认为,普通人需要电视娱乐所提供的放松和无害的空间。如果没有电视娱乐,人们也会寻找其他途径以舒缓日常生活的紧张。电视仅仅是比其他途径更容易、更有力也更有效地满足了人们的这些需求。因此,电

---

① 〔美〕斯坦利·巴兰、丹尼斯·戴维斯:《大众传播理论:基础、争鸣与未来》(第三版),曹书乐译,北京:清华大学出版社2004年版,第172页。

视娱乐没有破坏和降低文明程度,只是给普通人提供了另一个更有吸引力的欣赏歌剧和交响音乐会的途径,它没有使人们从重要的活动中,如宗教信仰、政治和家庭生活中分心;相反,它帮助人们放松,使他们事后以全新的兴趣和活力投入到这些活动中去。[1]

门德尔松承认少数人可能因为沉溺于电视娱乐而蒙受损害,但是如果没有电视,这类人也会对其他事物上瘾。与其他选择相比,对电视上瘾还温和些,至少不伤及他人,并可能稍微有些教育作用。

互文参阅:第四章词条24.2 经典的媒介四功能论(p.155);第五章词条20.2 传播内容的三个范畴(p.188)、词条24.1 大众文化(p.194);第六章词条13.2 传播的个人功能(p.220)、词条26 沙发土豆(p.250)、词条28 粉丝(p.256);第十章词条10 功能分析理论(p.428)

21 大众社会(Mass Society)

大众社会是20世纪初工业化和资本主义化的社会组织方式催生的一种社会模式,这种社会的特征在于拥有一支庞大的劳动力大军,其成员都是原子式的、孤立无援的、没有传统地缘与亲缘纽带的个体。他们的工作内容单调重复,无须特殊技能。同时他们受制于工资关系和市场波动的变化无常并因劳动活动发生异化。[2]

在大众社会中,个体完全听凭极权主义意识形态和宣传的摆布,深受大众媒介的影响,因而导致社会中的人个性丧失。大众传播媒介横亘于人与人之间,减少了传播中人际交往的机会;大众传播媒介也减少了社会中亚文化群的多样性,使社会文化过分趋同。与大规模、集中式的社会组织相伴出现的是沉沦、杂乱、颓废和无力感。[3]

---

[1] 〔美〕斯坦利·巴兰、丹尼斯·戴维斯:《大众传播理论:基础、争鸣与未来》(第三版),曹书乐译,北京:清华大学出版社2004年版,第172—173页。

[2] 〔美〕约翰·费斯克:《关键概念:传播与文化研究辞典》(第二版),李彬译,北京:新华出版社2004年版,第159页。

[3] Denis McQuail, *McQuail's Mass Communication Theory* (6th Edition), Sage, 2010, p.562.

大众媒介是组织与维持大众社会的必要工具。由于人们长时间接触媒介，因此接受了媒介中的角色模式，说话、穿着、思考、行为以及反应的方式都逐渐变得一样。大众社会理论（Mass Society Theory）指责媒介造成了标准化趋势的产生，因而阻碍了文化的生长和多元化。

互文参阅：第三章词条10.2 大众传播的负功能（p.71）；第五章词条24.1 大众文化（p.194）；第六章词条28 粉丝（p.256）；第七章词条2.2 大众社会理论（p.263）；第九章词条19 媒介与社会化（p.394）；第十章词条2.3 批判学派的主要取向（p.413）

22 作茧效应（Cocooning）

作茧效应是指：由于大众媒介越来越多地满足更为专业的受众的需求，因此越来越多的杂志、报纸、广播、电视都定位于目标高度明确的小受众群体；媒介正日益引导个人接触更具有选择性的内容。如果这样的趋势继续下去，会导致一代消费者被分化为越来越小的、与社会其他部分没有什么共同点的兴趣群体。

在作茧效应的影响下，人们只让那些他们觉得自在、有吸引力或可接受的政治或社会信息来保卫自己，他们退缩到自己的信息茧中，以逃避现代生活的某些不确定性，并以此帮助减少在今天的生活中不得不做的众多选择。作茧效应同样可以推广到文化知识和娱乐知识的使用中。

互文参阅：第三章词条10.2 大众传播的负功能（p.71）；第六章词条26.2 容器人（p.251）；第十章词条2.3 批判学派的主要取向（p.413）

23 赋予社会地位（Status Conferral）

赋予社会地位，也称为大众传播媒介所承认，是指媒介报道可以赋予个人、群体、制度、事件或问题以显赫的声望，而且通常还能使这种声望或地位合法化。这是大众媒介的社会角色之一。[1]

互文参阅：第三章词条 7 框架(p.64)

24　信息主权(Information Sovereignty)

信息主权是在国家主权的概念上演化而来的,是指一个国家对本国的信息传播系统进行自主管理的权利,具体包括:[2]

- 对本国信息资源进行保护、开发和利用的权利;
- 不受外部干涉,自主确立本国的信息生产、加工、储存、流通和传播体制的权利;
- 对本国信息的输出和外国信息的输入进行管理和监控的权利。

25　文化霸权(Cultural Hegemony)

文化霸权是指统治者除依赖暴力来维护社会的政治经济秩序之外,还必须具有意识形态上的领导权,由此导致被统治者在心理观念上的顺从和满足于现状,而这种领导只能建立在统治者和被统治者的共同信仰上,也就是建立在统一的意识形态之上。[3]

这个概念由意大利马克思主义奠基者安东尼奥·葛兰西(Antonio Gramsci)提出,用来描述社会各个阶级之间的支配关系。但这种支配或统治关系并不局限于直接的政治控制,而是试图成为更具有普遍性的支配,包括支配特定的观察世界、人类特性及关系的方式。由此,领导权不仅表达统治阶级的利益,而且渗透进了大众的意识之中,被从属阶级或大众接受为"正常现实"或"常识"。

对于葛兰西来说,文化霸权虽然需要超越经济阶段,体现出一种精神和道德的统治,但这并不意味着要抛弃经济基础,甚至与经

---

[1] 〔美〕约翰·费斯克:《关键概念:传播与文化研究辞典》(第二版),李彬译,北京:新华出版社 2004 年版,第 272—273 页。
[2] 郭庆光:《传播学教程》,北京:中国人民大学出版社 1999 年版,第 251 页。
[3] 李彬:《传播学引论》(增补版),北京:新华出版社 2003 年版,第 320 页。

济基础割裂开来。文化霸权同时也必须属于经济的范畴,必须以领导集团在经济活动中所执行的决定性职能为基础。因此在这一意义上说,文化霸权又是一项全面的统治工程,既是一个文化或政治的问题,也是一个经济问题。

媒介霸权(Media Hegemony)

媒介霸权是指社会中统治阶级的意识形态通过大众媒介而成为整个社会的统治思想,这是因为大众媒介被视为受统治阶级控制的、帮助其控制社会中其他人的工具。[1]

互文参阅:第一章词条8 跨文化传播(p.13);第五章词条24.1 大众文化(p.194);第八章词条7.4 媒介集团(p.374);第十章词条2.2 西方马克思主义(p.411)、词条2.3 批判学派的主要取向(p.413)

26 文化帝国主义(Cultural Imperialism)

美国媒介批评家赫伯特·I.席勒(Herbert I. Schiller)在1969年出版的《大众传播与美利坚帝国》(*Mass Communications and American Empire*)中提出了"文化帝国主义"的概念。

文化帝国主义也称媒介帝国主义(Media Imperialism),是指某个社会在步入现代世界系统的过程中,在外部压力的作用下被迫接受该世界系统中的核心势力的价值,并使社会制度与这个系统相适应的过程。文化帝国主义既属于更普遍的帝国主义进程的组成部分,又是这个进程的产物。通过这个进程,某些经济上的主控国家系统地发展与扩展了对其他国家的经济控制、政治控制和文化控制。[2] 它表现为跨国集中和垄断,以及由此形成的信息单向流通所导致的文化后果,并造成发达的资本主义国家与相对贫弱的国家之间形成支配、附属和依附的全球关系。[3] 它阻碍了恰当的文化认同,导致文化的同质性。文化帝国主义的特点有:

---

[1] 〔美〕沃纳·赛佛林、小詹姆斯·坦卡德:《传播理论:起源、方法与应用》,郭镇之等译,北京:华夏出版社2000年版,第301页。

[2] 〔美〕约翰·费斯克:《关键概念:传播与文化研究辞典》(第二版),李彬译,北京:新华出版社2004年版,第67页。

[3] 同上书,第67—68页。

- 以强大的经济和资本实力作后盾,主要通过市场而进行扩张。
- 是一种文化价值的扩张,也就是通过含有文化价值的产品或商品的销售而实现全球性的文化分配。
- 文化扩张主要是通过信息传播实现的。大众媒介是最具影响力的体制化手段之一,①因而文化帝国主义有时也被称作媒介帝国主义,以突显媒介的特殊作用。

互文参阅:第一章词条 8 跨文化传播(p.13);第四章词条 26 媒介全球化(p.158)、第五章词条 24.1 大众文化(p.194);第七章词条数字鸿沟(p.323)、词条 26 媒介的社会离心与向心效果(p.329);第八章词条 7.4 媒介集团(p.374);第十章词条 2.3 批判学派的主要取向(p.413)

26.1 文化统治论

文化统治是指一个国家的文化被从其他国家,主要是美国及其他工业化国家进口的新闻与娱乐所淹没的过程。文化统治论认为其他国家的人民都是弱小的,仅仅被动地吸收与接受文化讯息。②

26.2 文化分析论

文化分析论主要认为,受众并不是被动的,其他文化中的受众很可能会将他们自己的意义与解释加于媒体内容之上,会按照他们自己的文化以及个人经历来重新解释他们所收到的信息。③

但是,多变的世界政局、以市场为驱动力的经济形势、政府逐渐放松各项管制等趋势,促进了受众对西方模式的支持。也就是说,他们可能用西方的视角解释所接收到的信息,因而文化帝国主义的影响仍不可小视。

---

① 李彬:《传播学引论》(增补版),北京:新华出版社 2003 年版,第 391 页。
② Denis McQuail, *McQuail's Mass Communication Theory* (6th Edition), Sage, 2010, pp.256-257.
③ Ibid.

27　文化商品化(Commodification of Culture)

文化商品化理论是指,媒介产业是一种专门生产和销售文化商品的产业,同其他现代产业的发展一样,媒介产业的发展建立在牺牲小规模的本土文化的基础上。这一后果已经并将继续损害人们的生活。[①]

文化商品化理论指出,只有到了现代社会,精英们才开始发展出颠覆性的大众文化。这种新的文化形式作为一种微妙却相当有效的意识形态,让人们曲解自己的经验,随后做出违背自身利益的行为。精英们能够通过一种相当隐蔽和灵活的策略来破坏大众文化。他们从民间文化中吸取一鳞半爪,编织出颇具吸引力的大众文化的内容,然后将其作为日常形态的民间文化推向市场。这样,精英不但能搅乱正常的本土文化,并且能够从中获利,而普通民众实际上帮助了这些本土文化的颠覆者。

精英们通过将日常文化剥离其语境,重新包装后再推销给大众,从而造成某些不良的后果:[②]

- 当日常文化中的元素被挑选出来进行重新包装时,只有非常有限的元素被选中,而且重要的元素往往被疏忽或是被有意忽略掉。
- 重新包装的过程包括对那些已经被筛选过的文化要素进行戏剧性改写的过程,某些行为被突出,其重要性被夸大,其余的行为则遭到忽视。
- 文化商品的推销采用了某种方式,从而侵入并最终最大程度地破坏了日常生活。媒介产业的成功依赖于将尽可能多的内容推销给尽可能多的人,而不考虑这些内容如何被使用以及会有什么样的长期后果。
- 媒介从业者使自己的日常文化生产活动合理化,同时抵制潜在的有益的创新。

---

① 〔美〕斯坦利·巴兰、丹尼斯·戴维斯:《大众传播理论:基础、争鸣与未来》(第三版),曹书乐译,北京:清华大学出版社2004年版,第325页。
② 同上书,第326—328页。

● 文化商品对日常生活的破坏有多种形式,有些明显,有些微妙,需要长期才会显现。这种破坏包括传播关于社会的错误概念,甚至包括对社会机构的破坏。后果有微观层面的,也有宏观层面的,并具有多种形式。

互文参阅:第三章词条10.2 大众传播的负功能(p.71);第五章词条24.1 大众文化(p.194);第六章词条28 粉丝(p.256);第八章词条8.1 文化生产(p.377);第九章词条19 媒介与社会化(p.394);第十章词条2.3 批判学派的主要取向(p.413)

27.1 信息娱乐化(Infotainment)

这个概念是由"信息"(information)和"娱乐"(entertainment)两个词组合而成,是指新闻和事实节目中所出现的一种融合娱乐和信息的趋势,其目的在于让事实性节目更容易被接受,从而增加受众的数量、扩大受众的范围。[①]

27.2 娱乐化新闻(Newszak)

娱乐化新闻反映了自20世纪八九十年代就开始出现的新闻价值和新闻形式的变化,具体表现为:[②]

● 不再撰写调查性新闻,而是更多地提供生活方式类的新闻报道;

● 更多地关注娱乐界;

● 记者更偏重人的喜好而不是公共利益;

● 新闻报道往往追求轰动效应,而不再进行审慎的判断;

● 对花边新闻的重视胜过重要的事件;

● 忽略对国际时事的报道,而国内报道的议程也主要集中于犯罪事件。

导致娱乐化新闻兴盛的主要因素包括:新闻媒介市场的竞争日益激烈;欧美等国家对于传媒市场的管制有所放松;新技术在出版、广播和电视领域的应用,降低了技术难度,却要求记者具备多项技能,从而导致正式员工的减少和临时雇佣制度;新技术也导致媒介

[①] Bob Franklin, *Newszak and News Media*, Arnold, 1997, p.4.
[②] Ibid.

平台增多;自由撰稿人和公共关系从业者不断增加,使得许多新闻制作是在新闻机构之外完成的。①

27.3 第五等级(Fifth Estate)

第五等级用来指公共关系产业的繁荣及其所带来的不良后果,即政治和经济界的精英利用由公共关系和营销专家所组成的第五等级来模糊和抵消记者们之前为保护公众利益所进行的评判性监督。② 结果是,媒介,尤其是新闻媒介不再是保证政府行为公开负责的必要的批评者和监察者,媒介中反而充斥着不间断的娱乐化新闻。第四等级对于新闻的独立和自由的追求因公共关系部门的发展而遭受重大打击,③并且政治公关和高级幕僚的出现也越来越令人担忧。

互文参阅:第四章词条 23 第四权力(p.153);第八章词条 4.1 传媒炒作(p.353)、词条 4.9.1 政治公关(p.359)、词条 4.9.2 高级幕僚(p.359)

28 电子乌托邦(E-Utopia)

电子乌托邦是指对媒介技术的发展寄予无条件的乐观主义期待,认为新的传播技术必将会把人类带入一个高度自由、民主和平等的理想国。"电子乌托邦"思想是建立在对新媒介某些技术特性的期待的基础上的。例如,有的学者认为,电子传播网络的双向性使每个人既是传播者又是受传者,它将改变传统的大众传播过程受传播者支配的局面,使传播过程变得更加平等,而这种平等也必然带来社会关系的平等;有的学者认为,新媒介技术将保障每个人自主发表言论的权利和机会,并形成"真正的观点的自由市场"。但是,单纯的技术上的可能性并不能必然保证理想的社会形态的出

---

① 〔英〕鲍勃·富兰克林等:《新闻学关键概念》,诸葛蔚东等译,北京:北京大学出版社2008年版,第230—231页。

② Tom Baistow, *Fourth Rate Estate*: *An Anatomy of Fleet Street*, Macmillan, 1985, pp. 67-72.

③ Aeron Davis, *Public Relations Democracy*: *Public Relations*, *Politics and the Mass Media in Britain*, Sage, 2002, p.173.

现,理想社会的实现是需要以更加复杂的社会条件为前提的。

互文参阅:第七章词条 23.3 信息沟理论(p.321);第九章词条 25 文化霸权(p.401)、词条 26 文化帝国主义(p.402)

29 媒介义务(Media Accountability)

媒介义务是指媒介能够而且应该重视品质、方式及其出版发行活动给社会和其他利益团体所带来的普遍后果及可能的影响。媒介义务暗含了大众传播者与受众之间的关系。这个概念与"社会责任"和"公共利益"两个概念相关。①

29.1 社会责任(Social Responsibility)

社会责任是指以民主社会的需求为基本前提的特定媒介规范理论对于媒介的要求,媒介的社会责任包含在出版自由、与真实及正义相关的普遍性伦理以及道德原则之中。②

29.2 公共利益(Public Interest)

公共利益是指大众媒介的意见表达应该符合更广泛的、更长久的社会利益,尽管这可能导致媒介的活动或组织受到限制。最狭义的公共利益是指符合受众的需求。③

30 媒介伦理(Media Ethics)

媒介伦理是指媒介实务工作者的指导原则,其重视媒介在社会中所扮演的公共角色。这些原则主要与资讯取得的方式、出版方式及其所造成的后果等因素相关。在非资讯内容中,也存在若干伦理议题。④

---

① Denis McQuail, *McQuail's Mass Communication Theory* (6th Edition), Sage, 2010, p.562.
② Ibid., p.571.
③ Ibid., p.568.
④ Ibid., p.562.

第十章 传播学主要流派和大家

1 经验学派(Empirical School)

传播学经验学派即美国传统学派,在研究中注重经验和实证,中文也翻译为实证主义学派。其思想发轫于20世纪初期的美国,作为一个学术流派成熟于20世纪的40、50年代,之后在西方传播学界中占领了近三十年的主宰地位。

经验学派的理论深受实用主义哲学学术思想的影响。实用主义产生于18世纪、19世纪的美国,早期代表人物有本杰明·富兰克林(Benjamin Franklin)、托马斯·杰弗逊(Thomas Jefferson)、拉尔夫·W.爱默生(Ralph W. Emerson)等,是西方社会广为流行的一种思维方式和哲学流派。实用主义认为"真理就是效用",社会科学研究必须立足于社会现实生活,解决实际问题。因此:

- 经验学派坚持认为,如果脱离了传播学赖以发端的自然科学信息理论作为量化研究的基础,传播学本身的意义也将随之丧失。
- 经验学派推崇的是科学、实践、传播技术与功能的发展,强调量化的研究方法。
- 经验学派的社会观是:资本主义是多元社会,

只要实现多元利益的协调和平衡便能够消除社会矛盾,因此将传播看作是控制人的行为和实现社会"科学管理"的重要手段,认为解决社会问题的对策要从现存制度内部中去寻找。

- 相比批判学派对传播的价值的关注,经验学派更关注传播的效率。虽然经验学派和批判学派都关心传播的社会控制作用,但经验学派的核心课题是"如何"控制或"在多大程度上"进行控制。

经验学派是各种学科杂糅之后的产物,其所依赖的这种理论视角并不是独创的,而是运用以社会学和心理学为主的学科已搭建好的理论视野和研究工具,来解释传播领域内的各种现象,形成具体的理论。也就是说,经验学派是有了其他学科的铺垫,才最终成就了它自己的理论体系和学科价值。

批判学派对传播学的经验学派的主要批判集中在三点上:

- 过分偏重微观研究;
- 过分依赖定量方法;
- 很多人站在维护现行体制的立场上。

互文参阅:第七章词条3.1《世界大战中的宣传技巧》(p.266);第十章词条14.1 哈罗德·D.拉斯韦尔(p.439)

实证主义(Positivism)

实证主义,又称实证哲学,是古希腊以来西方哲学中的重要传统,萌芽于17世纪的欧洲,反对形而上学的传统西方哲学派别,而将哲学的任务归结为对现象的研究。实证主义认为真实的、"实证的"事实可以从观察和实验中获得,强调通过现象的归纳可以得到科学定律,力图将哲学融入科学之中。

产生于19世纪30—40年代、以奥古斯特·孔德(Augste Comte)为代表的实证主义被称为老实证主义,20世纪兴起的逻辑实证主义被称为新实证主义。

互文参阅:第七章词条3.1《世界大战中的宣传技巧》(p.266);第十章词条12.1 奥古斯特·孔德和实证主义(p.429)、词条14.1 哈罗德·D.拉斯韦尔(p.439)

2 批判学派(Critical School)

传播学批判学派即欧洲批判学派,注重从宏观上研究传播和社会制度、政治经济结构的关系,注重大众媒体的所有权和控制问题,①关注人文、理想,对资本主义体制下的政府和传播持严厉的批判态度。传播学批判学派20世纪60年代在欧洲兴起,其渊源有两个:法兰克福学派(Frankfurt School)和西方马克思主义思想(Western Marxism),是在秉承人文传统及其价值理性的基础上发展起来的。

批判学派实际上并非一个统一的整体,而是包含了许多派别。这些流派各持一说、自成一派,但它们有一个共同的倾向,即都反对美国的经验学派。批判学派认为:将实验对象的反应当作是社会科学知识的最终源泉的研究方法非常肤浅,数据只不过是证明社会理论正确性的附属现象而已。因此,它的基本特征有:

- 研究的重要课题是大众传媒是如何表现和强化"促销文化"的。批判学派的学者用马克思主义的观点对资本主义的社会结构、文化意识形态等领域进行分析和批判,把资本主义制度本身作为变革对象,认为资本主义制度连同其传播制度本身就是不合理的,大众传媒在本质上是少数垄断资本对大多数人实行统治的意识形态工具。
- 研究的焦点是传媒以何种方式和手段剥夺了人们的权利和自由。
- 研究的目的是用何种方法和途径来使人们被剥夺的基本价值得以恢复。批判学派着眼于价值判断,目的在于探究传播活动的意义,从而提高传播活动的价值。
- 研究的视角是媒介在社会中的角色。因此,批判学派对传播的社会控制作用的研究集中在"谁在控制"、"为什么存在着支配与控制"以及"为了谁的利益进行控制"等方面。

批判学派的主要不足之处是:过分轻视微观、中观研究和定量、

---

① 〔美〕E. M. 罗杰斯:《传播学史:一种传记式的方法》,殷晓蓉译,上海:上海译文出版社2005年版,第109页。

实证的方法。

2.1 经验学派与批判学派的特征对比

表10-1 经验学派与批判学派的基本特征对比①

经验学派的特征	批判学派的特征
经验的	批判的
定量的	思辨的
功能主义	马克思主义
具体实证的	广泛联系的
注重效果研究	注重控制分析

2.2 西方马克思主义(Western Marxism)

西方马克思主义流派是一种哲学流派,兴起于20世纪30、40年代,主张重新解释马克思主义,而不遵从列宁、斯大林的苏联解释模式。其早期代表可追溯至格奥尔格·卢卡奇(Georg Lukacs)和安东尼奥·葛兰西(Antonio Gramsci),到法兰克福学派时已呈蔚然大观。

其现代的主要代表人物有路易斯·p.阿尔都塞(Louis p. Althusser)、西奥多·W.阿多诺(Theodor W. Adorno)、安德烈·勒菲弗尔(Andre Lefevere)等,他们主张回归青年马克思、人道的马克思等。但是,他们仍旧遵循马克思主义的经济因素决定论、经济基础—上层建筑理论、阶级分析法等基本社会历史概念,只是更强调意识的巨大作用。尽管他们都高度赞扬马克思,但也在不同程度上或从不同角度对马克思主义做了修正,使其不再是一个具有多方面一致性的学术流派。

西方马克思主义最有价值的内涵是它的批判精神,它提出和发展的社会批判和文化批判理论,其特点在于从人的角度出发理解和阐释马克思主义;但另一方面,它有浪漫主义和乌托邦气质,对现代化采取的是拒斥态度。西方马克思主义流派有几位非常有代表性的人物:

• 阿尔都塞:他认为意识形态是人对于自己与世界的关系的想象,人是意识形态的人。意识形态通过"召唤"使人成为社会结构的

---

① 李彬:《传播学引论》(增补版),北京:新华出版社2003年版,第335页。

主体。军队、警察、法院、监狱等是国家暴力机器,而教会、学校、政党、媒体等是国家意识形态机器。暴力机器的镇压和意识形态的诱导共同构成了国家权力。

- 葛兰西:他认为霸权不是意识形态,它不是阶级意念的简单再现,也不能由统治阶级强加,而是由大众传媒等通过日常的新闻报道、宣传、广告活动,把支配阶级的利益描述为社会的普遍利益,目的是制造"社会同意"。
- 特里·伊格尔顿(Terry Eagleton):他认为占支配地位的意识形态若不在一定程度上如实反映并使人确信它反映了无产阶级、农民阶级或小资产阶级的利益,没有把握这些阶级的经验中某些至关重要的主题并加以改造,是不可能长久存在下去的。

互文参阅:第九章词条25 文化霸权(p.401)

2.2.1 马克思主义理论(Marxist Theory)

马克思主义指出经济力量决定社会中的社会变革,即物质基础决定上层建筑。由于马克思主义是以经济决定论为基础的,因此马克思主义也被称为历史唯物主义。

马克思主义认为等级制度是一切社会问题的根源,可以通过消灭私有财产、消灭剥削的统治阶级、实现公有制,来实现财富的平等分配,最终实现"各尽所能,按需分配"。因此,马克思主义是从社会层面——宏观层面上解释社会变革,而不只是聚焦于个体层面——微观分析层次上的变化。[1]

因此,在任何社会中,都会由于生产方式所导致的阶级差异,而造成获取生活必需资源的不平等,这也不可避免地形成一种会引起某类重大冲突的文化和意识形态。[2]

大众媒体在马克思主义理论中被视为社会的上层建筑,因此,大众媒体的内容由社会阶级关系所决定,其作用为巩固社会中占统治地位的价值观,维持现有社会状况,反对革命和变革。[3]

---

[1] 〔美〕斯坦利·巴兰、丹尼斯·戴维斯:《大众传播理论:基础、争鸣与未来》(第三版),曹书乐译,北京:清华大学出版社2004年版,第227页。
[2] 〔美〕E.M.罗杰斯:《传播学史:一种传记式的方法》,殷晓蓉译,上海:上海译文出版社2005年版,第94页。
[3] 同上书,第95页。

2.2.2 新马克思主义理论(Neomarxist Theory)

新马克思主义理论将关注的焦点放在意识形态和文化等上层建筑问题,而不是经济问题上。这个理论假定有益的改变可以从意识形态上的和平变化开始,而不是通过工人阶级的暴力革命,因此新马克思主义者要求对上层建筑进行激进的变革或适度的改革。[①] 大多数文化研究理论属于这一流派。

互文参阅:第七章词条 23.6 文化资本(p.326);第十章词条 2.3.2 文化研究学派(p.414)

2.3 批判学派的主要取向

批判学派的主要取向有政治经济学派和文化研究学派。

互文参阅:第六章词条 26.3 单向度人(p.252)、词条 26.6.3 消费者主权论(p.254);第八章词条 8 文化产业/意识工业(p.376);第九章词条 21 大众社会(p.399)、词条 22 作茧效应(p.400)、词条 25 文化霸权(p.401)、词条 26 文化帝国主义(p.402)、词条 27 文化商品化(p.404)

2.3.1 政治经济学派(Political Economy)

政治经济学派强调从经济基础出发分析社会和传播现状,研究经济是如何因大众媒介生产和散布的大众文化受到限制或产生偏向的,[②] 它将焦点放在媒介经济结构与动力和媒介意识形态这两者之间的关系上。[③] 其代表人物和研究成果有:

- 美国媒介批评家赫伯特·I.席勒在 1969 年出版的《大众传播与美利坚帝国》中提出了"文化帝国主义"的概念。
- 加拿大传播政治经济学家达拉斯·W.斯麦兹(Dallas W. Smythe)提出,传播业的主要商品是受众。大众媒介的运营就是媒介公司吸引受众,然后将他们移交给广告主的过程。媒介的节目编排是用来吸引受众的。

---

① 〔美〕斯坦利·巴兰、丹尼斯·戴维斯:《大众传播理论:基础、争鸣与未来》(第三版),曹书乐译,北京:清华大学出版社 2004 年版,第 228 页。
② 同上书,第 233 页。
③ Denis McQuail, *McQuail's Mass Communication Theory* (6th Edition), Sage, 2010, p.96.

- 英国传播政治经济学家彼得·戈尔丁(Peter Golding)和格雷厄姆·默多克(Graham Murdoch)指出,传媒的力量来自其生产的经济过程和生产结构,而不是意识形态,经济基础是决定力量。同时,因为阶级斗争的本质是经济利益的对立,传媒的角色就是掩盖这些根本冲突。传媒在必须吸引最大多数受众的压力下,不可避免地成为不受欢迎的或极端的事物,并替统治阶级谋取利益。因此,政治经济学派分析传媒时关注文化工业如何被逐渐垄断,以及公共商品如何变为私有商品。

- 法国国际传播学家阿芒·马特拉(Armand Mattelart)撰写了《世界传播与文化霸权》(*La Communication-monde*),指出信息传播的全球化是由于战争、金融资本和经济全球化以及信息文化尤其是视听文化的全球流动三方面力量的推动,最终的结果是模糊了民族——国家的边界,世界按照经济资本和文化资本的生产和分配重新分割,这将引发文化身份和文化认同的危机。传播强国的跨国媒体集团为了主宰其他民族、地方或群体的文化,而在强制性传播中掀起了一场全球化运动。信息传播中接收者和传播者之间不存在互动的对话过程,在信息交流的不平等背后,隐藏着人类将面临的重重危机。

互文参阅:第五章词条24.1 大众文化(p.194);第九章词条25 文化霸权(p.401)、词条26 文化帝国主义(p.402)

2.3.2 文化研究学派(Culture Studies)

文化研究学派以英国伯明翰大学当代文化研究中心(Center for Contemporary Cultural Studies,CCCS)为核心,专注于社会关系与意义之间的关系。[①] 其主要观点是:大众传播生产了大众文化,其中容纳了丰富的意识形态内容,反映了斗争之下形成的权力关系;由于符号的多义性以及受众社会背景的多样性,受众可能对文本做出偏好性、妥协性、对抗性等不同的解读。文化研究学派分析的关键问题是阶级、性别、种族,所采用的方法是文本分析和民族志。其代表人物和研究成果有:

- 斯图亚特·霍尔(Stuart Hall)出版了《电视话语的编码与解

---

① 〔美〕约翰·费斯克:《关键概念:传播与文化研究辞典》(第二版),李彬译,北京:新华出版社2004年版,第65页。

码》(*Encoding and Decoding in the Television Discourse*),提出受众的三种态度:偏好性(电视观众直接从电视新闻广播或者时事节目中获取内涵的意义)、妥协性(解码包含着相容因素与对抗因素的混合,因此部分认同大众媒介所传递的信息,部分是用相反的方式解码)、对抗性(电视观众有可能完全理解话语赋予的字面和内涵意义的曲折变化,但以一种全然相反的方式去解码信息)。① 因此,受众不是被动地接收信息,而是主动地参与信息的生产。②

● 雷蒙德·威廉斯(Raymond Williams)在文学理论、语言学和新马克思主义等观点的基础上,整合出具有独创性的文化发展视角。他质疑高雅文化的重要性、讨论民间文化的角色并针对大众媒介在社会中所扮演的角色发展出独特的悲观主义见解。③

● 大卫·莫利(David Morley)通过对电视节目《举国上下》(*Nationwide*)的分析,指出由于文化条件分配的不平等,受众使用的话语方式影响其对电视文本的解读过程。

● 洪美恩(Ien Ang)在其著作《解读〈达拉斯〉》(*Watching Dallas*)中指出,受众从文本中获得快感,大众意识形态驻扎在感性层面而不是理性层面。

● 约翰·费斯克(John Fiske)提出大众媒介的双重消费过程,指出观众不是消极、被动地接受文化工业的产品,而是具有不容忽视的"辨识力"和创造力,他们在接受大众文化产品的同时,也在生产和流通着各种"意义"——这种由大众主动参与的意义的生产和流通就是大众文化。受众在第二重消费过程中对"多义的"文本生产出自己的快感,进行了创造性和抵抗性的消费。④

互文参阅:第五章词条 24.1 大众文化(p.194);第九章词条 26 文化帝国主义(p.402)、第十章词条 6 英国文化研究学派(p.425);第十一章词条 18.3 民族志学方法(p.492)、词条 20 内容分析法(p.496)

---

① 〔美〕约翰·费斯克:《关键概念:传播与文化研究辞典》(第二版),李彬译,北京:新华出版社 2004 年版,第 218—220 页。
② 〔美〕斯坦利·巴兰、丹尼斯·戴维斯:《大众传播理论:基础、争鸣与未来》(第三版),曹书乐译,北京:清华大学出版社 2004 年版,第 268 页。
③ 同上书,第 231 页。
④ Denis McQuail, *McQuail's Mass Communication Theory* (6th Edition), Sage, 2010, p.118.

3 法兰克福学派(Frankfurt School)

法兰克福学派是欧洲批判学派的理论渊源之一(另一个是西方马克思主义),是马克思主义与弗洛伊德理论的一种理智结合——他们的意识形态是左派马克思主义的,但也是弗洛伊德主义的,是哲学、文学、人道主义和理智的。这一独特的理论团体最初的正式名称是社会研究所(The Institute for Social Research),1923年成立于德国的法兰克福,代表人物有马克斯·霍克海默(Max Horkheimer)和西奥多·W.阿多诺(Theodor W. Adorno)等。这一学派从马克思主义理论出发,从哲学和社会学的角度研究和批判现代资本主义社会中的文化危机和现代西方文明。在他们的调查研究中使用跨学科的理论和方法。①

德国法西斯势力上台后,社会研究所于1933年迁到日内瓦,第二年又迁到美国,因此,法兰克福学派最终对美国的社会研究形成了直接的影响。二战后,社会研究所于1949年重新迁回法兰克福,成为欧洲新马克思主义和新左翼运动的研究据点。法兰克福学派是由其他人在20世纪60年代所给予的名称。

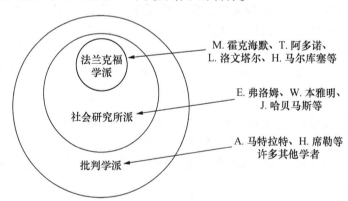

图10-1 批判学派、社会研究所与法兰克福学派的关键人物②

---

① 〔美〕E.M.罗杰斯:《传播学史:一种传记式的方法》,殷晓蓉译,上海:上海译文出版社2005年版,第97—99页。
② 同上书,第95页。

法兰克福学派侧重于马克思、弗洛伊德以及先锋派的艺术和文学。该学派的著作辨识和推荐了高雅文化的多种形式,如交响乐、伟大的文学作品和艺术。法兰克福学派的学者像大部分非宗教的人文主义者一样,认为高雅文化有它自己的整体性和固有的价值,不能被精英阶层用来增加他们的个人力量。①

在颂扬高雅文化的同时,法兰克福学派也在贬抑大众文化。霍克海默和阿多诺公开质疑高雅文化是否能够或应该通过大众媒介传播。按照法兰克福学派的说法,文化工业剥削大众就像资本家所做的一样。他们根据能吸引大众并同时美化和宣传资本主义文化的标准化公式来出版和广播产品。法兰克福学派展示了大众文化的剥削性质,以及文化工业是如何通过宣扬大公司的社会支配权来帮助摧毁个性的,批判的目标是反抗这种大众文化和剥削。②

法兰克福学派的基本学说由以下判断所构成:③

- 批判实证主义,声称社会科学是一种虚伪意识。
- 批判马克思主义,因为它没有完全摆脱实证主义。
- 批判社会,因为社会具有引导个体对其状况采取虚假接受的态度的非理性因素。因此,批判的理论家的行为旨在创造一个没有人类剥削的理想社会。

法兰克福学派的观点被批评为悲观的和令人沮丧的,而且低估了受众的力量。

第二次世界大战以后,法兰克福学派主要批判后资本主义,因为后资本主义用大众媒体广告操纵着人们的精神,这样人们就会渴望消费产品,就会丧失他们批判的和抗争性的思想路线。在最近几十年中,法兰克福大学的社会研究所的思想影响逐渐黯淡。随着早先一批法兰克福学派的学者的退休和去世,批判理论的精神力量延伸开来,吸引着不同国家的众多学者。因此,一个广泛的批判学者的圈子形成了。④

---

① 〔美〕斯坦利·巴兰、丹尼斯·戴维斯:《大众传播理论:基础、争鸣与未来》(第三版),曹书乐译,北京:清华大学出版社2004年版,第229—230页。
② 同上书,第230页。
③ 〔美〕E. M. 罗杰斯:《传播学史:一种传记式的方法》,殷晓蓉译,上海:上海译文出版社2005年版,第98页。
④ 同上书,第107页。

互文参阅：第五章词条 20.2 传播内容的三个范畴（p.188）；第六章词条 26.3 单向度人（p.252）；第七章词条 2.5 弗洛伊德学说（p.264）；第八章词条 8 文化产业/意识工业（p.376）；第九章词条 21 大众社会（p.399）、词条 26 文化帝国主义（p.402）、词条 27 文化商品化（p.404）；第十章词条实证主义（p.409）、词条 2.2.2 新马克思主义理论（p.413）、词条 12.1 奥古斯特·孔德和实证主义（p.429）

法兰克福学派的代表人物

法兰克福学派的代表人物的代表观点有：

- 西奥多·T.阿多诺：文化工业千篇一律的产品容纳了包装后的意识形态，造成文艺作品的标准化、模式化和简单化，也带来文化消费的物化。
- 赫伯特·马尔库塞（Herbert Marcuse）：文化工业抹杀了文化的鲜明个性，抹杀了"否定的理性"，造成人们的虚假需要，把他们禁锢成"单向度的人"。
- 沃尔特·本雅明（Walter Benjamin）：技术的进步带来了艺术的可复制性和贴近性，艺术的"机械复制"造成神秘感和韵味的消失。
- 尤根·哈贝马斯（Jürgen Habermas）：提出"沟通理性"和"公共领域"两个重要概念，指出随着资本主义的发展，公共领域遭到了政治领域和商品经济领域的双重侵蚀。

互文参阅：第六章词条 26.3 单向度人（p.252）、词条 26.6.3 消费者主权论（p.254）；第八章词条 8 文化产业/意识工业（p.376）；第九章词条 21 大众社会（p.399）、词条 22 作茧效应（p.400）、词条 25 文化霸权（p.401）、词条 26 文化帝国主义（p.402）、词条 27 文化商品化（p.404）

4 芝加哥学派（Chicago School）

20 世纪一二十年代，芝加哥大学的社会学家开始研究城市、移民、犯罪、卖淫、贫穷和社会无序等方面的社会问题，他们注重对偏离常规的亚文化的研究。他们把现代城市设想为由成千上万个相互相联系的小团体组成的"大共同体",试图研究在迅速成长的城市中拥挤不堪的移民贫民窟里,诞生于乡村社区的美国民主制是否有生存之地。芝加哥社会学牢牢地植根于资料,在芝加哥学派之后,美国社会学就以经验世界为基础。①

芝加哥学派是折中主义的,它从各种源泉吸纳理论思想。在20世纪30年代前,芝加哥学派处于北美社会科学崛起的中心位置。芝加哥社会学对于美国社会科学的主要理论贡献是:

- 它代表着社会科学在美国的第一次重大的繁荣,就那些重要的欧洲理论来说,它起着思想登陆点的作用。②
- 在社会问题的研究方面,它奠定了经验的基础。芝加哥学派赋予美国式的社会科学以一种应用的和改良的影响,它试图通过研究世界的社会问题而对之进行改造。
- 芝加哥学派使美国社会学偏离了赫伯特·斯宾塞(Herbert Spencer)宏观层次的进化论,转向更细微的、微观层次的社会心理学。
- 它使社会学女性学者转入一个独立与应用的领域开展社会工作。③
- 它的方法论途径导致被称为解释学派的一批当代传播学学者的出现。④

早期芝加哥学派是经验的,但并不是非常量化的,主要采用观察和深度访谈这些人种学方法,因此芝加哥学派关注内在效度(对于行为的准确理解)的程度胜于关注外在效度(对于结果的概念化)的程度。典型的芝加哥学派的博士论文是关于某个社会问题的个案研究。⑤ 直到20世纪30年代,芝加哥社会学派才开始将统计的方法运用到量化资料的分析中。

芝加哥学派提供了有关传播在社会中的位置的更为统一的理论,他们认为传播是一个基本的人类过程。芝加哥学派对于传播理

---

① 〔美〕E.M.罗杰斯:《传播学史:一种传记式的方法》,殷晓蓉译,上海:上海译文出版社2005年版,第161页。
② 同上书,第118—119页。
③ 同上书,第173页。
④ 同上。
⑤ 同上书,第136页。

论与研究有非常重要的影响,表现在以下方面:

- 芝加哥学派的学者构建了一个以人类传播为中心的人格社会化的理论概念体系。他们认为,社会和人类的存在,都需要传播。他们攻击对于人类行为的直觉解释,取而代之的是符号互动论的观点。符号互动论认为,人类通过与其他人的互动来认识他们自己是谁,人们借助于与其他人的人际传播而建立意义。
- 认为大众传播是美国民主社会面临各种城市问题而能继续生存下去的一个可能的手段。①
- 在 20 世纪 20 年代后期进行了关于电影对儿童的影响的佩恩基金研究,这些研究为许多后来的传播效果研究提供了一种早期的模式。②
- 芝加哥学派构筑了后来的以媒体效果为重点的大众传播研究的模型。

互文参阅:第五章词条 13 符号互动理论(p.180);第十章词条 12.3 乔治·西梅尔和"芝加哥学派"(p.429)、词条 13.2 乔治·H.米德和符号互动论(p.435);第十一章词条 14.2.2 效度(p.475)、词条 18.3 民族志学方法(p.492)

4.1 芝加哥学派的关键人物③

- 阿尔比恩·W.斯莫尔(Albion W. Small):美国第一个社会学系——芝加哥社会学系——的创办人,为芝加哥学派的重要地位奠定了基础。他认为芝加哥社会学派要扩展德国社会学理论,将它们运用到对城市社会问题的研究中。由此导致的理论的灵活性,使得芝加哥学派能够脱离原来与神学的紧密联系,转向对社会问题的研究。斯莫尔创办了《美国社会学杂志》(*American Journal of Sociology*),这是美国第一本社会学的专业杂志。
- 威廉·I.托马斯(William I. Thomas):他与弗洛里安·兹纳涅茨基(Florian Znaniecki)所撰写的《欧洲和美国的波兰农民:一部

---

① 〔美〕E.M.罗杰斯:《传播学史:一种传记式的方法》,殷晓蓉译,上海:上海译文出版社 2005 年版,第 136 页。
② 同上书,第 119 页。
③ 同上书,第 125—135 页。

经典的移民史》(*The Polish Peasant in Europe and America: A Classic Work in Immigration History*)讨论了移民问题,是"美国经验社会学的第一部伟大的经典之作"。对于美国正在建立的社会学学科来说,这一研究是最重要的工作。它强调社会无序概念,因此在芝加哥社会学中引起了一个基本的变化,即学者们从对社会问题的人道主义兴趣,转向对造成这些问题的无序的社会过程进行分析。

- 欧内斯特·伯吉斯(Ernest Burgess):他是家庭社会学家和人类生态学家,提出了城市结构的同心圆理论:一个城市有一个商业区,周围是由下层、中层和上层居住区所构成的一层又一层的圈子。借助芝加哥学派的生态学研究,他开辟了人类生态学领域,这一理论以个体和他们的环境之间的关系为中心,直接借助达尔文的进化论。
- 约翰·杜威(John Dewey):实证主义的倡导者,认为关于信念的意义的解释应该根据信念的实际效果或内容、根据先进教育的实际效果和内容来完成。
- 乔治·H. 米德(George H. Mead):他指出,个体的个性是通过与其他人的传播而形成的,这就像是借助于与他人的交往,自我形象得到发展一样。他的重要著作《心灵、自我与社会》(*Mind, Self and Society*)是他去世后由他的一个学生查尔斯·W. 莫里斯(Charles W. Morris)编辑的,其内容是在1927年米德的课上所做的课堂笔记。
- 罗伯特·E. 帕克(Robert E. Park):他是最能代表芝加哥学派的学者,也可以被认为是大众传播的第一个大学研究者。

互文参阅:第十章词条实证主义(p.409)、词条12.1 奥古斯特·孔德和实证主义(p.429)、词条13.1 约翰·杜威(p.434)、词条13.2 乔治·H. 米德和符号互动论(p.435)、词条13.3 罗伯特·E. 帕克(p.436)

4.2 洛克菲勒基金会(Rockefeller Foundation)

洛克菲勒基金会1913年成立时,关注于医疗和公共健康的研究,之后扩大到农业研究领域,最后囊括其他类型的研究。洛克菲勒基金会资助了传播学先驱者中的很多人。没有洛克菲勒基金会,美国早期传播学就不可能繁荣起来。

1937年9月,洛克菲勒基金会资助建立了"广播研究所"(The Office of Radio Research)。当时对广播的研究非常迫切,原因包括以下几点:①

- 20世纪30年代末期,对于阿道夫·希特勒(Adolf Hitler)的法西斯主义德国的日益恐惧,促使美国政府开始重视宣传和舆论,进而对传播研究产生了兴趣。

- 广播的迅速扩散和这个新媒体为希特勒的宣传部长保罗·J.戈培尔(Paul J. Goebbels)所使用的方式,使得特定的兴趣集中在电子传播媒体上。

- 在美国,广告机构的兴起导致文化的商业化,并导致了对作为设计和推销产品以迎合消费者需要的一种手段的市场研究的需要。

- 作为总统富兰克林·D.罗斯福(Franklin D. Roosevelt)"新政"纲领的一个组成部分,越来越严格的政府控制开始危及无线电广播业的绝对自由。

- 报纸和杂志的读者由发行量来测定,所以广告商知道一个印刷广告能够到达的潜在人数是多少,但是无线电广播到达的是规模不可知的看不见的听众。因此,市场研究技术就被创造出来,以便为各种各样的广播测定无线电听众的规模,以及听众的人口统计学特性。

为此,洛克菲勒基金会赞助了保罗·F.拉扎斯菲尔德的"广播研究项目"(the Study of Radio),这一项目给广播研究赋予了从未有过的连贯性和可见性。

洛克菲勒基金会还资助了洛克菲勒传播研讨班,这个研讨班于1939年至1940年期间,每月在纽约举行,邀请12名学者参加。这个研讨班的报告论证说,美国政府应该在即将到来的战争紧急状况下充分利用传播研究。洛克菲勒传播研讨班的备忘录成为正在出现的传播学领域的一个开创性文献。洛克菲勒传播研讨班对传播学科的发展发挥了至关重要的作用:

---

① 〔美〕E. M.罗杰斯:《传播学史:一种传记式的方法》,殷晓蓉译,上海:上海译文出版社2005年版,第233—235页。

- 哈罗德·D.拉斯韦尔的 5W 传播模式——谁？说什么？对谁说？通过什么渠道？取得什么效果？——就是在这个研讨班上发展起来的,成为限定美国传播研究的范围和问题的占有统治地位的范式,也为战时华盛顿的以传播效果为中心的研究提供了框架。①
- 拉斯韦尔有关传播对社会的三个功能的阐述也出自洛克菲勒传播研讨班,即监督环境、协调社会和传播文化遗产的功能。
- 创造了"大众传播"这个术语。②

洛克菲勒基金会还拨款资助了卡尔·I.霍夫兰(Carl I. Hovland)领导的"传播与态度改变的耶鲁项目"(Yale Communication and Attitude Change Program)。这个项目进行了 50 多次的说服实验,其研究核心是霍夫兰认为的造成态度改变的几个最基本的变量:传播者、传播内容和受众。

互文参阅:第二章词条 5 拉斯韦尔模式/5W 模式(p.27);第四章词条 24.2 经典的媒介四功能论(p.155);第十章词条 14.1 哈罗德·D.拉斯韦尔(p.439)、词条 14.3 保罗·F.拉扎斯菲尔德(p.443)、词条 14.4 卡尔·I.霍夫兰(p.445)

4.3 佩恩基金(Payne Fund Studies)

20 世纪 20 年代,人们对大众媒介的社会效果有了更多的关注,许多批评指责说,电影对儿童造成了不良的影响。为此,电影研究理事会(the Motion Picture Research Council)在私人慈善机构佩恩基金会的资助下,于 1929 年至 1932 年进行了有关电影对美国儿童的影响的 13 个相关联的研究项目。③

每当一种新的大众媒体技术在美国广泛扩散时,它往往首先被儿童和青少年所接受。这个模式对于 20 世纪 20 年代的电影、20 世纪 50 年代的电视及 20 世纪 80 年代的微型计算机和电视游戏来说也是合适的。父母和决策者的主要兴趣在于上述新媒体技术的效

---

① 〔美〕E.M.罗杰斯:《传播学史:一种传记式的方法》,殷晓蓉译,上海:上海译文出版社 2005 年版,第 193 页。
② 同上书,第 194—195 页。
③ 〔美〕希伦·A.洛厄里、梅尔文·L.德弗勒:《大众传播效果研究的里程碑》(第三版),刘海龙等译,北京:中国人民大学出版社 2009 年版,第 15 页。

果,特别是潜在的负效果。①

统计方法在 20 世纪 20 年代已进入社会科学研究领域,佩恩基金研究在性质上主要是定量的。这些研究在对电影的内容、信息获取、态度改变以及行为影响进行考察后得出结论:电影对于青少年产生了效果,是他们的信息、态度以及行为的有效来源,而且他们从中学到的许多东西的确不为父母、宗教领袖和其他人所赞同,含有反社会的暗示。佩恩基金研究是至那时为止的关于媒体效果的最大的科学项目之一,而传播学学者对媒体效果的研究也始于关于电影和儿童的佩恩基金研究。②

5 解释学派(Interpretivism School)

传播学的解释方法强调传播讯息对于个人的主观意义。由于注重个体如何"解读"媒体信息的问题,媒体传播研究发生了重要的新转折:一般传播学理论逐渐放弃了被动的受众的思想,并以异常活跃、异常有选择的受众概念取而代之,这种受众操纵着讯息,而不是被讯息所操纵;个人是信息内容的活跃的解释者,而不仅仅是一个被动的接收者,他们是传播过程中完美的合作者。③

对于讯息的解释,解释学派通常采用相对不那么有结构而更侧重定性的调查方法来进行研究,将定量方法和定性方法有效地结合起来。解释研究往往是归纳的,从经验的层面移向理论的层面。理论能够确定研究的方向,但是理论通常并不被用来获取用于检验的特定假设。④

解释的方法具有某些弱点,例如在实地进行大量记录的困难,以及通过文字的形式处理、概括大量定性资料的困难。⑤

解释学派属于当代批判学派的一个分支。

---

① 〔美〕E. M. 罗杰斯:《传播学史:一种传记式的方法》,殷晓蓉译,上海:上海译文出版社 2005 年版,第 164 页。
② 同上书,第 165—166 页。
③ 同上书,第 173 页。
④ 同上书,第 174 页。
⑤ 同上。

互文参阅：第十章词条 2 批判学派（p.410）

6 英国文化研究学派（British Cultural Studies）

英国文化研究学派出现在 20 世纪 60 年代，是当时英国的新马克思主义者发展出的一个社会理论流派。该理论试图追溯历史上精英们支配文化的轨迹，批判这种支配的社会后果，并论证它如何继续作用于特定的少数群体或亚文化群。[①]

英国文化研究对高雅文化和意识形态进行批判，认为它们是强加给少数群体的外来文化，并为流行文化的本土形态辩护，认为这是少数群体的合法表达。[②]

英国文化研究学派产生的背景是：在欧洲，左翼和右翼势力对媒介威力的关注都深深根植于二战期间的宣传经验。欧洲人对科学的、定量分析的研究方法是否能够证明和发展社会理论持怀疑态度，他们提倡继续使用更少带有偏见的、更遵循欧洲传统的方法。这些左翼社会理论家认为，媒介使得有统治权的社会精英们得以维持他们的权力。媒介向精英提供便利的、微妙的，但是相当有效的方法，来推行符合他们利益的世界观。

英国的传播学者进行的文化研究体现了批判学派学者的主张，用马克思主义的观点对资本主义的社会结构、文化意识形态等领域进行了分析和批判，他们被称为"新马克思主义者"。

互文参阅：第十章词条 2.2.2 新马克思主义理论（p.413）、词条 2.3.2 文化研究学派（p.414）

7 哥伦比亚学派（Columbia School）

哥伦比亚学派产生于哥伦比亚大学的应用社会研究所（Columbia's Bureau of Applied Social Research）。在美国旧的社会学中心舞

[①] 〔美〕斯坦利·巴兰、丹尼斯·戴维斯：《大众传播理论：基础、争鸣与未来》（第三版），曹书乐译，北京：清华大学出版社 2004 年版，第 231 页。

[②] 同上。

台上,芝加哥学派衰落,而哥伦比亚大学崛起了。正如芝加哥位于城市社会问题的交界处一样,应用社会研究所距离大众传媒云集的麦迪逊大街(Madison Avenue)只有几个街区,它的调研重点是国家媒体、广告业、广播业,以及服务于广告业的市场研究机构。

应用社会研究所是迄今为止最有影响的形成定量研究方法的研究机构,它还是大众传播研究的诞生地。应用社会研究所的鼎盛期出现在20世纪40年代末期直至60年代中期,在这一期间,拉扎斯菲尔德成为副所长、所长和一个活跃的研究者。[①] 在他的领导下,20世纪40年代,研究者对人们在选举中如何决定投票给谁的问题首次进行了仔细的研究,提出了意见领袖等观点。哥伦比亚大学应用社会研究所的社会学家在40年代也开始关注媒介对个人所具有的貌似无孔不入的直接效果,以及这些效果可能给民主进程带来的得失。

研究所的另一个研究特色是它从未使用过统计方法进行显著性检验。这一观点主张:哥伦比亚大学的研究者在本质上主要是探索性的,目的是提出有关人类行为的假说,而不是对这样的假说提供某种确定无疑的检验。[②]

研究所的著作包括:《社会科学中的数学思考》(Mathematical Thinking in the Social Science)、《个人的影响:人在大众传播流通中的作用》(Personal Influence: the Part Played by People in the Flow of Mass Communication)等。

互文参阅:第一章词条拉扎斯菲尔德的总统选举研究(p.9);第七章词条14 两级流动传播(p.290)、词条14.1《人民的选择》(p.291);第十章词条14.3 保罗·F.拉扎斯菲尔德(p.443);第十一章词条21.14 显著性水平(p.501)

8 帕洛阿尔托学派(Palo Alto Group)

帕洛阿尔托学派也称交往传播学派。这一学派认为,个体与他人的传播关系是理解个体行为的手段。交往传播学派的研究是在

---

① 〔美〕E.M.罗杰斯:《传播学史:一种传记式的方法》,殷晓蓉译,上海:上海译文出版社2005年版,第256页。
② 同上书,第264页。

帕洛阿尔托小组进行的,这个小组源于帕洛阿尔托(Palo Alto)地区的两个更为早期的理论小组的逐渐融合,这些学者从事精神健康、家庭治疗和精神分裂症等与传播有关的问题研究。这两个理论小组的观点在很大程度上是一致的,其中一个组由格里高利·贝特森(Gregory Bateson)领导,另一个小组由唐·杰克逊(Don Jackson)领导。①

该小组声称,人类传播是实现两个或两个以上参与者相互理解的一个步骤,这个过程是被意识到的,而且是有目的的和成功的。个体之间的信息交流可能是非语言的、无意图的、可产生悖论的,也可用作一种治疗的手段。这一学派有关传播的观点是控制论的、生态学的,以系统论为基础。它不适合传播学中占统治地位的认识论,传播研究中占统治地位的重点是研究效果,而交往理论试图回答一个完全不同类型的重要问题。

帕洛阿尔托学派反对根据单项模式(S-M-C-R,信源[Source]—讯息[Message]—渠道[Channel]—接收者[Receiver])而构造起来的效果研究。对于说服、宣传和研究大众传播效果来说,单向模式有可能是非常适用的,但是,直接的模式所假定的线形因果关系无法用于认识人类传播——相互关系、相互影响的多向过程。为此,帕洛阿尔托学派提出了有关传播的五条原理:②

- 人不可能不传播,人类的行为就是传播。
- 人类的传播既有形象的、模拟的方式(例如,脸红、声音提高),也有抽象的、数字的方式(例如,说"我生气了")。
- 传播既包括字面上(内容层面)的含义,也包括内在的关系层面上的意义。前者是说了什么,后者是说的方式,即元信息的传递,可借助手势、体态等。
- 关系取决于传播双方如何安排传播的顺序。
- 所有的传播都是对称的(传播双方关系平等)或互补的(传播双方关系不平等)。

互文参阅:第二章词条贝罗的传播过程模式(p.32)

---

① [美]E. M. 罗杰斯:《传播学史:一种传记式的方法》,殷晓蓉译,上海:上海译文出版社2005年版,第76—77页。
② 同上书,第80—88页。

9 人文主义理论(Humanism Theory)

人文主义者试图通过辨识和解释音乐、艺术、文学和诗歌这些重要的文本来让它们进一步贴近更多的大众。他们的长期目标是维护并提高文化的水平,让更多的人变得更具人文主义和更文明。①

10 功能分析理论(Function Analysis Theory)

功能分析是关于媒介对于一个"平衡的"社会的贡献的研究,通常是价值中立的。功能主义研究同时关注媒介的功能和缺陷,认为这样才能对媒介的整体影响形成系统性的评判。功能主义反对大众社会理论认为媒介是破坏性和颠覆性的这一观点,认为社会科学既没有基础也没有必要对媒介价值做出评判,而经验主义的调查研究是有必要的,可以据此判断特定的媒介是否对社会履行了特定的功能。②

功能分析理论是着眼于媒介的显性功能和隐性功能的研究。

互文参阅:第四章词条 24 媒介的功能(p.154);第六章词条 13 使用与满足理论(p.216)、词条 14 受众期望—价值理论(p.225)、词条 15 媒介系统依赖理论(p.226)、词条 16 受众使用大众传播媒介的动机(p.227);第七章词条 2.2 大众社会理论(p.263);第九章词条 20 大众娱乐理论(p.398)

11 技术决定论(Technological Determinism)

技术决定论是主张技术推动历史变迁的理论,坚信所有社会、政治、经济和文化上的改变都不可避免地建立在技术发展和扩散的

---

① 〔美〕斯坦利·巴兰、丹尼斯·戴维斯:《大众传播理论:基础、争鸣与未来》(第三版),曹书乐译,北京:清华大学出版社 2004 年版,第 229 页。
② 同上书,第 163 页。

第十章 传播学主要流派和大家

基础上。①

哈罗德·英尼斯认为传播媒介和特定历史时期的社会结构形态之间存在着内在的联系;马歇尔·麦克卢汉指出技术将不可避免地改变人们的思考方式、社会的结构和文化形态。

互文参阅:第四章词条 20 传播的偏向(p.147);第十章词条 16 哈罗德·A.英尼斯(p.449)、词条 18 马歇尔·麦克卢汉(p.452)

12 美国社会科学的根源(Origin of American Social Science)

12.1 奥古斯特·孔德(Augste Comte)和实证主义

奥古斯特·孔德(1798—1857)是社会学的奠基人,也是实证主义的创建者。实证主义的信念认为:科学方法能应用于对人类社会行为的研究,以便帮助解决社会问题。②

互文参阅:第十章词条实证主义(p.409)

12.2 埃米尔·涂尔干(Emile Durkheim)

埃米尔·涂尔干(1858—1917)(也译为迪尔凯姆)从 1913 年开始在巴黎大学稳坐社会学第一把交椅,是法国的第一位社会学教授。他写了《自杀论》(*Suicide*)(1897)一书,这是关于自杀率的一个早期的重要的经验研究,有助于奠定经验的和量化的社会学分析方法。涂尔干还以一部《社会学方法的规则》(*The Rules of Sociological Method*)(1895)而开社会学方法论的先河。他与乔治·西梅尔(Georg Simmel)一起被认为是"现代社会学的共同创立者"。③

12.3 乔治·西梅尔(Georg Simmel)和"芝加哥学派"

乔治·西梅尔(1858—1918),早期德国社会学家、哲学家,被称

---

① 〔美〕斯坦利·巴兰、丹尼斯·戴维斯:《大众传播理论:基础、争鸣与未来》(第三版),曹书乐译,北京:清华大学出版社 2004 年版,第 294 页。
② 〔美〕E.M.罗杰斯:《传播学史:一种传记式的方法》,殷晓蓉译,上海:上海译文出版社 2005 年版,第 115—116 页。
③ 同上书,第 116 页。

为社会心理学之父,是现代社会学的创立人之一。他围绕着社会进化、城市社会生活、城市生态学等问题从事教学和写作。① 他的理论成果对芝加哥学派产生了重要的、欧洲式的影响。芝加哥社会学系创始人阿尔比恩·W.斯莫尔(Albion W. Small)翻译了大量西梅尔的作品,希望他的系成为德国社会学的美国前哨。

西梅尔的重要著作包括《陌生人》(The Stranger)和《团体分支机构之网》(The Web of Group Affiliations)等,前者激励了罗伯特·E.帕克(Robert E. Park),将"个人之间以模式化的信息流动相互联系"的传播网络理论引入美国。

西梅尔也是19世纪末、20世纪初反实证主义社会学思潮的主要代表之一,他反对社会是脱离个体心灵的精神产物的看法,认为社会不是个人的总和,而是由互动结合在一起的若干个人的总称。他创立了小群体的形式研究方法。他从社会交往的复杂性出发,提出冲突的存在和作用,对冲突理论的发展起了很大的促进作用。他还对文化社会学有突出贡献。

西梅尔认为,社会学分析的进步是通过更深刻的思考,而不是通过积累和分析事实来获得更充分的理解,社会学的中心问题是对社会化的理解。这些观点由芝加哥学派的查尔斯·H.库利(Charles H. Cooley)、乔治·H.米德(George H. Mead)和约翰·杜威(John Dewey)继续推向前进,并将之系统地阐述为符号互动论。②

美国的传播学研究并非是完全独创的,其部分传统与欧洲学派的思想有密切联系。美国从事媒介研究的许多学者曾在欧洲的大学里受过教育,并且深受加布利埃尔·塔尔德(Gabriel Tarde)与西梅尔等欧洲思想家的影响。

互文参阅:第五章词条13 符号互动理论(p.180);第六章词条3 社会化(p.201);第十章词条4 芝加哥学派(p.418)、词条4.1 芝加哥学派的关键人物(p.420)、词条13.2 乔治·H.米德和符号互动论(p.435)、词条13.3 罗伯特·E.帕克(p.436)

---

① 〔美〕E.M.罗杰斯:《传播学史:一种传记式的方法》,殷晓蓉译,上海:上海译文出版社2005年版,第128页。
② 同上书,第129页。

12.4 查尔斯·H. 库利(Charles H. Cooley)

查尔斯·H. 库利(1864—1929),密歇根大学的早期社会学家,为我们对于个性社会化的理解做出了贡献,对芝加哥学派的其他学者产生了影响。他阐述了"首属群体"和"镜中自我"的概念:①

- 与次级团体(Secondary Group)相对应的"首属团体"(Primary Group):它在构成一个人的社会本性方面是面对面的、亲近的和重要的。之所以称之为"首属的",是因为它在个性社会化方面的重要意义,也是因为诸如父母亲、兄弟姐妹、同事和教师等首属群体最早进入一个人的一生。
- "镜中自我"(the Looking-Glass Self):"我想象在你的眼里我是什么人,我就是什么人。"库利说:"人们彼此都是一面镜子,映照着对方。"库利的丰富多彩的镜中自我概念强调个体社会化中的人际传播的重要性。这个概念被乔治·H. 米德进一步发展为"自我"(Self)的概念。

库利、米德和帕克强调人类传播的主观主义,也就是说,信息的接收者以某种为其所特有的方式解释信息的内容,而不是完全如同信源所意图的那样。库利采用观察的研究方法,他不相信测度和统计。所以,他是经验的,而不是统计的。②

互文参阅:第十章词条 13.2 乔治·H. 米德和符号互动论(p.435)

12.5 加布利埃尔·塔尔德(Gabriel Tarde)

加布利埃尔·塔尔德(1843—1904)是一名法国律师和法官,后来成为一名社会学家,他将其关于模仿的最初研究建立在他在审判室所看见的行为的基础上。③ 他的《模仿律》(The Law of Imitation)出版于 1900 年,这部著作影响了两个当代的研究理论,即扩散理论

---

① 〔美〕E. M. 罗杰斯:《传播学史:一种传记式的方法》,殷晓蓉译,上海:上海译文出版社 2005 年版,第 132—133 页。
② 同上书,第 132 页。
③ 同上书,第 116 页。

和社会学习理论：①

- 《模仿律》提出"创新扩散"（Diffusion of Innovation）这个概念。"扩散"是这样一个过程，通过它，某个创新思想凭借某些渠道在一个社会体系的成员中传播。塔尔德观察到，一个新思想的采纳率在时间中遵循一种 S 形曲线，地位比较高的个体往往相对早地采纳某种创新思想。

- 通过模仿另一个已经接受了新思想的个体的行为，某个个体受到了影响，也采纳了这个创新思想。社会学习理论认为，一个个体对于另一个体的公开行为的观察往往发挥着作为这个观察者的行为指南的作用。

互文参阅：第五章词条信息扩散理论(p.172)；第六章词条5.2 学习理论/社会学习理论(p.204)、词条25.1.1 模仿假说(p.248)、词条25.3 班图拉的波波娃娃实验(p.249)；第七章词条15 创新的扩散(p.294)、词条15.1 散布研究(p.294)、词条15.8 创新扩散传播的"S"形曲线(p.297)

12.6 马克斯·韦伯(Max Weber)

马克斯·韦伯(1864—1920)是一位对后世产生重大影响的早期德国社会学家，尽管他直到生命的相对后期都一直是个经济学教授。他开创了对于各种学术论题的研究，提出了"官僚结构"(Bureaucracy)的概念、"理解"(Interpretative)的概念以及"个人魅力"(Charisma)的概念。② 他指出，"官僚组织结构理论"的核心是组织活动要通过职务或职位，而不是通过个人或世袭地位来管理。韦伯也认识到个人魅力对于发挥领导作用的重要性。他所讲的"理想的类型"(Ideal Type)，不是指最合乎需要的，而是在现代社会最有效和最合理的组织形式。

韦伯还提出"收入、权力和声望"三位一体的社会分层理论。他的著作《新教伦理与资本主义精神》(*The Protestant Ethic and the Spirit of Capitalism*)(1905)也极具影响力。

---

① 〔美〕E.M.罗杰斯：《传播学史：一种传记式的方法》，殷晓蓉译，上海：上海译文出版社2005年版，第116页。
② 同上书，第116—117页。

12.7 威廉·冯特(Wilhelm Wundt)和"心理学"

威廉·冯特(1832—1920)与威廉·詹姆斯(William James)被并称为"现代心理学之父"。冯特在莱比锡大学创建了实验心理学(Experimental Psychology)和世界上第一个心理学实验室,[①]并且最早从事行为实验。直到19世纪80年代,也就是心理学出现十几年后,这个学科几乎完全是德国式的。冯特为实验心理学撰写了主要的教科书,并编辑了第一本心理学专业杂志《心理学研究》(Philosophische Studien)。德语出版物在心理学界的统治地位一直持续到1915年,这时,作为一门学科的心理学的研究中心随第一次世界大战而转向美国。

冯特对于几个重要的社会科学家具有相当大的思想影响。例如设计了排序相关法的英国统计学家查尔斯·E.斯皮尔曼(Charles E. Spearman)从冯特那里获得博士学位;约翰·杜威和乔治·H.米德的反射弧(Reflex Arc)思想就直接来自冯特的手势概念。[②] 冯特反过来又受到杜威的《人和动物的情感表达》(The Expression of Emotion in Man and Animals)(1872)一书的影响,这本书是有关今天被称作非语言传播的内容的。[③]

互文参阅:第十章词条13.1 约翰·杜威(p.434)

13 最早关注传播问题的美国社会学家(American Sociologists Who Initiated Communication Study Headmost)

大众传播研究的历史可追溯至19世纪末,四名美国社会学家最早开始关注和研讨传播问题,他们是约翰·杜威、乔治·H.米德、查尔斯·H.库利和罗伯特·E.帕克。他们发现大众媒介的功能极其

---

① 〔美〕E. M. 罗杰斯:《传播学史:一种传记式的方法》,殷晓蓉译,上海:上海译文出版社2005年版,第117页。
② 同上。
③ 同上书,第143页。

重要,于是开创了作为一个研究领域的美国传播研究。这些卓越的思想家开创了一条与欧洲传统学派迥然不同的路线;接下来的几代学者继续拓展他们的工作,并将其发展为经验主义的传播学体系。

13.1　约翰·杜威(John Dewey)

约翰·杜威(1859—1952)是20世纪之交芝加哥大学的实证主义哲学家,也被誉为"这个世纪所产生的最广为人知的、最有影响的哲学家"。他认为,个体只有在与其他人的联系中才能发现自我意识,传播是使人民成为社会的完美的、参与性的成员的手段。杜威因其"反射弧"的概念和关于循序渐进的教育创新思想而广为人知。

在他的著名文章《心理学中的反射弧概念》("The Reflex Arc Concept in Psychology")(1896)中,他利用了威廉·冯特的手势思想,并且后来被他的芝加哥同事米德所扩展。杜威、米德和其他芝加哥学派的学者对由刺激反应模式、反射弧所代表的过分简单化的做法提出质疑,反对心理学中的元素论,认为心理活动是一个连续的整体。他们声称在大部分情况下,一个个体对于刺激的解释也涉及对于反应的决定。所以,刺激—反应模式就被改变成为一个刺激—解释—反应的模式。[①] 被一个个体定义为刺激的东西有赖于在这个个体从前的经历中发生作用的东西。因此,受众不是机械地接受刺激并做出反应,而是信息的接收者以某种为其特有的方式解释信息的内容,并不一定如同信源所希望的那样。

杜威极为关注"大众"社会的现象,特别是大众对媒介的一窝蜂反应。杜威希望媒介能"重组大众社会中的群体"。如果工业革命已经引起个人社会关系的转变,将他们由比较亲近的村庄关系推向工业化大都市里契约式的关系,那么,媒介也许可以通过增进相互了解来弥补这样的缺损。

杜威是成果丰富的公共教育拥护者,他把公共教育看作是保护民主制度、抵制集权主义的最有效的途径。他主张,只要传授给人们正确的防御方法,他们完全能学会如何保护自己。他反对过于简单化的魔弹理论,并断言甚至是初步的公共教育也会使大众学会抵

---

① 〔美〕E. M. 罗杰斯:《传播学史:一种传记式的方法》,殷晓蓉译,上海:上海译文出版社2005年版,第140页。

抗宣传的方法。在杜威的观念中,媒介的职能就是"使公众对公众利益感兴趣"。他认为报纸需要承担更多的功能,而不仅仅作为对正在发生的事件进行介绍的信息公告牌;它们应该成为公共教育和公共辩论的工具;它们应该多关注观念和哲理,少描绘孤立的行为;它们应该传授重要的思考方法,并针对重大问题组织一些公共讨论。

杜威提出的教育大众对媒介内容以及自己如何使用媒介内容进行批判性思考,正是目前进行的媒介素养运动(Media Literacy Movement)的中心环节。

互文参阅:第六章词条29 媒介素养(p.256);第七章词条2.2 大众社会理论(p.263);第十章词条4 芝加哥学派(p.418)、词条4.1 芝加哥学派的关键人物(p.420)、词条12.7 威廉·冯特和"心理学"(p.433)

13.2 乔治·H.米德(George H. Mead)和符号互动论

乔治·H.米德(1863—1931),芝加哥大学哲学家,是社会心理学象征互动论的创始人。他的理论发表在他逝世后编自他学生笔记的《心灵、自我与社会》(Mind, Self and Society)(1934)等著作之中。米德在莱比锡大学注册入学,随威廉·冯特学习,专业是手势理论。他也深受杜威的影响。之后,他在芝加哥大学所讲授的"高级社会心理学",是芝加哥社会学学派的一个重要组成部分,也是美国社会心理学的第一门课程。他对社会心理学的研究对大众传播研究的确立与发展有许多贡献。

米德提出了"主我"(I)和"宾我"(Me)的概念:他将"主我"定义为个体要对他人做出反应的冲动性趋势;"宾我"是个体之内的合为一体的他人,由他人的所有态度构成,个体就与这些他人发生互动作用,并将这些他人吸纳到自身之中。① 米德的"一般化他人"(Generalized Other)解决了由库利的"镜中自我"的理论所提出的问题。"镜中自我"理论包含这样的意思:一个个体与多少人交往,他就可以有多少个自我。米德说,我们使许多个体一般化了,使得对

---

① 〔美〕E. M. 罗杰斯:《传播学史:一种传记式的方法》,殷晓蓉译,上海:上海译文出版社2005年版,第146页。

个体的期望变得更加易于控制。

另一个由米德所提出的重要概念是"角色扮演"(Role Taking),即自我个体像对其他人行事那样社会性地对他/她自己行事的能力。米德认为心灵是社会性的,是通过与他人的交往而得到发展的。米德理论声称,个体通过与他人的互动而认识他们自己,他人告诉这些个体自己是谁。①

米德所提出的"符号互动论"(Symbolic Interactionism)指出,人类传播通过符号及其意义的交流而发生。符号互动论建立在这样的思想基础之上,即个体基于对象对于他们所具有的意义,对对象采取行动,而这些意义产生于人们之间的社会互动,同时这些意义也通过个体的理解过程得到修正。由于行为具有符号意义,因此行为是社会科学的基本单位,行为是社会的,因为它由另一个个体来解释。② 米德的符号互动论强调人际传播在人格发展中的作用。

互文参阅:第一章词条 2 内向传播(p.2);第五章词条 13 符号互动理论(p.180);第六章词条 29 媒介素养(p.256);第十章词条 4 芝加哥学派(p.418)、词条 4.1 芝加哥学派的关键人物(p.420)、词条 12.3 乔治·西梅尔和"芝加哥学派"(p.429)、词条 12.4 查尔斯·H.库利(p.431)

13.3 罗伯特·E.帕克(Robert E. Park)

罗伯特·E.帕克(1864—1944)在著名的芝加哥学派中,被认为是两次世界大战之间最具影响力的美国社会学家。他使芝加哥社会学系享有国际声望,并深刻影响了美国经验社会学研究的方向。帕克最先将报业当成社会与文化机构来研究,开创了关于四个重要论题的学术研究,即大众传播、种族关系、人类生态学和集体行为。③

帕克在柏林大学随乔治·西梅尔学习时,获得了关于报纸在舆论方面的作用的洞见。后来,帕克把西梅尔的这一理论视野转变成美国大众传播的经验主义研究,并将西梅尔有关传播的理论的观点

---

① 〔美〕E.M.罗杰斯:《传播学史:一种传记式的方法》,殷晓蓉译,上海:上海译文出版社 2005 年版,第 146 页。
② 同上书,第 144 页。
③ 同上书,第 150 页。

反映在他的研究和作品中,这种观点可以概括如下:①

- 社会作为社会学的核心概念,由个体之间的传播所构成。
- 所有的人类传播代表着某种交流,这种交流对于所涉及的个体来说具有交互的效果。
- 传播在彼此之间的社会距离不断改变的个体之间发生。
- 人类传播满足某些基本需要,诸如友情、侵略、追求收入、教育或其他渴望达到的目标。
- 某些种类的传播随着时间的推移而成为稳定的或固定的,因此代表着文化和社会结构。

帕克借用了西梅尔的陌生人(Stranger)的概念,提出社会距离(Social Distance)的概念,指出边缘人就是生活在两个世界之间,又不属于其中任何一个世界的人,例如,移民到美国的孩子一般都抵制他们父母的语言和文化,但又不认为他们自己是美国社会的正式成员。帕克在他对种族关系的分析中使用了"社会距离"的概念。他论证说,两个个体之间的社会距离越大,他们相互间的影响就越小。②

帕克指导了对外语报纸的研究,他发现,意大利语、波兰语、德语等报纸主要帮助近来的移民懂得如何在北美生存下来。很少有报纸的内容鼓励对于原先祖国的忠诚。美国的外语报纸通过帮助它们的移民读者同化于美国文化,而发挥着它们自己的作用。③

帕克在1922年的著作《侨民报刊及其管理》(*The Immigrant Press and Its Control*)中,提出了与今天极有关联的研究话题:④

- 媒体内容如何影响舆论?(今天这被称为议程设置过程)
- 大众媒体如何受到舆论的影响?
- 大众媒体如何能够导致社会变化?
- 人际网络如何与大众媒体相联结?

除参与后来关于议程设置过程的传播研究以外,帕克还确认了大众媒体的另一个作用:"在每天发生的由通信员、记者和新闻机构

---

① 〔美〕E. M. 罗杰斯:《传播学史:一种传记式的方法》,殷晓蓉译,上海:上海译文出版社2005年版,第129—130页。
② 同上书,第159页。
③ 同上书,第164页。
④ 同上书,第170页。

所记录的所有事件中,编辑挑选某些他们认为比其他条目更重要和更有趣的条目来发表。他将多余的条目定为废物,丢入废纸篓。每天都有大量的新闻被枪毙。"库尔特·勒温(Kurt Lewin)将这一过程称为"把关",后来的传播学学者研究了新闻媒体机构中的把关过程。①

因此,帕克被称为"大众传播的第一个理论家"。他将传播限定为"一个社会心理的过程。凭借这个过程,在某种意义和某种程度上,个人能够假设其他人的态度和观点;凭借这个过程,人们之间合理的和道德的秩序能够代替单纯心理的和本能的秩序"②。帕克和他的芝加哥同事们将传播看作"人类联结"的同义词。

互文参阅:第三章词条 4 把关人(守门人)(p.54)、词条 6 议程设置(p.61);第十章词条 4 芝加哥学派(p.418)、词条 4.1 芝加哥学派的关键人物(p.420)、词条 12.3 乔治·西梅尔和"芝加哥学派"(p.429)

14 传播学的四大奠基人(The Four Great Founders of Communication Study)

1980 年,施拉姆在《美国传播研究的开端》(*The Beginnings of Communication Study in America*)一文中高度评价了传播学的四大奠基人,他们分别是:

- 政治学家哈罗德·D.拉斯韦尔(Harold D. Lasswell),主要贡献为:五 W 模式;传播的三大社会功能。主要采用的研究方法为内容分析法。
- 心理学家库尔特·勒温(Kurt Lewin),主要贡献为:群体动力论;"把关人"理论。主要采用的研究方法为实验法。
- 社会学家保罗·F.拉扎斯菲尔德(Paul F. Lazarsfeld),主要贡献为:两级传播论;哥伦比亚学派的创始人。主要采用的研究方

---

① 〔美〕E. M. 罗杰斯:《传播学史:一种传记式的方法》,殷晓蓉译,上海:上海译文出版社 2005 年版,第 170 页。
② 同上。

法为调查研究法。

● 社会心理学家卡尔·I.霍夫兰（Carl I. Hovland），主要贡献为：态度说服理论；耶鲁学派创始人。主要采用的研究方法为实验法。

14.1　哈罗德·D.拉斯韦尔（Harold D. Lasswell）

哈罗德·D.拉斯韦尔（1902—1978）是一位著名的政治学家、社会学家、心理学家和传播学者，被传记作家形容为"犹如行为科学的达尔文"。他开创了关于宣传的内容分析；创建了5W的传播模式：谁（Who）、什么（What）、告诉谁（To whom）、通过什么渠道（In which channels）、取得什么效果（With what effects）；并且提出了大众传播的三种功能：监视社会环境、协调社会关系、传衍社会遗产。

1927年，在芝加哥大学政治系任教的拉斯韦尔正式出版了他的博士论文《世界大战时期的宣传技巧》（*Propaganda Technique in World War I*），随即在学术界引起反响。该书描述和分析了第一次世界大战中各交战国之间的宣传战，断定宣传能产生很大的社会影响力。

1935年，他又与人合写和合编了《宣传与推行》（*Propaganda and Promotional Activities*）等书，用科学的方法分析和研究宣传的功能及其社会控制，探讨宣传的本质和规律。拉斯韦尔对于战争期间各交战方所进行的广泛宣传运动的研究，主要是从技巧的角度着手的，并没有对其进行伦理或道德方面的评判，这就奠定了与当时欧洲和美国社会学、政治学等社会科学一脉相承的传播学经验学派的研究立场——从经验事实出发，采取价值中立态度，运用经验材料来对社会现象或社会行为进行实证考察的方法。具体而言，他想知道在第一次世界大战中，哪些宣传技巧奏效了，哪些失败了，限制或促进宣传技巧有效性的条件有哪些。总之，他想发展出一个关于国际战争宣传如何能够成功实施的精确理论。

拉斯韦尔的宣传理论结合了行为主义理论和弗洛伊德学说，形成了一种对媒介及其角色的特别消极的看法。宣传的力量与其说是特定信息的内容或诉求的结果，不如说是普通大众脆弱的心理状态的结果。拉斯韦尔认为，经济的萧条和政治冲突的升级已经导致了广泛的精神错乱，这使得人们极易受到哪怕是形式异常粗糙的宣传的影响。拉斯韦尔认为,解决的办法在于让社会研究者找到"避免冲突"的良策。这就需要对那些导致政治冲突的政治传播施加控制。

拉斯韦尔本人是反对过于简单化的魔弹理论的。他认为:在接受迥异的观念和行为之前,受众需要缓慢的准备过程;传播者需要有一个精心谋划的长期宣传策略,以便细致耐心地引入新观念和新意象并加以培养;要创造出象征符号,并且必须逐渐教会受众在这些象征符号与特定的情感之间建立起联系。拉斯韦尔的理论与魔弹理论不同,他预设了一个长期而复杂的条件作用过程。他认为仅仅一两个极端分子发布的信息不可能产生重大的影响。

15年后,他对第二次世界大战期间的宣传研究主要是定量的和统计学的。① 第二次世界大战中,拉斯韦尔在华盛顿的主要任务之一是从事有关宣传信息的内容分析。他进行了大量的同盟国宣传的内容分析,开创了这种内容分析定量方法的先河。拉斯韦尔不仅分析了宣传,也促进了宣传的产生。在拉斯韦尔的战时传播项目之后,研究者成了中性的观察者。②

1946年,拉斯韦尔和凯西·史密斯(Casey Smith)合著了《宣传、传播和舆论》(Propaganda, Communication, and Public Opinion)一书,认为宣传只是信息传播的一种特殊形态,而大众传播研究的范围要广得多,包括报刊、广播、书籍、电影、告示以及歌曲、戏剧、演讲等等。该书第一次明确使用了"大众传播学"的概念,并用四篇文章分别阐述了传播过程中的"渠道"、"传播者"、"内容"和"效果"等要素,从而显示出著者由宣传研究转向传播研究的思维轨迹和理论倾向。1979年,在拉斯韦尔逝世两周年的时候,他与丹尼尔·勒纳(Daniel Lerner)、汉斯·史皮尔(Hans Speier)合写的《宣传与传播世界史》(Propaganda and Communication in World History)三册巨著正式出版发行,从而将宣传与传播研究又推向了一个新的高度。

拉斯韦尔对传播学领域做出了以下永久性的贡献:③

---

① 〔美〕E. M. 罗杰斯:《传播学史:一种传记式的方法》,殷晓蓉译,上海:上海译文出版社2005年版,第350页。
② 同上书,第196—199页。
③ 同上书,第203页。

- 他的5W传播模式导致了传播学对于确定效果的重视。
- 他开创了内容分析方法,即定性和定量测度传播信息的方法。
- 他关于政治宣传和战时宣传的研究代表着一种重要的早期传播学类型。"宣传"一词在西方国家后来有了否定的含义,在今天已不大常用,尽管还有很多的政治宣传。宣传分析已被纳入传播研究的一般体系之中。
- 他将西格蒙德·弗洛伊德(Sigmund Freud)的精神分析理论引入美国社会科学。他在社会层面上运用了个体内部的弗洛伊德理论。
- 他帮助开创了政策学,这是一门将社会科学知识与公共行为整合起来的跨学科的学科。

互文参阅:第一章词条5 拉斯韦尔模式/5W 模式(p.27);第四章词条24.1 拉斯韦尔的三功能说(p.154)、词条24.2 经典的媒介四功能论(p.155);第六章词条5 行为主义心理学(p.202);第七章词条2 子弹理论(p.262)、词条2.3 弗洛伊德学说(p.264)、词条3 宣传(p.265)、词条3.1《世界大战中的宣传技巧》(p.266);第十章词条1 经验学派(p.408)、词条实证主义(p.409);第十一章词条20 内容分析法(p.496)

14.2 库尔特·勒温(Kurt Lewin)

库尔特·勒温(又译库尔特·卢因)(1890—1947)是柏林大学的一位著名的实验心理学家,是现代社会心理学的开创者。他是一个逃离希特勒政权的流亡者,成为美国的一位社会心理学家,开创了群体动力学和群体传播的社会心理学研究,创建了参与性组织管理的模式,并提出了"把关人"的概念。

勒温提出了著名的"场论"(Field Theory),研究处于他/她的"场"中的个体,因为事件是由个体的当下环境的各种力量所决定的。这个"场"也被称为一种生活空间,它是个体行为的私人环境,或是围绕这个个体的社会环境。[①]

[①] 〔美〕E.M.罗杰斯:《传播学史:一种传记式的方法》,殷晓蓉译,上海:上海译文出版社2005年版,第203页。

勒温将领导风格分为权威主义的、民主的和自由放任的领导。他指出：民主领导方式的小组是最快乐的和最多产的；专制领导方式的小组最不快乐，也生产得最少；自由放任方式的小组则居中。

在第二次世界大战期间，勒温参与了一项研究计划，其目的是利用传播改变人们食用食物的某些习惯。在实验一组中，勒温和他的同事希望家庭主妇尽量使用以往不常采用的肉类部位——牛心、羊或其他动物的肾脏做菜，以此作为战时支持国家行为的一部分。勒温设计了两个实验环境——一个是在演讲中，有人向他们演讲；一个是在群体决定的条件下，受试者接收最基本的信息，然后开始讨论。调查结果显示，那些听了演讲的主妇中只有3%的人采纳了建议，而那些在群体决定条件下参与的妇女却有32%采纳了建议。①

这个实验经典地反映了有关相互作用的人际传播与单向大众传播之间的差异，指出群体讨论、公开承诺、对未来行动做出决定和对群体共识的理解都对人们的行动起作用。② 勒温将这个实验的研究结果以及他在衣阿华大学所进行的其他研究概括为行为变化的三阶段程序：解冻、行动和凝固新的行为。常见的现象是，当一个个体的行为发生变化时，尽管人们渴望有持久性的变化，但这个行为不久就会回复到它从前的状态。在改变和维持某种行为方面，群体的其他成员对于每一个个体的行为的影响是一个重要的因素。群体决定对于未来的行动具有某种"凝固"的作用。③

通过这些实验，勒温提出了"把关人"这个概念，即控制信息在信道里的流通的个人；他们可以扣压信息、构成信息、扩展信息或重复信息。在有关改变烹饪习惯的实验中，勒温发现：家庭主妇是家庭消费的新食品的把关人。如果一个家庭主妇不打算烹饪腺型肉类的话，那么她的家庭就不会食用它们。把关概念可以适用于范围广泛的各种传播环境。④

互文参阅：第三章词条4 把关人（守门人）（p.54）；第六章词条

---

① 〔美〕沃纳·赛佛林、小詹姆斯·坦卡德：《传播理论：起源、方法与应用》，郭镇之等译，北京：华夏出版社2000年版，第217—218页。
② 同上。
③ 〔美〕E. M. 罗杰斯：《传播学史：一种传记式的方法》，殷晓蓉译，上海：上海译文出版社2005年版，第295页。
④ 同上。

群体压力理论(p.233);第十一章词条16 问卷(p.484)、词条17 访谈法(p.487)、词条18 观察法(p.490)、词条19 实验法(p.493)

14.3 保罗·F.拉扎斯菲尔德(Paul F. Lazarsfeld)

保罗·F.拉扎斯菲尔德(1901—1976),社会学方法论者,他开创了对大众传播效果的研究,并且创建了几个大学的研究机构,其中最著名的是哥伦比亚大学的应用社会研究所(Columbia's Bureau of Applied Social Research)。

在20世纪40年代至50年代间,领导大众传播理论的范式转变的人主要是方法论者,而不是理论家。拉扎斯菲尔德和霍夫兰坚信,通过使用客观的、经验主义的方法来测量媒介的影响力,是最好的评估它的方法,并将指导更多的有用理论的建构。拉扎斯菲尔德到达美国后所写的最早的文章之一,就是关于如何将调查研究方法作为一种工具应用于广告客户。调查和实验作为一种探查媒介受众和理解消费者态度和习惯的方法得到推广。拉扎斯菲尔德创造了术语"行政管理研究"(Administrative Research)来指称这些应用方法。①

拉扎斯菲尔德开创性地使用了精确的调查来度量媒介对于人们如何思考和行动的影响,其中著名的研究之一是关于伊利县总统选举的投票研究。这个研究项目的目的是为了证实大众媒体在构成人们关于在总统选举中如何行事的意向上,具有直接的与强有力的效果。但研究者发现了相反的结果:媒体只能告知和说服一些关键个人,即被"应用社会研究所"的研究者们称作舆论领袖的那些个人,他们转而通过与其追随者的人际传播联系,再将这种效果加以扩大,即通过一种两级传播流通的模式。② 拉扎斯菲尔德得出的结论是:媒体在1940年的总统大选中产生很小的效果,媒体效果相对来说是弱的。③

这一民意测试研究开创了大众传播研究中的有限效果论的时

---

① 〔美〕斯坦利·巴兰、丹尼斯·戴维斯:《大众传播理论:基础、争鸣与未来》(第三版),曹书乐译,北京:清华大学出版社2004年版,第131页。
② 〔美〕E.M.罗杰斯:《传播学史:一种传记式的方法》,殷晓蓉译,上海:上海译文出版社2005年版,第253页。
③ 同上书,第252—253页。

代:这项研究和其他调查提供了确凿证据,证明媒介很少有力地、直接地影响个人。其效果可谓相当有限,仅仅能影响少许人,或对思想和行为产生相当微不足道的影响。媒介的影响力普遍不如其他一些因素,例如社会地位或受教育情况等。已被发现的那些媒介效果看起来是孤立隔绝的,常常也是相互矛盾的。这些发现最终导致了对媒介效果的有限效果视角。这个理论在以后的几十年主宰了美国传播学学者的思维。①

伊利县研究也成就了拉扎斯菲尔德在美国的第一部著名的著作《人民的选择》(*The People's Choice*),标志着选举研究的新学科的开始。从此以后,学者们在每次美国总统大选时都进行全国性的样本调查,并在每次调查中提出一些同样的问题。②

拉扎斯菲尔德是两个重要方法论的贡献者:"拉扎斯菲尔德—斯坦顿节目分析仪"和焦点小组访谈。这两个方法都出自洛克菲勒基金(Rockefeller Foundation)所赞助的"广播研究项目"。通过让听广播节目的人按下不同按钮表示"喜欢"或"不喜欢",能使研究者们将广播节目,或广告内容与其对受众个人的情感影响联结起来。这些回答由一根记录针在一卷不断移动的纸上记录下来。当一组调查对象完成对某个节目的反应之后,他们就被要求填写一张有关这个节目的问卷。然后,这个广播节目就由一个研究人员重新放给他们听,该研究者带领他们进入一个焦点小组,讨论他们喜欢和不喜欢的理由。这个节目分析仪可以同时记录 10 个调查对象的回答。就对广播节目进行评估来说,这是一个有用的装置,所以广播信息的有效性可以通过对这种信息的修正而得到提高。③

拉扎斯菲尔德的社会研究传统试图将定性方法和定量方法、参与性观察和深度访谈、内容分析和个人传记、专题小组研究和焦点访谈结合起来。④

拉扎斯菲尔德因其对传播学的以下三个贡献而成为最著名

---

① 〔美〕E. M. 罗杰斯:《传播学史:一种传记式的方法》,殷晓蓉译,上海:上海译文出版社 2005 年版,第 253 页。
② 同上书,第 254 页。
③ 同上书,第 242—244 页。
④ 同上书,第 250 页。

传播学者：①

• 他开创了媒体效果研究的传统，这一传统成为美国大众传播研究中占有统治地位的范式。拉扎斯菲尔德发展了好几个重要的理论概念，诸如"舆论领袖"和"两级传播流通"等。

• 他通过收集资料的方法提出了调查方法论。这种收集资料的方法包括焦点访谈、三角策略以及各种资料分析方法。

• 他创造了以大学为基础的研究机构的原型。其中最著名的是位于哥伦比亚大学的"应用社会研究所"，它发挥着许多其他大学的研究机构的作用。与大学的院系相比，研究机构更加灵活，更有侧重点，也不大容易因采纳了创新方向而受到批评。

互文参阅：第一章词条拉扎斯菲尔德的总统选举研究（p.9）；第七章词条 12 有限效果理论（p.288）、词条 14 两级流动传播（p.290）、词条 14.1《人民的选择》（p.291）；第十章词条 4.2 洛克菲勒基金会（p.421）、词条 7 哥伦比亚学派（p.425）；第十一章词条 16 问卷（p.484）、词条 17.2.4 焦点小组访谈（p.489）、词条 18 观察法（p.490）、词条 20 内容分析法（p.496）

14.4 卡尔·I. 霍夫兰（Carl I. Hovland）

卡尔·I. 霍夫兰（1912—1961），耶鲁大学实验心理学家，理论创新者。他主要从事人类传播方面的实验，试图解释说服（态度变化）的因变量。② 第二次世界大战期间，他在五角大楼主持有关说服力的研究项目，目的是评估美国陆军训练影片的效果。1945 年以后，霍夫兰在耶鲁大学领导有关传播和态度变化的研究项目。

1942 年，霍夫兰被任命为美国陆军部信息和教育局研究处（Information and Education Division of the War Department）首席心理学家，后来又有了实验研究主任的头衔，他们的首要任务"就是对信息与教育部的各种计划的效用做出实验性的评估"。他们认为，由于态度影响行为，因此发现它们什么时候产生影响，什么时候不产生影响，应该是一种重要的说服研究。霍夫兰主要利用实验设计来确

---

① 〔美〕E. M. 罗杰斯：《传播学史：一种传记式的方法》，殷晓蓉译，上海：上海译文出版社 2005 年版，第 271—272 页。

② 同上书，第 319 页。

定军队鼓舞士气的影片(《我们为何而战》[Why We Fight]系列影片)的效果。霍夫兰和他的研究人员设计了单面视角(One-side)信息与两面视角(Two-side)信息、恐惧诉求的影响、信源可信度的效果等实地实验。①

研究者对小型抽样组进行焦点访谈,原因是定量的实验设计能够使人们确定总体效果,但是不能对电影的哪些内容可能产生可以观察到的效果提供线索。焦点访谈的数据有助于霍夫兰和他的小组成员们解释实验结果,并为进一步的研究提出新的假设。研究的结论是:《我们为何而战》系列片增加了士兵对于那些导致第二次世界大战的事件的认识,而且态度有了改变(尽管其程度比认识变化要小),但是,这些影片在调动士兵的作战行为方面几乎没有效果。比起其态度来,个人的明显行为的改变程度要小。这就是所谓的"效果等级"(Hierarchy of Effects)。②

当拉扎斯菲尔德在哥伦比亚大学获得了基金担保,使得他能对媒介的影响力进行大规模的研究(广播研究项目)的时候,霍夫兰在耶鲁大学建立了一个大型研究中心,在那里进行着上百个劝服实验,进行了针对第二次世界大战中的宣传的实验和研究。因此,哥伦比亚大学和耶鲁大学成了非常有影响的研究中心,并吸引了一些那个时代最好的社会研究者。

两个人在各自的研究中,都发现媒介并不像大众社会理论所预示的那样有力量。霍夫兰指出,媒介缺乏让普通人立刻转变其强烈信仰的力量。甚至在媒介影响力的潜能被放大的实验室条件下,也仅产生有限的效果。不断有研究富有洞察力地阐明了媒介的有限效果。

霍夫兰像拉扎斯菲尔德一样,他介绍了衡量媒介影响的崭新标准,使应用经验和调查等新研究方法观测媒介的效果成为可能。除了使用焦点小组法之外,霍夫兰还为说服实验构建了模型研究设计。它将一个传播变量(信源的一个特性)孤立出来,从实验上控制

---

① [美]E.M.罗杰斯:《传播学史:一种传记式的方法》,殷晓蓉译,上海:上海译文出版社2005年版,第325页。
② 同上书,第326页。

传播过程中所有其他变量的效果。①

霍夫兰和他耶鲁大学的同事的有关说服实验的著作有《传播和说服》(Communication and Persuasion)、《态度的形成和改变》(Attitude Organization and Change)、《说服的表达次序》(The Order of Presentation in Persuasion)、《大众传播实验》(Experiment on Mass Communication)等。就态度变化的过程而言,霍夫兰和他的研究说服的队伍在第二次世界大战期间以及后来在耶鲁大学的研究中,得到大量结论:②

- 高可信度的信源在传播行为之后会立刻导致较多的态度变化,但是,某种潜伏的效果也会存在,也就是说,信源在一段时期后会被遗忘。这就是睡眠者效果。
- 比起强烈的恐惧呼吁,温和的恐惧呼吁导致更多的态度变化。
- 对于受教育程度和(或)智商低的受众来说,单面视角的信息导致更多的态度变化;而对于受教育程度和(或)智商高的受众来说,两面视角的信息会引起更多的态度变化。
- 在一个信息中陈述一个结论,比起让结论含而不露的做法来,会导致更多的态度变化。
- 在社会上感到不适应和自我评价不高的人,比起干扰性的和在社会上离群索居的人来说,经历了更多的态度变化。
- 积极参与说服过程(诸如大声读出一个信息,或提出一个特殊的观点)的人,比起消极的参与者来说,具有更多的态度变化。
- 对待一个与群体标准相反的观点,受群体强烈吸引的个人具有较少的态度变化。

尽管在今天,说服实验主要被认为是一种人际传播研究,但霍夫兰认为,他实际上是在个人接受信息的微观层次上研究大众传播行为的。从说服研究中得出的结论或者可以被用于大众传播,或者可以被用于人际传播。霍夫兰的许多劝服研究或多或少被直接应用于广告和营销。

---

① 〔美〕E. M. 罗杰斯:《传播学史:一种传记式的方法》,殷晓蓉译,上海:上海译文出版社2005年版,第332页。
② 同上书,第335页。

互文参阅：第七章词条 4 霍夫兰的美国陆军研究（p.271）、词条 12 有限效果理论（p.288）；第十章词条 4.2 洛克菲勒基金会（p.421）；第十一章词条 17.2.4 焦点小组访谈（p.489）、词条 19 实验法（p.493）

15　威尔伯·L.施拉姆（Wilbur L. Schramm）

威尔伯·L.施拉姆（1907—1987）第一次把传播学作为一门独立的学科提出来，并在使之系统化方面殚精竭虑。一些学者认为，他使传播科学从梦想变成了现实。

施拉姆对传播学主要的贡献体现在以下方面：他创造了第一批被称为"传播"的大学单位，撰写了第一部传播学课程教科书，授予了第一个传播学博士学位，他还是世界上第一个具有"传播学教授"头衔的人。[①] 具体而言：

- 施拉姆是传播学的奠基人和集大成者。他将哈罗德·D.拉斯韦尔、保罗·F.拉扎斯菲尔德、卡尔·I.霍夫兰等人的研究加以综合、整理，使其系统化、正规化、完善化，最终，创立了一个新的学科——传播学。[②] 他创立传播学的标志就是1949年由他编写的第一本传播学权威著作——《大众传播学》的出版。[③]

- 施拉姆著述颇丰，他曾主编了世界上最早的一批传播学教材，并曾出版过近30部论著，包括《报刊的四种理论》（*Four Theories of the Press*）、《大众传播媒介与国家发展》（*Mass Media and National Development*）、《男人，女人，讯息和媒介：理解人类传播》（*Men, Women, Messages and Media: Understanding Human Communication*，又译为《传播学概论》）等。[④]

- 施拉姆大力推进传播学教育，创立了四个传播研究机构。第二次世界大战之后，施拉姆在衣阿华大学、伊利诺伊大学和斯坦福

[①] 〔美〕E.M.罗杰斯：《传播学史：一种传记式的方法》，殷晓蓉译，上海：上海译文出版社2005年版，第395页。

[②] 同上书，第2页。

[③] 胡正荣：《传播学总论》，北京：北京广播学院出版社1997年版，第55页。

[④] 同上书，第55—56页。

大学创建传播学。1943 年,在担任衣阿华新闻学院院长时,他创办了世界上第一个大众传播的博士课程,并亲自建立了四个传播研究机构进行研究,撰写各种出版物,从而对传播学研究领域做出了限定。这些机构培养出的大批研究生很多后来都成为美国当代著名的传播学者。①

- 施拉姆开辟了几个新的研究领域,如电视对儿童的影响问题、国际传播中的信息流通问题、传播与第三世界国家发展之间的关系问题等。

16　哈罗德·A. 英尼斯(Harold A. Innis)

哈罗德·A. 英尼斯(1894—1952),加拿大学者,是最有影响的媒介决定论者之一,在多伦多大学教授政治经济学,并影响了马歇尔·麦克卢汉(Marshall McLuhan)。英尼斯是最早对传播媒介和特定的历史时期的社会结构形态之间可能存在的联系进行系统而详尽的思考的学者之一。② 他是最早的媒介决定论者之一。

英尼斯在他生命的最后 10 年间,转向分析人类传播。他开始研究木浆和造纸业,这一研究导致他将传播技术置于他的理论框架的中心位置。这时,他不再仅仅关注加拿大的经济,而是关注对于整个人类文明史的历史分析。他的最后两部著作——《帝国和传播》(*Empire and Communication*)(1950)与《传播的偏向》(*The Bias of Communication*)(1951)——是他在历史背景下研究传播技术的实例。英尼斯认为,一种文明中占支配地位的传播技术是那个社会的文化和社会结构的中心,他将传播媒介看作是文明的真正本质。③

在《帝国和传播》中,英尼斯提出"传播的偏向"这一概念,指出一切文明都是靠对空间领域和时间跨度的控制而存在的,传播媒介

---

① 胡正荣:《传播学总论》,北京:北京广播学院出版社 1997 年版,第 56 页。
② 〔美〕斯坦利·巴兰、丹尼斯·戴维斯:《大众传播理论:基础、争鸣与未来》(第三版),曹书乐译,北京:清华大学出版社 2004 年版,第 295 页。
③ 〔美〕E. M. 罗杰斯:《传播学史:一种传记式的方法》,殷晓蓉译,上海:上海译文出版社 2005 年版,第 428—429 页。

允许控制时间或空间的倾向,因此文明的兴起、衰落和占支配地位的传播媒介息息相关,对边远地区原材料的开发利用以及帝国权力的扩张,都与有效的传播系统分不开。

早期的埃及、希腊和罗马帝国是建立在精英对书写文字的控制的基础之上的,像黏土、羊皮纸和石头,经久耐用,但是难以运输。这些特性有利于控制时间,但不利于控制空间。

此后随着媒介技术的发展,不那么耐用和容易运输的媒介,诸如纸浆和纸,由于分量轻、容易运输而具有空间的偏向。因为纸使得远距离的管理成为可能,所以它有利于帝国的地理延伸,也刺激了军事扩张,[1]使得集中在一起的精英们对时间和空间的权力逐渐增强,并且新的传播技术将不可避免地导致更大的权力集中。由于这种传播的偏向,处于非中心地区的人和资源不可避免地被处于"中心"的精英们所剥削并且为他们的利益服务。因而,社会权力的竞争倚仗于寻求新的传播技术,传播技术必然使权力集中。随着科学和技术的持续进步,以空间为偏向的传播媒介的侧重点在于扩展,如出版、电话、收音机和电视都是以空间为偏向的。[2]

媒介不仅仅制造和传播文化,它自身也是文化的组成部分。媒介技术的发展对我们用什么方式认识社会和自我、我们怎样体会意义,进而对各种社会关系的形成都有重大影响。由于任何一种媒介从时间和空间的角度来看,与讯息相比都有偏倚性,因此某种特定的媒介很难既经得住时间流逝的考验,又能经受空间转移的考验。英尼斯认为,媒介可以分为偏倚时间的媒介和偏倚空间的媒介,通过这样的区分可以考察两者对人类发展的重要作用。

互文参阅:第四章词条 20 传播的偏向(p.147)、词条 21 麦克卢汉的媒介理论(p.148);第十章词条 11 技术决定论(p.428)、词条 18 马歇尔·麦克卢汉(p.452)

---

[1] 〔美〕E.M.罗杰斯:《传播学史:一种传记式的方法》,殷晓蓉译,上海:上海译文出版社 2005 年版,第 428—429 页。

[2] 同上。

17 罗伯特·K.默顿(Robert K. Merton)

罗伯特·K.默顿(1910—2003)是哥伦比亚大学的社会学理论家,结构功能主义的代表人物之一。默顿担任哥伦比亚大学应用社会研究所(Columbia's Bureau of Applied Social Research)副所长,与拉扎斯菲尔德合作从事由应用社会研究所开展的大众传播研究项目。拉扎斯菲尔德—默顿小组是他们所在领域的历史中最有效与最重要的合作之一,它将哥伦比亚大学社会学系提升到全国的统治地位。因此,人们认为或许应该将拉扎斯菲尔德和默顿看作美国大众传播研究领域的最重要的创始人。[1]

默顿开创了科学的社会学,是继塔尔科特·帕森斯(Talcott Parsons)之后的社会学结构分析和功能分析的主要提倡者之一:

- 他在批判帕森斯理论的过程中建立起经验功能主义,他的中层理论在理论框架与经验研究之间、认识意义与实践意义之间架起了桥梁,并把以前被认为是毫无联系的一些实际研究方向沟通起来,[2]为社会学的各种理论方法派别提供了一个汇合的基础。
- 他的科学社会学思想为社会学分支学科的形成和发展奠定了基础。[3]
- 他运用负功能和功能替代的观点对官僚机制进行研究,分析了作为社会组织重要因素的职业问题。
- 他根据社会的结构分析对社会失范和异常行为等问题的探讨,在学术界颇有影响。
- 他在研究中广泛地运用并发展了焦点小组方法,被称为"焦点小组之父"。

在拉扎斯菲尔德发表的几乎每部作品中,默顿都是无名的合作者。默顿除了对于拉扎斯菲尔德的影响以外,还是大众传播领域的

---

[1] 〔美〕E.M.罗杰斯:《传播学史:一种传记式的方法》,殷晓蓉译,上海:上海译文出版社2005年版,第268页。

[2] 〔美〕斯坦利·巴兰、丹尼斯·戴维斯:《大众传播理论:基础、争鸣与未来》(第三版),曹书乐译,北京:清华大学出版社2004年版,第161—162页。

[3] 〔美〕E.M.罗杰斯:《传播学史:一种传记式的方法》,殷晓蓉译,上海:上海译文出版社2005年版,第269页。

一个重要学者。他指出,当说服性信息充满情感,并且来自某个被"情感专家"弄得令人可信的源泉时,媒体就可能具有大规模的直接效果。[①] 1994年,默顿获得美国国家科学奖章(National Medal of Science),他是第一位获得这一奖项的社会学家。

互文参阅:第七章词条 4.2.5 诉诸感情或诉诸理性(p.277)、词条 4.3.1 信源的可信性效果(p.277);第十一章词条 17.2.4 焦点小组访谈(p.489)

18 马歇尔·麦克卢汉(Marshall McLuhan)

马歇尔·麦克卢汉(1911—1980),加拿大文学批评家、传播学家和媒介决定论者,国际传播学界最知名,也是争议最大的学者。由于对电子媒介及其在文化和社会两方面影响的深刻理解,以及他的媒介分析和相关理论风格独特,给人以启发,因此他被西方传播学者称为"现代媒介分析的根"。

麦克卢汉对媒介历史角色的理解建立在加拿大政治经济学家哈罗德·A.英尼斯(Harold A. Innis)著作的基础上。麦克卢汉对文化理论的发展起到了重大作用,他提出了"地球村"(Global Village)、"信息时代"(Information Age)、"媒介即讯息"(The Medium is the Message)、"媒介是人的延伸"、"热媒介与冷媒介"等学术观点。他在20世纪50年代对传播学作了普及工作。他论证说,传播媒介影响什么样的人类感官是占据主导地位的问题:新的媒介技术——例如电视——的效果并不仅仅发生在知识和观念的意识层次上,这种技术也可能在感觉比例和知觉模式的潜意识层次上影响个体。他的研究在北美极大地启发和规范了关于媒介、文化和社会的宏观理论。[②]

麦克卢汉声称传播技术的变化将不可避免地导致文化和社会

---

① 〔美〕E.M.罗杰斯:《传播学史:一种传记式的方法》,殷晓蓉译,上海:上海译文出版社2005年版,第270页。

② 〔美〕斯坦利·巴兰、丹尼斯·戴维斯:《大众传播理论:基础、争鸣与未来》(第三版),曹书乐译,北京:清华大学出版社2004年版,第291页。

秩序的深刻改变,因此,他被称作是技术决定论者。① 他对新媒介技术可能在我们的个人经验、社会组织和文化上引起意义深刻但终究积极的变化,感到由衷的乐观。②

对于地球村和电子媒介的角色,麦克卢汉很有预见性。当卫星通信刚刚开始发展的时候,他就预言了有线新闻网的出现,以及有线新闻网使我们成为历史目击者的能力;当大型计算机充塞办公大厦的各个楼层时,他就预言个人电脑将无处不在,因特网将在瞬间带给每个人大量的信息。③ 因此,在20世纪60年代,麦克卢汉作为"流行文化的主教"、"媒介的形而上学者"和"电子时代的先知"被大家接受(或者遭到贬低),后来则被拥戴为"赛博空间的圣经"——《连线》(Wired)杂志的守护神。④

麦克卢汉撰写的一系列专著都较为晦涩甚至难以理解,如《机器新娘》(The Mechanical Bride)、《理解媒介》(Understanding Media: The Extensions of Man)、《媒介即按摩》(The Medium is the Massage)等。尽管麦克卢汉的著作遭到了不少批评,但其中有很多值得关注的地方。一些年轻的学者发现,麦克卢汉的著作对展开自己的思想之旅而言是个值得兴奋的出发点。这或许是因为麦克卢汉的著作具有折中主义的精神,又有开放性的结尾。

互文参阅:第四章词条21 麦克卢汉的媒介理论(p.148);第十章词条11 技术决定论(p.428)、词条16 哈罗德·A.英尼斯(p.449);第十一章词条3 宏观分析和微观分析(p.465)

19 沃尔特·李普曼(Walter Lippmann)

沃尔特·李普曼(1889—1974),重要的政治专栏作家,曾为纽约最有影响的自由派报纸《纽约世界报》聘用撰写社论,后又为《纽约先锋论坛报》、《华盛顿邮报》和《纽约时报》撰写政治专栏,并为

---

① 〔美〕斯坦利·巴兰、丹尼斯·戴维斯:《大众传播理论:基础、争鸣与未来》(第三版),曹书乐译,北京:清华大学出版社2004年版,第290页。
② 同上书,第297页。
③ 同上书,第296页。
④ 同上书,第291页。

12名美国总统作过顾问。他撰写了20多部著作,其中影响很大的著作《公共舆论》(*Public Opinion*)(1922)对公众舆论、宣传和议程设置等方面的传播研究都产生了影响。①

李普曼吸收了哈罗德·D.拉斯韦尔的怀疑主义态度,认为普通民众没有能力搞明白周围的世界并理性地决定自己的行动。因此,他认为既然公众易受宣传的影响,那么就需要有一些专门的机制或机构来保护他们免遭影响。宣传活动为我们的政治体系带来了严峻的挑战,因此需要做一些改变。对媒介进行温和但十分有效的控制是必要的。媒介的自我审查不足以满足需要。李普曼继承了拉斯韦尔的结论并指出,解决这些问题的最好办法在于让那些善意的"技术专家"(科技精英)控制信息的采集和发布。大众媒介宣传的控制权应该掌握在新的精英的手中,这些人叫作科学技术专家,专家们使用其知识效忠于正义,而非邪恶。

李普曼受到弗洛伊德的影响,特别是受到《梦的解析》(*The Interpretation of Dreams*)的影响,他将之用到他有关"拟态环境"(Pseudo-environment)的概念之中。② 他说,拟态环境是个人在他/她的头脑中所创造的图画。在李普曼的《公共舆论》中表达了这样的基本思想:媒体创造了我们头脑里的象征性的想象,这些想象有可能与我们经历的"外在"世界完全不同。他指出,"身外世界与脑海图景"之间必然存在着差异。因为这些差异是不可避免的,所以普通民众不可能像经典民主理论所假想的那样管理自己。

在宣传分析和舆论研究中,李普曼开创了今天被称为议程设置的早期思想。他说,我们头脑中的图像往往与实际现实不相吻合:我们需要简单的规范(如"刻板印象"),以便为这闹哄哄的、模糊不清的混乱世界提供解释。③ 由媒体传递给我们的拟态环境,是新闻生产过程中高度把关所产生的结果。他指出,每一份报纸都是一系列把关决定的结果。④ 大众传媒或许在决定我们想什么方面具有强烈的影响。他这样描绘议程设置:这是一个过程,通过它,某个新闻

---

① 〔美〕E. M. 罗杰斯:《传播学史:一种传记式的方法》,殷晓蓉译,上海:上海译文出版社2005年版,第206—207页。
② 同上书,第205页。
③ 同上书,第207页。
④ 同上。

论题被大众传播、公众和政治精英赋予优先的关注。

互文参阅：第三章词条 6 议程设置（p.61）；第五章词条刻板印象（p.186）；第七章词条 2.3 弗洛伊德学说（p.264）、词条 18.3 拟态环境（p.303）、词条 18.3.2《公共舆论》（p.304）

20 利昂·费斯廷格（Leon Festinger）

利昂·费斯廷格（1919—1989）是库尔特·勒温的一个追随者，因其认知不和谐理论而闻名。有些人认为，他——而不是他的导师勒温——才是实验社会心理学之父。

费斯廷格的认知不和谐理论既受到勒温的场论的影响，受到勒温柏林时期的格式塔观点的影响，也受到弗里茨·海德（Fritz Heider）的平衡理论和奥斯古德—坦嫩鲍姆（Osgood-Trannenbaum）的协调原则的影响。[①] 1957 年，费斯廷格出版了他的著名著作《认知不和谐》（*A Theory of Cognitive Dissonance*）。认知不和谐是指个体在经历两种相互冲突的认识要素时的令人不快的情景，对于一个个体来说，避免不和谐的一种方式是避免面对相互冲突的信息。[②]

互文参阅：第六章词条 7 平衡理论（p.207）、词条 9 调和理论（p.209）、词条 10 认知不协调理论/认知一贯性理论（p.210）；第十章词条 14.2 库尔特·勒温（p.441）

21 诺伯特·维纳（Norbert Wiener）

诺伯特·维纳（1894—1964），美国麻省理工学院数学家。在第二次世界大战期间，作为改进高射炮弹准确性研究的一个结果，他发展了控制论。二战后，维纳在 10 次跨学科的梅西基金会会议（Mayce Foundation Meetings）上，向社会科学家和生物医学家传播控制论。梅西基金会会议使维纳和他的控制论能够以一种多学科的

[①] 〔美〕E.M.罗杰斯：《传播学史：一种传记式的方法》，殷晓蓉译，上海：上海译文出版社 2005 年版，第 309 页。

[②] 同上书，第 310 页。

视野影响社会科学、数学和神经生理学,这种视野为传播学提供了一块肥沃的土壤。①

维纳的控制论成为一个传播理论,涉及信息如何在两个或两个以上单位之间进行流通,以便一个影响另一个。作为一种传播理论,控制论在以下几个方面是独一无二的:②

● 反馈是一种特殊类型的传播信息流通,因为被传递的信息描绘了系统自身在从前某一时间的运行状况。在一个传播系统中,反馈是一个接收者(信宿)对于传播者(信源)从前信息的回应,表明它的效果。反馈允许一个信源逐渐地自我修正一系列信息的效果,使得它们越来越接近为完成其意图所必需的东西。

● 控制论包含着一种时间中的动力学的、行进中的行为观。

● 控制论假定,一个系统的控制主要在于这个系统内部。一个系统自身的行为结果提供了新的信息,系统就凭借这个新的信息修正它自己随后的行为。因此,这个系统从它自身中学习。

控制论已被运用于各种传播情况之中,例如,运用于电视收视率和电视节目编排的关系之中。今天,由于出现了更新的具有交互作用的传播技术——例如以计算机为基础的电子传发信息系统,以及控制论思想向语言、发射系统和其他应用领域延伸,控制论正再次引起人们的兴趣。③

维纳写了一系列非常畅销的著作,包括《我是一个数学家:一个奇才的晚年生活》(*I Am a Mathematician, the Later Life of a Prodigy*)(1956)、《上帝和机器人》(*God and Golem*)(1966)等。他的《控制论:或关于在动物和机器中控制和通信的科学》(*Cybernetics: or Control and Communication in the Animal and the Machine*)(1948)是一本技术性很强的著作,不易读懂。维纳的《人类对人力的使用:控制论和社会》(*The Human Use of Human Beings: Cybernetics and Society*)(1950)则是论述控制论的一个通俗版本,并成为一本畅销书。④

---

① 〔美〕E. M. 罗杰斯:《传播学史:一种传记式的方法》,殷晓蓉译,上海:上海译文出版社2005年版,第357页。
② 同上书,第358页。
③ 同上书,第359页。
④ 同上书,第357页。

互文参阅：第二章词条 10.3 反馈(p.36)；第五章词条 7.3 控制论(p.171)

22　克劳德·E.申农(Claude E. Shannon)

克劳德·申农(1916—2001)，电子工程师和数学家，被尊崇为信息论及数字通信时代的奠基人。在麻省理工学院获电子工程和数学硕士、博士学位之后，申农成为贝尔电话实验室的一位数学研究人员，于1948年创立了信息论(Information Theory)。

申农所工作的贝尔实验室是美国电话系统的著名研制中心，它关注传播系统，特别是电话系统的越来越广泛的信道能力。[①] 申农也阐述了传播所涉及的主要因素：信源、讯息、发射器、信号、噪音、接收到的信号、接收器和信宿。申农的整体理论贡献被普遍称为信息论。[②]

申农的信息论包括信息概念的定义、对于信息的熵度量和关于传播的论述。他的信息论，最初以两篇文章的形式于1948年发表在《贝尔系统技术杂志》(*Bell System Technical Journal*)上。1949年，他与沃伦·韦弗(Warren Weaver)出版了《传播的数学原理》(*A Mathematical Theory of Communication*)一书。

熵(Entropy)的概念是申农理论的重要特征。他证明熵与信息内容的不确定程度有等价关系，信息熵大，意味着不确定性也大。在他的通信数学模型中，他还清楚地提出信息的度量问题，得到了著名的计算信息熵的公式。

"比特"这一信息度量单位也是由申农提出的。他注意到电话交换电路与布尔代数之间的类似性，即把布尔代数的"真"与"假"和电路系统的"开"与"关"对应起来，并用1和0表示，因此信息熵就可以以比特(Bit)为单位计算。今天在计算机和通信中广泛使用的字节(Byte)、KB、MB、GB等词都是从比特演化而来。"比特"的出现标志着人类知道了如何计量信息量。申农的信息论为明确什么是

[①] 〔美〕E. M.罗杰斯：《传播学史：一种传记式的方法》，殷晓蓉译，上海：上海译文出版社2005年版，第366页。

[②] 同上。

信息量做出了决定性的贡献。

今天,申农的信息论仍然是传播学的中心,它成为人类在传播领域的研究方向。

互文参阅:第二章词条 7 申农—韦弗模式/数学理论(p.29);第四章词条 1 渠道(p.80)、词条 17.4.3 比特(p.131);第五章词条 6 熵(p.169)、词条 7 信息论(p.170);第十章词条 23 沃伦·韦弗(p.458)。

23 沃伦·韦弗(Warren Weaver)

沃伦·韦弗(1894—1978),曾是纽约洛克菲勒基金会自然科学部主任。他撰文对克劳德·申农的信息论进行了增删,其成果与申农的原文一起以书的形式出版,即《传播的数学原理》(*A Mathematical Theory of Communication*)。

1948 年,当申农的两篇有关信息论的文章发表时,韦弗是洛克菲勒基金会里最高级别的数学科学家。应当时洛克菲勒基金会主席的要求,韦弗将申农关于传播的数学理论译成不那么令人生畏的语言。因此,韦弗用非数学的语言对信息论进行了阐述和解释,并为文章写了序言,与申农共同署名,将文章发表在《贝尔系统技术杂志》(*Bell System Technical Journal*)上。后来,申农仍然从事技术工作,而韦弗则开始研究信息论的哲学问题。

申农和韦弗合著了《传播的数学原理》。这部著作的第二部分除了修正细微错误和增加某些参考书目以外,是申农两篇文章的逐字逐句的副本。第一部分"传播的数学理论的最新贡献"由韦弗所写,是以他 1949 年在杂志《科学美国》(*Scientific American*)上的文章为基础的,主要讨论从申农的有关工程传播的数学理论中,如何可能发展出人类传播理论。[1]

韦弗在这一著作的介绍部分区分了三种层次的传播问题:[2]

- A 层:传播符号如何被准确地发射?(技术问题)

---

[1] [美]E.M.罗杰斯:《传播学史:一种传记式的方法》,殷晓蓉译,上海:上海译文出版社 2005 年版,第 375 页。

[2] 同上书,第 377 页。

● B层：被发射的符号如何能够准确地传递意图中的意义？（语义学问题）

● C层：被接受的意义如何有效地以意图中的方式影响行为？（效果或行为问题）

申农声称，他的数学传播理论只与 A 层打交道，他称这一层为工程传播或技术传播。但是，韦弗走得比申农更远，他提出："数学的传播理论，特别是申农处理的、更有限的工程理论，尽管从表面上看只适合于 A 层次的问题，但实际上对 B 层次和 C 层次的问题也是有帮助和启发的。"韦弗鼓励人们将申农的信息论广泛运用于所有类型的有意识的传播中。①

互文参阅：第二章词条 7 申农—韦弗模式/数学理论（p.29）；第十章词条 4.2 洛克菲勒基金会（p.421）、词条 22 克劳德·E.申农（p.457）

---

① 〔美〕E. M. 罗杰斯：《传播学史：一种传记式的方法》，殷晓蓉译，上海：上海译文出版社 2005 年版，第 377 页。

第十一章 传播学研究方法

1 科学方法(Scientific Method)

科学方法是通过对事实进行准确的观察和解释从而得到真理的研究过程。科学方法运用在对社会科学的研究上有三点困难:①

- 人类行为中绝大多数重要的形式是难以度量的。
- 人类行为是极度复杂的。对人类行为不容易进行因果描述。人们能够改变而且确实经常改变其行为,因此,因果律的断言总是失效。分离出某单一因素作为人类的重要行为的唯一原因已经被证明是不可能的。
- 人类是有目标的和自我反省的(self-reflexive)。我们会考虑我们行动或不行动;我们会反省我们的价值、信仰和态度。因此,人们的行动往往由他们希望发生些什么的想法决定。

---

① 〔美〕斯坦利·巴兰、丹尼斯·戴维斯:《大众传播理论:基础、争鸣与未来》(第三版),曹书乐译,北京:清华大学出版社2004年版,第26—30页。

2 传播研究的分类(The Classification of Communication Research)

为了系统地掌握传播学的研究方法,并把握不同研究类型的优缺点,可以按照不同的标准对传播学研究进行分类。各个类型虽然有区别,但是它们的共同特点是:它们都运用社会调查的方法收集资料,并且通过资料分析得出对社会现象的理性认识。

- 根据调研任务的性质,可划分为理论性调查研究和应用性调查研究,即理论研究和应用研究。
- 根据调查研究对象的范围,可分为普查(或整体调查、全面调查)、抽样调查、典型调查和个案调查。
- 根据调查研究的作用和目的可分为探索性调查研究、描述性调查研究和解释性调查研究。
- 根据调查的时间特点可以分为横剖式调查研究和纵贯式调查研究。
- 根据调查的基本方式方法,可以分为统计调查(或问卷调查)与实地调查(或蹲点调查)。
- 根据调查研究的层次,可以分为宏观调查研究与微观调查研究。
- 根据调查的区域性,可以分为地区性调查、全国性调查和世界范围内的调查等。
- 根据调查题目的范围,可以分为综合性调查与专题性调查。前者内容比较广泛,涉及的领域较多;后者内容比较单一,针对性较强。
- 根据调查研究的领域,可以分为各种专题调查,如收视率调查、舆论调查(或民意测验)、市场调查、受众调查、媒介使用调查、媒介用于教育的调查、不同种族媒介使用调查、社区媒介调查等。
- 根据资料分析方法,可以分为定性研究与定量研究。前者是采用观察、访问等方法收集文字资料,然后对资料进行定性分析;后者是对由问卷、调查表、统计报表收集来的数据进行定量分析。但是,实际上,许多利用统计资料的研究既有定量分析,也有定性分析。[1]

2.1 应用性调查研究和理论性调查研究

2.1.1 应用性调查研究(Application Research)

应用性调查研究侧重解答各个实际工作部门、各个传播领域中的具体问题。它是通过社会调查来了解不断出现的新现象和新问题,并运用传播理论对这些问题做出科学的说明和解释、提出解决问题的方案或政策性建议。

2.1.2 理论性调查研究(Theory Research)

理论性调查研究通过对大众传播中现实问题的调查来发展和丰富传播理论,并提供有关传播发展一般规律的知识。它的主要任务在于解答传播学领域中的理论问题。理论性调查研究更注重分析传播现象的一般性和普遍性。

2.2 探索性研究、描述性研究和解释性研究

根据调查研究的目的与作用,可将传播研究分为探索性研究、描述性研究和解释性研究。这三种研究不仅在研究目的上不同,而且在研究方法和程序设计上也有所不同。

2.2.1 探索性研究(Explorative Research)

探索性研究是研究者对一项新的研究主题有了初步的了解,然后决定是否进行正式研究,及进行正式研究时应采用的方法。由于对所要研究的主题尚不完全清楚,另外,没有相关的研究可供参考,因此研究设计选取一些小样本。

2.2.2 描述性研究(Descriptive Research)

描述性研究的目的是要发现事实或传播真实,回答传播现象"是什么"的问题。描述总体是描述性研究最为本质的特征,其主要逻辑为归纳。在对传播现象进行描述的时候应该注意描述的准确性和概括性。

---

[1] 袁方、林彬:《社会调查原理与方法》,北京:高等教育出版社1990年版,第36—37页。

2.2.3 解释性研究(Explanative Research)

解释性研究的任务是理解有关传播现象之间的关系,以回答某个传播现象"为什么"的问题。它一般是从假设出发,预测事物的发展,探讨传播现象之间的因果联系。解释性研究的主要逻辑为假说—演绎。

2.3 横剖式研究和纵贯式研究

根据调查的时间性可将调查研究分为横剖式与纵贯式两种类型,这两种类型在调查的内容、范围和设计上具有不同的特点。

2.3.1 横剖式研究(Cross-Sectional Study)

横剖式研究,又称横截面研究,是在某一时点对调查对象进行横断面的研究。所谓"横断面"是指由调查对象的各种类型在某一时点上所构成的全貌,比如不同年龄、不同职业、不同地区、不同民族的人在某一调查时点上对某一问题的态度。

横剖式研究适用于对各类调查对象进行描述和比较。

2.3.2 纵贯式研究(Longitudinal Study)

纵贯式研究又称历时研究,是在较长时期的不同时点观察同一现象,并对传播现象做出纵向研究。纵贯式研究主要有以下三种类型:

- 趋势研究(Trend Study):趋势研究一般是对较大规模的调查对象随着时间推移而发生的变化的研究。趋势研究每次都是从同一个总体抽取样本,试图了解这一总体的历史变化。
- 世代研究(Cohort Study):又称同期群研究,是对某一时期同一代或同一年龄组的人群,随时间的推移而发生的变化的研究。世代研究每次都从一个固定的人群中抽取样本,它试图了解这一类人的历史变化。
- 小组研究(Panel Study):又称追踪研究,是对同一批人随时间推移而发生的变化的研究。小组研究与世代研究比较相似,区别在于前者的每次调查都是了解同一批人,而后者研究的具体样本可以每次不同。

互文参阅:第一章词条拉扎斯菲尔德的总统选举研究(p.9)

2.4 统计调查和实地调查

依据调查方法、资料分析方法和资料收集的特点，可以将传播研究方式分为两种类型，即统计调查与实地调查。

表 11-1　统计调查与实地调查[①]

	统计调查	实地调查
调查方法	问卷法、结构化观察与访问、量表与测验法、统计报表	无结构观察与访问、座谈会、个人文献与生活史研究
资料分析方法	统计分析	定性分析、主观理解法
资料特点	数据资料	文字资料
调查对象	大量样本	个案或少数单位
主要类型	问卷调查、民意测验	参与观察、蹲点调查、个案研究

2.4.1　统计调查（Statistics Survey）

统计调查是一种定量化的调查方式，它是从许多单位（如个人、企业或群体）中收集多个单位的可对比信息，并利用这种可对比的资料，进行汇总统计，以便对调查内容做更深入的定量分析。统计调查的特点是：[②]

- 利用标准化、结构化的调查方法收集资料。
- 调查资料可以精确地分类或转换为数据形式。
- 可以对资料进行数量分析。

2.4.2　实地调查（Field Research）

实地调查也称为"实地研究"，是"定性研究"。实地调查是深入调查现象，利用观察、访问、座谈等方法收集少数单位的各方面的信息，以便对调查对象做深入的解剖和分析。实地调查不仅指收集资料的活动，而且也指由经验材料上升到理性认识的活动。实地调查的主要特点是：[③]

- 只调查少数个案。

---

① 袁方、林彬：《社会调查原理与方法》，北京：高等教育出版社1990年版，第59页。
② 同上书，第60页。
③ 同上书，第64—65页。

- 对每一个个案的各种特征和各个方面作长期深入、细致的调查。
- 重要的是依靠无结构的、非标准化的观察记录和访问记录了解社会事实,调查资料无法汇总统计。
- 依靠主观的、洞察性的定性分析得出结论。

3 宏观分析和微观分析(Macroanalysis and Microanalysis)

宏观分析采用一个系统(如大众媒介)对整个社会所履行的功能的社会学视角,形成一种试图理解制度、整个社会和社会之间的互动等"大图景"的理论。[1]

微观分析采用一个系统(如大众媒介)对一个人所产生的功能的社会学视角,形成一种试图通过理解个体以及相互之间的互动来理解社会生活的理论。[2]

比较而言,政治经济学理论是宏观视角的文化理论,它较少关注个体如何被媒介所影响,更多关注社会秩序作为一个整体怎样被影响。[3]

元分析(Meta-analysis)

元分析整合了大量研究成果中的变量,对其进行综合分析,以揭示存在于各变量之间的关系或作用。这种研究方法基于先前彼此之间没有关系的研究档案做出结论。[4]

互文参阅:第十章词条2.3.1 政治经济学派(p.413)

---

[1] 〔美〕艾尔·巴比:《社会研究方法》(第10版),邱泽奇译,北京:华夏出版社2005年版,第34—35页。
[2] 同上书,第35—36页。
[3] 〔美〕斯坦利·巴兰、丹尼斯·戴维斯:《大众传播理论:基础、争鸣与未来》(第三版),曹书乐译,北京:清华大学出版社2004年版,第223页。
[4] 〔美〕约翰·C.雷纳德:《传播研究方法导论》(第三版),李本乾译,北京:中国人民大学出版社2008年版,第56页。

4 范式(Paradigm)

范式是一种组织性的理论视角,[1]用来指导观察和理解的模型或框架,它不仅塑造了我们所看到的事物,也影响着我们如何去理解事物。范式构成了解释或理论的基础,例如在冲突范式和互动主义范式下,我们用不同的方式看待同一社会现象。[2]

在自然科学中,当范式的缺陷随着时间的推移而变得越来越明显时,一个新的范式出现就会取代旧的范式,这意味着从错误观念向正确观念的转变。而在社会科学中,理论范式只有是否受欢迎的变化,每个范式都提供了其他范式忽略的观点,同时,也忽略了其他范式揭露的一些社会生活维度。因此,社会科学的范式没有对错之分,只有用处上的大小之分。[3]

5 传播学研究方法的特点(Characteristics of Communication Research Methods)

传播学的经验研究具有科学性,这是传播学研究的主要特点,具体体现在:[4]

- 传播学研究方法的科学性:传播学研究总是从理论或实际的课题入手,依据一定的法则和程序,系统地收集与分析相关的现象性资料,从而得出有意义的研究结论。其科学性表现在:以系统的理论框架为研究先导;研究过程有可靠的控制机制;采用严格的分析手段;所得结论有良好的复制功能。
- 传播学研究方法的操作性:现代传播学正是在面向实际、注重操作的社会背景下,在20世纪20年代以后逐步创立和发展起来

---

[1] 〔美〕约翰·C.雷纳德:《传播研究方法导论》(第三版),李本乾译,北京:中国人民大学出版社2008年版,第127页。
[2] 〔美〕艾尔·巴比:《社会研究方法》(第10版),邱泽奇译,北京:华夏出版社2005年版,第33—34页。
[3] 同上。
[4] 周庆山:《传播学概论》,北京:北京大学出版社2004年版,第340页。

的,它的操作性表现在其研究目的的三个梯次分布上:对研究对象的现实状况做出符合实际的描述;对研究对象的活动过程及特点做出解释;根据描述与解释的结果,预测在采取某种措施或创造一定条件以后,对象可能发生的变化,或者根据现有的测量指标,预测一定时间间隔以后对象的发展。

● 传播学研究方法的综合化与定量化:综合化指在传播学研究中采用多重设计和研究手段;定量化指在传播学研究中对传播活动和传播现象采用数量化的研究设计和分析手段。

6 传播学研究的基本观点（Standpoints of Communication Research）

传播学研究的基本观点是:历史的观点、概率的观点和系统的观点。

● 历史的观点:传播学研究是从该时代人们的传播活动的全部现实条件出发的。

● 概率的观点:传播学研究主张用传播现象存在和发展的可能性来说明传播现象的复杂性。

● 系统的观点:传播学研究把一组相互作用并且相关程度较强的因素作为一个系统,既见树木,又见森林。

7 传播学研究方法的层次（The Hierarchy of Communication Research）

传播学研究方法可以分为传播学研究方法论体系和传播学研究方法体系:①

● 传播学研究方法论体系是传播学研究中所应用的方法论基础。方法论是关于方法的理论学说和科学,通过研究方法论问题,我们可以了解作为工具的方法的思想基础及其特征,以及对具体问

---

① 胡正荣:《传播学总论》,北京:北京广播学院出版社1997年版,第32—33页。

题的作用等。
● 传播学研究方法体系是进行传播学研究所使用的具体操作方法。传播学的研究方法又可以分为定性研究方法和定量研究方法。

7.1 传播学研究方法体系

传播学研究方法基本分为定性和定量两类。这两类研究方法体系是建立在传播学两大类基础学科的基础之上的：传播学研究受现代社会科学和人文社会科学的影响很大，社会科学所采用的研究方法多为定量研究方法，而人文科学采用的研究方法多为定性研究方法。[1]

● 定量研究方法（Quantitative Methods）：也称实证研究方法或量化研究方法。定量方法操作的是量化事实体系。传播学的定量方法源自社会学、心理学等行为科学，常用的方法有实地调查法、内容分析法、实验法与个案研究法。所有这些方法都以数理统计为工具并利用技术日益进步的计算机，进行资料量化数据的精确统计，从对数据的分析中验证某些理论假设或提出某些观点。

● 定性研究方法（Qualitative Methods）：也称思辨研究方法或质化研究方法。定性方法操作的是概念体系。定性研究就是建立一套概念体系，借助理论范式，进行逻辑推演，据此解释或解构假设的命题，最后得出理论性结论。定性研究方法可以补充传统定量研究方法的不足，也可以修正传统研究中的理性角度。

尽管两个系统有较大的差异，但是在实际的传播学研究中，无法将两种方法截然分开，两种方法存在着明显的互通性。

互文参阅：第七章词条3.1《世界大战中的宣传技巧》(p.266)

7.2 三角测量（Triangulation）

由于每一种研究方法都有其局限性，因而在调查研究中应该使用两种以上的测量手段测量同一客体，以便相互验证，[2]并充分发挥

---

[1] 胡正荣：《传播学总论》，北京：北京广播学院出版社1997年版，第33—46页。
[2] 袁方、林彬：《社会调查原理与方法》，北京：高等教育出版社1990年版，第158页。

每一种研究方法的长处,规避其局限性。三角测量也指同时使用定量和定性的研究方法,以充分认识研究问题的本质。①

8 传播学研究的一般程序(The General Process of Communication Research)

传播学调查研究的顺序和基本步骤为:②
- 选择研究课题。确定研究的范围,定义研究的问题,尽可能用问题或者陈述问题之间的可能关联(假设)的形式表现出来。
- 查阅待讨论的研究课题的文献资料。
- 确定最合适的研究方法或者方法组合以收集资料。
- 重新审阅并提炼所要研究的问题。
- 在研究资料或者研究对象中进行鉴别或筛选(取样),逐步确定研究方法,研究设计方案和参数。
- 对研究方法、工具设备以及研究设计方案进行实验性试用,并做出改进。
- 收集和分析数据。每种研究方法根据特定的条件收集和分析数据的过程会有所不同。
- 书写研究报告。在这个步骤中,研究者开始把方方面面的研究整合为结论性的研究成果。

9 假设(Hypothesis)

假设是关于某些事件的一个可测试的预测,是对调查对象的特征以及有关现象之间的相互关系所做的推测性判断或设想,它是对问题的尝试性解答。由于这种设想目前还未获得充分证据,因此要在研究中加以证明。③

---

① 〔美〕罗杰·D.维曼、约瑟夫·R.多米尼克:《大众媒介研究导论》(第七版),金兼斌等译,北京:清华大学出版社2005年版,第52页。
② 〔英〕安德斯·汉森等:《大众传播研究方法》,崔保国、金兼斌、童菲译,北京:新华出版社2004年版,第4页。
③ 袁方、林彬:《社会调查原理与方法》,北京:高等教育出版社1990年版,第105页。

互文参阅：第十一章词条 21.6 零假设（p.499）

10　归纳（Induction）

科学探索同时采取归纳法和演绎法。

归纳法是用科学家观察到的特殊或特定的例子得出一般性结论或通则的方法，它以数据为基础，把数据反映的实际关系组织为理论原则。它认为研究从经验主义的观测开始，而不是从思索推测开始。这种利用数据资料或证据得出一般性原理的方法，通常被称为经验论（Empiricism）。

当事实被搜集以后，它们首先被过滤，最重要的信息片段被选择。这些信息被用来建构经验主义的概括总结，即一些关于变量之间的联系的断言。然后，研究者可以搜集更多的数据来研究这些概括总结是否正确。归纳法的数字表达是从统计推论中得出的；科学家需要检查很多特殊的例子，才能得出结论。

11　演绎（Deduction）

演绎法开始于抽象的原理，并将其应用于特殊的例子，是从一般到个别。它是从理论解释出发，寻求数据以检验理论的预测。这种方法通常被称为逻辑法（Logic）和唯理论（Rationalism）方法。科学家用演绎法从假设（一般原则）向可操作定义飞跃，从提出逻辑或理论上预期的模式到观察检验预期的模式是否确实存在。

12　归纳与演绎之间的联系（The Relation between Induction and Deduction）

归纳推理与演绎推理虽有上述区别，但它们在人们的认识过程中是紧密联系着的，两者互相依赖、互为补充：

- 没有归纳推理也就没有演绎推理，因为演绎推理的一般性知识的大前提必须借助于归纳推理从具体的经验中概括出来。

- 没有演绎推理也就不可能有归纳推理,因为归纳活动的目的、任务和方向要依靠人们先前积累的一般性理论知识的指导,而这本身就是一种演绎活动。而且,单靠归纳推理是不能证明必然性的,因此,在归纳推理的过程中,人们常常需要应用演绎推理对某些归纳的前提或者结论加以论证。

这两种不同的方法都是达到科学目标的有效途径,而两者的结合则可用于寻求人们对事物更有力、更完整的理解。实际的科学探索通常牵扯到演绎和归纳两种逻辑的交替使用。演绎法是先推论而后观察,而归纳法则是从观察开始。逻辑和观察都很重要。在实际研究中,演绎法和归纳法都是建构理论的必经之路。①

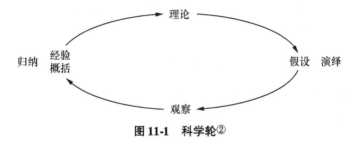

图 11-1　科学轮②

13　因果关系(Causal Relationship)

当一个特定变量在特定条件下的改变总是导致另一变量的相同效果时,二者之间就存在因果关系。自变量和因变量所隐含的意义决定关系或因果关系模型。因果关系要符合三个主要标准:③

- 变量之间必须相关;
- 原因必须先于结果发生;
- 不是虚假相关。

---

① 〔美〕艾尔·巴比:《社会研究方法》(第10版),邱泽奇译,北京:华夏出版社2005年版,第51页。
② 同上书,第25页。
③ 袁方、林彬:《社会调查原理与方法》,北京:高等教育出版社1990年版,第109页。

13.1　相关(Correlation)

相关是两个变量之间的经验关系：一个变量的改变必须影响到另一个变量的改变；或者一个变量的特定属性与另一个变量的特定属性相关。相关本身并不意味着因果关系，但是它是因果关系的一个标准。

13.2　虚假关系(Spurious Relationship)

虚假关系是指两变量之间的巧合性的统计相关，其实这种相互关系是由第三个变量引起的。[1] 例如，发现鞋码大的孩子，数学能力更好，其实这两个变量之间没有相关关系，而都与第三个变量——孩子的年龄相关。

13.3　因变量(Dependent Variable)

因变量被假定为它的变化是依赖于其他变量，或是由于其他变量(也就是自变量)的变化而引起的。因变量是被观察研究的变量。[2]

13.4　自变量(Independent Variable)

自变量的值在分析中不受质疑，而是被当作给定的。自变量被看作原因或决定因素，是受研究者系统控制的变量。[3]

13.5　变量(Variable)

变量是概念的一种类型，是通过对概念的定义和界说转化而来的。变量是对概念的具体化，反映了概念在具体形态上的变动性。[4]

---

[1] 〔美〕艾尔·巴比：《社会研究方法》(第10版)，邱泽奇译，北京：华夏出版社2005年版，第89页。

[2] 〔美〕罗杰·D. 维曼、约瑟夫·R. 多米尼克：《大众媒介研究导论》(第七版)，金兼斌等译，北京：清华大学出版社2005年版，第512页。

[3] 同上书，第514页。

[4] 袁方、林彬：《社会调查原理与方法》，北京：高等教育出版社1990年版，第108页。

14 测量(Measure)

在调查研究中,对现象之间性质差异和数量差异的度量称为测量。所谓测量,是指按照某种法则给物体和事件分派一定的数字和符号。也就是说,任何测量都包含三个不可缺少的要素:[①]
- 测量客体;
- 数字或符号;
- 分配数字或符号的法则。

任何测量都必须具备完备性和互斥性:
- 所谓完备性(Complete),是指用这种尺度去测量某一概念时,对这一概念所包含的各种情况都能进行测量。
- 所谓互斥性(Exclusive),就是对这一概念的不同情况,应该用互相排斥的不同值来表示。

14.1 测量尺度的分类

斯坦利·S.史蒂文斯(Stanley S. Stevens)1951 年创立的测量层次的分类方法被广泛采用,他将测量尺度分为四类:定类尺度、定序尺度、定距尺度和定比尺度。在研究传播现象的时候,应该注意它们的变量类型,选择适当的测量尺度。

14.1.1 定类尺度(Nominal Scale)

定类尺度也称类别尺度和定名尺度。由于定类尺度的测量实质上是一种分类体系,因而必须注意所分的类别既要穷尽,又要互相排斥。定类尺度只能对调查对象进行分类,标以不同的名称,并确定其类别,比如,职业、性别等。[②] 在统计定类变量的时候,主要计算每个类别内究竟含有多少次数,因而它所适用的统计都属于次数的统计。

定类尺度所做的分类是一切测量的基础。

[①] 袁方、林彬:《社会调查原理与方法》,北京:高等教育出版社 1990 年版,第 135—136 页。
[②] 同上书,第 138—139 页。

14.1.2 定序尺度(Ordinal Scale)

定序尺度也称等级尺度或顺序尺度。定序尺度的取值可以按照某种逻辑顺序将调查对象排列出高低或大小,确定其等级及次序,[1]例如受教育程度。它是数字特性比定类尺度要高的一个层次,也就是说,它不仅能够区别异同,而且能确定大小,可以用数学符号的大于号和小于号来表示。

14.1.3 定距尺度(Internal Scale)

定距尺度也称等距尺度或区间尺度。它不仅能够将调查对象的属性和特征区分为不同的类别、不同的等级,而且可以确定它们相互之间不同等级的间隔距离和数量差别,[2]例如人的智商。

在定距尺度中才开始真正显示事物在数量上的差异。但是,定距尺度没有绝对的零点,因此根据这一测量所得出的数据只能做加减,而不能做乘除等运算。

14.1.4 定比尺度(Ratio Scale)

定比尺度也称为等比尺度或比例尺度。它除了具备上述三种测量尺度的全部性质以外,还具备一个绝对的零点(有实际意义的零点)。因此,它所测量的数据,既能做加减运算,又能做乘除运算,[3]例如,身高、年龄、出生率等。

14.2 测量的质量

在对传播现象进行测量时,研究者们对测量质量的评估主要关注测量的信度和效度两项技术指标。

14.2.1 信度(Reliability)

信度即可靠性,指测量结果的一致性或稳定性,也指测量工具是否能稳定地测量所测的变量;[4]也就是对同一测量对象或相似对象进行测量,所得到的结果的相似程度。相似程度越高,说明这种测量越可信。

---

[1] 袁方、林彬:《社会调查原理与方法》,北京:高等教育出版社 1990 年版,第 139 页。
[2] 同上书,第 140 页。
[3] 同上书,第 141 页。
[4] 同上书,第 150 页。

14.2.1.1　外在可靠性(External Reliability)

外在可靠性是指在可接受的误差范围内,如果用于相同条件下的现象,每次测量都提供相同结果的能力。

14.2.1.2　内在可靠性(Internal Reliability)

内在可靠性指的是,一次测量的不同部分能否提出可资比较的数据。

14.2.2　效度(Validity)

效度就是正确性程度,即测量工具在多大程度上反映了我们想要测量的概念的真实含义。[①] 效度越高,表示测量结果越能显示出所要测量的对象的真正特征。

14.2.2.1　外在效度(External Validity)

外在效度研究结果在多大程度上能够推广到其他人群、场景和时间中。一个缺乏外在效度的研究不能被其他场合借用,它只对所测试的样本有效。

14.2.2.2　外在无效度(External Invalidity)

外在无效度是指实验结果不能应用于"现实"世界,即使实验结果正确地反映了实验过程,但不一定能真实地反映社会生活。

14.2.2.3　内在效度(Internal Validity)

内在效度表示研究的结果是基于预期条件,而非外部变量得来的。[②] 因此,在研究设计中必须控制那些局外的或替代的变量,以排除它们成为任何客观观察到的效果的原因。也就是说,除了进行实验的自变量之外,实验者希望排除任何可以解释所得结果的因素,否则会出现由于实验的处理而导致的差别。

14.2.2.4　内在无效度(Internal Invalidity)

内在无效度问题是指实验结论没有正确地反映实验本身。在任何时候,只要实验以外的因素影响了因变量,就会造成内在无效度。内在无效度的来源包括:[③]

[①] 〔美〕艾尔·巴比:《社会研究方法》(第10版),邱泽奇译,北京:华夏出版社2005年版,第140页。

[②] 〔美〕罗杰·D. 维曼、约瑟夫·R. 多米尼克:《大众媒介研究导论》(第七版),金兼斌等译,北京:清华大学出版社2005年版,第514页。

[③] 〔美〕艾尔·巴比:《社会研究方法》(第10版),邱泽奇译,北京:华夏出版社2005年版,第223—224页。

- 历史事件。在实验过程中发生的历史事件会把实验结果弄得混淆不清。
- 成熟。人们无论是否参与实验,都在不断成长和改变,而此类变化将影响实验结果。
- 测验。如果在实验中一测再测,也会影响人的行为。
- 测量工具。
- 选择偏好。在如何选择受试者并把他们分配到实验组和控制组时,会有选择偏好的问题。
- 实验死亡率。实验过程中有人离开,而留下的人可能有某些共同的特质,因而会导致某种实验结果。
- 因果时序倒错。可能是"因变量"的变化引起了刺激的变化。
- 实验处理中的传播与模仿。假如实验组与控制组可以互相沟通,这样控制组也受到了影响,而不再是真正的控制组了,也就是受到了"污染"。

14.2.3 信度和效度的关系

信度和效度是有效的测验工具所必须具备的两项主要条件。信度和效度之间存在着一定的关系:信度是效度的必要条件,但不是充分条件——信度高不能说明效度高,但效度高,信度一定高。因此,两者的关系如下:

- 信度低,效度不可能高。因为如果测量的数据不准确,就不能有效地说明所研究的对象。
- 信度高,效度未必高。例如,即使我们准确地测量出某人的经济收入,也未必能够说明他的消费水平这一需要测量的特征。
- 效度低,信度有可能高。例如,即使一项研究未能说明社会流动的原因,它也很有可能很精确、很可靠地调查了各个时期各种类型的人的流动量。
- 效度高,信度通常也高。

15 抽样调查(Sample Survey)

抽样是一种选择调查对象的程序和方法。[①] 抽样调查是一种非全面调查。它是从全部调查研究对象中,抽选一部分单位进行调查(例如杂志读者、报纸读者、电视观众、一个社区的人口),然后以所得的结论推论和说明全部调查研究对象的特征。

抽样调查法按照选取样本的方式可以分为概率抽样(Probability Sampling)和非概率抽样(Nonprobability Sampling)。

抽样调查虽然是非全面调查,但它的目的却在于取得反映总体情况的信息资料,因而,也可起到全面调查的作用。

互文参阅:第一章词条拉扎斯菲尔德的总统选举研究(p.9);第十一章词条 15.2 概率抽样(p.480)、词条 15.3 非概率抽样(p.482)

15.1 抽样的术语

15.1.1 样本(Sample)
样本是总体的一部分,它是从总体中按一定程序抽选出来的那部分单位的集合。

15.1.2 研究总体(Study Population)
研究总体是从总体中抽出的样本的总和,[②]在抽样调查中也叫抽样总体。

15.1.3 抽样框(Sampling Frame)
抽样框是指用以代表总体,并从中抽选样本的一个框架,其具体表现形式主要有包括总体全部单位的名册、地图等。抽样框在抽样调查中处于基础地位,对于推断总体特征具有相当大的影响,因为对于抽样调查来说,样本的代表性如何、抽样调查最终推算的估计值真实性如何,首先取决于抽样框的质量。

[①] 袁方、林彬:《社会调查原理与方法》,北京:高等教育出版社 1990 年版,第 160 页。

[②] 〔美〕艾尔·巴比:《社会研究方法》(第 10 版),邱泽奇译,北京:华夏出版社 2005 年版,第 184 页。

要想保证样本对总体的代表性,抽样框就要包含所有的(或接近所有的)总体成员。经过正确抽样所得的样本信息,只适合于描述构成抽样框的要素所组成的总体,不能再扩展。① 如果抽样框并没有真正包括所有的要素,研究人员的首要任务是先评估被省略的内容,继而在可能的情况下进行更正。

15.1.4　抽样比率(Sample Ratio)

抽样比率是指在抽选样本时,所抽取的样本单位数与总体单位数之比,即抽样比率 = 样本大小/总体大小。

15.1.5　抽样间距(Sample Interval)

抽样间距是指两个被选择要素之间的标准距离,②是抽样比率的倒数,即抽样间距 = 总体大小/样本大小。

15.1.6　置信度(Confident Level)和置信区间(Confident Interval)

有关抽样结果的准确度的所有叙述都必须用置信度和置信区间两个数值来表示。

置信度也称为可靠度,或置信水平、置信系数,即在对总体参数做出估计时,由于样本的随机性,其结论总是不确定的。因此,采用一种概率的陈述方法,即总体参数落在一个既定置信区间的估测概率。③

置信区间是在给定的概率下,参数可能落入的范围。④

当置信区间扩大时,置信度就会相应地增加。我们可以确定地说,几乎所有(99.9%)的样本估计值都会落在与真实值相距三个标准误差的范围内。

15.1.7　抽样误差(Sampling Error)

在抽样调查中,通常以样本为基础做出估计值对总体的某个特征进行估计,当二者不一致时,就会产生误差。因为由样本做出的估计值是随着抽选的样本的不同而变化的,所以即使观察完全正

---

① 〔美〕艾尔·巴比:《社会研究方法》(第10版),邱泽奇译,北京:华夏出版社2005年版,第192页。
② 同上书,第196页。
③ 同上书,第191页。
④ 〔美〕罗杰·D.维曼、约瑟夫·R.多米尼克:《大众媒介研究导论》(第七版),金兼斌等译,北京:清华大学出版社2005年版,第511页。

确,它和总体指标之间也往往存在差异,这是由于总体的异质性和样本与总体范围的差异性所造成的。这种差异纯粹是由抽样引起的,称为抽样误差,也可称为标准误(Standard Error),只有对概率样本才可计算抽样误差。

抽样误差是衡量样本代表性大小的标准,它主要取决于总体的异质性和样本所含个体的多少。一般地说,样本所含个体越多,且异质性越低(同质性高),代表性就越高,抽样误差就越小;反之,代表性就越低,抽样误差就越大。[①]

抽样调查可以通过抽样设计,采用一系列科学的方法,把抽样误差控制在允许的范围内,保证抽样调查资料的统计代表性。

15.1.8 非抽样误差(Nonsampling Error)

非抽样误差是指除抽样误差以外所有误差的总和,也叫偏差(Deviation)、偏误。非抽样误差包括测量误差(Measurement Error)和随机误差(Random Error),后者也称不可控误差或未知误差。引起非抽样误差的原因很多,比如抽样框不全、访问员工作经验有限、被访者不配合访问、虚假回答以及方案设计和问卷设计存在缺陷等等。

15.1.9 方差(Variance)

方差是一个数学指标,反映数据偏离或不同于均值的程度。方差小说明分布中的数值大多分布于均值附近;方差大则说明数据比较发散。因此,方差和数据的发散或差别程度是成正比的。方差也是样本容量的函数,它与样本大小成反比。当样本容量增加时,方差将会减少。方差的计算公式为:

$$S^2 = \frac{\sum (X_i - \bar{X})^2}{N-1} \quad \text{或} \quad S^2 = \frac{\sum X_i^2}{N} - \bar{X}^2$$

其中第二个公式是当 N 很大时采取的简单的等效公式。(X_i:变量取值;$\bar{X}$:平均值;N:变量总数;S^2:方差)

互文参阅:第十一章词条 21.9 离散趋势(p.500)

15.1.10 标准差(Standard Deviation)

方差的平方根就是标准差,是对围绕着平均值的离散趋势的测

[①] 袁方、林彬:《社会调查原理与方法》,北京:高等教育出版社 1990 年版,第 166 页。

量。标准差越小,值就越围绕着平均值而聚集;标准差越大,值就越分散。① 由于方差是通过对均值的偏差的平方来表达,而不是使用原始数值的测量单位,两个统计量不在同一量纲上,因此会为统计分析带来不便。而标准差用与原始数据同样的量纲来表示离散性,更具有物理意义。标准差的具体公式可以是以下两个中的任何一个:

$$S = \sqrt{\frac{\sum (X_i - \bar{X})^2}{N-1}} \quad 或 \quad S = \sqrt{\frac{\sum X_i^2}{N} - \bar{X}^2}$$

互文参阅:第十一章词条 21.9 离散趋势(p.500)

15.1.11 代表性(Representativeness)

当选出的样本的各种集合特征大体接近总体的集合特征时,样本就具有代表性。这样通过对样本的分析所得出来的描述和解释也同样适用于总体。代表性给概化和推论统计提供了可能性。在概率抽样的情况下,代表性会更好。

15.1.12 抽样分布(Sample Distribution)

抽样分布是一个统计量,指所有可能取值的概率分布,这些可能的取值是通过从一个特定的总体中抽取某一大小的所有可能样本而得到的。

15.2 概率抽样(Probability Sampling)

根据抽选样本的方法,抽样调查可以分为概率抽样和非概率抽样两类。

概率抽样是按照概率论和数理统计的原理从调查研究的总体中,根据随机原则来抽选样本,即任何要素都要具有同等的、独立于任何其他事件的被抽到的概率。概率抽样包括简单随机抽样、系统抽样等。在我国,习惯上将概率抽样称为抽样调查。抽样调查有以下三个突出特点:

- 按随机原则抽选样本;
- 总体中每一个单位都有一定的概率被抽中;

---

① 〔美〕艾尔·巴比:《社会研究方法》(第10版),邱泽奇译,北京:华夏出版社2005年版,第542页。

- 可以用一定的概率将误差控制在规定的范围之内。

15.2.1　简单随机抽样(Simple Random Sampling)

简单随机抽样也称为单纯随机抽样,是指从总体 N 个单位中任意抽取 n 个单位作为样本,使每个可能的样本被抽中的概率相等的一种抽样方式。

简单随机抽样可分为重复抽样和不重复抽样两种。在抽样调查中,简单随机抽样一般是指不重复抽样。

15.2.2　系统抽样(Systematic Sampling)

系统抽样,也叫等距抽样,或机械抽样。它是首先将总体中各单位按一定顺序排列,根据样本容量要求确定抽选间隔,然后随机确定起点,每隔一定的间隔抽取一个单位的一种抽样方式。系统抽样是系统化地选择完整名单中的每第 K 个要素组成样本。如名册包含 10000 个要素,而需要 1000 个样本时,选择每第 10 个要素作为样本。

根据总体单位排列方法,系统抽样的单位排列可分为三类:按有关标志排列、按无关标志排列以及介于按有关标志排列和按无关标志排列之间的按自然状态排列。

按照具体实施系统抽样的做法,系统抽样可分为:

- 直线系统抽样:按某一固定间隔抽样。
- 对称系统抽样:它要求样本单位的分布以总体的轴心为中心对称,而且各对称样本与其相近的下限或上限的距离相等,即等于随机起点值。
- 循环系统抽样:如分别按照每隔 4、5、6 这样的间隔抽样。

15.2.3　分层抽样(Stratified Sampling)

分层抽样又称为分类抽样或类型抽样,它首先将总体的 N 个单位分成互不交叉、互不重复的 k 个部分,我们称之为层;然后在每个层内分别抽选 $n_1,n_2\cdots n_k$ 个样本,构成一个容量为

$$n = \sum_{i=1}^{k} n_i$$

的样本。

分层抽样是把异质性较强的总体分成一个个同质性较强的子总体,再抽取不同的子总体中的样本分别代表该子总体,进而所有的样本可代表总体。层与层之间异质性强,层内同质性较强。

分层的标准为：
- 以调查所要分析和研究的主要变量或相关的变量作为分层的标准。
- 以保证各层内部同质性强、各层之间异质性强、突出总体内在结构的变量作为分层变量。
- 以那些有明显分层区分的变量作为分层变量。

15.2.4 整群抽样(Cluster Sampling)

整群抽样又称集团抽样，是首先将总体中各单位归并成若干个互不交叉、互不重复的集合（我们称之为群），然后以群为抽样单位抽取样本的一种抽样方式。也就是说，只要该群（丛）被选中，则该群中所有的成员都进入随后的子样本。整群抽样特别适用于缺乏总体单位的抽样框。应用整群抽样时，要求各群有较好的代表性，即群内各单位的差异要大，群间差异要小。[①]

为了尽量减少误差，设计整群抽样的一般性原则就是：尽可能多地选取群，而减少每个群中要素的数量。

概率比率抽样(Probability Proportionate to Size)

概率比率抽样是一个多级整群抽样，其中的群体被选取的概率并不相等。它们被选中的概率与它们规模的大小成正比，即取决于每个群中的子样本的数量。这种抽样方法对整个总体中的每个要素而言，被选中的概率是相等的。[②]

15.3 非概率抽样(Nonprobability Sampling)

非概率抽样是抽取样本不依据概率理论进行的抽样，包括便利抽样、目标式抽样、配额抽样和滚雪球抽样。

15.3.1 便利抽样(Convenience Sampling)

便利抽样又称偶遇抽样，是指研究者将其在一定时间内、一定环境里所能遇见或接触到的人均选入样本的方法。[③] 常见的未经许

---

① 袁方、林彬：《社会调查原理与方法》，北京：高等教育出版社1990年版，第177页。
② 〔美〕艾尔·巴比：《社会研究方法》（第10版），邱泽奇译，北京：华夏出版社2005年版，第202—205页。
③ 袁方、林彬：《社会调查原理与方法》，北京：高等教育出版社1990年版，第181页。

可的街头随访或拦截式访问、邮寄式调查、杂志内问卷调查等都属于便利抽样/偶遇抽样的方式,也被称为就近抽样。这样的方法可以作为问卷的前测,但是不应用来代替全体被调查对象。

15.3.2 配额抽样(Quota Sampling)

配额抽样是根据总体的结构特征来给调查员分派定额,以取得一个与总体结构特征大体相似的样本,例如根据人口的性别、年龄构成规定不同性别、年龄的调查人数。配额保证了在这些特征上,样本的组成与总体的组成是一致的。

15.3.3 目标式抽样(Purposive Sampling)

在调查总体异质性高,而且样本数很小时,抽样设计者基于对调查总体有关特征的了解和经验,依据对研究目的的判断,从总体中抽选有代表性的、典型的单位作为样本,这种抽样叫目标式抽样或判断抽样(Judgmental Sampling)。

15.3.4 滚雪球抽样(Snowball Sampling)

滚雪球抽样是先选择一组调查对象,通常是随机地选取的。访问这些调查对象之后,再请他们提供另外一些属于所研究的目标总体的调查对象,根据所提供的线索,选择此后的调查对象。这一过程会继续下去,形成一种滚雪球的效果。此抽样的主要目的是调查研究在总体中十分稀有的人物特征。由于通过这种方法产生的样本的代表性可疑,因此,它通常用于探索性研究。

15.4 典型调查(Typical Survey)

典型调查是一种非全面调查,是从调查对象的总体中选取一种或几个有代表性的单位进行全面、深入的调查。典型调查的目的是通过深入地"解剖麻雀",以少量典型来概括或反映全局。

典型调查的特点是:[①]
- 调查对象是有意识地主观选取的,它们要具备代表性。
- 调查少量典型可以节省时间、人力、经费;调查内容比较深入、全面,可以细致地解剖一个单位,反映情况快;调查方式较为灵活。

---

① 袁方、林彬:《社会调查原理与方法》,北京:高等教育出版社1990年版,第45页。

- 典型调查的缺点是所选择的调查对象是否具有代表性是很难判断的，因此得出的调查结论并不一定能适用于总体或全局。
- 由于单位数量少，因而无法对现象进行精确的数量分析，很难发现社会现象之间的因果规律。
- 但是，如果将典型调查和全面统计结合，既可以掌握全面情况，又具有典型材料，就为分析问题、解决问题提供了丰富生动的资料。

15.5 普查(Census)

一种将所有人口都包含在样本范围之内的全面统计调查。[1]

16 问卷(Questionnaire)

问卷是其中包括了问题和其他类型的项目、调查研究人员通过它来获取和分析相关的信息、社会调查中最常用的资料收集方法。问卷主要在抽样调查研究中使用，但同时也可以在实验、实地研究和其他观测方法中使用。[2] 美国社会学家艾尔·巴比(Earl Babbie)称"问卷是社会调查的支柱"。

通常可以把问卷分为自填问卷和访问问卷。自填问卷是由被调查者自己填写的问卷，而访问问卷是由访问员根据被调查者的口头回答来填写的问卷。

问卷通常由封面信、指导语、问题、答案、编码等内容构成：

- 封面信包括调查目的、希望回复的日期、调查的大致内容、保密保证、共享调查结果的承诺、对参与者的感谢等内容。
- 指导语是用来指导被调查者填写问卷的一组说明。
- 问题和答案部分是问卷的主体。问题的形式包括开放式问题、封闭式问题和半封闭式问题。封闭式问题的答案要求同时满足互斥性和完备性。

---

[1] 〔美〕罗杰·D.维曼、约瑟夫·R.多米尼克：《大众媒介研究导论》(第七版)，金兼斌等译，北京：清华大学出版社2005年版，第510页。

[2] 〔美〕艾尔·巴比：《社会研究方法》(第10版)，邱泽奇译，北京：华夏出版社2005年版，第237页。

- 编码是指将资料中的所有项目转化成数字码。

互文参阅： 第七章词条 4 霍夫兰的美国陆军研究（p.271）；第十章词条 14.2 库尔特·勒温（p.441）

16.1 封闭式问题（Closed-ended Questions）

受访者被要求在研究者所提供的答案中选择一个答案。因为封闭式问题能够保证回答具有更高的一致性，并且比开放式问题更容易操作，因而在调查研究中相当流行。①

16.2 开放式问题（Open-ended Questions）

受访者被要求做出自己的回答的问题。深度访谈和定性访谈就基本依赖于开放式问题。②

16.3 关联问题（Contingency Questions）

在设计问题时，常常遇到这样的情况，即有的问题只适用于部分调查对象，而一个被调查者是否需要回答这个问题，是依据他对前一个问题的回答来决定的，例如只有在前一个问题回答"是"，才需要回答后一个问题。我们通常把前一个问题叫过滤性问题或筛选性问题，而把后一个问题叫相倚问题。这样的两个或多个问题，就是关联问题。

16.4 问卷收集数据的方法

问卷收集数据的方法包括：
- 邮寄问卷。
- 把一群受访者召集到同一地点，同时填答问卷。
- "留置家中"的方法，即研究人员把问卷送到受访者家中，并对其详细解释整个研究，然后把问卷留给受访对象自行完成，稍后再由研究者取回。
- 面访法，即访谈者通过面对面的方式直接向受访者提问，从

---

① 〔美〕艾尔·巴比：《社会研究方法》（第 10 版），邱泽奇译，北京：华夏出版社 2005 年版，第 238 页。
② 同上。

而收集调查资料。

- 电话访问法,即访谈者通过打电话向受访者提问的收集调查资料的方法。
- 网络问卷的方法。可以直接把问卷放在网页上,也可通过电子邮件、即时通信软件或 IP 电话和手机短信等通信技术访问。

互文参阅:第十一章词条 23.1 互联网收集数据的方法(p.504)

16.5 回收率(Response Rating)

回收率是参与调查的人数与样本总数之比(百分比的形式),也称为完成率。① 在自行填答的调查中也称为返还率,即返还问卷占所发出问卷的比例。回收率是反映受访者样本代表性的一项指标。比起低回收率来,较高的问卷回收率,偏误也较小。

16.6 问卷的编码(Coding)

编码是将原始资料转变为标准化的形式的过程,即将分析单位归入某一答案类别的过程,②以便利用计算机来处理和分析这些资料。

16.7 李克特量表(Likert Scale)

李克特量表是由美国教育家和组织心理学家伦西斯·李克特(Rensis Likert)所发展出来的五级复合测量量表,它试图通过在问卷调查中使用标准化的回答分类来提高社会研究中的测量层次,并以此来决定不同项目的相对强度。李克特项目就是利用诸如"非常同意"、"同意"、"不确定"、"不同意"、"非常不同意"这样的回答进行分类。③

---

① 〔美〕艾尔·巴比:《社会研究方法》(第 10 版),邱泽奇译,北京:华夏出版社 2005 年版,第 253 页。
② 〔美〕罗杰·D. 维曼、约瑟夫·R. 多米尼克:《大众媒介研究导论》(第七版),金兼斌等译,北京:清华大学出版社 2005 年版,第 511 页。
③ 〔美〕艾尔·巴比:《社会研究方法》(第 10 版),邱泽奇译,北京:华夏出版社 2005 年版,第 164 页。

16.8 倾向性(Bias)

倾向性是指问卷或访问中的问题具有鼓励受访者以某种特定的方式回答的特性,[1]比如某些以反问句式出现的问题,鼓励人们做出肯定的回答;也指被调查者在回答问题时选择比实际情况更好或更差的答案的倾向。

16.9 二次分析(Secondary Analysis)

二次分析是指对先前的研究者或其他研究组织所收集的数据加以利用,也叫数据再分析。[2] 同样的数据往往能够被具有不同兴趣的研究者用来做进一步的分析。

17 访谈法(Interview)

访谈法是一种对话的技术,能使调查者理解并解释研究对象的行为或看法。访问因研究的性质、目标或对象的不同而有不同的方式:

- 根据访问者与被访问者之间的交流方式,可以分为直接访问和间接访问。前者是访问者与被访问者面对面的交谈,后者是通过电话对访问者进行访问。
- 根据一次被访问的人数,可以分为个别访问和集体访谈。
- 按照对访问过程的控制程度,可以分为结构式访问和非结构式访问。

互文参阅:第七章词条 4 霍夫兰的美国陆军研究(p.271);第十章词条 14.2 库尔特·勒温(p.441)

17.1 结构式访问(Structured Interview)

结构式访问又称标准化访问、调查访谈。它是一种高度控制的

---

[1] 〔美〕艾尔·巴比:《社会研究方法》(第 10 版),邱泽奇译,北京:华夏出版社 2005 年版,第 242 页。
[2] 〔美〕罗杰·D.维曼、约瑟夫·R.多米尼克:《大众媒介研究导论》(第七版),金兼斌等译,北京:清华大学出版社 2005 年版,第 519 页。

访问,即按照事先约定、有一定结构的访问问卷进行的访问。这种访问的特点是:选择访问对象的标准和方法、访谈中所提的问题、提问的方式和顺序以及对被访问者的回答的记录方式都是统一的。[①]

访问中由访问者按照事先制作的访问问卷提问,问卷上的问题可以是封闭式的,也可以是开放式的。在结构式访问中,问卷是访问者的重要工具,访问者必须严格按照问卷上的问题发问,自己不能随意对问题做出解释。当被问的人表示不明白的时候,访问员只能重复一遍问题,或按照统一口径进行解释。

通常这类访问都有一份访问指南,其中对问卷中可能产生误解的问题都有说明,这些说明规定了访问者对这些问题作解释的口径。因此,结构式访问最大的优点就是访问结果便于量化而且可以进行统计分析,它是统计调查中的一种,也可以把它看作是面谈式问卷调查。

17.2 非结构式访问(Unstructured Interview)

非结构式访问又称非标准化访问、定性访谈(Qualitative Interview)。与结构式访问相反,它事先不制定统一的问卷、表格和访问程序,而是给访问者一个题目或一组进行深度访谈的主题,由访问者与被访问者就这个题目自由交谈。[②]

17.2.1 深度访问(In-depth Interview)

深度访问又称临床式访问,它是为搜索特定的经验及其行为动机的主观资料而做的访问,访问是机动的或结构松散的,常用于个案调查。[③] 深度访问与重点访问一样,充分允许探索和深究在访问中发现的意外因素。

17.2.2 重点访问(Focus Interview)

重点访问又称集中访问,它是集中于某一经验及其影响的访问,属于非结构式访问。这个方法常在大众传播,如广播、电视、出版物等的社会心理效果的研究中运用。重点访问的重点不是指对

---

① 袁方、林彬:《社会调查原理与方法》,北京:高等教育出版社1990年版,第254—255页。
② 同上书,第256页。
③ 同上书,第257页。

访问对象的重点挑选,而是指访问所侧重的内容。具体做法是,首先访问者将访问对象安排到一定的情景中,然后请被访问者自由说明他们在这一情景中的主观经验和感受,即个人对情景的认识。①

17.2.3 客观陈述法(Meandering Interview)

客观陈述法,又称非引导式访问(Non-directed Interview),属于非结构式访问,是一种能让被访问人发表意见的方法,一种能使研究者直接接触被访者的观念、价值观和动机的方法。访问中的问题通常很简短,如"为什么"、"是吗"、"还有哪些"等。这类访问意在了解被访问者最深层的思想感情,它可以引出甚至连回答者自己都不知道或对自己都不愿意承认的感情。

访问者从被访问者那里获得的不仅是资料,而且还有对资料的解释。当然,这些解释会受被访问者的观念的影响。为了避免这一点,访问者必须对被访问者的背景、价值观念、态度有较为深入的了解,否则就无法判断资料的真伪。此外,对被访问者所处的地位和处境也要加以考察。②

追问(Probe)

追问是访谈中运用的一种技巧,目的是获得更为详细的答案。追问通常使用间接的词语或者问题,可以鼓励受访者提供详细的回答,例如"还有什么"和"是什么样的呢"等。③

17.2.4 焦点小组访谈(Focus Group Interview)

焦点小组访谈法也称专题小组法,指同时访谈一群人,并且鼓励讨论。焦点小组访谈法能够提供引起刺激和详细阐述的动力,而这些是通过个人深度访谈法不能实现的。正是通过群体的互动,不同的人聚集到一起来就某个话题进行讨论,这一点被认为是焦点小组访谈法这种资料搜集方法超出个人深度访谈法的独特且具吸引力之处。小组访谈使研究者可以观察到受众是如何通过谈话和相互之间的影响来理解所讨论的问题的。

---

① 袁方、林彬:《社会调查原理与方法》,北京:高等教育出版社1990年版,第257—258页。

② 〔美〕艾尔·巴比:《社会研究方法》(第10版),邱泽奇译,北京:华夏出版社2005年版,第258页。

③ 袁方、林彬:《社会调查原理与方法》,北京:高等教育出版社1990年版,第258页。

也就是说,焦点小组访谈法最显著的特点就是群体之间的互动,而通过这种互动得出的数据和参考资料,往往是其他数据搜集方法无法获得的。这一特点也可能为焦点小组访谈法带来负面影响:在一个团体中,有些人不可避免地要比其他人拥有更大的影响力,因此,他们会不同程度地对讨论产生控制和主导;此外,团体的讨论也会导致"集体趋同",不同的声音可能会被边缘化。[①]

互文参阅:第十章词条 17 罗伯特·K.默顿(p.451);第十一章词条 23.1 互联网收集数据的方法(p.504)

18 观察法(Observation)

作为科学研究方法的观察,应该是观察者根据研究目的或假设去收集资料;科学的观察必须有系统、有组织地进行;科学的观察除了利用人的感觉器官如眼睛、耳朵以外,还经常借助科学工具将观察经过正确地、详细地记录下来;观察结果必须是客观的、能被验证的。

科学研究中的观察分为自然观察和实验观察。实验观察是在实验室里对研究对象、观察情景与条件组进行严密的控制,然后进行观察;而自然观察是对研究对象在自然条件下的行为和表现进行观察。

互文参阅:第七章词条 4 霍夫兰的美国陆军研究(p.271);第十章词条 14.2 库尔特·勒温(p.441)

18.1 观察法的种类

18.1.1 参与观察(Participant Observation)和非参与观察(Nonparticipant Observation)

根据观察者是否参加到被研究的群体中,是否参与被观察者的活动,可以将观察分为参与观察和非参与观察。

所谓参与观察是指观察者为了达到深入了解情况的目的,直接

[①] 〔英〕安德斯·汉森等:《大众传播研究方法》,崔保国、金兼斌、童菲译,北京:新华出版社 2004 年版,第 307 页。

加入某一社会群体中,以内部成员的角色参与他们的各种活动,在共同生活中进行观察,收集与分析有关的资料。①

非参与观察是指观察者以旁观者的身份,置身于调查对象群体之外进行的观察。作为一名旁观者,他们只是在某些场合才有机会同观察者交往,后者将他们看作外人;但在一定程度上他们被允许参观某些活动,例如日常工作场所、影片的拍摄现场等。②

18.1.2 结构式观察(Structured Observation)和无结构式观察(Non-Structured Observation)

根据观察的计划、结构和内容的标准化程度可以将观察分为结构式观察和无结构式观察。

结构式观察是事先制订好观察计划并按照严格规定的内容和程序实施的观察。这种观察方法的最大特点是观察过程的标准化,它对现象的对象、范围、内容和程序都有严格的规定,一般不得随意改动,因而能够得到比较系统的观察材料,供解释和研究使用。③

无结构式观察是指对观察的内容、程序事先不做严格规定,依现场的实际情况随机决定的观察。④

18.1.3 直接观察(Direct Observation)与间接观察(Indirect Observation)

根据观察者是直接"看"到被观察者的活动,还是通过观察一些事物来间接反映被观察者的行动可将观察划分为直接观察与间接观察。

参与观察、非参与观察、结构式观察和无结构式观察都属于直接观察,因为都是直接对"人"进行的观察,而不是对"物"的观察。

间接观察是指观察者对自然物品、社会环境、行为痕迹等事物的观察,以间接反映调查对象的状况和特征。间接观察中比较有特色的是"损蚀物观察"与"累积物观察"。损蚀物观察是对磨损程度的观察,而累积物观察是对堆积物或聚集物的观察。间接观察可以

---

① 袁方、林彬:《社会调查原理与方法》,北京:高等教育出版社1990年版,第278页。
② 同上。
③ 同上书,第279页。
④ 同上。

作为调查方法的补充或辅助手段。①

18.2　个案研究法(Case Study)

个案研究法是从总体中选取一个或几个调查对象进行全面深入的调查研究的方法,②比如对某个传播者、新闻编辑室、报纸、广告代理商的很多特性进行研究。个案研究法通常设法了解有关特定个案一段时间内使研究者感兴趣的所有事情,是一种定性研究方法而不是定量研究方法。

个案研究的主要作用不是由个体推论总体,而是要深入、细致地描述一个具体单位;个案研究不要求研究对象具有代表性或典型性,它不试图以少量单位来概括或反映总体状况。

18.3　民族志学方法(Ethnomethodology)

民族志,又称人种志,这种方法主要来自人类学的一种田野调查方法。研究者公开或隐蔽地长期参与到某个特殊群体的文化之中,从其内部提供有关意义与行为的描绘。研究者通过广泛地搜集材料,把研究重点放在每天寻常的、普通的生活琐事上,关心人们普通的、习以为常的活动,③从而可以详细、准确地描述一个社会群体的面貌。

18.4　实地观察(Field Observation)

实地观察是在自然环境下对现象进行的研究。实地观察可以帮助研究者收集一手信息、界定需要的背景信息,通常花费较少,而且由于与自然真实的环境相结合,因此产生的数据细致入微。

实地观察的问题在于:观察对象的代表性问题,即样本的选取经常引起研究效度的问题;反应偏差的问题,即被观察者在被他人

---

①　袁方、林彬:《社会调查原理与方法》,北京:高等教育出版社1990年版,第279—281页。
②　同上书,第46页。
③　〔美〕约翰·C.雷纳德:《传播研究方法导论》(第三版),李本乾译,北京:中国人民大学出版社2008年版,第434页。

观察的环境下发生的行为可能不是实际生活中的行为。①

19 实验法(Experimental Method)

实验设计是处理因果关系问题的传统方法,是在控制的条件下收集数据。② 一个实验包含了实验对变量的控制或操纵,以及用公正和系统的方法观察或测量的结果。实验方法是最适合得出因果问答的研究方法。经典的实验将回答一种变量(实验变量或自变量)是否或在什么程度上影响另外一个变量(因变量)的问题。实验法更适于解释,而非描述。③

经典实验研究采取的最简单的形式,是从群体中随机抽出两个配对的组,对其中一个组施以实验变量(在传播研究中,它可能是新闻故事、纪录片等),即为实验组,另一个没有施以实验变量的就是控制组。当实验组接受了需要测试的变量后,再对两组进行观察和测量,他们之间发生的区别就被认为是实验处理造成的效果。

实验既可以在人为控制的"实验室"条件下进行,也可以在自然的生活环境中进行。

实验法的主要优点在于,允许实验者进行控制,并提供内在的严格逻辑,但是很多实验是"人为的",或设计的场景过于简化,因此,对其发现必须加以调整,才能适应"真实"的世界。正因为这些及其他许多原因,从实验设计中和从调查研究中得出的结果经常互相矛盾。此外,仍然有很多变量是实验所无法探究的。例如,一些现实生活中的环境和条件过于复杂而难于在实验室中模拟。此外,对某些独立变量的操纵可能是不道德的甚至是违法的。

互文参阅:第六章词条群体压力理论(p.233)、词条19.1 谢里夫的群体规范实验(p.237)、词条19.2 奥许的群体压力实验

---

① 〔美〕罗杰·D.维曼、约瑟夫·R.多米尼克:《大众媒介研究导论》(第七版),金兼斌等译,北京:清华大学出版社2005年版,第122—125页。
② 〔美〕格兰·斯帕克斯:《媒介效果研究概论》(第二版),何朝阳、王希华译,北京:北京大学出版社2008年版,第32页。
③ 〔美〕艾尔·巴比:《社会研究方法》(第10版),邱泽奇译,北京:华夏出版社2005年版,第215页。

(p.238);第七章词条 4 霍夫兰的美国陆军研究(p.271);第十章词条 14.2 库尔特·勒温(p.441)

19.1 受控变量(Controlled Variation)

受控变量,又称实验变量,是研究者想要排除其影响的变量。①在实验中,除了自变量和因变量这两类变量之外,还有其他因素会对实验结果产生影响。为此,在实验过程中要有计划地分离、控制或改变这些无关的变量。例如,实验中发现了年龄与读报时间的关系,这时就要将受教育程度、性别等变量对读报时间的影响分离出去,才能证明年龄与读报时间的相关关系。

19.2 实验组(Experimental Group)和控制组(Control Group)

实验组是在实验中被施以刺激的受试者。

控制组,也称对照组,是在实验中没有被施以刺激的受试者,但在其他方面则与实验组一样。将对照组和实验组进行比较是要发现实验刺激的效果。②

19.3 随机化(Randomization)

随机化是随机地将受试者分为实验组和控制组的方法。③从理论上说,随机化能保证各实验组在接受实验控制之前是对等的,因而,控制性实验之后出现的任何不同,都可归因于控制性实验条件。④

19.4 配对法(Matching)

在实验中,先考察初选受试者的一个或多个特征,再将一组相

---

① 〔美〕罗杰·D. 维曼、约瑟夫·R. 多米尼克:《大众媒介研究导论》(第七版),金兼斌等译,北京:清华大学出版社 2005 年版,第 512 页。
② 〔美〕艾尔·巴比:《社会研究方法》(第 10 版),邱泽奇译,北京:华夏出版社 2005 年版,第 217 页。
③ 同上书,第 219 页。
④ 〔美〕格兰·斯帕克斯:《媒介效果研究概论》(第二版),何朝阳、王希华译,北京:北京大学出版社 2008 年版,第 33 页。

似的受试者随机地分别分到实验组和控制组的方法叫作配对法。①

19.5　前测(Pretesting)与后测(Posttesting)

受试者首先作为因变量接受测量,这就是前测,即对因变量的测量。然后,受试者接受自变量的刺激,之后作为因变量再接受测量,这是后测,即在接受自变量刺激之后对因变量的测量。因变量前后测量之间的差异,就被看作是自变量的影响力。②

19.6　双盲实验(Double-blind Experiment)

在实验中,研究者更倾向于观察实验组的效果,而忽视控制组的效果。为了排除这种影响,采取无论受试者还是实验主持人都不知道谁属于实验组和控制组的实验设计,被称为双盲实验。

19.7　现场实验(Field Experiment)

在自然环境中而不是在实验室中进行的实验。③

19.8　知情同意(Informed Consent)

这是社会科学研究中的伦理信条,是指受试者在决定参与研究计划之前,应当被告知有关该计划的基本情况。④

19.9　匿名(Anonymity)

匿名是指为了保护研究参与者,将他们的个人资料从给定的信息中分离出来的做法。⑤

19.10　自愿参与(Voluntary Participation)

自愿参与是社会科学研究中的伦理信条,指受试者有拒绝参与

---

① 〔美〕艾尔·巴比:《社会研究方法》(第10版),邱泽奇译,北京:华夏出版社2005年版,第220页。
② 同上书,第216—217页。
③ 同上书,第218页。
④ 〔美〕罗杰·D.维曼、约瑟夫·R.多米尼克:《大众媒介研究导论》(第七版),金兼斌等译,北京:清华大学出版社2005年版,第514页。
⑤ 〔美〕约翰·C.雷纳德:《传播研究方法导论》(第三版),李本乾译,北京:中国人民大学出版社2008年版,第431页。

或在研究施行中的任意时间中途退出的权利。[1]

20　内容分析法(Content Analysis)

内容分析是指对具体的大众传播媒介的信息所做的分析，是一种客观、系统和定量地描述传播的显性内容的研究方法。[2] 传播内容不只是指大众传播媒介中的报纸、电视、书籍、杂志，凡是有记录、可以保存、具有传播价值的传播内容都在此列。内容分析不仅是一种收集资料的方法，更重要的是一个完整的研究方法，其主要目的是分析传播内容所产生的影响力。

内容分析法的特点是：

- 客观的：内容分析定义中的"客观的"是指，可以通过很多种方法研究分析同一内容，并且最后能够得到相同的结论。
- 系统的：内容分析采用的是一套"系统的"分析方法，也就是说需要制定并共同遵守一整套对内容编码的规则和程序。
- 定量的：从理论上说，任何编码者如果能够理解整套规则和规程，就能够在消息内容上得到和其他任何编码者一样的编码。这说明，从内容分析中得到的数据结果是定量的。
- 显性的内容(Manifest Content)：内容分析所涉及的是显性的内容，而不是隐含的内容(Latent Content)。明确的内容是指讯息实际表达的、不需要进一步挖掘其含义的内容；隐含的内容是指那些需要从字里行间发现其特别含义的内容。

但是，值得注意的是，内容分析只是描述传播内容的特征，内容分析的结果并不能使我们对内容的传播效果做出推论。[3]

互文参阅：第七章词条 3.1《世界大战中的宣传技巧》(p.266)、词条 18　教养理论(p.301)；第十章词条 14.1 哈罗德·D.拉斯韦尔(p.439)

---

[1] 〔美〕罗杰·D.维曼、约瑟夫·R.多米尼克：《大众媒介研究导论》(第七版)，金兼斌等译，北京：清华大学出版社 2005 年版，第 520 页。

[2] 〔美〕格兰·斯帕克斯：《媒介效果研究概论》(第二版)，何朝阳、王希华译，北京：北京大学出版社 2008 年版，第 20 页。

[3] 同上书，第 19 页。

20.1 内容分析法的基本步骤

内容分析的过程可以分成七个清晰连贯的步骤：

- 定义研究问题。[1] 我们希望通过分析某一个大众媒介文本的实体来得到什么结论？即选出想要调查的问题或想要检验的假说。
- 选择具体的媒介和案例。[2] 选择媒介或内容范围；抽取内容来源和选择日期；抽取相关的内容；定义分析单位。
- 定义分析的类型。[3] 分析的类型完全取决于研究的目标、目的和中心问题，常见的分类有媒介，日期，媒介内部的局部（如"页"、"节目时间"），研究对象的篇幅大小、长度、持续时间、题材等。
- 制定编码表。[4] 编码表也会列出变量的对应值或编码的可能性。编码规则，即分多少类别，将分析单位归于哪些类别是由研究者和编码员共同讨论、确定，并且一致遵守的。这种编码规则或编码协议应该是有可信度的。
- 进行测试、检查编码表的可靠性。[5] 对需要分析的研究资料的小范围样本进行编码测试，能帮助找出编码表中分类不充分或者不一致的地方。
- 数据的准备和分析。[6] 对编码和归类后的数据应该进行统计分析，计算作为编码对象的每个不同范畴出现的次数，以此判断其出现的频率，并分析不同变量之间的相关性等。
- 解释发现。在统计分析之后，研究者就需要对研究的内容进行分析和解释。

20.2 非介入性研究(Unobtrusive Research)

非介入性研究是一种在不影响研究对象的情况下，研究社会行

---

[1] 〔英〕安德斯·汉森等：《大众传播研究方法》，崔保国、金兼斌、童菲译，北京：新华出版社2004年版，第115页。
[2] 同上。
[3] 同上。
[4] 同上。
[5] 同上。
[6] 同上。

为的方法,它可以是定性的,也可以是定量的。①

21　统计(Statistics)

21.1　描述性统计(Descriptive Statistics)

描述性统计是通过数据扣减法对大量的资料做概括,或是描述样本属性,或是描述对样本中的变量关系的统计计算,例如均值、中位数、方差、百分位值。描述性统计只是对样本观察的总结。②

21.2　推论统计(Inferential Statistics)

统计推论是将从样本中观察到的结果推论到总体上的统计方法。统计是用来对收集到的数据资料进行推论的一种工具,可以使科学家在一定的可信水平上,根据样本的数据对被抽样的总体做出推论。

21.3　定量分析(Quantitative Analysis)

定量分析是研究者将资料转化成数值形式并进行统计分析,③从而描述并解释观察所反映的现象。

21.4　定性分析(Qualitative Analysis)

定性分析不需要将调查资料转化成数字形式,是对观察进行非数字化的考察和解释的过程,其目的是要发现内在的意义和关系模式,尤其应用在实地研究和历史研究中。④

21.5　操作性定义(Operational Definition)

这是把抽象的假说转换成确认真实世界现象的做法,即通过对观察进行分类,而发展出可操作的、具体的、特定的定义,或是发展

---

① 〔美〕艾尔·巴比:《社会研究方法》(第10版),邱泽奇译,北京:华夏出版社2005年版,第305页。
② 同上书,第435页。
③ 同上书,第540页。
④ 同上书,第541页。

出在测量变量时所用到的对精确操作的说明。① 例如,"媒介使用"的定义是用某人报告的花费在大众媒介上的时间来表示的,这样就能对受试者花费在各种媒介上的时间加以分析。

21.6 零假设(Null Hypothesis)

零假设或称虚假设,是假定两个变量之间没有关系,所分析的统计差别或关系源于偶然性或随机误差。② 在统计上否定了零假设之后,就可以得出结论,认为所分析的若干变量之间是相关的。

互文参阅:第十一章词条 9 假设(p.469)、词条 21.14 显著性水平(p.501)

21.7 单变量分析(Univariate Analysis)

单变量分析是出于描述的目的,对单个变量进行分析。频次分布、平均值和离散趋势测量都是单变量分析,它与双变量分析以及多变量分析形成对照。③

21.8 集中趋势(Central Tendency)

集中趋势,又称平均数(Average),表示总体或样本的平均趋势、典型性或常规性。算术平均值、中位数和众数都是数学平均数。

21.8.1 众数(Modal)

众数是出现次数最多的属性,代表最常出现的观察值或属性,④也是测量集中趋势的一种方法。众数作为描述统计量有两个主要缺陷:一是它只着眼于某个数值,因而可能掩盖数据中的其他重要事实;二是一个分布可能有多个众数,在这种情况下,众数就不能作为有效的分析方法。

---

① 〔美〕艾尔·巴比:《社会研究方法》(第 10 版),邱泽奇译,北京:华夏出版社 2005 年版,第 44—45 页。
② 〔美〕罗杰·D.维曼、约瑟夫·R.多米尼克:《大众媒介研究导论》(第七版),金兼斌等译,北京:清华大学出版社 2005 年版,第 296 页。
③ 〔美〕艾尔·巴比:《社会研究方法》(第 10 版),邱泽奇译,北京:华夏出版社 2005 年版,第 391 页。
④ 同上书,第 393 页。

21.8.2 中位数(Median)

中位数是按顺序排列后,观察属性最中间的那个个案的值。它是分布的中点,一半数值比它大,一半数值比它小。如果分布有奇数个数,中位数就是数据中点的数值;如果分布有偶数个数,中位数就是一个假设的数值,其值为两个中点数值的平均。

21.8.3 均值(Mean)

平均值是加总多个观察值,除以观察单位总数所得到的值。[①]算术平均值(Arithmetic Mean)是测量集中趋势的一种方法。

21.9 离散趋势(Dispersion)

离散趋势是指围绕中心值(如平均值)的分布情况,[②]即与中心值的离散程度。离散趋势描述数值如何围绕中心点展开。极差、标准差都表示离散趋势。离散趋势在比较不同的分布时尤其有用。

互文参阅:第十一章词条 15.1.9 方差(p.479)、词条 15.1.10 标准差(p.479)

极差(Range)

极差是数据分布中最大数值和最小数值之间的差距。[③] 由于极差只利用了分布中的两个数值,因此,它对数据的描述并不全。另外,随着样本的变大,极差也常常变大,因为通常大样本中包含着更多的极端数值。因此,极差很少作为离散性测量被单独加以利用。

21.10 连续变量(Continuous Variable)

连续变量是以微小的速度稳定增加的变量,例如年龄或收入,都可以分解成很细小的单位。

21.11 离散变量(Discrete Variable)

离散变量是属性彼此隔离或不连续的变量,比如性别或宗教归

---

① 〔美〕艾尔·巴比:《社会研究方法》(第10版),邱泽奇译,北京:华夏出版社2005年版,第393页。
② 同上书,第395页。
③ 〔美〕约翰·C.雷纳德:《传播研究方法导论》(第三版),李本乾译,北京:中国人民大学出版社2008年版,第312页。

属,一个属性与下一个属性并不连贯。①

21.12 双变量分析(Bivariate Analysis)

双变量分析是为了决定两个变量之间的经验关系而同时对两个变量进行分析。单变量分析纯粹为了描述,而双变量分析则是集中在变量及其相互关系上。②

回归分析(Regression Analysis)

回归分析是用等式的形式来表示变量之间关系的一种资料分析方法,这个等式也叫回归方程式。③

21.13 路径分析(Path Analysis)

路径分析是一种讨论多变量关系的因果模型,是用图表的格式来表达变量之间的因果关系的多变量分析模型。④

21.14 显著性水平(Significance Level)

显著性水平是在统计显著性检验中,观察到的经验关系能够归因于抽样误差的可能性,即统计检验中所规定的小概率的标准。⑤在检验某个研究的统计显著性时,研究者必须设定一个显著水平,例如 $p<0.01$。那么当研究结果显示零假设的发生概率低于这个值时,则可以拒绝零假设,支持研究假设,也就是零假设是在0.01的显著度下被检验的。当零假设的发生概率等于或小于这个水平,则研究结果被认为在0.01的水平上是统计显著的。⑥

互文参阅:第十一章词条9 假设(p.469)、词条21.6 零假设(p.499)

---

① 〔美〕艾尔·巴比:《社会研究方法》(第10版),邱泽奇译,北京:华夏出版社2005年版,第396页。
② 同上书,第401页。
③ 同上书,第440页。
④ 同上书,第444页。
⑤ 同上书,第451页。
⑥ 〔美〕罗杰·D.维曼、约瑟夫·R.多米尼克:《大众媒介研究导论》(第七版),金兼斌等译,北京:清华大学出版社2005年版,第296页。

22 调查研究报告(Research Report)

调查研究报告是根据调查研究的结果写出来的、正确反映客观事物及其规律的书面报告,它通常反映重大事件、新生事物、突出的典型、重要的经验和严重的问题。调查研究报告具有社会性、针对性、真实性和典型性的特点。

调查研究报告包括以下几个基本的部分:[1]

- 目的和概论:开宗明义地说出研究目的和主要结果。这种概论有时候可以用摘要和大纲的方式表达。
- 文献回顾:让读者了解这个研究领域到目前为止已有的研究,并且指出这些研究的共同点和相互抵触的地方,也展示了所进行的研究在一个更大的框架下的价值。
- 研究设计与执行:介绍本项研究的资料搜集和分析方式。
- 分析与阐释:具体包括资料介绍、资料应用和资料阐释等三部分,必须要把它们逻辑地整合为一个整体。
- 总结与结论:研究报告要有一个总结,以回顾主要发现,并且提出未来的研究方向。

调查研究报告通常以四种形式反映某一研究计划的执行过程和研究成果:

- 研究记录:这类报告大多在 1000 字到 5000 字左右,言简意赅,简单地向读者表明研究方法、研究过程和研究结果,通常在学术或专业期刊上发表。
- 为资助方准备的报告:通常,研究者必须为研究资助者准备报告。这类报告的长度可能有很大的差异。在准备这些报告时,应该考虑读者的属性,即是科学家还是普通人。
- 期刊论文:最普遍的调查研究报告就是发表在学术期刊上的论文,通常其长度在 6000 字到 20000 字之间。
- 著作:这是研究报告的最高形式,因其篇幅足够大而且详尽。

---

[1] 〔美〕艾尔·巴比:《社会研究方法》(第 10 版),邱泽奇译,北京:华夏出版社 2005 年版,第 478—481 页。

22.1 摘要(Abstract)

摘要是研究文章的概要。摘要通常都出现在文章的开头,它陈述了研究目的、研究方法和主要发现。摘要有两个功能:①
- 能够帮助读者决定是否还要阅读下去;
- 建构了文章剩余部分的框架。

22.2 个案式解释(Idiographic)

个案式解释是试图穷尽某个特定情形或是事件的所有原因的解释方式。个案式解释的视野局限在个案上,也许这些解释可以部分应用于其他情况,但其意图只在于能够完全解释某个个案。②

22.3 通则式解释(Nomothetic)

通则式解释是试图找出一般性地影响某些情形或事件的原因的解释方法。通则式解释试图解释某一类情形或事物,而不是某个个案,但它只能解释相应情形或事物的某些部分,而非全部。③

23 互联网调查(Internet Research)

互联网调查既指将互联网当作信息库来使用,也意味着互联网可以成为一种基本的数据收集工具,具体而言:④
- 互联网提供了新的数据收集方法。
- 改变了研究者查找和发布信息的方式。
- 简化了研究者之间的协作与互动。
- 提供了新的分析材料。

---

① 〔美〕艾尔·巴比:《社会研究方法》(第10版),邱泽奇译,北京:华夏出版社2005年版,第464页。
② 同上书,第22页。
③ 同上书,第22—23页。
④ 〔美〕罗杰·D.维曼、约瑟夫·R.多米尼克:《大众媒介研究导论》(第七版),北京:清华大学出版社2005年版,第476页。

23.1 互联网收集数据的方法[①]

- 电子邮件(E-mail):被试者会收到一封电子邮件,在正文或附件中包含一份问卷,或者要求被试者访问某一网站,填答问卷。被试者的电子邮件地址可以从各种领域中收集得到。
- 数据库电子邮件(Database E-mail):那些愿意将姓名收入某公司数据库的被试者都会收到一份电子邮件,邀请他们参加研究活动。
- 弹出式广告(Pop-up):这是指互联网用户在浏览某一网站时,显示器上突然跳出小型弹出式广告窗口,向用户发出参与研究活动的请求。用户点击窗口中的一个按钮就可以连接到调查问卷,继续参与研究。
- 随机抽选对象的弹出式广告(Randomly Selected Pop-up):这种方法与弹出式广告相同,只不过被试者是随机抽选而来的。
- 预招(Prerecruit):这种方法会通过电话、互联网、普通信函以及电子邮件与被试者联络,邀请他们参加研究活动。
- 即时通信(Instant Message):被试者同时登录到某一即时更新的服务性讯息站点,在该站点内以焦点小组访谈或其他形式展开讨论。
- 静态广告(Stationary Display):在公司站点上设置一个长期广告,例如屏幕上的小窗口,请求用户参与研究项目。

互文参阅:第十一章词条 16.4 问卷收集数据的方法(p.485)、词条 17.2.4 焦点小组访谈(p.489)

23.2 互联网研究的优势和劣势

互联网调查受到广泛的欢迎,因其具有以下主要的优势:[②]

- 互联网调查易于实施。
- 可以既省时又省成本地修改互联网提供的问卷,而在有些研究方法中,一旦研究进入实施阶段,就无法对问卷进行修改。

---

① 〔美〕罗杰·D.维曼、约瑟夫·R.多米尼克:《大众媒介研究导论》(第七版),北京:清华大学出版社 2005 年版,第 479 页。

② 同上书,第 485—486 页。

- 数据收集和分析的成本大幅降低。
- 被试者可以按照自己的速度回答问卷。
- 问卷回收速度很快。
- 问题类型不受限制,例如问题中可以含有音频或视频信息。
- 问卷可以采用互动的形式。
- 互联网为研究带来了到达各类人群的可能性。
- 如果有必要,研究项目可以经常重复,直到研究者想要停止时为止。这种灵活性允许研究者对被试者进行跟踪调查。
- 几乎不受地理上的限制。
- 研究者较容易从互联网上获得大规模的样本。

互联网调查的劣势,即所存在的问题包括:①

- 对研究情境缺乏控制,研究者们往往不知道是谁在回答互联网上的问卷。
- 目前还不能确定互联网用户样本是否有足够的代表性。
- 许多互联网用户出于安全方面的考虑而不愿意参加任何类型的互联网研究计划。
- 仍然没有任何研究数据可以确定互联网调查问卷的适当长度。

---

① 〔美〕罗杰·D. 维曼、约瑟夫·R. 多米尼克:《大众媒介研究导论》(第七版),北京:清华大学出版社2005年版,第487—488页。

附录 ▪ 传播学基础与经典作品 100 部

本书所列的核心理论和关键概念给大家提供了线索，而更生动的内容，我们还需要到原著中，结合具体的语境，去进一步感受、理解、体会，进而更好地运用。为此，在本书的最后，我选出 100 本传播学基础的或经典的著作，供读者进一步参考。对于传播学这样一门处于"十字路口"的综合性、交叉性学科来说，相关著作浩瀚无极、数不胜数，书单所列书目虽然采集了国内外多方专家的意见，经过精心挑选，也只能说是带有局限性的参考建议而已。如果读者能以此为出发点，链接到更多开卷有益的好书，这样一个书目也就有了积极意义。

在第二版中，我试图将图书进行分类，以方便查询，当然，与任何分类的尝试一样，在这里的分类也是有一定的局限性、片面性的。

在每一类别中，书目的排列顺序是以第一作者姓氏的首字母为依据（如果首字母相同，再按照第二个字母继续排列，以此类推），同一作者的不同作品按照作品名称的首字母进行排列。凡是有中译本或英文影印版的著作，在书单上我们均列出了中译本或英文影印版的出版社,以方便读者查找。

一、传播的理论

1. 〔美〕斯坦利·J. 巴兰、丹尼斯·K. 戴维斯:《大众传播理论:基础、争鸣与未来》,曹书乐译,北京:清华大学出版社 2004 年版。

2. George Comstock, Steven Chaffee, Natan Katzman, Maxwell McCombs, Donald Roberts, *Television and Human Behavior*, New York: Columbia University Press, 1978.

3. Melvin L. De Fleur, Sandra Bale-Rokeach, *Theories of Mass Communication* (5th Edition), Boston: Allyn & Bacon, 1989.

4. Leon Festinger, *A Theory of Cognitive Dissonance*, Palo Alto: Stanford University Press, 1957.

5. 〔英〕鲍勃·富兰克林等:《新闻学关键概念》,诸葛蔚东等译,北京:北京大学出版社 2008 年版。

6. Stuart Hall, *Encoding and Decoding in the Television Discourse*, Birmingham: University of Birmingham, 1973.

7. 〔美〕爱德华·霍尔:《无声的语言》,何道宽译,北京:北京大学出版社 2010 年版。

8. 〔美〕卡尔·霍夫兰:《传播与劝服》,北京:中国传媒大学出版社 2013 年版。

9. 〔加〕哈罗德·A. 伊尼斯:《传播的偏向》,何道宽译,北京:中国人民大学出版社 2003 年版。

10. 〔美〕叶海亚·R. 伽摩利珀:《全球传播》(第二版),尹宏毅主译,北京:清华大学出版社 2008 年版。

11. Elihu Katz, Paul Lazarsfeld, Elmo Roper, *Personal Influence: The Part Played by People in the Flow of Mass Communication* (Reissue Edition), Piscataway: Transaction Publishers, 2005.

12. 〔美〕沃尔特·李普曼:《公众舆论》,阎克文、江红译,上海:上海人民出版社 2006 年版。

13. 〔美〕斯蒂芬·W. 李特约翰、凯伦·A. 福斯:《人类传播理论》(第九版),史安斌译,北京:清华大学出版社 2009 年版。

14. 〔美〕马克斯韦尔·麦库姆斯:《议程设置:大众媒介与舆论》,郭镇之、徐培喜译,北京:北京大学出版社 2008 年版。

15. 〔英〕丹尼斯·麦奎尔:《受众分析》,刘燕南等译,北京:中国人民大学出版社 2006 年版。

16. 〔英〕丹尼斯·麦奎尔:《麦奎尔大众传播理论》,崔保国、李琨译,北京:清华大学出版社 2006 年版。

17. 〔德〕伊丽莎白·诺尔-诺依曼:《沉默的螺旋·舆论:我们的社会皮肤》,董璐译,北京:北京大学出版社 2013 年版。

18. Daniel O'Keefe, *Persuasion: Theory and Research* (2nd Edition), London: Sage Publications, Inc., 2002.

19. 〔美〕拉里·A. 萨默瓦、理查德·E. 波特:《跨文化传播》(第六版),闵惠泉等译,北京:中国人民大学出版社 2013 年版。

20. 〔美〕迈克尔·H. 普罗瑟:《文化对话:跨文化传播导论》,何道宽译,北京:北京大学出版社 2013 年版。

21. 〔美〕埃弗雷特·M. 罗杰斯:《创新的扩散》,辛欣译,北京:中央编译出版社 2002 年版。

22. 〔美〕威尔伯·L. 施拉姆、威廉·E. 波特:《传播学概论》(第二版),何道宽译,北京:中国人民大学出版社 2010 年版。

23. Wilbur L. Schramm, Donald F. Roberts, *The Process and Effects of Mass Communication*, Champaign: University of Illinois Press, 1971.

24. 〔美〕沃纳·赛佛林、小詹姆斯·坦卡德:《传播理论:起源、方法与应用》,郭镇之等译,北京:中国传媒大学出版社 2006 年版。

25. Claude E. Shannon, Warren Weaver, *A Mathematical Theory of Communication*, Champaign: University of Illinois Press, 1998.

26. Muzafer Sherif, Carl I. Hovland, *Social Judgment: Assimilation and Contrast Effects in Communication and Attitude Change*, New Haven: Yale University Press, 1961.

27. Pamela J. Shoemaker, Stephen D. Reese, White Plains, *Mediating the Message: Theories of Influence on Mass Media Content*, Harlow: Longman, 1996.

28. 〔美〕弗雷德里克·S. 西伯特、西奥多·彼得森、威尔伯·施拉姆:《传媒的四种理论》,戴鑫译,北京:中国人民大学出版社 2008 年版。

29. 〔英〕弗兰克·韦伯斯特:《信息社会理论》(第 3 版),曹晋译,北京:北京大学出版社 2011 年版。

30. 〔美〕罗伯特·维纳:《人有人的用处:控制论与社会》,陈步译,北京:北京大学出版社 2010 年版。

31. 〔美〕朱莉娅·T. 伍德:《生活中的传播》,董璐译,北京:北京大学出版社 2008 年版。

32. Dolf Zillmann, Jennings Bryant, *Selective Exposure to Communication*, New York: Routledge, 1985.

二、传播的历史

33. 〔加〕戴维·克劳利、保罗·海尔:《传播的历史:技术、文化和社会》(第 5 版),董璐、何道宽、王树国译,北京:北京大学出版社 2011 年版。

34. 〔美〕伊丽莎白·L. 爱森斯坦:《作为变革动因的印刷机:早期近代欧洲的传播与文化变革》,何道宽译,北京:北京大学出版社 2010 年版。

35. 〔加〕哈罗德·A. 伊尼斯:《帝国与传播》,何道宽译,北京:中国人民大学出版社 2003 年版。

36. Harold D. Lasswell, Daniel Lerner, Hans Speier, *Propaganda and Communication in World History*(Ⅰ,Ⅱ,Ⅲ), Honolulu: University Press of Hawaii, 1979.

37. Paul F. Lazarsfeld, *Radio and the Printed Page: An Introduction to the Study of Radio and Its Role in the Communication of Ideas*, London: Forgotten Books, 2015.

38. 〔法〕阿芒·马特拉、米歇尔·马特拉:《传播学简史》,孙五三译,北京:中国人民大学出版社 2008 年版。

39. 〔美〕E. M. 罗杰斯:《传播学史:一种传记式的方法》,殷晓蓉译,上海:上海译文出版社 2012 年版。

40. 〔美〕迈克尔·舒德森:《发掘新闻:美国报业的社会史》,陈昌凤、常江译,北京:北京大学出版社 2009 年版。

三、传播媒介

41. 〔美〕约瑟夫·R. 多米尼克:《大众传播动力学:数字时代的媒介》(第七版),蔡骐译,北京:中国人民大学出版社 2010 年版。

42. 〔美〕伊莱休·卡茨、约翰·杜伦·彼得斯、泰玛·利比斯:

《媒介研究经典文本解读》,常江译,北京:北京大学出版社 2011 年版。

43. Gerald S. Lesser, *Children and Television: Lessons from Sesame Street*, New York: Random House Inc., 1975.

44. Marshall McLuhan, Quentin Fiore, Jerome Agel, *The Medium Is The Massage*, New York: Bantam Books, 1967.

45. 〔加〕马歇尔·麦克卢汉:《理解媒介:论人的延伸》,何道宽译,南京:译林出版社 2011 年版。

46. 〔美〕约书亚·梅罗维茨:《消失的地域:电子媒介对社会行为的影响》,肖志军译,北京:清华大学出版社 2002 年版。

47. 〔英〕戴维·莫利:《电视、受众与文化研究》,史安斌等译,北京:新华出版社 2005 年版。

48. 〔美〕尼古拉斯·尼葛洛庞帝:《数字化生存》,胡泳等译,海口:海南出版社 1997 年版。

49. 〔英〕克里斯·纽博尔德等:《媒介研究的进路:经典文献读本》,汪凯、刘晓红译,北京:新华出版社 2004 年版。

50. 〔美〕沃尔特·翁:《口语文化与书面文化:语词的技术化》,何道宽译,北京:北京大学出版社 2008 年版。

51. 〔美〕韦恩·奥弗贝克:《媒介法原理》,陶楠、周庆山译,北京:北京大学出版社 2011 年版。

52. 〔美〕罗伯特·E. 帕克:《移民报刊及其控制》,彭鹏、陈静静、展江译,北京:中国人民大学出版社 2011 年版。

53. 〔美〕罗伯特·G. 皮卡德:《媒介经济学:概念与问题》,赵丽颖译,北京:中国人民大学出版社 2005 年版。

54. Nancy Signorielli, George Gerbner, *Living with Television: The Violence Profile*, Santa Barbara: Greenwood Press, 1988.

55. 〔美〕格伦·G. 斯帕克斯:《媒介效果研究概论》(第二版),何朝阳、王希华译,北京:北京大学出版社 2008 年版。

56. 〔英〕尼克·史蒂文森:《认识媒介文化:社会理论与大众传播》,王文斌译,北京:商务印书馆 2013 年版。

57. 〔英〕利萨·泰勒、安德鲁·威利斯:《媒介研究:文本、机构与受众》,吴靖、黄佩译,北京:北京大学出版社 2005 年版。

58. 〔美〕约翰·D. 泽莱兹尼:《传播法判例:自由、限制与现代媒介》,王秀丽译,北京:北京大学出版社 2007 年版。

四、传播的应用

59. 〔美〕阿兰·B. 阿尔瓦兰:《传媒经济与管理学导论》,崔保国、杭敏、徐佳译,北京:清华大学出版社 2010 年版。

60. 〔英〕斯图亚特·艾伦:《新闻文化》,方洁、陈亦南、牟玉涵译,北京:北京大学出版社 2008 年版。

61. Jay G. Blumler, Elihu Katz, *The Uses of Mass Communication*, London: Sage Publications, Inc. , 1975.

62. 〔英〕吉莉安·道尔:《理解传媒经济学》,李颖译,北京:清华大学出版社 2004 年版。

63. 〔美〕仙托·艾英戈、唐纳德·R. 金德:《至关重要的新闻:电视与美国民意》,刘海龙译,北京:新华出版社 2004 年版。

64. 〔美〕凯瑟琳·H. 贾米森、卡林·K. 坎贝尔:《影响的互动:新闻、广告、政治与大众媒介》(影印版),北京:北京大学出版社 2004 年版。

五、伦理与批判

65. 〔美〕罗伯特·艾伦:《重组话语频道:电视与当代批评理论》,牟岭译,北京:北京大学出版社 2008 年版。

66. Herbert Altschull, *Agent of Power: The Media and Public Policy*, Boston: Allyn & Bacon, 1994.

67. 〔美〕本·H. 贝戈蒂克安:《媒体垄断》,吴靖译,石家庄:河北教育出版社 2004 年版。

68. 〔美〕路易斯·A. 戴:《媒介传播伦理:案例与争论》(影印版),北京:北京大学出版社 2004 年版。

69. 〔英〕约翰·埃尔德里奇:《获取信息:新闻、真相和权力》,张威译,北京:新华出版社 2003 年版。

70. 〔美〕赫伯特·甘斯:《什么在决定新闻:对 CBS 晚间新闻、NBC 夜间新闻、〈新闻周刊〉及〈时代〉周刊的研究》,石琳、李红涛译,北京:北京大学出版社 2009 年版。

71. 〔德〕沃尔夫冈·弗里茨·豪格:《商品美学批判》,董璐译,北京:北京大学出版社 2013 年版。

72. 〔美〕苏特·杰哈利:《广告符码:消费社会中的政治经济学和拜物现象》,马姗姗译,北京:中国人民大学出版社 2004 年版。

73.〔美〕汉诺·哈特:《传播学批判研究:美国的传播、历史和理论》,何道宽译,北京:北京大学出版社 2008 年版。

74.〔美〕爱德华·S. 赫尔曼、诺姆·乔姆斯基:《制造共识:大众传媒的政治经济学》,邵红松译,北京:北京大学出版社 2011 年版。

75.〔美〕沃尔特·李普曼:《幻影公众》,林牧茵译,上海:复旦大学出版社 2013 年版。

76.〔美〕赫伯特·马尔库塞:《单向度的人:发达工业社会意识形态研究》,刘继译,上海:上海译文出版社 2014 年版。

77.〔美〕罗伯特·W. 麦克切斯尼:《富媒体、穷民主:不确定时代的传播政治》,谢岳译,北京:新华出版社 2004 年版。

78.〔加〕文森特·莫斯可:《数字化崇拜:迷思、权力与赛博空间》,黄典林译,北京:北京大学出版社 2010 年版。

79. Harold Mendelsohn, *Media Crime Prevention Campaign in the United States*, Ann Arbor: ICPSR, 1980.

80.〔美〕尼尔·波兹曼:《娱乐至死》,章艳译,桂林:广西师范大学出版社 2004 年版。

81.〔美〕尼尔·波斯曼:《技术垄断——文化向技术投降》,何道宽译,北京:北京大学出版社 2007 年版。

82.〔美〕尼尔·波兹曼:《童年的消逝》,吴燕莛译,桂林:广西师范大学出版社 2004 年版。

83.〔美〕詹姆斯·波特:《媒介素养》(第四版),李德刚等译,北京:清华大学出版社 2012 年版。

84.〔美〕新闻自由委员会:《一个自由而负责任的新闻界》,展江、王征、王涛译,北京:中国人民大学出版社 2004 年版。

85. Gaye Tuchman, *Making News: A Study in the Construction of Reality*, Florence: Free Press, 1978.

86. International Commission for the Study of Communication Problems, *Many Voices, One World: Communication and Society, Today and Tomorrow; Towards a New More Just and More Efficient World* (The MacBride Report), New York: UNESCO, 1980.

六、文化研究

87.〔澳〕克里斯·巴克:《电视、全球化与文化认同》(影印版),

北京:北京大学出版社 2008 年版。

88. Bernard Cecil Cohen, *The Press and Foreign Policy*, Princeton: Princeton University Press, 1963.

89. 〔美〕赫伯特·I.席勒:《大众传播与美帝国》,刘晓红译,上海:上海译文出版社 2013 年版。

90. 〔英〕约翰·斯道雷:《文化理论与大众文化导论》(第 5 版),常江译,北京:北京大学出版社 2010 年版。

91. Gay Talese, *The Kingdom and the Power: Behind the Scenes at the New York Times: The Institution That Influences the World*, New York: Random House Trade Paperbacks, 2007.

92. 〔英〕雷蒙·威廉斯:《关键词:文化与社会的词汇》,刘建基译,上海:生活·读书·新知三联书店 2005 年版。

93. 〔英〕约翰·塔洛克:《电视受众研究:文化理论与方法》,严忠志译,北京:商务印书馆 2004 年版。

七、传播的研究方法

94. 〔美〕约翰·费斯克:《传播研究导论:过程与符号》,许静译,北京:北京大学出版社 2008 年版。

95. 〔英〕安德斯·汉森、西蒙·科特:《大众传播研究方法》,崔保国等译,北京:新华出版社 2004 年版。

96. Ole R. Holsti, *Content Analysis for the Social Sciences and Humanities*, Boston: Addison Wesley, 1969.

97. 〔美〕希伦·A.洛厄里、梅尔文·L.德弗勒:《大众传播效果研究的里程碑》(第三版),刘海龙等译,北京:中国人民大学出版社 2009 年版。

98. 〔美〕大卫·E.莫里森:《寻找方法:焦点小组和大众传播研究的发展》,柯惠新、王宁译,北京:新华出版社 2004 年版。

99. 〔美〕约翰·C.雷纳德:《传播研究方法导论》(第三版),李本乾译,北京:中国人民大学出版社 2008 年版。

100. 〔美〕罗杰·D.维曼、约瑟夫·R.多米尼克:《大众媒介研究导论》,金兼斌、陈可等译,北京:清华大学出版社 2005 年版。